RECOPILACIÓN DE ESCRITOS DE MURRAY STEIN

VOLUMEN 4

EDITORES GENERALES
STEVEN BUSER
LEONARD CRUZ

TRADUCCIÓN DE
PATRICIA MICHAN

LA PRÁCTICA DEL PSICOANÁLISIS JUNGUIANO

MURRAY STEIN

TRADUCCIÓN DE
PATRICIA MICHAN

CHIRON PUBLICATIONS • ASHEVILLE, CAROLINA DEL NORTE

www.ChironPublications.com
Diseño de portada e interior del libro por Danijela Mijailovic

Impreso principalmente en los Estados Unidos de América.

ISBN 978-1-68503-630-0 pasta suave
ISBN 978-1-68503-631-7 pasta dura
ISBN 978-1-68503-632-4 versión electrónica
ISBN 978-1-68503-633-1 edición limitada en pasta suave
ISBN 978-1-68503-634-8 edición limitada en dura

Datos pendientes de catalogación en publicación de la Biblioteca del Congreso

TABLA DE CONTENIDO

Los cuatro pilares del psicoanálisis junguiano

Capítulo 1

Los objetivos y la meta del análisis junguiano[1]

En un artículo titulado "El psicoanálisis y la cura del alma", Jung se refirió a la meta del análisis y trazó algunos paralelismos y contrastes entre el análisis y los cuidados pastorales. Hizo notar que ambos comparten la meta de "curar el alma". La diferencia es que en el análisis, se busca alcanzar esta meta a través del trabajo con el inconsciente, así como con los pensamientos y sentimientos conscientes del paciente. Más que tratar de ayudar a los individuos a reconectar con los símbolos y significados de las religiones tradicionales, el analista busca ayudarles a relacionarse con sus fuentes de vitalidad y significado simbólico a través de adentrarse en el inconsciente. En la medida en que el analista y el clérigo compartan una meta semejante, sus métodos y enfoques son muy diferentes.

Sean sacerdotes y pastores o analistas quienes asumen la meta de curar el alma, por lo general, estos dos contextos tienen algo en común. Si el crecimiento del individuo que busca ayuda ha de continuar y ser genuinamente efectivo a lo largo de un periodo

---

[1] Publicado por primera vez en M. Stein (ed.), *Jungian Analysis*, 1984 y publicado aquí con ligeras revisiones.

extendido de tiempo, el individuo debe experimentar cambios, muchas veces aparentemente pequeños, en sus actitudes conscientes, en sus patrones de comportamiento y en lo que denominamos sus estructuras y dinámicas psicológicas. La mayor parte del tiempo, el analista trabaja para lograr muchos pequeños cambios de actitud y de comportamiento a través de utilizar las herramientas terapéuticas y analíticas a su disposición.

Para muchos analistas junguianos, sus prácticas se vuelven una experiencia de la vida cotidiana tan concreta y emocionalmente inmediata que les cuesta un esfuerzo considerable estar o permanecer plenamente conscientes de los objetivos más amplios y de la meta general. Las conversaciones entre los analistas, en la medida en la que lo permita el principio de confidencialidad, muchas veces versan sobre los detalles, métodos y experiencias analíticas específicas. Sin embargo, en términos relativos, no se reflexiona sobre la meta más amplia de la cura del alma. En este sentido, los analistas no son diferentes de los miembros de otras profesiones. Los médicos, abogados, jueces, policías, sacerdotes, maestros, banqueros –de hecho, todas las "profesiones"– también tienden a absorberse en las tareas específicas que se les presentan todos los días, así como en su necesidad de desempeñarlas correctamente. Con esto, pierden de vista cuáles son, en última instancia, los fines a los que sirven sus esfuerzos. No obstante, todos estos esfuerzos profesionales responden a los propósitos asumidos de cada profesión. Cada uno de ellos sirve a lo que podríamos llamar un "dios", un valor o una idea fundacional. Ocasionalmente, algunos miembros de la profesión "suben a tomar aire" con el fin de considerar una perspectiva más profunda y más amplia de la ronda cotidiana de su trabajo. En esos momentos, procuran reflexionar sobre su práctica y los fines de la misma. Es en este espíritu que planteo la siguiente pregunta: ¿acaso podemos explicar detalladamente la meta general del psicoanalista junguiano y el propósito último de analizar pacientes? ¿A qué "Dios" sirve la práctica del cuidado del alma?

Cuando un individuo entra al consultorio de un analista junguiano y presenta sus problemas a la atención profesional del analista, se inicia una relación y un proceso de tratamiento. La meta más obvia de este proceso es aligerar el sufrimiento psicológico del paciente. A veces, esto es una cuestión bastante sencilla, aunque no necesariamente breve, de guiar al individuo a través de una crisis psicológica con apoyo y entendimiento profesional. Una vez que pasó la emergencia, la salud psicológica inherente del paciente toma el mando y se encarga del resto. Sin embargo, por rutina, el analista confronta al individuo para quien este no es el caso, para quien la "salud", en el sentido habitual de un funcionamiento adecuado y un bienestar psicológico, no es tan fácilmente alcanzable o, de plano, no es el problema. Esto involucra cuestiones y problemas psicológicos más profundos. Son estos individuos quienes exigen los mayores esfuerzos continuos del analista. Por supuesto, de manera semejante, el analista debe de tener la motivación de hacer el mayor esfuerzo que requiere el análisis y hacer lo que resulte adecuado para la tarea, desde el punto de vista del desarrollo. En el subsiguiente tratamiento a largo plazo, la cuestión de los objetivos y la meta surgirá de diversas formas sutiles, a veces expresadas en voz baja por el paciente como un desafío a enfrentar.

Antes de proceder con mi definición de cuál es la meta del análisis, corresponde dirigir algunas palabras sobre la terminología. Cuando abordo los objetivos, me estoy refiriendo a los pequeños cambios específicos en la actitud, el comportamiento y la percepción que se trabajan en el análisis y que el analista espera que se manifiesten en el tratamiento analítico. Cuando me refiero a la meta del análisis, quiero decir la finalidad más amplia y general hacia la cual se dirige el trabajo analítico como un todo. En la práctica cotidiana del psicoanálisis junguiano, el sentido de los objetivos específicos y limitados tiende a ocupar un primer plano de conciencia tanto para el analista como para el paciente. Este enfoque es, de hecho, tanto necesario como deseable. Conforme avanza el análisis, se van librando muchas batallas pequeñas que se van ganando o perdiendo. En caso de que se ganen más batallas de las que se pierden o que queden severamente comprometidas, éstas se van acumulando hasta constituir cambios significativos en los patrones psicológicos del paciente. Cuando la mirada se mantiene demasiado fija en una meta de largo alcance, por lo general, el resultado es que no se realizan las exigencias específicas de lograr una introspección y un cambio conforme se van presentando en el análisis y en la vida. Se pueden agrupar estos múltiples objetivos pequeños, que están íntimamente relacionados con la existencia del individuo tanto en el análisis como fuera de él, bajo unos cuantos objetivos a gran escala. Estos objetivos, a su vez, se pueden ver dentro de una perspectiva aún más larga: la meta final.

Una revisión extensa de la literatura junguiana rápidamente revelaría una amplia gama de opiniones sobre los objetivos del análisis. En el enunciado sobre la meta, que es necesariamente algo abstracto, he buscado identificar aquello en lo que, por lo general, están de acuerdo la mayoría de los autores y analistas junguianos, aunque pudieran individualmente plantearse muchos objetivos diferentes al formular las aplicaciones más concretas de este enunciado. Con esta fórmula, mi punto de partida es el enunciado más general sobre lo que es una meta y posteriormente explicaré los objetivos específicos detalladamente:

El psicoanálisis junguiano se lleva a cabo dentro de una relación dialéctica entre dos individuos: el analista y el paciente. La meta de esta relación es que el paciente llegue a aprender a coexistir con el inconsciente. Se supone que el paciente debe de cobrar conciencia de las estructuras y dinámicas específicas del inconsciente (es decir, los complejos) que emerjan durante el análisis, que debieran cambiar en su relación dinámica con otras estructuras y dinámicas aún más inconscientes (es decir, las energías e imágenes arquetípicas), lo cual conlleva un avance en el proceso de individuación.

Esta fórmula funciona como guía para las siguientes reflexiones sobre los objetivos y la meta del análisis junguiano.

El psicoanálisis junguiano se lleva a cabo dentro de una relación dialéctica entre dos individuos: el analista y el paciente ...

El uso junguiano del término "análisis" es un legado de la historia de Jung. Durante sus años de formación en el campo de la psiquiatría, Jung fue miembro de un naciente movimiento psicoanalítico y continuó utilizando el término análisis para describir su práctica incluso después de su ruptura con Freud en 1913 y cuando ya había fundado su propia escuela: la psicología analítica. Su preferencia por este término se refleja en el nombre de la escuela que se sigue utilizando oficialmente hasta hoy en día, así como en el nombre de la organización internacional más amplia, la Asociación Internacional para la Psicología Analítica (IAAP por sus siglas en inglés).

Al enfoque junguiano al tratamiento se le puede llamar, con justa razón, análisis, ya que, al igual que el psicoanálisis, coloca un énfasis considerable sobre revelar los "componentes básicos" fundamentales y muchas veces inconscientes de la personalidad. En el análisis junguiano, se realiza un esfuerzo por percibir la composición de la psique y las formas en las que funciona a través de descubrir la relación entre la conciencia y las experiencias que la perturban, es decir, los contenidos y dinámicas del inconsciente. Si el análisis químico revela la composición química de una sustancia física, el análisis psicológico devela los patrones, procesos y contenidos básicos de la psique humana.

De forma descriptiva, el término análisis también es adecuado para referirse al tratamiento junguiano. Dentro de un marco analítico adecuadamente seguro y sostenido, los pacientes pueden permitirse experimentar un cierto grado de disolución psicológica (haciendo eco del sentido alquímico de *solutio*, desatorar, dar fluidez).[2] Conforme el paciente va concientizando las actitudes, identificaciones y dinámicas psicológicas fijas subyacentes a la conciencia del ego,

---

[2] La palabra análisis se deriva de la palabra *analyein* en griego que significa "disolver", "liberar".

apoyando su sentido de identidad y en que los contenidos inconscientes que fueran reprimidos o dejados fuera de la imagen de uno mismo, empiezan a entrar en el campo de la conciencia, los pacientes muchas veces se sienten liberados dentro de un estado de fluidez psicológica. Si se ha de dar un cambio estructural, se requiere de la experiencia de "estar en análisis", ya que sólo cuando se flexibiliza la organización de la conciencia del ego, pueden los contenidos bloqueados y reprimidos entrar en el campo de la conciencia, junto con la búsqueda inconsciente de un desarrollo nuevo, y encontrarse disponibles para ser integrados. Sin embargo, aquí yace también el peligro del análisis. Jung estaba, además, extremadamente consciente de que el análisis podía desatar una psicosis latente. Por este motivo, es de importancia crítica que los analistas reciban una formación cuidadosa. Sin embargo, idealmente, la experiencia de la disolución psicológica en el análisis lleva a una nueva síntesis de la conciencia del ego que se relaciona de manera más efectiva con el *Self*, el agenciamiento central que organiza la personalidad y refleja más estructuralmente la totalidad de la realidad de la personalidad que la formación anterior.

Sin embargo, el término análisis no describe fielmente un aspecto significativo del tratamiento junguiano: la experiencia del *Self* que muchas veces ocurre en la terapia junguiana o como resultado de la misma. El análisis junguiano lleva no solamente al conocimiento del *Self*, sino también a un nuevo tipo de experiencia del *Self*. Es posible que quienes inicien un análisis junguiano, lo hagan porque desean conocerse a sí mismos más a fondo, aunque si el análisis realmente funciona, llegan a experienciarse a sí mismos de una manera que no hubiera sido posible antes del análisis. Este nuevo tipo de experiencia del *Self*, se lleva a cabo a medida en que se va disolviendo la rigidez de la conciencia del ego y conforme el inconsciente va respondiendo y se le reconoce dentro de la seguridad y el entendimiento del marco analítico. Lo que realmente crea el efecto terapéutico en el análisis junguiano es el alcance cada vez mayor de la experiencia del *Self* del individuo. Esta experiencia, más aún, en general, se acompaña de un influjo de energía y vitalidad, que lleva a un resultado común en el análisis: una mayor creatividad en las respuestas del paciente ante la vida y sus desafíos. Por otro lado, muchas veces se nota que las experiencias del *Self* están rodeadas de acontecimientos sincronísticos, es decir, coincidencias significativas. Lo que contribuyen estos acontecimientos al análisis, cuando se les pone atención y se les atribuye valor, es un sentido de significado, de dirección hacia el futuro y de destino. El término análisis parece adecuado para referirse a este aspecto de la experiencia del tratamiento junguiano. Aunque quizás sea más adecuado el término terapia, con su connotación de sanación.[3]

Desde un entendimiento junguiano, el análisis en tanto método para aumentar el conocimiento y la experiencia del *Self*, se da dentro del contexto de una relación dialéctica entre el analista y el paciente. Esta relación es dialéctica en el sentido evidente de ser una interacción bidireccional y no exclusivamente unidireccional: se entiende que la acción del análisis junguiano es recíproca. Normalmente, los efectos de esta relación son mucho mayores en el paciente que en el analista, aunque es cierto que la personalidad del analista también puede verse profundamente afectada a largo plazo por una relación analítica que lo involucra psicológicamente. Jung reconoce que las patologías de los pacientes pueden "infectar" a los analistas e incluso ocasionalmente pueden ser "asimiladas" en la personalidad del analista. La fortaleza de la personalidad y la postura consciente del analista son de crucial importancia para sostener el polo dialéctico del analista.

La relación dialéctica entre el analista y el paciente no es la misma en todos los casos o en cada una de las etapas del proceso analítico. Jung describe cuatro "etapas del tratamiento analítico":[4] la confesión, la elucidación o interpretación, la educación y la transformación. Estas etapas no necesariamente son secuenciales.

---

[3] Ver C. A. Meier, *Ancient Incubation and Modern Psychotherapy*.

[4] C. G. Jung, "Problemas generales de la psicoterapia".

Caracterizan los diversos tipos de relaciones que los analistas y los pacientes tienen en diferentes momentos del análisis y ocurren en casi cualquier orden o duración. La naturaleza de la relación dialéctica entre el analista y el paciente es sutilmente diferente en cada una de estas etapas.

En las primeras tres etapas, como las he enumerado aquí, la dialéctica entra en acción en tanto un encuentro entre los conocimientos y la postura consciente del analista, por un lado, y la actitud y la postura conscientes del paciente como compensación, por el otro lado. Esta dialéctica de la compensación puede abarcar desde un espejeo empático, en la primera etapa, pasando por una oposición directa, en la segunda etapa, hasta "completar las piezas faltantes" a través de señalar las opciones y perspectivas que han permanecido inconscientes para el paciente, en la tercera etapa. El objetivo de esta dialéctica compensatoria entre el analista y el paciente es retirar las distorsiones, equilibrar las actitudes y mejorar las funciones psicológicas con el propósito de facilitar una perspectiva más completa del ego, logrando así abordar de manera profunda el *Self* y la realidad.

En el otro polo de la dialéctica, las actitudes unilaterales del analista muchas veces son confrontadas de manera compensatoria por las actitudes del paciente. Frecuentemente, se ha observado que ¡los analistas atraen a los pacientes que necesitan para su mayor desarrollo psicológico! Muchas veces, los problemas y el material inconsciente que los pacientes traen al análisis guardan una relación misteriosa con las problemáticas psicológicas que el analista individual necesita enfrentar y trabajar en su propio proceso de individuación. Por lo general, se recomienda que el analista vaya a análisis con otro analista o bien que recurra a los conocimientos y métodos que haya adquirido anteriormente a través de su propio análisis.

En algunos procesos analíticos, aunque no en todos, la profundidad de la interacción entre la personalidad del analista y la del paciente penetra a un nivel considerablemente más profundo que el de la conciencia del ego. Por lo tanto, la dialéctica entre ellos va más allá de sus intenciones conscientes y aprovecha las respuestas y contra-respuestas provenientes de las capas más profundas e inconscientes de la personalidad de cada uno. La personalidad tanto del analista como del paciente interactúan profundamente en el proceso que se está desenvolviendo y subsiguientemente la dialéctica es entre dos individuos que reaccionan uno con el otro, uno en contra del otro y uno para el otro en muchos niveles diferentes. El ambiente está cargado de material inconsciente que, por un lado, genera el potencial para lograr una unión profunda, una introspección y una diferenciación, aunque también podría generar las condiciones para que el ego lo viva como una traición que hiere, como algo que lo asusta del cual siente perder el control. Si se maneja la dialéctica con destreza y recibe las bendiciones de la buena fortuna (*Deo concedente*), puede entrar en lo que Jung llama la cuarta etapa de tratamiento: la transformación. Para que la relación dialéctica funcione terapéuticamente a esta profundidad, la personalidad del analista es de importancia mucho más crítica que cualquier conocimiento técnico que pueda tener, aunque la formación sólida y la experiencia del analista, le ayudan a evitar muchas caídas.

… la meta de esta relación es que el paciente llegue a aprender a coexistir con el inconsciente…

La temática de los objetivos y de la meta del análisis junguiano es compleja y puede llevar a una considerable confusión y malos entendidos. En la literatura, hay opiniones cruzadas. Esta complejidad se ilustra, por ejemplo, en la discusión sobre cuándo el análisis ha tenido "éxito" o ha "fracasado". Esta diferencia de opiniones es reflejo de la complejidad de la práctica de cada analista. No existe tal cosa como un análisis junguiano típico; los analistas se encuentran involucrados en tal variedad de cuestiones y de objetivos específicos que no parece adecuada la idea de que su trabajo sólo tenga una meta única. Sin embargo, Jung y algunos autores junguianos han tratado de formular algunas generalizaciones sobre el análisis y es desde este ángulo que podemos abordar la temática de los objetivos generales y la meta.

Gran parte de la aparente confusión existente en la literatura en parte puede ser resultado de la ausencia en el pensamiento clínico junguiano de una distinción acordada y precisa entre lo que es la psicoterapia a corto plazo, la psicoterapia orientada hacia la resolución de un problema o problemas y el análisis a largo plazo que lleva a una transformación. Es probable que las diferenciaciones entre las diversas "etapas del análisis" desglosadas por Jung parezcan ambiguas. Cada una de estas etapas parecería tener un conjunto diferente de objetivos, aunque sigan compartiendo la misma meta general. Goodheart dio un paso importante hacia este tipo de aclaraciones.

Otro intento por aclarar la cuestión de las metas, es la burda diferenciación que hace Guggenbühl-Craig entre la meta de la psicoterapia en términos de alcanzar el "bienestar" y la meta del análisis en términos de avanzar hacia la "individuación".[5] Guggenbühl-Craig entiende a la psicoterapia como un tratamiento psicológico a corto plazo orientado a la resolución de cuestiones específicas, de crisis, o de problemas conscientes y, por ende, a lograr reducir las tensiones y los conflictos. Estas resoluciones producen un sentido de bienestar. Para él, el análisis –un tratamiento psicológico a largo plazo que interactúa intensivamente con material del inconsciente– tiene una meta diferente que la terapia y, por lo tanto, también recurre a diferentes estrategias. Guggenbuhl-Craig señala que la búsqueda de la individuación a través del análisis, requiere que el ego profundice en las tensiones intrapsíquicas, que tolere los conflictos internos que resultan de la interacción entre los opuestos en el *Self* y se entregue a los procesos de sanación y resolución de conflicto que se originan en el *Self*. Conforme el ego vaya llegando a un entendimiento con el inconsciente, el resultado no es necesariamente un sentido placentero de bienestar, sino más bien

[5] A. Guggenbühl-Craig, *Marriage — Dead or Alive*.

un sentido más consciente del *Self*. Desde esta perspectiva, la meta de la psicoterapia se orienta hacia el ego, mientras que la meta del análisis se orienta hacia el *Self*.

Por lo tanto, una razón más importante que explica la falta de consenso en el campo con respecto a los objetivos específicos del análisis es que sus resultados no se rigen por las intenciones del ego o por los conocimientos conscientes del analista. Es de suponerse que los individuos que se encuentran en análisis deberían de permanecer abiertos al inconsciente –es decir, al aspecto menos racional, más ambiguo y muchas veces más misterioso de la personalidad– en vez de dejarse dirigir por las intenciones específicas del ego. Por este motivo, Jung evitó formular un conjunto preciso de objetivos para el análisis:

> En la medida de lo posible, dejo que la experiencia pura decida sobre las metas terapéuticas. Esto tal vez resulte extraño, pues se suele presuponer que el terapeuta tiene una meta, aunque en la psicoterapia me parece recomendable que el doctor no tenga una meta demasiado fija. El terapeuta no puede ir más allá de la naturaleza y la voluntad de vivir del paciente. Por lo general, las grandes decisiones de la vida humana tienen mucho más que ver con los instintos y otros misteriosos factores inconscientes que con la voluntad consciente y las buenas intenciones de la razón. El zapato que le queda bien a uno, le aprieta a otro. No existe una receta universal para la vida. Cada uno de nosotros carga su propia forma de vida, una forma irracional que ninguna otra puede superar.[6]

Este enunciado tipifica el punto de vista de Jung y muestra su alta consideración por las soluciones individuales a los conflictos psicológicos, así como la desconfianza que le tiene a la sabiduría de las intenciones del ego del analista.

[6] C. G. Jung, "Metas de la psicoterapia", párr. 81.

Jung nos instruye que tengamos cuidado con establecer objetivos terapéuticos específicos para el análisis, en parte porque muchas veces se basan en una opinión culturalmente sesgada de lo que es psicológicamente la norma. No obstante, sus puntos de vista no excluyen la consideración de tales objetivos en cada nivel de generalidad. El análisis no es un libro cerrado. En una discusión sobre los objetivos y la meta del análisis junguiano, es importante tomar conciencia de varios factores: el nivel de generalidad o de abstracción en el que estemos involucrados; la etapa del proceso analítico que estemos discutiendo; y el tipo de caso y la forma de psicopatología con el que estemos lidiando. El enunciado anteriormente mencionado de lo que es una meta –"llegar a un entendimiento del inconsciente"– es una abstracción de alto nivel y se puede mantener mientras se siga sosteniendo la perspectiva de que el análisis no tiene ni debiera de tener "un objetivo demasiado fijo".

Debido a que el análisis se mantiene abierto al funcionamiento autónomo del inconsciente, así como a la personalidad única de ambas partes de la relación dialéctica, nadie impone una agenda preprogramada con objetivos específicos. Sin embargo, cualquiera de las dos partes puede proponer un objetivo específico durante el transcurso del trabajo analítico. Esos objetivos podrían involucrar, por ejemplo, la necesidad de trabajar síntomas, temas o problemas específicos; la necesidad de alterar la profundidad psicológica de la discusión desde lo concreto hasta lo simbólico y viceversa; o bien la necesidad de virar el enfoque hacia o desde la transferencia o la contratransferencia.

Los analistas junguianos han vivido personalmente, en sus propios procesos de análisis, el desafío de llegar a un entendimiento con el inconsciente. Están familiarizados con los rigores y las tensiones de esta labor psicológica. Esta experiencia, junto con la otra formación clínica y teórica que pueda tener, los prepara para asistir a los pacientes en sus esfuerzos por lograr lo mismo. Jung describe: "Juntos, el paciente y yo abordamos al hombre de dos millones de años que se encuentra en el interior de cada uno de nosotros". Agrega: "En última instancia, la mayoría de nuestras dificultades proviene de haber perdido el contacto con nuestros instintos; con la inolvidable sabiduría milenaria almacenada en nuestro interior".[7] No obstante, los analistas necesitan y, por lo general, han desarrollado una sensibilidad para identificar cuándo se requiere que tanto ellos como sus pacientes aborden el inconsciente en este nivel y cuándo necesitan enfrentar las influencias de los complejos inconscientes personales y de las defensas. Llevar los complejos y las defensas a consulta de esta manera implicaría desviarse de la meta de llegar a un entendimiento con el inconsciente y sencillamente dignificaría a los viejos patrones neuróticos que tienen un significado falso. Estos patrones son obstáculos que enfrentamos en el camino hacia la individuación y es tarea de los analistas –y uno de sus objetivos– ayudar a los pacientes a enfrentarlos y transcenderlos. Esto se puede hacer a través de interpretar los patrones neuróticos y procurar corregir las distorsiones y perturbaciones que le causan a la conciencia.

Entender los objetivos y la meta del análisis junguiano requiere que se les vea a la luz de la teoría. La práctica del análisis junguiano se liga íntimamente con su teoría, sino es que incluso, la justifica. De aquí no se desprende necesariamente, como a veces se ha sugerido, que lo que se desenvuelve en el análisis, o incluso lo que se pueda controlar en el análisis de manera significativa sea producto de las ideas del analista sobre lo que debiera de pasar. Sin embargo, el entendimiento del analista de lo que ve y experimenta en la relación analítica está marcado irremediablemente por el punto de vista que proporciona el marco de la interpretación. Los términos *Self* e inconsciente colectivo, por ejemplo, están ligados a constructos teóricos cuya expresión psicológica viviente es el "hombre de dos millones de años" al que se refiere Jung; estos términos y constructos teóricos, por lo tanto, proporcionan herramientas para explorar el significado de las imágenes y su

[7] W. McGuire y R.F.C. Hull (eds.). *C. G. Jung Speaking*, p. 89.

aparición en el análisis. Los analistas junguianos ven la interpretación psicológicamente racional del significado de las imágenes del inconsciente como de crucial importancia para la terapia y para la "cura del alma".[8]

Es importante reconocer que cuando los junguianos se refieren al "inconsciente", no sólo están señalando una falta de conciencia, una "inconciencia", sino que también se están refiriendo a un área de la psique que es inconsciente por naturaleza. Es cierto que ciertos contenidos, como los pensamientos, los sentimientos, las fantasías y las imágenes, sí atraviesan del inconsciente a la conciencia del ego. En otras palabras, el inconsciente como tal sigue existiendo como un factor dinámico y como fuente de contenidos nuevos independientemente de qué tan consciente pueda estar el individuo de tales contenidos. Llegar a un entendimiento con el inconsciente, que es la meta del análisis, implica establecer una relación con un mayor grado de vitalidad y consciencia entre dos componentes duraderos de la psique: el inconsciente y la conciencia del ego.

Se supone que el paciente debe de tomar conciencia de las estructuras y dinámicas específicas del inconsciente ... que emerjan durante el análisis ...

Los métodos que utilizan los analistas para avanzar hacia la meta del análisis también se relacionan con la teoría. El análisis de los sueños, la imaginación activa, la interpretación de los patrones de comportamiento en relación a los complejos y los arquetipos, la amplificación, etcétera, se utilizan para apoyar a los pacientes a hacer contacto con el inconsciente y lograr un entendimiento de él. El análisis insiste en dirigir al individuo hacia el inconsciente y, en última instancia, se espera que le permita al paciente lograr un pequeño atisbo del *Self* y experienciarlo. Los analistas escuchan y están atentos para ver si aparece el inconsciente y, a la par, buscan

[8] Ver M. Stein, "On Psychological Interpretation." *Collected Writings*, Vol. 2.

las áreas donde existe inconsciencia. Dirigen su atención hacia estas áreas, ya que creen que es ahí que se encuentran las causas y el significado de los síntomas, así como las semillas de un futuro desarrollo psicológico.

Entender el inconsciente, que es la meta del análisis junguiano, significa que el individuo, a través de un proceso de introspección, obtiene una perspectiva de las relaciones dinámicas entre el ego y los contenidos del inconsciente (los complejos y los arquetipos); esto adquiere un grado de control y dominio conscientes sobre la interferencia psicológica causada por los complejos y las defensas personales.

Es a través de la introspección que se logra este dominio y este control psicológicos. En el contexto del análisis junguiano, el término "introspección" ["insight" en inglés] significa un entendimiento cognitivo que se encuentra conectado al trasfondo emocional del contenido o a la dinámica en cuestión. Cuando se pierde este entendimiento a favor de un significado meramente cognitivo, el término puede adoptar un tinte excesivamente racional y dar la impresión de una "actitud analítica" emocionalmente desapegada. La introspección implica, con justa razón, un grado de "distanciamiento" psicológico entre la conciencia del ego y el inconsciente. Por lo tanto, uno de los objetivos del análisis es establecer y mantener un grado adecuado de esta distancia analítica, sin perder la conexión al trasfondo emocional del contenido o de la dinámica en cuestión. La introspección, de hecho, sólo se completa sino hasta que esta conexión sea plenamente consciente e integrada.

Entre estas dos fases del análisis, se realiza una diferenciación en cierto grado artificial, aunque es típicamente junguiana. En primer lugar, hay un periodo para obtener una introspección del material que pertenece al inconsciente personal (los complejos personales y cuestiones relativas al desarrollo emocional). En segundo lugar, hay una fase de encuentro con el material arquetípico que surge de las capas más profundas del inconsciente. Una extensión de esta idea argumenta que el éxito del análisis como un todo depende de que se haya logrado en gran medida la primera de estas fases antes de pasar a la segunda. Lograr una introspección de las tendencias infantiles de la personalidad, a través de la cual nos liberamos de ellas, es una precondición para una interacción significativa con las capas arquetípicas de la psique.

Jung demuestra esto en *Psicología y alquimia*, en un pasaje en el cual él también explica cómo y por qué una introspección psicoterapéutica de hecho puede liberar al individuo de residuos de la infancia:

> Desde luego que es imposible liberarnos de la infancia sin dedicarle una gran cantidad de trabajo .... Tampoco se puede lograr exclusivamente a través de un conocimiento intelectual; lo único efectivo es *recordar y a la vez re-experienciar*. El vertiginoso paso de los años y el torrente avasallador del mundo recién descubierto, así mismo dejan atrás una cantidad masiva de material con el cual no se puede lidiar nunca. No nos deshacemos de este material, sino que meramente nos alejamos de él. En años posteriores, cuando volvemos a los recuerdos de la infancia, encontramos fragmentos de nuestra personalidad que siguen con vida, se aferran a nosotros y nos impregnan con lo que sentíamos en tiempos pasados. Al seguir existiendo en el estado de nuestra infancia, estos fragmentos tienen un efecto muy poderoso [sobre la psique]. Solamente cuando se reunifican con la conciencia adulta, pueden perder su aspecto infantil y corregirse. Hay que lidiar primero con el "inconsciente personal", es decir, concientizarlo. De otro modo, no se puede acceder al inconsciente colectivo. La trayectoria de subir y bajar por muchas escaleras, junto con el padre y la madre, representa la concientización de los contenidos infantiles que aún no se han integrado.[9]

[9] C. G. Jung, *Psicología y alquimia*, párr. 81, cursivas añadidas por el autor.

Como el fenómeno que William James denominó "conocimiento sobre algo", en contraposición con el "conocimiento de relación,"[10] la introspección es, por naturaleza, una conciencia detallada, íntima y afectiva. La introspección cuenta con dos características que le otorgan un poder psicológicamente transformador. Por un lado, trata de "recordar y a la vez re-experienciar"; por el otro, conecta esos recuerdos con la actual conciencia de adulto. Cuando los complejos que perturban la conciencia se pueden conectar efectivamente con recuerdos conscientes de acontecimientos y patrones de la infancia que desempeñaron un papel importante en el desarrollo emocional, los complejos pierden gran parte de su capacidad para perturbar y distorsionar la conciencia. La imagen detallada del recuerdo puede contener el afecto generado por el complejo.

Los analistas junguianos, a diferencia de sus colegas freudianos, por lo general, no se involucran en una reconstrucción meticulosa de la infancia. Sin embargo, como lo indica el enunciado anteriormente citado, en el análisis junguiano sí es común que aparezca una cierta cantidad de recuerdos de la infancia y de la adolescencia. Característicamente, se invierte una cantidad considerable de tiempo en rastrear la historia de varios complejos personales desde la infancia hasta el presente y en cobrar conciencia de cómo afectaron la conciencia del ego en el pasado y la siguen afectando en el presente.

Lambert hace notar que el propósito de la reconstrucción es el reconocimiento de uno mismo "en un contexto continuo en el cual las formas actuales con las que [uno] experimenta y con las cuales [uno] lidia con [uno mismo] y con los demás son una ramificación lógica" del pasado personal.[11] A la articulación entre la experiencia actual y los patrones de conciencia con momentos re-experienciados de esta manera en la infancia, los junguianos le

[10] W. James, *Principios de psicología*, p. 178.
[11] Ver C. G. Jung, *Mysterium Coniunctionis*, párr. 505ss.

llaman el aspecto reductivo del análisis. Característicamente, los analistas junguianos adoptan este tratamiento basado en el enfoque reductivo cuando así lo indican los sueños compensatorios o lo que evalúan como una actitud egóica patológica, desadaptada, o inflada. El efecto de este tipo de análisis sobre un paciente es que lo libera de una "ansiedad excesiva y sus defensas que lo incapacitan" y le permiten "experimentar sentimientos y potencialidades nuevos."[12]

Los junguianos entienden que las "liberaciones" de tales "sentimientos y potencialidades nuevos" se deben a la activación de capas arquetípicas y de contenidos de la personalidad. Para lograr una mirada introspectiva de estos contenidos y de su significado psicológico, el analista recurre al enfoque simbólico, utilizando un "modelo arquetípico".[13] El propósito de este enfoque interpretativo es concientizar el significado finalista, o prospectivo de estos contenidos. Aquí, el término "mirada introspectiva" ["insight" en inglés] tiene otro matiz de significado: carga el significado del entendimiento afectivamente conectado de la relación entre un patrón psicológico o una imagen psicológica y su dimensión arquetípica. Esta dimensión le da un significado más profundo y señala la importancia que tiene para un futuro desarrollo psicológico.

"Lograr un entendimiento con el inconsciente", por lo tanto, significa lograr una mirada introspectiva de estas dos áreas: tener un cierto grado de dominio sobre los complejos personales, por un lado, mientras que, por el otro, se logra un entendimiento del significado simbólico de los contenidos arquetípicos emergentes. El análisis crea un diálogo continuo entre el ego y el inconsciente, el cual produce una tensión dialéctica de opuestos dentro de la conciencia del ego, entre las aspiraciones del ego, por un lado, y las perturbaciones del inconsciente y las demandas basadas en lo arquetípico, por el otro lado. Este diálogo se refleja en la estructura dialéctica del análisis mismo. Esta dialéctica, a su vez, es un reflejo

[12] Ver E. Neumann, *Los orígenes e historia de la conciencia*.
[13] J. Hall, *The Clinical Use of Dreams*, p. 173.

del *Self*, el cual de hecho consiste en una interacción dialéctica de los opuestos. Otra forma de expresar la meta del análisis es que la conciencia del ego llegue a reflejar al *Self* de manera más completa.

Además de la introspección, el otro componente central de mi enunciado sobre la meta del análisis junguiano es el cambio psicológico. Saldar cuentas con el inconsciente involucra cambiar la relación entre el ego y el inconsciente. De ahí viene la última parte de nuestra fórmula:

... y las estructuras subyacentes a la conciencia del ego deberán de ir cambiando en su relación dinámica con otras estructuras y dinámicas más inconscientes.

Aquí nos estamos refiriendo a un "cambio profundo," más que a una gama de pequeños ajustes a las actitudes del ego que se van efectuando en el análisis.

Es probable que este tipo de cambio parezca más ordenado y claro cuando se discute en abstracto que cuando se experiencía durante el análisis. No obstante, regularmente se le puede observar en la práctica analítica a largo plazo. Parece un cambio sutil en los temas y motivos oníricos, así como en las actitudes conscientes del paciente hacia sí mismo y en sus relaciones con otros. Para facilitar este cambio y transformarlo en un proceso consciente, el propósito del análisis es construir un puente que cierre la brecha entre el consciente y el inconsciente, una escisión causada por la represión, las defensas psicológicas, o bien, por estructuras conscientes inadecuadas. Cerrar la brecha entre estas dos partes de la psique, que en sí mismo es un objetivo del análisis, permite que el inconsciente compense al consciente de manera más efectiva. El inconsciente libera nuevas energías y contenidos, permitiendo avances en el proceso de individuación. Jung argumenta que: "Mi objetivo es que se dé un estado psíquico en el cual mi paciente comience a experimentar con su propia naturaleza: un estado de fluidez, de cambio y de crecimiento, donde nada es eternamente fijo ni irremediablemente petrificado".[14] Cuando se da ese estado de fluidez, se da la libertad de transitar del inconsciente a la conciencia del ego. Esto facilita que los contenidos del inconsciente desafíen las estructuras subyacentes a la conciencia del ego. Este encuentro dialéctico energetiza al proceso de individuación y ayuda a activar el misterio de la alquimia del alma y alcanzar su transformación.

Ofrezco las siguientes brevísimas definiciones para aclarar los términos que estoy utilizando en esta discusión sobre el tipo de cambio que busca el análisis junguiano. El ego, que en sí mismo es un complejo, es el agente consciente y el actor de la personalidad, así como el centro de la conciencia reflectiva. El ego (el "yo") existe en un campo de contenidos psicológicos asociados, como los recuerdos y los pensamientos, sentimientos y fantasías familiares (expresiones tempranas del "yo"); juntos constituyen la conciencia del ego. Esta conciencia del ego es una entidad psicológica estructurada, una "estructura caracterológica" constituida por tendencias habituales de pensamiento, manejo de impulsos, etcétera. Al principio organizador subyacente se le llama "dominante".[15] La conciencia del ego, a su vez, se encuentra dentro de la órbita de la potencialidad central que organiza la personalidad, el *Self*. El patrón dominante de organización que muestra la conciencia del ego está constituido tanto por las tendencias innatas instintivas/arquetípicas, que son parte del *Self* y las influencias y expresiones socioculturales; este patrón es resultado de renunciar a la historia de desarrollo.[16] La parte medular del patrón dominante subyacente a la conciencia del ego está constituida por un número selecto de muchas potencialidades para el desarrollo psicológico dentro del *Self* y, por lo tanto, muestra la propiedad de la "unilateralidad" relativa a la psique como un todo.

El patrón dominante de organización subyacente a la conciencia del ego le da forma a la identidad del ego, canaliza las

---

[14] C. G. Jung, *"Metas de la psicoterapia"*, párr. 99.
[15] Ver C. G. Jung, *Mysterium Coniunctionis*, párr. 505ss.
[16] Ver E. Neumann, *Los orígenes e historia de la conciencia*.

energías disponibles y estructura sus comportamientos. En la misma línea, Hall se refiere a una "imagen dominante del ego" constituida por "una asociación persistente de complejos".[17] Desde mi punto de vista, esta asociación de complejos se mantiene unida debido a los patrones arquetípicos y muchas veces se puede relacionar con imágenes arquetípicas específicas, como lo ha demostrado, por ejemplo, Hans Dieckmann.[18]

Debido a que dentro de la personalidad parece haber una búsqueda innata de transcender la expresión parcial del *Self* y la condición de unilateralidad consciente, el análisis apoya esta búsqueda. En el análisis, la conciencia del ego y sus estructuras subyacentes entran en una relación profundamente consciente con otros aspectos inconscientes y no integrados de la personalidad. Este proceso puede adoptar una diversidad de formas: la realización de los aspectos "sombreados" del ego, tanto negativos como positivos, el encuentro con el opuesto contrasexual inconsciente del ego, el *anima* o *animus;* o bien el reconocimiento de las funciones menos desarrolladas e inferiores del ego y sus distorsiones. Es probable que los aspectos del inconsciente emerjan en el análisis como contenidos oníricos, o bien como experiencias de la proyección en la transferencia y la contratransferencia, o en otras situaciones actuales de la vida. Uno de los propósitos de introducir estos aspectos del inconsciente en una relación consciente con el complejo del ego es desprender la identificación del ego con el patrón dominante subyacente. Conforme el ego deja de identificarse con las estructuras viejas y conforme se van asimilando nuevos aspectos de la personalidad, se va dando un cambio en la conciencia del ego. Se forma un nuevo patrón dominante de organización para la conciencia del ego. Como resultado, un conjunto de múltiples estructuras le va dando forma a la identidad del ego, el cual, por lo tanto, llega a representar la totalidad del *Self* de manera más aproximada.

---

[17] J. Hall, *The Clinical Use of Dreams*, p. 173.

[18] H. Dieckmann, "The Favorite Fairy Tale from Childhood as a Therapeutic Factor in Analysis". En J. B. Wheelwright (ed.), *The Analytic Process*.

En el proceso analítico, se va disolviendo el apego del ego al anterior patrón dominante de organización subyacente conforme entra en una relación intensamente consciente con otras partes inconscientes del *Self*. Esta experiencia es emocionalmente dolorosa y el ego, por lo general, se resiste a ella. El ego del individuo prefiere mantener sus identificaciones psicológicas familiares y los ordenamientos de los objetos internos, incluso después de que se les haya reconocido como patrones obsoletos y unilaterales que derrotan al *Self*. Se trata de una resistencia a la individuación y en el análisis, como lo implica nuestro enunciado sobre la meta, enfrentamos esa resistencia y buscamos disminuir sus efectos inhibidores. El ego se resiste a la transformación por una razón: se ve amenazado por la supresión de la anterior construcción de la identidad. Se percibe este proceso como una amenaza de sufrir una regresión a estados psicológicos anteriores, de una mayor vulnerabilidad y, en última instancia, de sufrir la extinción de una postura consciente.

Dentro del proceso analítico, es inevitable que se dé alguna regresión; óptimamente, se experimenta como un periodo de desestructuración protegida. Posteriormente, se le percibe como haber preparado el camino hacia una integración nueva y más completa de los contenidos psíquicos en las estructuras subyacentes a la conciencia del ego y haberle dado forma a la identidad consciente. "Lo que al principio podría parecer una regresión alarmante", Jung reafirma, "es más bien un *reculer pour mieux sauter* [dar un paso atrás para saltar mejor], una acumulación e integración de las poderes" que se van a desarrollar en estructuras nuevas.[19] El cambio que se busca en el análisis, que emerge de una regresión psicológica, no es un reemplazo radical de un conjunto de contenidos dominantes por otro grupo totalmente diferente. Es, más bien, una transformación que combina las formaciones psicológicas más tempranas con nuevos contenidos del inconsciente. Esta

[19] C. G. Jung, "Consideraciones de principio acerca de la psicoterapia práctica", párr. 19.

transformación se da a través de un nuevo "desplazamiento de la libido",[20] con la energía psíquica (la "libido") que fluye por caminos instintivos-arquetípicos ya revisados. Estas nuevas expresiones de la libido son una combinación de algunas formas viejas con otras formas nuevas y los cambios de comportamiento, de actitud y de formas de experimentar la realidad son un reflejo de esta reorganización de la energía psíquica.

La reestructuración de la libido, siguiendo un nuevo gradiente psíquico, no es meramente producto del análisis. Se da como una combinación del trabajo intencional realizado en el análisis con la cooperación espontánea del inconsciente. El inconsciente coopera a través de producir símbolos que representan el proceso de restructuración y el trabajo arquetípico de preparación. Si realmente se va a dar un cambio genuino en las estructuras subyacentes a la conciencia del ego, la acción deliberada y consciente del análisis debe de coincidir con la correspondiente participación del inconsciente. De lo contrario, la "cura del alma" que aparentemente ocurre en el análisis, será superficial en términos psicológicos, basada quizás sólo en una transferencia personal y muy probablemente desaparezca poco después de concluir el análisis. El cambio psicológico no se convierte en un cambio efectivo a largo plazo en el funcionamiento a menos que sea el producto de un cambio estructural que en sí mismo cuenta con una base arquetípica.

Sin embargo, además de este cambio en las estructuras psicológicas, el análisis busca crear un cambio en la manera en la que se relacionan entre sí las principales partes de la psique. Juntos tanto el analista como el paciente tratan de construir canales de apertura permanente entre la conciencia del ego y el inconsciente. Para lograr este aspecto de la meta, el ego debe llegar a un lugar que no esté totalmente inserto en las estructuras de la conciencia, una posición desde la cual en cierta medida se puedan registrar y monitorear las relaciones dinámicas entre el consciente y el

[20] C. G. Jung, "Sobre la energética del alma", párr. 79ss.

inconsciente. A este punto de observación dentro del universo psicológico, Jung le llamó la "función trascendente" de la psique. Consiste en un tipo de ego auto-observador que se encuentra en un estado de alerta, aunque no esté exageradamente consciente o crítico de sí mismo; un tipo de ego receptivo, aunque logra discriminar los contenidos psíquicos emergentes; un tipo de ego que conoce el funcionamiento personal de la psique sin sufrir inflación ni dogmatismo; un tipo de ego estable, aunque flexible. Con el ego en esta posición, puede ser infiltrado por el inconsciente y seguir afectando las actitudes y estructuras del consciente, a pesar de su tendencia hacia la rigidez.

Guggenbühl-Craig sugiere, con cierta ironía, que es posible que los cambios que resultan del análisis se den en gran parte a través del "ritual analítico": tomar sesiones con un analista una o dos veces a la semana por un número de años; poner atención regularmente a los sueños durante ese periodo de tiempo; tomarse un tiempo para la introspección seria y el trabajo interior; formando así hábitos nuevos de atención consciente a la psique y su funcionamiento.[21] Probablemente, Guggenbühl-Craig pone demasiado énfasis en el impacto de los aspectos formales del análisis a expensas del contenido personal de la experiencia analítica. Sin embargo, sus comentarios resaltan un punto importante. A pesar de que el análisis representa solamente una pequeña porción de todo el proceso de individuación, puede tener una importancia crítica para transformar ese proceso en una experiencia consciente. Si el análisis tiene éxito, habría correspondido a un momento en la vida del individuo en el que los complejos y las defensas que bloqueaban su relación más intensa, profunda y franca con la vida se volvieron menos efectivos y en el que se haya alimentado ampliamente el gran aprecio por la realidad y profundidad del alma y su ingenio.

[21] A. Guggenbühl-Craig, "Analytical Rigidity and Ritual".

Capítulo 2

El poder, el chamanismo y la mayéutica como actitudes contratransferenciales[1]

En 1982, Harriet Machtiger lanzó un desafío provocador pidiendo una mayor divulgación de las reacciones contratransferenciales por parte de los analistas. Desde hace mucho tiempo se sabe que los analistas pueden obstaculizar el desarrollo de sus pacientes y su búsqueda por alcanzar la totalidad, aunque esto no es fácil de reconocer y quizás para algunos analistas que padecen de inflación no les parezca muy grata la noticia. De hecho, Machtiger señaló la "respuesta casi fóbica" de algunos analistas a preguntas sobre "la divulgación de lo que ocurre en la contratransferencia o en el análisis mismo".[2]

En los últimos años, ha habido un número de escritos audaces que han asumido este desafío y se han logrado avances considerables. Gran parte de los escritos han sido sintetizados de manera admirable por Robert Sedgwick en su libro *The Wounded Healer* [que se podría traducir como *El sanador herido*]. Me parece que la razón por la cual existía una laguna tan impactante en la

---

[1] Publicado originalmente en *Transference and Countertransference*, Chiron Publications, 1984. Posteriormente publicado en una versión revisada en *Practicing Wholeness*, Chiron Publications, 1996/2014.

[2] H. Machtiger, "Countertransference/Transference", p. 86.

literatura de la psicología analítica, es que la contratransferencia ha estado y, en cierta medida, sigue estando a la sombra de la práctica analítica. Si nos hemos de acercar a entender lo que sucede en el análisis, sería necesario que los analistas produzcan más ensayos confesionales, como el libro de Sedgwick.

Nuestro campo no parece haber alcanzado el punto de estar de acuerdo en que en el análisis la contratransferencia es inevitable y puede ser extremadamente útil para la terapia, siempre y cuando se la entienda y maneje correctamente. Machtiger incluso afirma que "la reacción del analista en la contratransferencia es el factor terapéutico esencial en el análisis",[3] dejando en claro que la reacción del analista puede ser un modelo para la propia integridad y totalidad del paciente. Machtiger insiste que en el análisis mismo se debe de interpretar la contratransferencia:

> Una de las premisas básicas de Jung es que debe de haber un encuentro entre la enfermedad del paciente y la salud del analista. Esta interacción requiere de la confrontación y la interpretación consciente de la posición contra-transferencial/transferencial consciente e inconsciente, tanto del analista como del paciente, así como la subsiguiente integración de los contenidos.[4]

Al interpretar la contratransferencia de manera directa y valiente, el analista, por lo tanto, no sólo está demostrando un nivel básico de salud, sino que además está modelando una manera de trabajar la transferencia. De esta manera, lo que pudiera haber parecido ser lo que bloqueaba el movimiento psicológico del paciente, se vuelve el medio a través del cual se facilita ese movimiento.

Sin embargo, como disciplina, la psicología analítica sigue estando en los inicios de un proceso de reflexión sobre la contratransferencia. Una vez que se haya avanzado más en esta reflexión, debiera de resultar menos extraño para los analistas

---

[3] *Ibid.*, p. 90.
[4] *Ibid*, p. 100.

descubrir qué necesitan trabajar con sus pacientes en este nivel. Lo que se necesita es una mejor orientación en las aguas emocionales que muchas veces resultan confusas y amenazantes.

Sigue siendo necesario explorar más ampliamente el gran océano del inconsciente en el cual navega este factor del trabajo analítico. También necesitamos describir, de manera más profunda y precisa, la asombrosa variedad de imágenes, sentimientos, dinámicas y estructuras psicológicas involucradas en las actitudes y reacciones contratransferenciales. Necesitamos tanto de la teoría como de descripciones experienciales que ayuden a desenmarañar los enredos confusos que muchas veces infestan la relación analítica.

En la literatura analítica, se han realizado unas cuantas diferenciaciones básicas sobre la contratransferencia. Existe la diferenciación fácil, casi conversacional, entre la contratransferencia positiva y negativa, que es un reflejo de la noción de la transferencia positiva y negativa y pareciera afirmar que al analista, básicamente, le cae bien el paciente o no. Como punto de referencia, esto no es información que sea por completo inútil o que no venga al caso, aunque deja mucho que desear desde el punto de vista de los detalles. Se ha realizado una diferenciación más interesante y analíticamente más útil entre la contratransferencia que se origina de manera autónoma en la psique del analista[5] y la contratransferencia que se origina en respuesta a la psique del paciente.[6] Sin embargo, muchas veces se diluye esta distinción, ya que, como han señalado muchos analistas, no se pueden separar tan nítidamente a los dos sujetos involucrados en esta relación. En el proceso transferencial/contratransferencial, resulta imposible distinguir con total certeza quién de los dos posee qué contenidos psíquicos. Tampoco es posible tener la seguridad de quién está

[5] Fordham [1978] se refiere a la contratransferencia "ilusoria", Dieckmann [1976] a la contratransferencia "proyectiva" y Racker [1968] a la contratransferencia "neurótica".

[6] La contratransferencia "sintónica" de Fordham, la "objetiva" de Dieckmann y la "concordante" de Racker.

siendo reactivo con respecto a quién o a qué. ¿Acaso el analista está reaccionando ante el inconsciente del paciente o lo está activando? En vez de referirse a la transferencia del paciente y la *contra*-transferencia del analista, Alfred Plaut ha sugerido que en el análisis la transferencia es mutua, tanto del paciente hacia el analista y viceversa. Jung señaló desde hace mucho tiempo que en el complejo proceso del análisis, tanto el analista como el paciente "se encuentran en una relación fundada en una inconsciencia mutua",[7] y ambos contribuyen un impulso inconsciente a la relación. Las contra transferencias muchas veces son tanto ilusorias como sintónicas, al mismo tiempo. Sin embargo, si algún día hemos de cobrar conciencia de los contenidos y la dinámica de la contratransferencia, es necesario hacer estas diferenciaciones.

La metodología

Una complicación adicional de la investigación de la contratransferencia es de índole metodológico. El método que comúnmente utilizan los analistas, una combinación de introspección y auto-análisis, no logra discriminar claramente "quién posee qué" fragmentos del material psíquico en los procesos analíticos. Incluso si los analistas de manera valiente buscan examinar su contra-transferencia conscientemente a través de este método, la meta no estará dentro de su alcance ya que no se trata del método adecuado. Es muy poco probable que los analistas lleguen a la verdad por cuenta propia. Aunque salieran a la luz todos los pensamientos secretos y las fantasías del analista, aun así no se revelaría la contratransferencia real, precisamente porque es inconsciente. Por ende, no es suficiente sólo el auto-análisis y la confesión. Un método que estuviera a la altura de analizar la contratransferencia tendría que tener el poder de explorar el

[7] C. G. Jung, "La psicología de la transferencia", *Obras Completas,* Vol. 16, párr. 367.

inconsciente del analista, así como sus actitudes y reacciones conscientes.

Este método podría recurrir a varias fuentes para obtener información. Los pacientes, consciente o inconscientemente, son extremadamente sensibles a la contratransferencia y se la revelan a su analista, ya sea a través de fantasías y sueños o bien por medio de asociaciones y comunicaciones indirectas. Sus testimonios podrían ser una fuente primordial de información. En segundo lugar, se podrían recolectar y examinar las reacciones inconscientes de los analistas a los pacientes, como se manifiestan tanto en los sueños y las fantasías espontáneas, como en las asociaciones del analista al material de los pacientes y en el material derivativo que adopta la forma de interpretaciones. Sobre todo, se deben de observar cuidadosamente las intervenciones de los analistas en el marco mismo de la terapia, ya que son los indicadores más intensos e inmediatos de la contratransferencia. Si los analistas recopilaran y analizaran estos materiales, nos acercaríamos mucho más a una apreciación más precisa de la contratransferencia de la que actualmente tenemos.

Tres tipos de contratransferencia

Como lo indican mis referencias, a lo largo de la literatura junguiana se encuentran dispersas alusiones a los tres tipos de contratransferencia, mismos que voy a discutir a continuación. Aunque este desglose no es completamente nuevo, me parece que se le puede presentar con una mayor coherencia y detalle. Aquí presento tres contenedores contratransferenciales en los cuales tiene cabida el material empírico. Estos contenedores pueden ofrecer imágenes y modelos que ayuden a otros a ir resolviendo sus actitudes y reacciones contratransferenciales y quizás encuentren una aclaración, o bien quizás la elaboración de otros contenedores, resulte ser todo un desafío. En cualquier caso, espero que esto sea el inicio del tipo de trabajo que estoy describiendo.

Los nombres de los tres tipos de contratransferencia que voy a describir: la contratransferencia orientada hacia el poder, la contratransferencia chamánica y la contratransferencia mayéutica, sugieren los valores y dinámicas centrales de estos tres tipos de contratransferencia, así como el tipo de relaciones diádicas que ayudan a crear. Cada uno de estos tipos de contratransferencia produce sus propias imágenes y ansiedades típicas, además muestran un claro patrón arquetípico. El analista puede utilizar cada uno de estos tipos de contratransferencia de manera defensiva para descargar tensiones y presiones que se vayan acumulando durante el análisis. Además, cada uno de estos tipos también puede proporcionarle al analista una orientación (muchas veces parcialmente inconsciente) con respecto a lo que está haciendo; y cada uno puede liberar una corriente satisfactoria de significado interior y de realización cuando se cubren sus requisitos positivos. Todos estos tipos de contratransferencia pueden sanar y facilitar la búsqueda de la totalidad psíquica, aunque cada uno de estos tres tipos también puede crear distorsiones y hacer daño. En otras palabras, ninguno es totalmente bueno ni totalmente malo. Hay que analizar cada uno de estos tipos de contratransferencia cuando parezcan estar obstaculizando la terapia.

Estos tres tipos de contratransferencia de ninguna manera abarcan toda la gama de reacciones contratransferenciales. En la literatura, se reconocen más ampliamente y se discuten más comúnmente las contratransferencias basadas en los patrones nutrientes del arquetipo de la Gran Madre[8] y los patrones sexuales del arquetipo de Eros.[9] A través de nombrar estos tres tipos de contratransferencia y reflexionar sobre ellos, espero que ayude a los analistas a identificar las reacciones y actitudes contratransferenciales que no son fundamentalmente maternas o sexuales y además los motive a describir y discutir otros tipos de contratransferencia.

---

[8] Ver H. Machtiger, "Countertransference/Transference".

[9] Ver N. Schwartz-Salant, *Narcissism and Character Transformation*.

La contratransferencia orientada hacia el poder

En el transcurso del análisis, el analista frecuentemente siente una presión fuerte o sutil para que tome el mando de la situación y ejerza poder sobre el paciente. El poder, es decir, la necesidad o el deseo de tener el control, siempre está presente en las relaciones humanas y la relación terapéutica entre el analista y el paciente no es la excepción. Hay múltiples evidencias de este tipo de reacción contratransferencial: darle al paciente consejos no solicitados sobre cómo mejorar una actitud mental; recomendar terapias auxiliares, medicamentos u hospitalización; insistir en un cumplimiento rígido del horario y lugar del tratamiento, hacer interpretaciones agresivas que resulten dominantes; trivializar los efectos terapéuticos de otras personas sobre el paciente; terminar el análisis unilateralmente. Todos los analistas conocen el impulso de obtener y mantener control sobre los pacientes y el proceso analítico, y la mayoría de alguna manera se sienten algo culpables por reafirmar su poder dentro del contexto analítico, por lo menos de manera abierta. Se supone que los analistas están libres de deseos (Wilfred Bion nos enseña a estar sin recuerdos ni deseos).

Los pacientes tampoco son inmunes al deseo del poder. Se sabe que a veces los pacientes toman el control y asumen una posición de poder. Cuando lo logran, la posición contratransferencial del analista podrá, a su vez, basarse en renunciar al poder y aceptar su impotencia. Si este sacrificio total del deseo de tener poder sobre el paciente y el proceso analítico, suena como un acercamiento al ideal del analista ascético, puede que de hecho esté enraizado en un contradeseo de someterse al control del paciente, en ser dirigido en un estilo masoquista o teniéndole miedo al paciente.

El problema del poder no se resuelve a través de darle el control al paciente. Los pacientes gradualmente se llegarán a sentir molestos por sus ataques compulsivos al analista y su necesidad de mantener el control sobre el proceso analítico y sentirán ansiedad por haber logrado este control. Sin embargo, este comportamiento no se detendrá sino hasta que se interprete y metabolice la necesidad del paciente de controlar al analista. No obstante, no se le puede analizar desde la postura masoquista del analista: desde esa posición, el analista no tiene ningún poder analítico.

Es relativamente inútil reprocharse a uno mismo o al otro por involucrarse en este tipo de proceso transferencial/contra-transferencial, ya sea de un lado del juego de poder o del otro. Es más difícil, aunque analíticamente más útil, entender por qué sucedió y percibir la dinámica que lo sustenta. ¿Cómo puede el analista interpretar este tipo de contratransferencia de manera efectiva?

Guggenbuhl-Craig, destacado expositor junguiano que aborda el tema del poder, argumenta que cuando la búsqueda del poder se vuelve de primordial importancia en una situación de ayuda, se debe a que una imagen arquetípica se escindió en dos partes.

De manera aproximada, podemos designar a estas partes como lo menor y lo mayor: el paciente enfermo en contraposición al doctor sano; el paciente pobre versus la trabajadora social establecida y dominante; el penitente pecador versus el confesor sagrado; el estudiante ignorante versus el maestro con conocimientos profundos; etcétera. (O bien, viceversa: el paciente sano versus el doctor enfermo, etcétera). En el análisis, esto se puede escenificar de muchas maneras cuando un patrón arquetípico se escinde y el paciente acepta y carga uno de los polos y el analista el otro. Esto se efectúa a través de una colaboración mutua, por lo general, inconsciente, en la cual la proyección y la identificación proyectiva son la dinámica clave.

El efecto psicológico de esta escisión de un patrón arquetípico es la distancia emocional: el analista y el paciente se vuelven muy diferentes y su relación está teñida por este sentimiento de otredad. El analista o el paciente (según quién se encuentre en la posición de poder) parecen trascender el proceso, afectándolo a distancia.

El analista desea saber cuándo y por qué este tipo de proceso contratransferencial/transferencial (o cualquier otro tipo) se establece en el análisis. Es probable que se deba a la actitud contratransferencial original del analista, que se establece antes de que un paciente en particular entre en el consultorio. Esto es sencillamente una actitud profesional, quizás una actitud de poder y mando. El paciente la acepta y se adapta, o bien la rechaza y se va. Sin embargo, en la medida en la que el análisis va avanzando, muchas veces se va estableciendo la dinámica del poder, ya que los complejos emocionales personales de cada uno interactúan con los del otro. Aquí, el patrón del poder se deriva de la psicodinamia que se da entre dos individuos específicos, mientras que es posible que otras áreas de la vida de cada individuo permanezcan relativamente libres de este patrón.

La personalidad de ciertos pacientes tiende a sacar a relucir el aspecto sádico (o masoquista) del analista: inconscientemente buscan a alguien que se haga cargo de su vida y que ejerza poder sobre ellos, que les diga qué hacer, que les dé consejos difíciles, que los castigue por ser inadecuados; o a la inversa, tienen un impulso inconsciente por someter y dominar al otro. Los analistas pueden quedar atrapados en este estira y afloja inconsciente por desempeñar el papel relevante en la relación, identificarse con uno de los lados de la escisión en el patrón arquetípico y proyectar el otro. La subsiguiente relación escenifica una psicodinamia que es interna tanto en el analista como en el paciente, aunque se externaliza y se comparte entre ellos. Lo que se necesita analizar y elaborar, es la cooperación o colusión de cada uno. Es probable que el analista necesite confesarle al paciente que tales fantasías y tendencias parecen haberse filtrado en el campo entre ellos. "De repente siento la necesidad de controlarte. Quiero evitar que te lastimes a ti mismo. ¿Me pregunto si esto tiene algún significado para ti? ¿Te puedes relacionar con este tipo de situación? ¿Acaso me estoy convirtiendo en tu padre o madre que te sobreprotege y controla?"

Cuando en el análisis domina la dinámica del poder, por lo general, no resulta muy efectivo tan solo decir que se ha escindido un arquetipo. Es necesario concientizar los detalles específicos del proceso de transferencia/contratransferencia que llevaron a ese punto. ¿Qué elementos inconscientes tanto del paciente como del analista desempeñaron un papel en esta escisión? ¿Qué le pertenece a quién? Durante el transcurso de la terapia, se necesita analizar y elaborar abiertamente ambos lados de la interacción. Por lo general, el analista va a necesitar tomar la iniciativa de concientizar la dinámica o la fantasía.

En los sueños de las pacientes que asumen una posición masoquista y ofrecen una proyección sádica sobre el analista, muchas veces se asocia este patrón con un tema sexual. En el campo transferencial/contratransferencial resultante, se escenifica una relación erótica en una sutil dinámica relacional a través del drama del dominio y la sumisión. El sometimiento masoquista logra la atadura del amor. Mientras tanto, el analista se encuentra inexplicablemente estimulado y se siente impulsado a adoptar la posición superior, a controlar, incluso quizás, en algunos momentos, a señalar las limitaciones del paciente o a hacer interpretaciones agresivas o incluso sarcásticas. Su reacción contratransferencial es parcialmente sintónica y, por lo tanto, puede arrojar luz sobre los procesos intrapsíquicos del paciente: En la contratransferencia, él puede sentir la rabia sádica que emerge del *animus* y directamente experienciar las figuras internas rechazantes y punitivas (generalmente figuras internas tempranas y parentales). Esta información puede generar interpretaciones genéticas y dinámicas de una gran riqueza, así como también puede proporcionar material para interpretaciones empáticas: "Te has de haber sentido altamente monitoreada y controlada por tus padres, incluso te has de haber sentido humillada".

Cuando el tema del poder se vuelve una fuerte reacción contratransferencial y realmente involucra las emociones del analista, también tiene un aspecto ilusorio. Cuando el analista se siente atorado y enojado, que no merece la cuota que cobra, sin ninguna inclinación a seguir con la paciente a menos que ella empiece a romper con su ensimismamiento y vaya mejorando. Generalmente, está atrapado en esta reacción contratransferencial y bajo la amenaza de caer bajo el dominio de sus propios ataques internos a sí mismo. El analista está luchando por controlar su propio inconsciente caótico, generalmente está luchando por controlar su *anima* obstinada y rebelde o su factor materno, que crea estados de ánimo de inadecuación y auto-denigración con respecto a los componentes infantiles del ego (los elementos sombreados). Proyecta su imagen infantil (su sombra) sobre la paciente y la ataca, o trata de moldearla, de la misma manera en que su madre interna o su *anima*-hermana lo ataca y trata de hacerlo madurar. El paciente se contagia del aspecto autopunitivo del analista y de los intentos de lograr el dominio de sí mismo.

Mientras que se puede ver a esta reacción contratransferencial como un derivado de la respuesta inconsciente de un paciente específico, también es un derivado de los problemas no resueltos del ego y el *anima* del analista. A estas alturas, sustraerse del proceso analítico, sería la suprema jugada de poder por parte del analista.

Al analizar el proceso transferencial/contratransferencial, resulta necesario interpretar a las dos partes de la relación: una a la luz de la otra. Quizá la mejor manera de hacer esto es a través de una imagen producto de la fantasía. Una imagen que sugiera la naturaleza del actual campo relacional puede ofrecer un aspecto fértil para la reflexión y la interpretación. En la complejidad de este proceso, no hay factores puramente individuales o intrapsíquicos, que no cuenten con sinapsis que los conecte con la personalidad de la pareja. El poder se da en un campo con, por lo menos, dos partes involucradas. Si se analiza la transferencia sin hacer referencia a la compleja participación del analista en ella, es muy probable que los pacientes reciban el mensaje de que toda la enfermedad es de ellos. Esto alimenta la postura masoquista en vez de ofrecer algún tipo de perspectiva sobre cómo esa postura detona un ataque sádico, o cómo en tanto estrategia para lograr el amor, conduce a una pérdida de poder. Sin este conocimiento, no se puede transformar el patrón ya que las presuposiciones inconscientes y las escisiones subyacentes no se hacen conscientes en una forma terapéuticamente efectiva. Por otro lado, a través de analizar el proceso contratransferencial/transferencial como un todo complejo, el paciente puede descubrir cómo funciona este patrón y cómo genera un estancamiento interpersonal e intrapsíquico.

Una vez, tuve un caso en el cual se simbolizaba el campo interactivo a través de la imagen de una partida de ajedrez. Nos sentamos uno frente al otro con el tablero de ajedrez en medio y luchamos por ver quién podía jugar mejor que el otro. El paciente también era terapeuta, por lo que la competencia entre los dos no era sorprendente, aunque a un nivel más profundo, esta dinámica se originaba en su complejo paterno. Él tenía que derrotar al padre para probar que él merecía la gran estima que le tenía su madre. Por mi parte, yo también estaba atrapado en la partida de ajedrez, luchando con un asunto paralelo en mi propia historia. Esta imagen, que me llegó en un sueño, ofrecía una manera precisa de hablar sobre nuestras dificultades y de entenderlas. En esto también había un significado prospectivo ya que este terapeuta se estaba formando para llegar a ser analista y estaba encontrando su fuerza a través de ponerse a prueba conmigo.

Ya sea que estemos analizando los aspectos sintónicos o ilusorios de una contratransferencia de poder, no se trata de un trabajo fácil. Sin embargo, los dos tipos de contratransferencia presentan diferentes problemas. En el primer tipo, se utiliza la contratransferencia para interpretar los estados internos del paciente y aquí parece relativamente fácil vincular la contratransferencia con la dinámica de la transferencia. Sin embargo, en el caso de la contratransferencia ilusoria, se llama al analista a analizar sus proyecciones sobre el paciente, las cuales, a su vez, produjeron una descarga del complejo y reacciones emocionales en el paciente. El primer tipo de análisis le proporciona al paciente una visión de sus patrones intrapsíquicos, genéticos e interpersonales. El segundo tipo libera al paciente de tener que cargar las proyecciones del analista.

Aunque la contratransferencia nunca es completamente ilusoria, la interpretación de la contratransferencia siempre se puede ligar con la transferencia. En la constelación de las contratransferencias de poder donde el analista se ubica en una posición superior al paciente, en cierto sentido el paciente inconscientemente está pidiendo permanecer en una posición inferior con el fin de curarse pasivamente. En este sentido, se puede utilizar una interpretación contratransferencial/transferencial para señalar las características de la transferencia y ligarlas a la rabia subyacente a la posición masoquista, que siente el paciente con respecto a tener que abordar al mundo en sus propios términos y a tener que interactuar de manera activa con la vida.

Mientras que es importante reconocer que las reafirmaciones del poder, ya sea bajo la forma de intimidaciones, de dar consejos, enseñar técnicas o bien de promover el uso de fármacos, nunca sanaron a nadie de un problema psicológico profundo y muchas veces han hecho mucho daño, es igualmente esencial reconocer que a veces la reafirmación consciente del poder por parte del analista es exactamente lo correcto y lo más útil que hay que hacer. Las reafirmaciones del poder en aras de contener al paciente y mantenerlo enfocado en el trabajo que debe realizar son gestos de preocupación y cuidados terapéuticos. Por lo general, cuando una reafirmación del poder proviene de una actitud contratransferencial crónica o de una respuesta sombreada por parte del analista, no está apuntando en la dirección correcta. Sin embargo, puede que funcione bastante bien cuando es compensatoria de un enfoque anterior demasiado pasivo del analista que se quedó atorado. Aquí, el impulso de tomar el control y poner el proceso en movimiento proporciona la fuerza necesaria para interpretar el anterior proceso de transferencia/contratransferencia e ir más allá de él.

Una observación personal es que la contratrasferencia del poder aparece como un aspecto sombreado de aquellos analistas que operan conscientemente desde un "modelo de Eros". En principio, por supuesto, esto hace sentido, ya que el poder y el amor muchas veces forman un par de opuestos complementarios. En su libro *The Difficult Art: A Critical Discourse on Psychotherapy* [que se podría traducir como *El arte difícil: Un discurso crítico sobre la psicoterapia*], Carotenuto escribe con gran maestría sobre este par de opuestos. Ciertamente para mí siempre sigue siendo causa de gran azoro ver lo evidente que puede ser una actitud de la contratransferencia del poder inconsciente sin que el analista que sigue el "modelo de Eros" tenga la más remota idea de ella. Considerando que esta actitud se encuentra genuinamente en la sombra, estos analistas no logran descubrirla través de una introspección consciente o de un auto-escrutinio y, por lo tanto, las actitudes de sus pacientes sólo los dejan desconcertados. Inevitablemente resultan sorprendidos y confundidos y se vuelven excesivamente defensivos cuando sus pacientes o sus supervisores tratan de hacérselas notar.

Una de estas analistas tuvo un sueño en el cual ella estaba manejando un potente automóvil y estaba aterrorizando a todas las personas que se le acercaran a través de disparar un revolver por la ventana de su auto. Ella no les estaba disparando directamente a las personas, sino a objetos que se ubicaban en otra dirección. No obstante, las personas estaban aterradas y la conductora no podía entender porque le tendrían terror, después de todo, ella no les estaba disparando a ellos, sino que ¡estaba disparando en otra dirección! Si la analista hubiera podido interpretar este sueño, o bien si hubiera podido aceptar la interpretación de un supervisor o supervisora, se hubiera dado cuenta de lo que no estaba funcionando con muchos de sus pacientes: estaban reaccionando a las descargas inconscientes de poder de la analista, que les resultaban aterradoras, mientras que sus intenciones conscientes para nada eran dañinas o maliciosas. de hecho, ella estaba conscientemente comprometida con la idea de sanar a través del amor y la relación íntima.

La contratransferencia de tipo chamánico

En sus discusiones escritas sobre la transferencia/contratransferecia Jung no incluye gran consideración a la dinámica del poder, aunque ocasionalmente sí se quita el sombrero ante Alfred Adler. Sin embargo, por mucho que Jung tienda a minimizar la importancia de la cuestión de las dinámicas del poder en el contexto analítico, igualmente se inclina a enfatizar la importancia de un modelo chamánico de sanación en la contratransferencia.[10]

Los numerosos comentarios dispersos sobre las dinámicas transferenciales/contratransferenciales en el análisis salen de este mismo molde: los analistas se contagian de las enfermedades de sus pacientes y posteriormente realizan una cura a través de sanarse por medio de producir la medicina en sí mismos y administrársela al paciente a través de la "influencia". En el análisis, este proceso de sanación chamánica, por supuesto, se lleva a cabo en un plano psíquico más que en un plano físico. Como lo representa Jung, se trata de una interacción muy compleja y sutil que involucra a toda la personalidad de ambas partes en una especie de combinación alquímica de elementos psíquicos.[11]

Si las dinámicas de poder crean distancia entre el analista y el paciente y un sentido agudizado de sus diferencias en valor, el proceso chamánico produce el resultado opuesto. La diferencia se vuelve borrosa y la distancia se colapsa a favor de la identificación psicológica. El analista y el paciente se experiencían el uno al otro como iguales, no como opuestos. conforme se va afianzando este proceso de identificación psicológica, la empatía que fluye entre la pareja se tiende a intensificar, lo que le sucede a uno, también le ocurre al otro; psicológicamente, están en resonancia el uno con el otro. Es aquí que se infecta el analista. Tanto el analista como el

---

[10] Ver, por ejemplo, C. G. Jung, *Tipos psicológicos*, *CW* 6, párr. 486; "Los problemas de la psicoterapia moderna, *CW* 16, párr. 163; McGuire y Hull (eds.), *Jung Speaking*, p. 345.

[11] Ver C. G. Jung, "La psicología de la transferencia", *CW* 16.

paciente, experiencían, muchas veces de manera simultánea, los mismos malestares psíquicos, como la depresión, la ansiedad, la retracción esquizoide, la invasión de figuras e impulsos inconscientes debido a que los dos sistemas psíquicos corren por líneas paralelas, la psique del analista se va ajustando a las características del paisaje interno del paciente. A través de este tipo de espejeo, la psique del analista absorbe y llega a reflejar la enfermedad del paciente.

Se podría imaginar que este tipo de contratransferencia, sólo ocurre con analistas que tienen fronteras egóicas excesivamente permeables, y una especie de flexibilidad en su identidad personal. Sin embargo, muchos analistas relajan las defensas de su ego en la terapia y se abren a la psique del otro. La formación psicoterapéutica, en general, promueve que lo hagan hasta cierto grado. Por lo tanto, este tipo de proceso interaccional no es tan raro como se podría pensar, particularmente debido a que estas identificaciones muchas veces se dan en un nivel que es profundamente inconsciente tanto para el analista como para el paciente y pasan por alto las defensas del ego por completo.

Sin embargo, en tanto sanador chamánico, el analista no sólo se contagia de la enfermedad del paciente, sino que también encuentra la manera de curarla. Conforme va absorbiendo y sufriendo la enfermedad, el analista empieza a buscar una cura: analiza la constelación psicológica interna creada por esa enfermedad; escruta los sueños, las asociaciones y demás material inconsciente de relevancia para el sufrimiento; busca los símbolos que emergen desde el inconsciente y representa el factor sanador en funcionamiento: la imaginación activa. El inconsciente responde al sufrimiento del sanador y el analista aplica símbolos curativos a la herida, con lo cual sana la enfermedad. Es entonces que desde una necesidad personal de sanarse, el analista se ve forzado a desarrollarse aún más a través de lidiar con los efectos creados por la enfermedad del paciente.

Una vez trabajé con un joven que sufría graves episodios depresivos. Después de un cierto punto, comenzó a confiar en mí suficientemente como para compartir sus estados de ánimo conmigo. En sesión, de manera visible, se hundía en un pozo de desesperación y su cuerpo revelaba el dolor de sus emociones a través de vívidos gestos y muecas. Conforme me introduje en esos espacios con él, yo también empecé a sentir una profunda falta de esperanza, el vacío absoluto, el dolor físico de la depresión. Para mí, fueron sesiones increíblemente dolorosas y a veces me llegué a preguntar si yo sobreviviría. ¿Terminaría mi habitual espíritu de optimismo y entusiasmo sobre el futuro por desmoronarse por completo? Tuve que dejar ir este espíritu de optimismo y entusiasmo para poder saber internamente lo que él estaba sintiendo. Juntos viajamos al lugar de sus fantasías suicidas y juntos sentimos el alivio de soltar nuestros espíritus agotados en el acogedor abrazo de la muerte. A través de estas sesiones, de manera inexplicable, él se fue mejorando. Su funcionamiento cotidiano y su estado de ánimo ante la vida, en general, mejoraron muchísimo al punto en que logró encontrar un nuevo trabajo desafiante y casarse. Su sanación se realizó no tanto por la interpretación, sino más bien por la realización de que yo había sobreviviendo estos estados intensos de desesperación junto con él. De alguna manera misteriosa, nuestra sobrevivencia conjunta lo inoculó en contra de los peores estragos de la depresión. También me ayudó a prepararme para desesperaciones que yo pudiera enfrentar posteriormente en la vida.

La tarea terapéutica es trasmitir la medicina psíquica al paciente. La administración de la medicina a través del proceso de la contratransferencia/transferencia es como contagiarse de la infección original. El analista, afirma Jung, "tiene influencia" sobre el paciente.[12] En este caso, la influencia no sólo implica los efectos que se pueden lograr simplemente a través de dar un buen consejo

[12] C. G. Jung, "Los problemas de la psicoterapia moderna", *CW* 16, párr. 169.

o recomendar la realización de algunos rituales de sanación o incluso hacer interpretaciones agudamente empáticas, sino que también abraza la noción de que el inconsciente está profundamente involucrado en este nexo interaccional. El analista y el paciente se encuentran conectados entre sí tanto inconsciente como conscientemente; es a través de este canal y, también, a través del inconsciente, que se transmite la *medicina* al paciente. Eso es lo que significa la observación trillada de que la totalidad del ser del analista a veces se involucra en el proceso de la contratransferencia/transferencia. La influencia de la sustancia curativa del analista se transmite al paciente a través de muchos vasos capilares sutiles que unen las dos partes de esta compleja relación.

En términos analíticos modernos, se puede entender este ciclo chamánico como una mezcla de mutua identificación, identificación proyectiva e introyección entre el analista y el paciente. El analista y el paciente entran en un estado de identificación; proyectan contenidos psíquicos entre sí y cada uno se identifica con ellos; en algún momento cada uno se introyecta en el otro. (El concepto de *participation mystique* que introduce Jung a su teoría abarca todas estas dinámicas. Es a través de la *participation mystique,* que es en gran medida inconsciente, que el analista y el paciente resultan afectados y se afectan entre sí). La influencia sanadora de la personalidad del analista, que se constela en respuesta a la enfermedad internalizada del paciente, crea un efecto curativo al interior del paciente, ya que el proceso de auto-sanación del analista detona un proceso paralelo de sanación en la psique del paciente. Es a través de o en torno a la imago sanadora del analista que se activan las propias fuerzas sanadoras internas del paciente.

De muchas maneras, este tipo de proceso contratransferencial/transferencial parece ideal para alcanzar la meta de la sanación psicológica que buscan muchos analistas. Sin embargo, la sanación chamánica en el análisis es seductora y tiene sus trampas. Puede fallar y terminar en una *folie a deux* [literalmente una "locura entre dos"] y en un estancamiento analítico, sobre todo cuando las fuentes dinámicas de identificación mutua permanecen escondidas e inconscientes. Existe una fuerte tentación a simplemente caer en el flujo de este proceso y permitir que permanezca sin analizar con la esperanza de que pueda crear una cura mágica. El proceso chamánico no es necesariamente ideal y los analistas deberían de poder reconocerlo cuando se da, entender lo que significa y cómo funciona, además de prever algunos de sus peligros. El proceso chamánico crea muchos puntos ciegos y fácilmente puede quedar anclado en la sombra del analista, que, a su vez, crea una fuerte resistencia a analizar este tipo de contratransferencia. A veces se necesita de medicación y el analista chamánico se rehúsa a considerar este opción debido a una actitud inflada con respecto a la capacidad sanadora del proceso analítico.

Señalé anteriormente que cuando el problema es el poder, se escinden los opuestos y se constela una sensación de aguda diferencia y oposición entre el analista y el paciente. La modalidad chamánica, por el otro lado, se basa en una constelación de la identidad entre el analista y el paciente. Aquí, cada psique se orienta por un impulso de parecerse al otro lo más posible, con el resultado de que cada uno se vuelve inconsciente en los mismos puntos. Cada uno comparte, o procura compartir, la misma tipología psicológica, el mismo nivel de madurez, las mismas constelaciones de masculino/femenino, de ego/sombra; incluso una diversidad de objetos internos –como las imagos y los complejos de la madre y del padre– se vuelven tan profundamente confusos que resulta prácticamente imposible diferenciar la historia personal de uno con respecto a la del otro. Puede que se dé una mutua idealización y denigración, que cada individuo represente el alter ego del otro o su gemelo psicológico. La presuposición del analista de que la identidad prevalezca en tantas áreas conscientes e inconscientes, por supuesto que nubla la visión analítica y debilita el entendimiento analítico. El análisis se vuelve una especie de auto-análisis, con la misma inclinación a la ceguera con respecto a la sombra, y se excluyen de la conciencia y por mutuo consentimiento, la verdadera enfermedad y patología.

La contratransferencia chamánica también fácilmente puede hacer un viraje hacia llegar a ser una contratransferencia de tipo "ilusorio", como la formula Fordham.[13] Lo que el analista está buscando tratar y sanar –una imago de la "mala madre", por ejemplo– de hecho se proyecta sobre el paciente, quien podrá cumplir a través de identificarse con la imago y regresársela al analista para su tratamiento. La ilusión es que el paciente es la fuente de la enfermedad de la que adolece el analista. De hecho, los esfuerzos del analista por auto-sanarse en esta instancia no son chamánicos, sino simplemente esfuerzos por auto-sanarse, en los cuales los pacientes actúan como receptores de los materiales inconscientes proyectados del analista y como catalizadores de la auto-terapia.

Un proceso contratransferencial/transferencial chamánico continuo, no obstante, no puede ser puramente ilusorio, ya que el paciente debe tener una capacidad interna para aceptar la proyección del analista y para identificarse con él, lo cual implica contar con estructuras internas similares. Sin embargo, en la contratransferencia misma, conforme se va desenvolviendo durante las sesiones terapéuticas, el analista busca la auto-sanación a través de trabajar lo que se identificó originalmente como la enfermedad del paciente. (Puede que el analista se sienta mejor después de estas sesiones, mientras que el paciente se siente peor). De esta manera, puede ocurrir una reversión a través de la cual, el paciente se vuelve el sanador chamánico, que sufre para sanar la enfermedad del analista. Se ha reconocido la necesidad transferencial de sanar al analista,[14] aunque no se ha reconocido el aspecto contra-transferencial, donde el analista inconscientemente le ofrece su enfermedad al paciente para recibir un tratamiento chamánico. Esta

[13] M. Fordham, *Jungian Psychotherapy*.
[14] *Ibid*.

reversión de la dirección terapéutica es la gran sombra de la contratransferencia de tipo chamánico que permanece sin analizar.

La contratransferencia de tipo mayéutico

Jung utilizó el término mayéutica por primera vez para caracterizar el psicoanálisis en un artículo publicado en 1912, titulado "Neue Bahnen der Psychologie" ("Nuevos caminos en la psicología"):

> Se trata de una catarsis de singular naturaleza, que recuerda lejanamente a la mayéutica de Sócrates, el "arte de la comadrona [partera]". Es de esperarse en un gran número de personas que han adoptado frente a sí misma una cierta pose en la cual creen de manera violenta que el psicoanálisis es un verdadero suplicio, ya que, según la vieja máxima mística: "¡Entrega lo que tengas y se te dará!" se les llama a renunciar a todas esas ilusiones en las que más íntimamente habían depositado su fe, para hacer que algo más profundo, más justo y más completo pueda emerger en su interior. Es sólo a través del misterio del auto-sacrificio que un hombre se puede volver a encontrar a sí mismo. Se trata de una antigua sabiduría genuina que vuelve a ver la luz del día en el tratamiento psicoanalítico y resulta especialmente curioso que en las cumbres de nuestra cultura actual, haya la necesidad de esta singular versión de la educación psíquica, una educación que, a pesar de que el psicoanálisis alcance profundidades mucho más hondas, se puede comparar en más de un aspecto con la mayéutica de Sócrates, aunque hay que reconocer que el psicoanálisis penetra a unas profundidades mucho mayores.[15]

[15] C. G. Jung, "Nuevos rumbos de la psicología", en *Dos escritos sobre psicología analítica, CW* 7, párr. 437.

Este enunciado proporciona una imagen de un tipo de contratransferencia: el analista se sienta como una partera que atiende un parto psicológico, en el cual dentro del paciente surge algo consciente "más profundo, más justo y más abarcador" que la actitud consciente anterior (dominada por la *persona*). En este tipo de relación contratransferencial/transferencial, los analistas se viven a sí mismos como asistentes de un proceso creativo que se efectúa al interior de sus pacientes.

En este proceso mayéutico, se ve que los intercambios centrales dentro de la relación analítica giran alrededor de la creatividad y de la revelación del *Self*. La metáfora raíz que expresa lo que está sucediendo no es el dominio (el poder) ni la sanación (el chamanismo), sino el parto. Es tarea del analista ayudar a que se revele aquello que está dentro del inconsciente del paciente; acto seguido, habiendo recibido y aceptado la entrada de este *Self* al mundo, el analista facilita su incorporación en los patrones de la vida cotidiana.

En esta contratransferencia, el analista típicamente se hunde en un estado de profunda receptividad ante el inconsciente del paciente; el fondo se convierte en el primer plano y el inconsciente se vuelve palpable. Se supone que el paciente debe seguir el ejemplo y abrirse al inconsciente, volverse auto-mayéutico ante el desdoblamiento del drama de la creatividad y la revelación del *Self*. Durante los momentos de lucha en este parto, puede que el analista quiera ocuparse de las ansiedades del ego, aunque el compromiso básico sigue siendo con el proceso creativo que va emergiendo desde los recovecos invisibles del inconsciente. Muchas veces, el analista queda cautivado por una visión de la totalidad y del futuro del paciente (el "niño"), por la naturaleza del *Self* que en gran medida sigue estando inconsciente y debe salir a la luz y ser integrado. El analista va más allá de la superficie para ver el centro oculto del significado del síntoma. Se percibe la divinidad, se escucha un llamado a reconocerla.

La comparación que hace Jung entre el psicoanálisis y la mayéutica se basa en la experiencia clínica de las imágenes discrepantes entre lo que el paciente carga conscientemente como un sentido del *Self* al inicio del análisis y la representación del *Self* que gradualmente emerge a través de una exploración consciente del inconsciente. La primera imagen es un *self* falso basado en la *persona*, que se construyó a través de un largo proceso de identificación e introyección; la segunda imagen es el *Self* innato, autóctono, que emerge en el análisis conforme se va consultando al inconsciente y permitiendo que vaya revelando sus contenidos. La totalidad se va perfilando gradualmente. Como Jung señala en el pasaje citado, la separación del individuo con respecto al *self* basado en la *persona* y el reconocimiento de otra imagen muy diferente del *Self* puede ser un proceso extremadamente doloroso. Sin embargo, es un proceso que se puede ir mejorando a través de una contención cuidadosa y empática del analista mayéutico.

En muchos sentidos, el trabajo analítico es, por supuesto, diferente del trabajo de una partera. Una diferencia radica en que después de que la partera ayuda a la parturienta a dar a luz, su trabajo concluye, mientras que el análisis (al igual que la educación) continúa. A diferencia del parto, el surgimiento del *Self* no es un acontecimiento de una sola ocasión, por numinoso que parezca cuando captamos un vistazo del parto en un sueño o bien en el campo animado del análisis. Por otro lado, cada hora analítica puede ser parcialmente un acontecimiento mayéutico, en el cual un aspecto del *Self* inconsciente sale más hacia la luz. A lo largo de un periodo de tiempo, muchos de estos mini-partos se van acumulando en la conciencia de la vasta complejidad y riqueza del *Self*. Este sentido consciente de la totalidad es el bebé que el analista espera que el paciente se lleve a casa una vez que haya concluido el análisis.

Una vez tuve la experiencia de observar un acontecimiento como estos en los inicios de un proceso de análisis. Una paciente de unos cincuenta años trajo un sueño inicial en el cual salía un animal enorme del océano, y ya en la arena se transformaba en una mujer sabia. Fueron de paseo juntas, dieron una larga caminata. Durante este paseo, hablaron sobre la vida de la mujer hasta la fecha. Conforme esta mujer y yo considerábamos lo que significaba este sueño para ella, entramos en un estado de conciencia que mejor se puede describir como una ensoñación mutua. Entre los dos, prácticamente volvimos a crear y a experimentar el sueño. Si yo entrecerraba los ojos ligeramente, yo podía ver la imagen del sueño, podía sentir la poderosa presencia de esa mujer sabia. Yo le dije: "Has tenido una gran dificultad en aceptar tu feminidad, en vivir tu realidad femenina de manera plena y libre". Era como si yo estuviera hablando a nombre de la mujer sabia misma. Me llegaron esas palabras intuitivamente y conforme las dije, los ojos de la paciente se llenaron de lágrimas y asintió con la cabeza. Gran parte de la sesión nos la pasamos sentados ante la presencia de esta figura arquetípica y yo podía sentir cómo su realidad de manera palpable se apropiaba de su psique. El *Self* nos visitó ese día y lo recibimos en el espacio existente entre los dos. Fue un parto. Al dejar mi consultorio, la paciente me dijo: "¡Uau! Gracias". Yo contesté: "Gracias a ti". Sentí que había sido un privilegio haber sido testigo de un misterio.

Jung afirma que: "El psicoanálisis, considerado como una técnica terapéutica consiste fundamentalmente en numerosos análisis de sueños".[16] En el proceso mayéutico, estos análisis desempeñan varias funciones clave: revelar dónde se encuentra el "bebé", en que etapa de preparación para nacer está, que tan cerca se encuentra a emerger en la conciencia del ego, dónde se encuentran las defensas del ego y donde están las posibles complicaciones en el pasaje hacia la conciencia. Los sueños funcionan como rayos X y el trabajo de la mayéutica es hacer una lectura de los sueños para obtener información con respecto al desarrollo del proceso que se está desenvolviendo. Sin embargo, cada interpretación de sueños es también uno de los muchos mini-partos necesarios para sacar al *Self* a plena luz del día.

[16] *Ibid.*

En la posición de la contratransferencia mayéutica, el analista escucha primordialmente los mensajes que provienen del inconsciente tal cual se expresan a través de los sueños y del ruido de las comunicaciones del ego, a menudo ignorando o descartando los significados manifiestos del ego. Es probable que el paciente, que también se involucra en este proceso mayéutico, experimente una apertura gradual del ego hacia el inconsciente. De manera óptima, va desarrollando sentimientos de profunda confianza en las competencias del analista, quien insiste en penetrar por debajo de la superficie hasta llegar al centro del significado inconsciente dentro de las asociaciones, imágenes, palabras y síntomas presentados en sesión. El analista se enfoca primordialmente en recopilar aspectos del *Self* que son inconscientes–complejos e imágenes arquetípicas– y en echar una mirada a su unidad interna y a su estructura. Esto requiere escuchar y ver a través del juego de palabras que aparece en la superficie de la comunicación consciente, detectando los sonidos de las profundidades como un radar. Finalmente, se aclara un poco de la verdad del *Self* inconsciente del paciente y se le puede concientizar.

Aunque esta postura contratransferencial se basa en un modelo médico de algún tipo –respondiendo al proceso biológico del parto– es muy diferente de lo que, en general, pensamos sobre los modelos médicos. El modelo médico normalmente implica una distancia clínica por parte del analista, la imagen de un cirujano fríamente retira un tejido patológico y posteriormente deja que el paciente se recupere de manera más o menos independiente. En el modelo quirúrgico, el analista caza la patología, la ataca y trata de retirarla de la personalidad del paciente. Sin embargo, la actitud mayéutica es muy diferente: el analista asume un proceso básicamente sano y está presente para asistir a su funcionamiento normal. El tipo de análisis que resulta de la postura mayéutica puede incluir algún análisis reductivo de las defensas del ego, aunque se mantiene atento todo el tiempo al *Self* emergente conforme va creciendo y avanzando hacia la conciencia. La actitud del analista en la postura mayéutica no es puramente pasiva y receptiva, ya que debe de jugar un papel activo al forzadamente involucrar las defensas y las resistencias y a veces darles un impulso o bien retirarlas si interfieren con el parto.

La principal trampa en esta actitud contratransferencial es que puede ser ilusoria. El analista puede estar atrapado por una visión del *Self* inconsciente que es más suya que del paciente. Los esfuerzos del parto, por lo tanto, se rigen inconscientemente por la necesidad personal del analista de ser creativo y parir un *Self* que sigue siendo inconsciente. En este acontecimiento, el analista está proyectando un proceso creativo sobre el paciente, esperando encontrar a un bebé donde puede que ni siquiera haya habido un embarazo o bien sea sólo un embarazo falso.

En un sentido, siempre es parcialmente el caso que el análisis es también mayéutico para el analista. A través de su acción y especialmente a través del análisis de la contratransferencia, el analista se vuelve más consciente del *Self* que por siempre es en cierta medida inconsciente. El analista además siempre sigue estando en el proceso de ir construyendo, parte por parte, una mayor conciencia del *Self*.

Sin embargo, puede suceder que un tipo de actitud contratransferencial crónicamente mayéutica esconda la visión del analista. Quizás sea intolerable para alguien que funciona habitualmente desde esta actitud darse cuenta que el inconsciente de un paciente no está siempre embarazado ni siempre es abundantemente creativo. Además, algunos pacientes están tan plagados de déficits del ego y tan atrapados en defensas patológicas que el embarazo y el parto resultan impensables mientras no se resuelvan estas cuestiones. Bien puede ser que el ego del paciente es el bebé que necesita de una mayor atención cuidadosa y de una mayor contención más que un *Self* que aún está por nacer. Puede que el paciente para quien este sea el caso busque cumplir con las expectativas del analista a través de producir algo que se asemeja a un embarazo psíquico y un parto reciente, pero que en verdad es una re-escenificación y una adaptación a las expectativas del analista y nunca aborde a la persona real. Un *puer aeternus* puede producir un renacimiento falso tras otro, ninguno de los cuales permite que avance la psique. En una contratransferencia mayéutica, el analista podría coludir inconscientemente con esta resistencia al análisis.

El análisis de este proceso de contratransferencia/transferencia no es menos tedioso y repulsivo para el analista que otros procesos que he discutido. Examinar nuestro involucramiento ilusorio y proyectivo en este análisis está lejos de ser una tarea envidiable. Es particularmente difícil cuando la contratransferencia yace primordialmente a la sombra de la postura terapéutica consciente del analista. Conscientemente, un analista puede sostener que trabaja desde una actitud objetiva neutra, por ejemplo, mientras que inconscientemente está funcionando desde una contratransferencia mayéutica. Esta actitud inconsciente ejercerá presión sobre el paciente para adecuarse a un tipo de contratransferencia: Si el analista va a ser mayéutico, en términos simbólicos, el paciente debe de estar en estado de embarazo o bien rápidamente embarazarse. Se comunica este mensaje inconsciente de muchas maneras diferentes, entre ellas a través de la interpretación de sueños, asociaciones e imágenes. Cuando el analista tiene la firme intención de actuar como partera en un proceso de nacimiento, lo ideal sería que el paciente conciba un feto, metafóricamente hablando.

Analizar este proceso contratransferencial/transferencial es igual de importante que analizar los otros tipos. De hecho, puede que esta fase del análisis sea el único medio a través del cual se pueda liberar un proceso terapéutico que se haya atorado en este impasse para lograr un análisis más franco y exacto. Una vez que se haya retirado la presión de quedar en estado de embarazo y expresar su creatividad, la paciente se puede dar el lujo de tener sentimientos encontrados y de ser estéril, si acaso ese es su verdadero panorama psicológico. Es entonces que el analista logra ver, aceptar y trabajar con una persona de verdad. Cuando se analiza la contratransferencia mayéutica y se le hace a un lado, el paciente tiene la libertad de ser lo que realmente es y si existe una alta probabilidad de que se dé un embarazo, puede que a su debido tiempo haya un parto de verdad.

En algún momento trabajé con un paciente que parecía tener un futuro fértil. Raramente, insistía en rehusarse a reconocerlo. Su resistencia resultó ser saludable y me hizo retirar mi proyección hacia su futuro. Él necesitaba liberarse de mi necesidad de que él diera a luz a una transformación. Una vez que realicé esta reducción cáustica de la contratransferencia, él sintió la libertad para explorar sus propios caminos. La nueva libertad adquirida en el espacio entre nosotros era refrescante y vital. Él podía ser él mismo.

A menos que el analista sea totalmente delirante, la contratransferencia mayéutica nunca es completamente ilusoria. El analista está respondiendo, por lo menos parcialmente, a algo en el paciente de lo que quizás ni siquiera esté consciente el paciente. La constelación de la contratransferencia mayéutica, por lo tanto, puede ser una señal temprana de un embarazo psíquico, un cierto grado de evidencia clínica de que el *Self* se está acercando. Cuando es sintónica, esta respuesta contratransferencial informa al analista que se están acercando los aspectos infantiles y el futuro potencial de la psique del paciente y que no tardarán en revelarse. Van a requerir una contención empática, otra función mayéutica. De esta manera, el estímulo de esta contratransferencia es una reacción que puede estar anunciando cosas que siguen escondidas en el vientre del tiempo y se gestan silenciosamente en el inconsciente.

Posdata

Me parece que en parte se podría resolver la poca claridad de la discusión sobre la contratransferencia –ya sea que este término indique todas las reacciones del analista a un paciente o bien solamente las más inconscientes y determinadas por los complejos– a través de distinguir entre las *actitudes*, las *fases* y las *reacciones* contratransferenciales. Según entiendo, una actitud contratransferencial sería un conjunto duradero y persistente de imágenes, valores y patrones de pensamiento, tanto conscientes como inconscientes, una estructura psicológica que persiste a lo largo de periodos prolongados de tiempo y que esté presente antes, durante y después de un proceso analítico específico. Las reacciones contratransferenciales, por otro lado, son temporales y fugaces, principalmente enraizadas en complejos inconscientes que no están bajo el control del ego y alteran la actitud contratransferencial. Las fases contratransferenciales duran mucho más que las reacciones contratransferenciales, aunque las contienen la estructura general de la actitud contratransferencial y muchas veces duran a lo largo de toda una fase del análisis.

Cada uno de estos aspectos está conformado por elementos que se derivan de la historia psicológica del analista. La actitud contratransferencial tiene sus raíces en la niñez, ya que un analista de manera instintiva le va a dar cuidados a los demás según lo hayan cuidado originalmente. También la tipología psicológica del analista es parte de esta actitud. La actitud contratransferencial además se enraíza en un centro arquetípico cuya naturaleza específica (madre, padre, héroe, etcétera) depende de los complejos personales en los que se ubique la actitud. Además de las figuras parentales y arquetípicas, las introyecciones personales de los analistas y los analistas de control detentan posiciones clave en la configuración de la actitud contratransferencial: uno trata a los otros analíticamente como lo trataron a uno mismo. (Ahí donde chocan las figuras parentales y posteriores figuras analíticas internas, existe una ruptura fundamental en la actitud contratransferencial, que crea un eje de vacilación que muchas veces perturba al analista y frecuentemente los pacientes la observan y desafían, ya que son particularmente sensibles debido a los matices de la relación analítica). Se puede decir lo mismo sobre los elementos que conforman las fases y reacciones de la contratransferencia: también se enraízan en la historia del analista, aunque no constituyen el estado usual de la conciencia (profesional).

Los elementos específicos que son parte de la configuración de la actitud contratransferencial forman las características especiales del estilo de trabajo y relación con los pacientes de un analista individual. A través de la formación y de la experiencia, se va ajustando, agudizando, volviendo más consciente esta actitud, aunque es muy probable que no haya cambiado en lo fundamental. La actitud contratransferencial es una presencia más o menos constante a lo largo del análisis, un factor relativamente estable entre todos los análisis que realiza un analista individual. Este es el rostro del analista, por así decir.

Una reacción contratransferencial, por otro lado, es más limitada, puede abarcar unos cuántos minutos de una sesión o de varias sesiones, o bien limitarse al análisis de un tipo particular de individuos. Una reacción contratransferencial es diferente de la actitud contratransferencial a la que perturba. Es la mueca en el rostro del analista. Sea sintónico o ilusorio, puede ser reactivo en relación a la transferencia y usualmente se deriva de un área bastante limitada del inconsciente del analista. Por lo general, lo puede disolver el análisis.

Una fase contratransferencial, en contraste a una reacción contratransferencial, permanece dentro de las estructuras de una actitud contratransferencial que es más dominante y duradera y no la perturba. En un análisis específico, muchas veces hay periodos en los cuales la actitud del analista cambia sutilmente y, sin que se rompa o perturbe, se ve enaltecida por una nueva actitud. Una fase contratransferencial puede durar algunas sesiones o incluso algunos meses, aunque no se podría decir que el analista cambió la actitud contratransferencial básica, sólo que algunos elementos dentro de la actitud contratransferencial se ampliaron, se reordenaron o bien se desplazaron. Como la reacción contratransferencial más fugaz, la fase contratransferencial es un producto reactivo dentro del analista ante la transferencia del paciente.

Cada uno de los tres tipos de contratransferencia discutidos en este capítulo podrían ser, en una instancia particular, una actitud, una reacción, o una fase. Cada tipo puede constituir una subestructura relativamente estable sobre la que descansa toda la práctica analítica; cada tipo puede aparecer como una reacción contratransferencial temporal que perturba la actitud usual del analista; o bien puede conformar una fase dentro del contexto de otro tipo de actitud contratransferencial. Si seguimos la perspectiva de Jung sobre las reacciones contratransferenciales, muchas veces son producto de una compensación inconsciente, que se da principalmente para modificar una actitud unilateral o distorsionada del analista hacia un paciente en particular.

La dinámica psicológica que opera dentro del analista en los procesos de transferencia/contratransferencia son diferentes según se trate de actitudes, de reacciones o fases contratransferenciales. Para un análisis útil, el analista debe poder identificar su actitud contratransferencial y saber en qué ramificación reactiva, posiblemente compensatoria puede derivar. A mí me parece que el principal objetivo de la supervisión de control, es analizar las características de la actitud contratransferencial y familiarizarse con los tipos de reacciones y fases contratransferenciales que se constelan más frecuentemente. Estas perspectivas serán de gran valor para el análisis de los procesos contratransferenciales/transferenciales durante el transcurso del subsiguiente trabajo terapéutico del analista.

Capítulo 3

Amor Fati: El análisis y la búsqueda del destino personal

¿Acaso es posible llegar a amr nuestra propia historia y desarrollar un sentido de un destino personal como resultado del análisis? Esta pregunta nos lleva un paso más allá en la discusión sobre el significado que emerge en el proceso terapéutico y en torno a él. En gran medida, el sentido de totalidad del individuo depende de realizar el sentido de la vida. Esto, a su vez, depende de reconocer y sentir los factores arquetípicos en funcionamiento en nuestra propia historia personal. Amar nuestro destino (*amor fati*) implica sentir y acoger toda la complejidad de nuestra vida, de nuestra totalidad.

En uno de sus mejores ensayos, "La psicología de la transferencia", Jung muestra cómo la constelación del arquetipo de la *coniunctio* en análisis da origen a sentir que el encuentro analítico tiene significado para la totalidad de la historia de nuestra vida. Cuando esto sucede, se da una sensación de trascendencia. Las dos partes involucradas en esta relación se ven profundamente afectadas y ambas cambian y se transforman. El amor ágape toca a las dos partes y les infunde la energía de la unión amorosa. La sanación que se da a través de esta experiencia se debe a una profunda conjunción de factores personales y arquetípicos, que se fusionan entre sí y crean una experiencia cargada de significado que se orienta hacia nuestro destino. Jung se refiere aquí a la activación de la libido de parentesco.

Mientras que muchos otros analistas que son autores han seguido el ejemplo de Jung de identificar los factores arquetípicos en los procesos de transferencia y contratransferencia en el análisis, hasta dónde yo sepa, ninguno ha hecho notar que los arquetipos también desempeñan un papel esencial en la creación de una narrativa histórica en el análisis. Este aspecto del trabajo analítico, que cae bajo el encabezado de reconstrucción, ofrece oportunidades para reconocer imágenes arquetípicas y, de hecho, para sentir el significado cósmico que opera en la historia de nuestra vida personal. En este capítulo argumento que recordar y reconstruir el pasado, tal cual se efectúa dentro del contexto del análisis, puede ser tan importante para la transformación como el proceso de transferencia/contratransferencia, ya que la reconstrucción también descansa sobre procesos y factores arquetípicos que además la informan. Tanto en la memoria como en la construcción de una narrativa personal, se experimentan los arquetipos.

Es importante hacer notar y subrayar una idea preliminar. Tanto la creación de la narrativa como la reconstrucción histórica, que se realizan dentro del contexto de una transferencia analítica, son especiales y quizá únicos, ya que la relación transferencial/contratransferencial hace que el pasado se vuelva profundamente accesible y contribuye a constelar los factores arquetípicos latentes y disponibles dentro de la psique. Sin estos elementos, tendríamos un género literario diferente y una experiencia también diferente, que pudiera o no tener dimensiones arquetípicas. La reconstrucción en el análisis es muy diferente de tomar una historia o anamnesis al inicio del análisis o involucrarse en una simple recolección del pasado. Se va dando poco a poco a lo largo de la gran trayectoria del análisis y se va ensamblando paso a paso con los recuerdos e interpretaciones que vayan emergiendo. En el transcurso del análisis se va constelando un nuevo sentido de la historia personal. Esta constelación depende de manera importante de la energía del proceso de transferencia/contratransferencia. Al inicio del análisis, en gran medida, tanto el analista como el paciente desconocen el pleno alcance del panorama final. Una anamnesis temprana muchas veces excluye las partes más esenciales de la historia, las partes reprimidas y negadas, que posteriormente se concientizarán y ocuparán un lugar prominente conforme vaya avanzando el análisis.

Más aún, el testigo, es decir, el analista, juega un papel esencial en la experiencia de la reconstrucción analítica. El público al que se le cuenta la narrativa que se va construyendo en el análisis es uno solo: el analista. El analista juega un papel crucial en la creación del escenario y el ambiente en el que emerge la historia. Más aún, a través de ayudar en las tareas de reconstruir y entender esta historia y de concientizar los elementos más profundamente escondidos y personales de la psique, el analista es un catalizador clave en el proceso de creación de la narrativa. La reconstrucción de la historia personal en el análisis emerge dentro del contexto del campo interactivo entre el analista y el paciente.

El análisis es, en un sentido, una elaboración continua de la historia del paciente, que convoca la participación activa tanto del analista como del paciente. En la literatura junguiana, no obstante, ha habido una mínima discusión rigorosa sobre la técnica y el lugar de la reconstrucción en el análisis. Jung mismo rara vez utiliza el término.[1] Ocasionalmente, Jung se refiere a la "recolección" de una manera vaga y poco técnica. Autores junguianos posteriores tampoco se han enfocado tanto en la reconstrucción en el análisis. Textos estándares como *La búsqueda simbólica* de Edward Whitmont, *Boundaries of the Soul* [que se podría traducir como *Las fronteras del alma*] de June Singer, *Methods in Analytical Psychology* [que se podría traducir como *Los métodos en la psicología analítica*] de Hans

[1] El párrafo 595 del volumen 4 de la *Obra Completa* de Jung es la única mención al término reconstrucción que aparece en el Índice General.

Dieckmann y el libro que yo mismo edité *Jungian Analysis* [que se podría traducir como *Análisis junguiano*], incursionan superficialmente en el tema. En vez, una diversidad de métodos de interpretación de sueños y de otros contenidos del inconsciente y del proceso de transferencia/contratransferencia han ocupado el centro de la discusión junguiana sobre la práctica analítica. Las herramientas educativas en la terapia, como la amplificación de mitos y religiones y los diversos medios disponibles para evocar el material simbólico –la imaginación activa, el juego de arena (terapia de *sandplay*), danza/movimiento, el trabajo corporal, la pintura– han encontrado un lugar en los textos estándares. La reconstrucción, sin embargo, ha sido como una hijastra y ha permanecido prácticamente ignorada. Sólo los autores británicos que pertenecen a la escuela de desarrollo, sobre todo Michael Fordham y Kenneth Lambert, le han otorgado una atención que va más allá de lo superficial.

Esta poca atención se originó en la divergencia de Jung con respecto a la técnica freudiana y sus propios intereses teóricos divergentes. Una de las críticas de Jung al psicoanálisis temprano de Freud es que corría el riesgo de ponerle demasiada atención a las historias de los pacientes sobre su niñez y muchas veces sucumbía a él. En las conferencias de Jung impartidas en la Universidad de Fordham en 1913, por ejemplo, critica a los psicoanalistas por a veces seguir a sus pacientes incesantemente a través de un laberinto de ambiguas divagaciones y reflexiones sobre su niñez, con lo cual los psicoanalistas mismos terminan perdiéndose en la neurosis del paciente. Al enfocarse tanto en la niñez como en la reconstrucción de escenas traumáticas reprimidas de ese periodo, Jung sentía que el psicoanálisis corría el peligro de llegar a parecerse a las enfermedades neuróticas que intentaba curar. En ese momento, Jung consideraba que la causa más importante de una neurosis era la falta de voluntad del individuo para enfrentar las demandas emocionales del presente. El análisis, por lo tanto, debe de estar atento a lo que está evadiendo el paciente en el presente y debe de interpretar las fugas del paciente hacia los recuerdos de la infancia o hacia fantasías transferenciales incestuosas como regresiones y evasiones de las tareas que enfrenta en ese momento de su vida. Jung argumenta que a menos que el paciente logre superar este obstáculo, seguirá atrapado en su neurosis.[2] Con esta actitud, era poco probable que Jung se entregara con gran entusiasmo al trabajo de la reconstrucción en el análisis. Veía los recuerdos de un pasado distante como una trampa astuta colocada por una mente neurótica para desviar la atención de los problemas reales que enfrentaba. Quedar atrapado en incesantes recuerdos del pasado, sin mencionar la posibilidad intensamente intrigante de las "memorias de pantalla", caería en el juego del paciente mañoso con su tendencia de por sí ya demasiado desarrollada a evadir las responsabilidades del presente. En ese caso, el análisis se convertiría en puras fantasías.

Una segunda tendencia temprana en el pensamiento de Jung que lo alejó del papel y el valor de la reconstrucción en el análisis fue su fascinación por los mitos y los símbolos. Este fuerte interés en los mitos y símbolos, resulta plenamente evidente en *La psicología del inconsciente,* escrito en 1911-12, mientras Jung se distanciaba de Freud. Muchos de los seguidores de Jung han enfatizado esta tendencia. Cuando se elaboran temas arquetípicos en la literatura clínica de la psicología analítica, muchas veces oímos muy poco sobre la historia personal del paciente. Entramos en el territorio de lo impersonal, o lo transpersonal, o de la psicología arquetípica, en donde se nublan los asuntos personales, sino es que se vuelven insignificantes. Algunos autores han aprovechado la diferenciación entre lo "personal" y lo "arquetípico" para crear una brecha entre la historia del individuo y la psique objetiva a través de dividirlas en dos esferas separadas de la vida mental. A nivel clínico, entonces, los aspectos personales de la historia tienden a separarse de los significados más amplios, incluso cósmicos y como resultado dan la impresión de una falta de arraigo.

[2] C. G. Jung, "La teoría del psicoanálisis", en *CW* 4, párrs. 291-313.

La polarización entre el nivel personal y el nivel arquetípico de la experiencia psíquica se creó por el uso y los pensamientos descuidados de los mismos, aunque también se ha utilizado la polarización para propósitos defensivos. Argumentar que algo es arquetípico evita el peligro de asumir una responsabilidad personal. De hecho, Jung mismo no polariza estas dimensiones ni clínica ni teóricamente; tampoco lo hacen la mayoría de los analistas junguianos que tienen una práctica clínica. Sin embargo, la teoría de la psicología analítica puede proporcionar un medio práctico a través del cual se pueda promover este tipo de pensamiento defensivo. Como mostraré posteriormente, Jung mismo realmente utilizó el método de la reconstrucción en su práctica clínica y ciertamente lo asumió en sus discusiones generales sobre el proceso terapéutico.

¿Qué significa, entonces, el término "reconstrucción"? En el sentido más amplio y sencillo de la palabra, se refiere a la actividad en el análisis de contar y escuchar la historia de vida del paciente. En un sentido más preciso, significa reunificar los fragmentos de la historia interna, la historia emocional de la vida del paciente, muchas veces con un énfasis particular sobre la niñez y los recuerdos reprimidos o perdidos a través de utilizar el medio de la interpretación de sueños, la interpretación de la dinámica transferencial/contratransferencial, las imágenes de los recuerdos que vayan emergiendo y el entendimiento teórico general del desarrollo y la psicodinámica. Lo que quizá añadan los junguianos a este entendimiento genérico de la reconstrucción en el análisis es la dimensión arquetípica, la dimensión del significado. ¿Cuál es el significado de la historia? ¿Por qué y con qué fin se desenvolvió la vida de este individuo de una manera particular?

Cuando un individuo entra en análisis y empieza a revelar lo que lo ha conducido a dar este paso de consultar a un analista para hablar a título personal sobre los sufrimientos y problemas que se le presentan en ese preciso momento de la vida, los antecedentes históricos no tardan en salir y colocarse en primer plano. Algunos acontecimientos del pasado van convergiendo para crear una situación problemática; las imágenes de momentos y lugares del pasado acuden a la mente; incluso en una sesión inicial puede que se presenten sueños y experiencias de la niñez y de la adolescencia. Se relatan historias de las relaciones, del trabajo y de muchos acontecimientos significativos de la vida. Conforme va pasando el tiempo y una sesión sigue a otra, el analista percibe un panorama cada vez más agudo de los patrones psicológicos del paciente y de cómo crecieron y se desarrollaron en el pasado, así como de qué manera funcionan en el presente.

Las interpretaciones del analista muchas veces adoptan un elenco histórico: esta imagen onírica o aquella reacción transferencial se ligan a una escena o relación anterior. De esta manera, el presente se llega a ver como una continuación del pasado, incluso a veces como una repetición inconsciente del pasado. Cuando se han establecido estos tipos de continuidad y repetición de tal manera que incluso los sentimientos y las reacciones emocionales e imágenes más sutiles, tal cual se les experimenta en el presente, se pueden relacionar con temas más viejos y enraizados, se ha enfrentado el trabajo de reconstrucción y en cierta medida se le ha completado.

Lambert cita a Novey quien afirma que la reconstrucción es "un esfuerzo ... por ver al paciente y lograr que él se vea a sí mismo dentro de un contexto continuo en el cual sus modos actuales de experimentarse a sí mismo y de lidiar consigo mismo y con otros sean una derivación lógica".[3]

No obstante, puede que resulte demasiado reductivo atar el presente al pasado de esta manera. ¿Debería la psique quedar tan estrechamente atada a la historia? ¿Qué hay con la creatividad de la psique y el surgimiento de nuevos potenciales? Ligar a la psique con la historia y con los patrones de pensamiento y sentimiento que van surgiendo en el transcurso del desarrollo, la coloca en el lecho

[3] K. Lambert, *Analysis, Repair and Individuation*. p. 115.

de Procusto; así pues, puede que la reconstrucción obstaculice la libertad de la psique para volar, crear, resucitar y volver a empezar. La historia encadena al alma al cuerpo sin vida. De hecho, se debe derrotar y trascender la historia si hemos de realizar nuestra plena libertad y nuestro potencial para alcanzar la conciencia espiritual. La psique es discontinua, ilógica y libre, así como continua, lógica y atada al pasado. Los esfuerzos por crear vínculos estrechos entre las operaciones de la psique autónoma y sus entornos –interpersonales, culturales o históricos– también deben de reconocer el impulso prospectivo de la psique, su impulso orientado hacia el futuro. De caso contrario, caen en el pozo del reduccionismo.

Lo que me gustaría mostrar en este capítulo es una forma de combinar un enfoque histórico en el análisis con un enfoque arquetípico, un enfoque prospectivo. Mi argumento es que cuando la actividad de la reconstrucción en el análisis alcanza un nivel arquetípico, se cuestiona cuál es el significado y el propósito de la reconstrucción. La historia y la narrativa personales quedan infiltradas con elementos arquetípicos y asumen la naturaleza de un destino personal. La contribución junguiana a la reconstrucción y a la creación de la narrativa yace precisamente en este sentido de procesos históricos más profundos y activos tanto en la reconstrucción analítica misma como en los lineamientos de la fatalidad y del destino personales conforme van apareciendo en la historia que se reúne y narra en el análisis.

Al referirme a las dimensiones arquetípicas de la reconstrucción, abordaré varias dimensiones diferentes: la base arquetípica del procesamiento histórico de los datos; las características arquetípicas del acto de recordar; los elementos arquetípicos dentro de los acontecimientos que recordamos de nuestra historia personal; y los elementos arquetípicos en el sentimiento y las imágenes contratransferenciales que se pueden utilizar para la reconstrucción. Todas estas dimensiones tienen un lugar en la reconstrucción y la construcción de la narrativa.

Sobre la base arquetípica del pensamiento histórico

Una base para argumentar la naturaleza arquetípica de cualquier actividad humana es su ubicuidad. El pensamiento histórico es antiguo y universal. Todos los grupos humanos conocidos tienen una narrativa sobre sus orígenes e historia, una narrativa, sea histórica en el sentido moderno, o mítica y tradicional. Generalmente, el origen de la historia de un grupo se sitúa *in illo tempore* (Eliade), en un acontecimiento de la creación mítica, un gran estallido cultural, un *big bang* cultural, a partir del cual se va desenvolviendo la historia. En la tradición bíblica, por ejemplo, Dios ocupa la pre-historia y se encuentra pensativo sobre las aguas del caos; crea los cielos y la Tierra y sus criaturas, los humanos, el jardín del Edén y ahí se inicia la historia. La historia de Roma empieza con su fundación por parte de los huérfanos Rómulo y Remo. La historia de Estados Unidos de América inicia con una narrativa sobre la revolución contra la madre patria. Después de tales inicios más o menos míticos, la historia de la nación o de la tribu continúa y el historiador, de manera detallada, trae a colación las diversas figuras humanas y divinas significativas conforme van apareciendo en el escenario de la historia y van teniendo influencia sobre el proceso histórico. Los historiadores son quienes recuerdan la historia.

La palabra "historia" se deriva del adjetivo griego *histor,* que significa "conocer, por ende, erudito, en sí mismo un agente ... del término *eidenai* ... saber".[4] La raíz de esta palabra es *weld-,* "con la connotación de una visión al servicio del conocimiento; ver el término griego *eidos,* forma ... afín a la palabra *veda* en sánscrito que significa conocimiento".[5] Los hombres de conocimiento, los eruditos, los historiadores originales, eran poetas y contadores de cuentos que podían recordar la historia que se remonta hasta los muros mismos de Troya o los días de los patriarcas, hasta llegar a la fuente mítica de la historia misma y posteriormente podían regresar

[4] E. Partridge, E. (1966). *Origins.* p. 289.
[5] *Ibid.*

hasta el presente. No se trata de una historia científica en el sentido moderno, sino que igualmente se basa en el impulso humano por conocer a través de tener una historia. La "idea de la historia" (un arquetipo) operaba de manera arcaica en las mentes de esos historiadores tempranos.

Después de los contadores de cuentos, llegaron los historiadores como tales, sean bíblicos, griegos, de la India, etcétera. Cada grupo humano, incluyendo nuestra nación, nuestra tribu étnica, así como nuestras familias individuales, tiene una historia. El grupo que haya perdido su historia vive una situación muy triste y desmembrada. Se puede decir lo mismo de los individuos.

Además, existe otra evidencia de la naturaleza arquetípica del pensamiento histórico. Es un hecho que el inconsciente guarda un registro histórico de algún tipo que es bastante independiente de la intención consciente. Una de las ideas originales del psicoanálisis era que la mente no simplemente borra el pasado. Puede que nos olvidemos o incluso que reprimamos los rastros de nuestros recuerdos, aunque los acontecimientos no se pierden de manera permanente. Quedan almacenados en el inconsciente. El banco de los recuerdos sólo es parcialmente consciente, aunque gran parte es inconsciente. El inconsciente guarda un registro histórico, y de esta manera también puede anticipar los acontecimientos ya que alberga un dispositivo para llevar un control del tiempo. El guardián del tiempo en el inconsciente tiene un sentido de los patrones históricos y de la duración y de esa manera le imparte un sentido intuitivo al individuo sobre lo que deben durar las cosas. Muchas personas han informado, por ejemplo, que fácilmente se pueden despertar sin un reloj despertador, siempre y cuando antes de dormirse se digan a sí mismos a qué hora se necesitan levantar.

Jung da un ejemplo de este guardián interno del tiempo en referencia a un caso al que alude en "La psicología de la transferencia". Él dice que cuando se inicia la transferencia, se echa a andar "un rarísimo cálculo inconsciente del tiempo, que dura meses si no es que más tiempo".[6] El ejemplo que cita proviene de los sueños que tuvo una paciente de 60 años que estaba soñando con un bebé, "el hijo de un héroe o niño dios".[7] En los sueños, este niño tenía unos seis meses de edad. Después de investigar, resultó que unos seis meses antes, la paciente había soñado con un parto. Nueve meses antes ella había pintado un cuadro de "una figura femenina desnuda desde cuya región genital la misma serpiente se alza hasta la región del corazón, donde genera una estrella dorada de cinco puntas que reluce en varios colores".[8] Jung comenta: "La serpiente representa a la kundalini que asciende silbando, lo cual en la yoga correspondiente marca al momento en que comienza ese proceso que culmina en la deificación en el ser divino, en la sicigia Shiva-Shakti. Esto es evidentemente el momento de la concepción simbólica".[9] Toda esta secuencia de la concepción, pasando por el nacimiento y culminando en el crecimiento ocurre espontáneamente en el inconsciente y se va desenvolviendo en un marco de tiempo que correspondería al marco real del tiempo histórico, si hubiera sido un proceso físico. El inconsciente lleva la cuenta del tiempo.

Un ejemplo parecido del inconsciente que lleva la cuenta del tiempo, ocurrió en el caso de la hija de 16 años de una de mis pacientes. A inicios del verano, se había hecho un aborto en secreto, el cual apenas se lo confesó a sus padres en agosto. En septiembre, regresó a la escuela y le estuvo yendo bastante bien hasta finales de octubre, cuando desarrolló una enfermedad muy rara e imposible de diagnosticar. De manera consistente sufría de fiebres de más de 38 grados centígrados, que no respondían a ningún tratamiento médico. Como resultado, tuvo que dejar de ir a la escuela. Sus padres la llevaron a los mejores médicos en la ciudad

---

[6] C. G. Jung, "Psicología de la transferencia", en *Obra Completa* Vol. 16, párr. 376.
[7] *Ibid.*, párr. 378.
[8] *Ibid.*, párr. 380.
[9] *Ibid.*, párr. 380.

en busca de un diagnóstico y ninguno podía encontrar evidencia de una enfermedad. Probaron de todo, infructuosamente, y se vio forzada a quedarse en casa, en cama la mayor parte del tiempo. La teoría era que la fiebre era provocada por una infección pélvica localizada en los órganos reproductivos, pero no se encontró ninguna evidencia. A partir de octubre, se tuvo que quedar en cama. A mediados de febrero, un médico nuevo decidió que era el momento de realizar una cirugía exploratoria. Se realizó la cirugía y la chica respondió mal por lo que tuvo que permanecer hospitalizada dos días completos en vez de sólo quedarse la noche. Regresó a casa y se tomó una semana en recuperar, aunque luego desarrolló un caso de gripa común y corriente que desapareció en una semana. Junto con la gripe desaparecieron todos los síntomas de la enfermedad. Ya sin fiebre, logró regresar a la escuela. Aunque los doctores no hallaron evidencia de la enfermedad en la cirugía exploratoria, lo raro fue que, por coincidencia, la operación y la hospitalización se dieron exactamente nueve meses después de la concepción, justo cuando ella se hubiera estado hospitalizando para dar a luz. Era como que el inconsciente hubiera llevado un registro del tiempo, sabía que había llegado el momento de liberarla de su aflicción pélvica, y reconoció que la cirugía era equivalente al parto.

Las anécdotas como estas no comprueban la existencia de una función guardiana del tiempo en el inconsciente, aunque sí sugieren fuertemente que este es el caso. Me atrevería a decir que es este factor psíquico el que subyace a la persistente tendencia humana a pensar históricamente de manera consciente.

Es importante enfatizar este argumento sobre la base arquetípica de la reconstrucción, ya que podría parecer que son meramente los tiempos, y la particular inclinación moderna hacia el historicismo, los que han atrapado las mentes de los terapeutas, así como de las personas educadas, en general. El pensamiento histórico en la academia ciertamente ha florecido en los últimos siglos. El siglo XIX presenció un pujante desarrollo de este pensamiento y nuestro propio siglo ha continuado con esta tradición.

Esta tendencia hacia el historicismo en la comunidad intelectual ha producido gran estrés y conflicto debido a las formas en las que los historiadores seculares han representado a la historia sagrada. Sus descripciones, en general, han marginado la dimensión del propósito y el significado. Los pensadores míticos y religiosos, por un lado, y los pensadores empíricos y científicos, por el otro, se han unido en torno a este conflicto básico. Para los primeros, la historia se enraíza y se configura profundamente en las intervenciones divinas; para los segundos, es necesario extraer los elementos míticos del registro histórico. El significado, sin embargo, no tiene cabida en el registro. El debate no es si la historia es importante o no, o bien si se le debe practicar como una disciplina intelectual, sino más bien en qué medida se le puede considerar como parte del registro. ¿Acaso los sueños y las revelaciones cuentan? ¿Qué hay que hacer con las narrativas históricas sobre la intervención divina? Los historiadores seculares se han atorado y no saben qué hacer con este problema, excepto ignorarlo a favor de los "hechos".

Se puede transponer el mismo argumento a nivel psicológico y clínico. Casi todo el mundo estaría de acuerdo en que la historia y el desarrollo son ideas nodales en la psicología y en la práctica de la psicoterapia, aunque no todos estarían de acuerdo en lo que cuenta como datos históricos válidos. ¿Se deberían de incluir los sueños importantes en la historia sobre el desarrollo? ¿Se les debería de dar un lugar importante a los acontecimientos sincrónicos? o bien, ¿Deberíamos sólo tomar en cuenta el desdoblamiento de la secuencia de desarrollo basada en la genética y las influencias del medio ambiente? El conflicto entre las perspectivas de la historia y las perspectivas de lo que constituye el tejido de la historia debería de ser igual de intenso en los círculos psicológicos como lo ha sido entre los círculos filosóficos y teológicos. Si se excluyen los actos creativos de Dios (los acontecimientos sincronísticos) del proceso histórico, el registro no tendrá ninguna evidencia de lo trascendente o del significado y el alma inevitablemente quedará reducida al resplandeciente epifenómeno de los genes y el medio ambiente.

En un nivel, Jung amplió el alcance de la historia en su aplicación a la práctica clínica. La historia del paciente no sólo incluye los factores genéticos de la herencia, acontecimientos de la niñez y la influencia inmediata de la familia, sino también la matriz mucho más amplia de la cultura, de los patrones generacionales y de la historia arcaica que está entretejida con el inconsciente colectivo. La interpretación de Jung de la historia y su narrativa sobre el desarrollo psicológico incluye las dinámicas psicológicas de la identificación, la introyección, la participación mística y la formación de complejos, los cuales todos juntos avanzan hacia la inclusión de grandes cantidades de material colectivo en el proceso de desarrollo. Sin embargo, además profundizó en la noción de la historia a través de incluir la dinámica arquetípica de la constelación, la sincronicidad y las influencias espontáneas que provienen de más allá del horizonte de factores causales externos. En cualquier caso, Jung es un historiador más riguroso y consistente que la mayoría de los otros teóricos clínicos, ya que reconoce que la vida del individuo está conformada profundamente por todos estos factores, los cuales desempeñan un papel en el desarrollo y, de manera más importante, se inclinan hacia una meta predestinada.

Este entendimiento de la historia debería de darle al analista junguiano un aprecio particularmente profundo por la importancia de la reconstrucción en el trabajo clínico. La reconstrucción es una parte clave de cobrar consciencia y descubrir el significado de nuestra propia existencia personal. La reconstrucción resulta sanadora puesto que restablece la conciencia en la base arquetípica y la conecta con la totalidad más profunda de la psique. Su poder sanador se deriva no sólo del beneficio de recuperar un sentido de nuestra propia historia personal y así reforzar nuestra identidad, sino más aún se deriva del efecto sanador de recordar nuestra totalidad.

Sobre el uso que hace Jung de la reconstrucción en la práctica clínica

Una razón por la cual muchos lectores que incursionan en la *Obra Completa* de Jung se quedan con la impresión de que casi no hacía reconstrucción en el análisis y que prefería amplificar los aspectos arquetípicos de los sueños y los contenidos inconscientes de sus pacientes es que ocupa muy pocas páginas en presentar detalles de sus casos analíticos. Estoy convencido de que si hubiera elaborado sus casos por escrito, nos sorprendería ver la importancia que tiene la historia personal en ellos. Una de las razones por las que estoy seguro de esto es porque en varios de los casos que llega a presentar, los detalles de la historia personal que sí describe siempre son de importancia crítica para entender el caso y sus resultados. Voy a citar tres de estos ejemplos.

El caso más viejo[10] viene de la época de la residencia de Jung en la clínica Burgholzli. Jung explica que se internó a una mujer en el hospital y se la diagnosticó de esquizofrenia. Él no estuvo de acuerdo con el diagnóstico y pensó que era una depresión severa, una enfermedad psiquiátrica mucho menos grave. A través de la prueba de asociación de palabras y de analizar sus sueños, Jung descubrió su historia: inconscientemente había matado a su hija a través de darle a beber agua contaminada. Según Jung, la reconstrucción de esta parte reprimida de su historia personal llevó a su plena recuperación y terminó constituyendo la totalidad de su tratamiento.

El segundo caso es el de una joven mujer judía con una neurosis de ansiedad.[11] Jung describe que ella ya había estado en análisis anteriormente y su analista se había enamorado de ella. El tratamiento no había logrado aliviar sus síntomas ni había curado su angustia mental. Jung dice que él había soñado con ella la noche antes de conocerla y que se había dado cuenta en el sueño que ella

[10] C. G. Jung, *Recuerdos, sueños, pensamientos*, pp. 145-46.
[11] C. G. Jung, "La vida simbólica", en *CW 18*, párrs. 635-36.

tenía un complejo paterno debilitante. Sin embargo, al entrevistarla, no logró encontrar suficiente evidencia de este problema, así que escarbó más profundamente en su historia personal y descubrió que ella era la nieta de un rabino jasídico. Este fragmento de su historia personal comprobó ser la llave que condujo a su cura. Jung le dijo: "Mire, le voy a decir una cosa ... usted le ha sido infiel a su Dios. Su abuelo llevaba la vida correcta, pero usted es peor que un hereje, usted ha renegado del misterio de su raza. Usted pertenece al pueblo santo". Al escuchar esto, ella logró aceptar su origen judío y su identidad religiosa y esa misma semana se curó de su neurosis de ansiedad.[12] En este caso, la reconstrucción de la historia familiar llevó no sólo a un sentido más fuerte de su identidad personal, sino también a tomar conciencia tanto de las tendencias simbólicas y religiosas de la psique, como de sus necesidades. La recuperación de una pieza importante de su historia personal y la reconexión con la psique arquetípica ocurrió en una misma toma de conciencia. Nuevamente, la reconstrucción representó la clave para lograr la sanación terapéutica.

Un tercer caso que Jung reportó es mucho más extenso. Varias veces se refiere a él en su *Obra Completa*,[13] así como en el seminario dedicado a la yoga Kundalini.[14] Se trata del caso de una mujer joven que pasó su niñez en Java. Ella tenía 25 años cuando Jung la comenzó a ver. Jung fue su tercer analista, los dos tratamientos anteriores concluyeron en un impasse y fracasaron. Durante el transcurso del tratamiento, Jung nos informa que en un primer momento le desconcertó la vulgaridad de su *persona* y después se sintió extremadamente intrigado por los síntomas físicos que fue desarrollando conforme trabajaban juntos. Finalmente, logró amplificar esos malestares físicos a través de utilizar el sistema

---

[12] *Ibid.*
[13] C. G. Jung, (1953-1983). *CW*, Sir H. Read, M. Fordham, G. Adler y W. McGuire (eds.). 20 volúmenes. Princeton, Nueva Jersey: Princeton University Press. CW 7, párr. 189; CW 9i, párrs. 656ss.; CW 16 párrs. 546-63; CW 18, párrs. 334-37
[14] C. G. Jung, *La psicología de la yoga kundalini Yoga*, pp. 91ss.

simbólico de los chakras de la yoga Kundalini, que él había descubierto de manera independiente mientras ella estaba bajo tratamiento. Sus amplios conocimientos sobre los detalles históricos de la vida de esta paciente y su evaluación de la importancia central que tenían en su psicología[15] hacen evidente que él sí realizó un gran trabajo de reconstrucción de los años tempranos de la paciente, particularmente de su niñez en Java y la relación que su aya javanesa, es decir, su nana nativa. Jung logró entender las extrañas imágenes de sus sueños y sus síntomas físicos y explicarle su significado, ya que logró relacionar su niñez javanesa con los símbolos del sistema de la yoga tántrica. El tratamiento llegó a un fin repentino, aduce Jung, cuando ella llegó al chakra *manipura*, el chakra del plexo solar y experimentó un ave que descendía y le atravesaba la fontanela hasta llegar al diafragma. En ese momento, ella se dio cuenta de que, literalmente, quería tener un bebé y dejó el tratamiento psicológico sin ninguna explicación. Un año después regresó con Jung y le explicó por qué había dejado el análisis tan abruptamente. Jung, a su vez, logró amplificar los motivos de la paciente a través de recurrir a la filosofía tántrica.

> Este poquito de filosofía tántrica ayudó a esa paciente a llevar una vida humana normal, ella misma, como esposa y como madre y salir de la demonología local que había amamantado con la leche de su aya y hacerlo sin perder el contacto con las figuras psíquicas internas que se habían despertado por las influencias de su niñez tanto tiempo olvidadas. Lo que vivió de niña y lo que posteriormente la enajenó de la conciencia europea y la enredó en una neurosis, con la ayuda del análisis, se transformó no en fantasías nebulosas sino en una duradera posesión espiritual para nada incompatible con una existencia

[15] C. G. Jung, "Las realidades de la psicoterapia práctica", en *Obra Completa Vol. 16*, párrs. 546-63.

> humana ordinaria, un esposo, hijos y los deberes del hogar como esposa.[16]

Este párrafo, de la misma manera tan clara que aparece en cualquier pasaje de la obra escrita de Jung, ilustra el íntimo entretejido entre los factores personales y arquetípicos en su método de reconstrucción. Considera que los elementos personales y arquetípicos conforman un todo y se mantienen íntimamente unidos en el tapiz de la historia de la paciente.

Otros casos de Jung nos llevarían a la misma conclusión. En la práctica, la línea de demarcación entre los aspectos personales y arquetípicos en la personalidad es mucho menos recta de lo que a veces parece en la teoría. Además, la reconstrucción histórica está profundamente entretejida con el proceso analítico, junto con otros aspectos del tratamiento. Más allá de eso, el producto de la reconstrucción –la narrativa– muchas veces ocupa el centro del tratamiento clínico, formando otro tipo de eje central que sostiene todo el edificio analítico.

A veces se da por sentado que la fuerza de los analistas junguianos yace en nuestra capacidad de ver las cosas arquetípicamente. Si nos dan un grano de arena, encontraremos todo un mundo en su interior. De hecho, uno de los entendimientos actuales de lo que significa el término "arquetípico" es que se relaciona con una forma de ver: lo "arquetípico" es un atributo de la mirada del observador,[17] o es un término utilizado para indicar la gran importancia de algo.[18] Se supone que los junguianos tenemos una mirada orientada hacia lo arquetípico. El problema con este uso del término arquetípico es que sacrifica la conexión con la realidad subyacente de los arquetipos, como el papel moneda que ya no está relacionado con los bienes físicos. En consecuencia, el término se pude inflar, devaluar y carecer de sentido. El uso junguiano más

[16] *Ibid.*, párr. 563.
[17] A. Samuels. *Jung and the Post-Jungians*. p. 241ss.
[18] J. Hillman. *Archetypal Psychology: A Brief Account*. p. xxiii.

común es que "arquetípico" significa que un hecho psíquico –una imagen, un sueño, una idea, una percepción, o un patrón de comportamiento– refleja un arquetipo, que es una estructura enraizada en una realidad más allá de la psique. Estos patrones, en general, se pueden considerar como humanos e innatos y el ojo clínico entrenado puede detectar estas formas elementales en la mescolanza de hechos presentados por los pacientes.

La historia de vida del paciente es la superficie a través de la cual los analistas se asoman durante el análisis. Puede que el analista clínico que tiene la mirada entrenada para percibir los factores arquetípicos que operan en la historia del paciente invierta los campos de trasfondo y el primer plano. Quizá se pierda así de unos detalles, aunque explore más profundamente los patrones subyacentes que han organizado los detalles en la vida del individuo. En el trasfondo podemos ver la evidencia de temas arquetípicos dinámicos/relacionados con el desarrollo, con las fases de la individuación y sus típicos movimientos a través del tiempo: la constelación del *puer aeternus,* del héroe, del romance con el padre, o la *coniunctio,* o bien el tema de la muerte y el renacimiento. También podemos encontrar las típicas figuras arquetípicas en la historia personal: la madre, el padre, la hija, el hijo, el héroe, la bruja, el embaucador, el payaso, el *anima/animus*, el anciano/la anciana. Echar una mirada hacia el trasfondo psíquico tiene el mismo sentido que estudiar el destino de la vida.

Se puede realizar la actividad de reconstruir la historia y construir la narrativa en el análisis de manera completamente personal: esta madre, este padre, este conjunto de hermanos y hermanas, esta escuela, etcétera. El resultado será un conjunto completo de hechos, una historia, mas no incluirá el aspecto fatídico de esta vida de ser de esta manera y no de otra. Es una recopilación de recuerdos, aunque tiene menos valor terapéutico que el que tuviera si incluyera el propósito espiritual de esta vida, su significado. Tampoco incluye el profundo sufrimiento de esta vida, como el que experimentara una mujer de 50 años que, atormentada por sollozos y rabia, susurra entre sus lágrimas recién derramadas: "Cuando yo tenía 7 años, mi madre me regaló esa muñeca con uno de los vestidos de mi hermana puesto. En ese momento, supe que yo jamás tendría hijos y que ella sí. Era mi destino". El terapeuta siente la inclinación a ignorar ese fin irrevocable, aunque toca una fibra sensible de la verdad. El terapeuta sensible se estremece ante pensar en tal limitación. ¿Quién dictaminó este camino a seguir? ¿Acaso nuestra misión no es ayudar a las personas a cambiar, crecer, llegar a ser lo que no son y lo que quieren llegar a ser? Sin embargo, si buscamos identificar patrones arquetípicos, nos topamos con límites, a veces destinos crueles y también a veces un encanto y buena suerte inexplicables. No siempre parece justo. Cuando Jung tenía más de 70 años, escribió: "El doctor sabe que siempre, dondequiera que voltee, al hombre lo acosa su destino".[19]

Una vez le di análisis a un joven que se presentó con el problema de sufrir de unos celos extremos. Pensaba que su hermosa novia siempre estaba admirando a otros jóvenes en su clase de preparatoria y que ella en secreto deseaba que desapareciera de su vida. A pesar de una gran reafirmación por parte de ella, persistían sus pensamientos sombríos. Empezamos por analizar sus sueños y recopilar su historia personal, procurando entender sus sospechas, que muchas veces confesó que eran extrañas y fuera de su control racional. Después de unos pocos meses, habíamos recopilado las principales características de su historia de vida. Él era el hijo único de una pareja en donde la madre se sentía extremadamente superior al padre, quien era un trabajador común y corriente. La madre adoraba y consentía al hijo, quien creció sintiéndose especial. Sin embargo, a una edad temprana lo mandaron a vivir al campo con los abuelos ya que su madre tuvo que regresar a trabajar y ya no tenía el tiempo para cuidar de su hijo pequeño. Entonces, hasta que tuvo la edad para empezar la primaria, vivía a varias horas de sus padres y sólo los veía

[19] C. G. Jung, "La psicología de la transferencia", en *Obra Completa 16*, párr. 463.

los fines de semana, cuando ellos lo iban a visitar. Esta ausencia aumentó la intensidad del vínculo entre ellos, aunque también creó sentimientos de abandono y falta de auto-valía.

Conforme fue creciendo, se fue identificando mucho más íntimamente con la madre que con el padre. La madre era musical, poética, artística, como él, mientras que tanto él como su madre veían al padre como burdo y maleducado. A su padre le gustaban los deportes rudos como el fútbol americano y deseaba que su hijo fuera más atlético. Para cuando Jung lo empezó a ver, él había decidido ser maestro de preparatoria. Le gustaba escribir y pintar y sentía un placer particular por la escultura. En algún momento, escribió un poema en el que expresa sus sentimientos de inferioridad al representarse como un jorobado que vivía debajo de la tierra. Quienes cruzaban su camino, lo despreciaban y a veces incluso le escupían. Sentía que su cuerpo era "demasiado corpulento" y a veces deseaba que fuera más esbelto y de constitución más pequeña. Sentía que su pecho, la parte superior del torso y su cadera eran excesivamente grandes. Se sentía muy femenino, que no era suficientemente masculino y que lo rechazaban los "hombres de verdad", como su padre.

Una noche mientras estaba sentado ante el escritorio de su cuarto, meditando sobre su celotipia, volteó a ver su pierna y se dio cuenta que se había puesto azul desde el pie hasta arriba del tobillo. Muy desconcertado, se levantó y caminó hacia su cama. Al sentarse, vio unas huellas marcadas que atravesaban la alfombra. Pensó que podrían ser del padre. Una vez que pasó la visión, su pie volvió a la normalidad. Esta experiencia extremadamente perturbadora es lo que lo trajo a terapia conmigo. Después de eso, ya no volvió a tener otras experiencias como esa y un examen físico no reveló nada preocupante.

Unos meses después de que había empezado a venir a terapia, se tomó unas cortas vacaciones solo, aprovechando que su novia se había ido a un viaje escolar a otra ciudad. Mientras estaba acampando en la naturaleza, él soñó que ella estaba teniendo una aventura sexual con un hombre joven en la ciudad que ella estaba visitando. Este sueño, que de hecho fue una pesadilla muy perturbadora, ocurrió durante una tormenta eléctrica y él se despertó en un estado de pánico.

Habiendo presentado todos estos detalles, un día se me ocurrió en una sesión que había un número de elementos en su historia que me recordaban al dios griego Hefesto, quien poco después de nacer, lo habían expulsado del cielo y estaba discapacitado. Cojeaba, siendo el único dios imperfecto. También era un artesano artístico y escultor. Despreciado por los demás dioses debido a su torpeza física y traicionado por su hermosa mujer, Afrodita, quien se había acostado con Ares, su medio hermano, lo hizo sufrir celos y una baja auto-estima. Le mencioné esta asociación a mi joven paciente y le expliqué que yo no sabía mucho sobre Hefesto, lo cual en ese momento era cierto, aunque como a él le interesó el mito, le propuse que quizás él lo podía buscar y obtener más información por su propia cuenta. En la siguiente sesión, me dijo que de hecho había investigado todo lo que pudo sobre Hefesto y que, extrañamente esta figura lo había movido profundamente. De hecho, las historias sobre este dios le habían llamado tanto la atención que había compartido algunas de ellas con su novia a lo largo del fin de semana. Cuando llegó a la historia de cuando Hefesto descubrió a Afrodita en la cama con Ares, él comenzó a llorar.

Sorprendentemente, su novia también empezó a llorar y le confesó que de hecho ella había tenido una aventura sexual con un compañero de clase durante sus vacaciones escolares. Resultó que los tiempos coincidieron precisamente con su sueño durante la tormenta eléctrica en las montañas. De hecho, esta confesión de la novia le produjo a él un gran alivio, ya que se dio cuenta de que no estaba loco: sexualmente, su novia no era confiable y era mejor saberlo que seguir dudando si le era fiel o no.

Sería absurdo argumentar que esta amplificación de ciertos hechos en su historia y experiencia de vida con el mito de Hefesto le curó su celotipia por completo. Profundas y persistentes fuerzas en su psique habían alimentado las raíces de sus celos. Sin embargo, su auto-estima ciertamente mejoró a través de esta asociación, y el contexto más amplio del significado provisto por el mito le ayudó a ver su experiencia de vida en el contexto de un patrón arquetípico. El sentido de un patrón arquetípico y de un significado más profundos, le proporcionaban al artesano discapacitado un marco de referencia con un efecto redentor.

También nos dio una dirección hacia la cual trabajar en la terapia. En la figura hefestiana, hay una gran fortaleza y potencial de vida, aunque este sentido de ser un patrón arquetípico, también nos concientiza sobre las limitaciones, en otras palabras, Hefesto nunca será Hermes, o Zeus, o Apolo; siempre tendrá que luchar con su cojera, con sus miedos al rechazo, con su vulnerabilidad ante las amenazas de abandono. Reflexionando posteriormente sobre este caso, se me ocurrió que este patrón es bastante típico en hombres jóvenes que son intensamente introvertidos y también artísticos y creativos. Su salvación yace en permanecer auténticos ante su introversión, ante su vocación creativa y su capacidad para finalmente desarrollarse como hombres adultos, como hace Hefesto después de su fracaso con Afrodita.

En este caso, el descubrimiento de un patrón mítico fue importante en tanto dispositivo para la orientación. También nos reafirmó de que debajo de todos los hechos que conforman esta historia particular, estaba operando un arquetipo. Esto implicaba que podíamos tener fe en el desenvolvimiento de la historia.

Amor Fati

El movimiento clínico clave en la reconstrucción junguiana es dónde y cómo se unen los datos personales e históricos concretos de la vida de un individuo con las imágenes y temas arquetípicos, ya sea a través de una "intervención" arquetípica en la historia (sincronicidad) o bien a través de la unión efectiva de datos y cifras personales y arquetípicas de tal manera que la historia personal asume el sentimiento de un significado religioso orientado hacia el destino. Se trata de un tipo de reconstrucción que busca mantener las dimensiones personales y arquetípicas de la historia unidas en una sola visión. Se trata de un *mysterium coniunctionis* a nivel histórico.

Jung cita al manuscrito titulado *Rosarium*:

> Blanquead lo negro y romped los libros para que vuestros corazones no se rompan. Pues esto es la combinación de todos los sabios y terceras partes de toda la obra. Conectad, pues, como se dice en la Turba, lo seco con lo húmedo, es decir, la tierra negra con su agua, y cocinarla hasta que se vuelva blanca. Así tendrás agua y tierra por sí mismas y la tierra se habrá blanqueado con el agua: a esa blancura se le llama aire.[20]

Esto resume, simbólicamente, la operación a la que me estoy refiriendo en este capítulo, donde los aspectos personales de nuestra historia (lo "negro", una sustancia negra) reciben la más plena atención analítica (el "agua", que es el don divino de la iluminación) hasta que la historia asciende de lo concreto a lo simbólico (lo "blanco," el "aire") y se unen la historia personal y las imágenes y los significados arquetípicos. Se trata de la etapa del *opus* a la que Jung se refiere como la "purificación," a la que le acompañan las siguientes líneas: "Aquí cae el rocío celestial para lavar el sucio cuerpo negro en la tumba".[21]

Los pensadores religiosos han desarrollado la idea de una "historia sagrada", una *Heilsgeschichte* ("historia de la salvación"), para referirse a la historia interna de cómo las personas elegidas por Dios, se constituyeron en una nación sagrada, recibieron una vocación y un significado en el escenario de la historia mundial. Esta

[20] *Ibid.*, párr. 484.
[21] *Ibid.*, párr. 273.

es la historia interna de las comunidades religiosas,[22] la historia de cómo Dios las ha guiado, intervenido, atendido, impulsado, criticado y bendecido. Es muy diferente de la historia externa tal cual la escriben los historiadores académicos objetivos, que no se involucran, ni se apasionan. Una historia interna es la historia del significado, en el cual el tiempo y la eternidad, la conciencia y el inconsciente, las fuerzas específicas tanto históricas como arquetípicas juntos desempeñan sus papeles y producen una configuración en el tiempo. Estar totalmente inmerso en esa historia es ser muy inconsciente e ignorante de las otras tendencias históricas, de la historia objetiva. Estar totalmente afuera de cualquiera de estas historias, no obstante, es estar inconsciente e ignorar los factores transcendentes en juego dentro del proceso histórico. Las personas tradicionales viven totalmente adentro de esta historia sagrada; las personas modernas viven totalmente afuera; las personas posmodernas, como lo era Jung, viven tanto adentro como afuera y cargan la tensión de estas perspectivas opuestas en una sola visión paradójica.

En el análisis, puede que estas tres etapas, en cierta medida, se entrecrucen. Un principiante en el campo de la psicología, está totalmente encerrado en la subjetividad consciente, y le son completamente desconocidos la objetividad del inconsciente y su influencia. El análisis produce una cierta medida de conciencia del "otro" interior, de una realidad psíquica objetiva conformada por complejos y arquetipos, que coexisten con la subjetividad consciente y la afectan de innumerables maneras. El análisis busca lograr algún tipo de desapego de los prejuicios, las perspectivas e historia limitada. En general, esto es lo que significa ir a análisis. Sin embargo, ¿acaso el análisis también puede dar un tercer paso? Esto ocurriría durante el transcurso de la reconstrucción de la historia y de la construcción de una narrativa personal en la cual el pasado personal e impersonal, los elementos subjetivos y objetivos, se

[22] H. R. Niebuhr, *The Meaning of Revelation*.

fusionaran de tal manera que ambos permanezcan dentro de la conciencia. No se usarían los elementos arquetípicos para eliminar elementos personales o bien para quedar colocados al servicio de las defensas del ego, tampoco se usarían los elementos personales para oscurecer y ocultar los elementos arquetípicos. Ambos elementos aparecerían y se mantendrían en la conciencia simultáneamente. En esta instancia, lo simbólico se vuelve personal y lo personal se vuelve simbólico.

La paciente de Jung que pasó su niñez en Java ilustra una confluencia sincronística entre un proceso arquetípico y una historia personal y cómo se descubre, entiende y acepta en el trabajo reconstructivo del análisis. Al producto psíquico final de la etapa de la reconstrucción que estoy describiendo aquí se le conoce como *amor fati:* no se trata solamente del conocimiento de nuestra propia historia, sino de abrazarla y amarla plenamente como aquello que arquetípicamente así debía de ser.

Capítulo 4

Los sueños y la reconstrucción de la historia en el análisis[1]

> Se encuentra siempre en la vida de los hombres
> algún acontecimiento que representa
> el estado de los tiempos extinguidos.
>
> Shakespeare[2]

Cuando Jung estaba rompiendo con Freud, anunció en sus conferencias de 1912 en la Universidad de Fordham, que en su opinión, la causa de la neurosis yacía en el presente y no en el pasado. Argumentó que para el analista era inútil seguir a un neurótico en sus incesantes cavilaciones sobre desaires y lesiones del pasado e incluso sobre posibles traumas. En pocas palabras, lo que el neurótico necesitaba hacer era ponerse a trabajar en serio y enfrentar el desafío de la vida actual, dejar de evadirse.[3]

Cualquiera que haya tratado de seguir al paciente neurótico por los vericuetos de sus desgracias pasadas, puede empatizar con

---

[1] Inicialmente publicado en *Dreams in Analysis*, Chiron Publications, 1989. Posteriormente publicado en forma ligeramente revisada en *Practicing Wholeness*, Chiron Publications, 1996/2014.

[2] *Enrique IV*, Segunda parte, Acto 3, Escena 1, Línea 80.

[3] C. G. Jung. "Ensayo de exposición de la teoría psicoanalítica" en *Obra Completa,* Vol. 4.

la impaciencia de Júpiter que caracterizaba a Jung. Alrededor del año 1913, la perspectiva de Jung tenía un tono adleriano inusualmente fuerte, que puede haber sido el resultado de la dinámica interna del grupo psicoanalítico en esa época. Jung adoptó esta extraordinaria postura ahistórica y pragmática precisamente en un momento en el que estaba empezando a investigar las vastas profundidades de la psique inconsciente. Sin embargo, al investigar los significados más profundos de las fantasías de la señorita Frank Miller en *Psicología del inconsciente*, le puso poca atención a la historia personal de la paciente. De hecho, casi no sabía nada al respecto. Se enfocaba en temas y paralelismos míticos en los materiales fantasiosos, enfoque que volverá a repetir en la década de los treinta cuando comenta una larga serie de sueños, utilizando imágenes e ideas alquímicas.[4] Una vez más, en esa obra, descuida la historia y asociaciones personales a favor de una interpretación simbólica/arquetípica.

Se debe hacer notar que el propósito de estos dos textos es representar las investigaciones científicas de la psique inconsciente más que servir de modelos para el análisis terapéutico. Cuando se refiere al tratamiento analítico del individuo, Jung no era claramente no histórico. Desde un punto de vista teórico, no podía ser así. El análisis lidia con complejos y ¿qué son los complejos sino historia personal registrada en el inconsciente? La teoría de los complejos insiste en la necesidad práctica de la reconstrucción de la historia personal en el análisis.

Según las formulaciones tanto tempranas como tardías de Jung, los complejos son los componentes básicos de la psique personal y constituyen los contenidos del inconsciente personal. Son los factores emocionales que perturban la vida en estado de vigilia con sus divagaciones autónomas y llenan nuestros sueños con sus imágenes. El sueño es el teatro en el cual se expresan los complejos,

---

[4] C. G. Jung, "Psicología y alquimia" en *Obra Completa*, Vol. 12, Parte II, párrs. 44-331.

bajo una multitud de disfraces de la vida cotidiana. Según el enfoque subjetivo de la interpretación de los sueños, hay que hacer una lectura de las figuras oníricas como complejos recurrentes. Por lo tanto, para el análisis junguiano, que se basa en la teoría junguiana y enfatiza la importancia de los sueños, le resulta imposible evitar la cuestión de la historia personal. Las figuras oníricas arrastran toda una historia tras de sí.

Si somos analistas junguianos consistentes, entonces la regla debe de ser que la reconstrucción histórica desempeñe un papel central en el análisis, precisamente debido a que la interpretación de los sueños es una característica tan central. ¿Por qué no es este siempre o quizás incluso típicamente el caso?

Al separarse Jung de Freud, desarrolló lo que llegó a llamar una perspectiva simbólica y teleológica de la psique. Esta perspectiva sostiene que se deben de interpretar las expresiones del inconsciente de manera simbólica y teleológica y no de manera reductiva e histórica. Se llegó a considerar que una perspectiva histórica o desarrollista como excesivamente reductiva, mientras que una perspectiva simbólica se asocia con el *telos,* la meta. En vez de reflejar el pasado, se considera que los sueños anticipan el futuro. De aquí emerge la noción, por ejemplo, de que el primer sueño importante en el análisis es un “sueño inicial” que pronostica desarrollos y cuestiones importantes que muy probablemente surgirán en el transcurso del análisis por venir. Por supuesto que esto no necesariamente significa que el futuro, tal cual lo presagia el inconsciente sea discontinuo con respecto al pasado. Se puede argumentar, de hecho, que el inconsciente logra trazar el futuro porque contiene los complejos tal cual se formaron en el pasado y por qué, más aún, hay una fuerte tendencia de que los complejos repitan el pasado en el presente y el futuro. La compulsión a la repetición, vista a través de ojos junguianos, es simplemente los complejos que se descargan una y otra vez sobre el ego pasivo desde las profundidades de su necesidad interna de repetir. Entonces, con base en la presuposición de que los sueños se basan en los complejos y en sus relaciones internas entre sí, y que son los complejos los que forman los patrones psicológicos de repetición, que se comportan en gran medida de manera autónoma y requieren de una descarga reiterada de energía, podríamos argumentar que los sueños en efecto tienen una agenda prospectiva, con una visión hacia el futuro: es decir, buscan repetir el pasado. La tarea del análisis sería fortalecer una tendencia en la psique de producir un *opus contra naturam,* que liberaría al individuo de estos patrones históricos y le ayudarían a disolver los complejos a través de la interpretación y resolución de cuestiones emocionales alojadas en los complejos.

Sin embargo, debido a que se ha visto a los sueños como simbólicos en otro sentido, esta tarea analítica de la deconstrucción psicológica muchas veces ha asumido una posición secundaria. En la teorización tardía de Jung, se considera que el complejo tiene un centro arquetípico. Los arquetipos son ahistóricos, por lo menos en cierta medida, es decir, no los producen las experiencias personales, sino que los arquetipos más bien son potenciales innatos que hay que manifestar en nuestra vida. De esta manera, el complejo materno es una mezcla de nuestras propias experiencias personales con las experiencias de nuestra madre , además del potencial innato para recibir y relacionarse con la madre. Cuando llegamos a interpretar el complejo materno, hay que tomar estos dos elementos en cuenta. Por un lado, está la mamá; por el otro, la Gran Madre. Cuando el acento cae sobre la Gran Madre, el intérprete tiende a virar la mirada desde la historia personal hacia la historia colectiva de la raza o bien, yendo más allá todavía hacia la idea del Maternaje mismo. Esto lleva al significado del Maternaje, a la Madre Interna que incide sobre la psique en el aquí y el ahora. Esto naturalmente aleja la atención de las preocupaciones históricas, de interpretar la relación individual entre madre e hijo/a y sus ramificaciones en el caso particular en cuestión. De esta manera, la interpretación de los sueños se encuentra exactamente contrapuesta a la reconstrucción histórica y a la resolución de nuestros problemas personales con la niñez y/o con la proyección de la niñez sobre situaciones del presente, como se ve en la transferencia.

La dicotomía entre las interpretaciones simbólicas/arquetípicas de los sueños y las interpretaciones históricas/personales ha llevado al campo de la psicología analítica hacia uno de sus dilemas centrales.[5] Preguntas como: ¿Deberíamos de adoptar una perspectiva simbólica del material del caso, o bien, ¿deberíamos de ser "clínicos", es decir, reductivos e históricos? ¿Deberíamos de tratar a los sueños como oráculos y presagios con significado o como afirmaciones de la psique que requieren que el análisis regrese a un contexto personal de la historia y las relaciones del paciente? ¿Acaso la psique es fundamentalmente mítica y produce mitos, teje un mito personal con base a la trama y urdimbre de elementos arquetípicos con la intención de darle significado a la vida individual, o bien, acaso la psique tiende fundamentalmente a repetirse y a reformular los patrones y, por lo tanto, necesita ayuda cuando se atora en sus viejas formas? Desde esta diferencia se desenvuelve la escuela arquetípica, por un lado, y la escuela de desarrollo, por el otro.[6] La escuela arquetípica trata a la psique como fundamentalmente desconectada de la historia, la cual se entiende fundamentalmente como la historia de la imaginación, mientras que la escuela de desarrollo, considera a la imaginación y la vida emocional como profundamente controladas por la historia y sus impasses. La escuela junguiana clásica trata de equilibrar las dos, adoptando una postura que conjuga a las dos: el sueño es tanto una afirmación de los complejos creados históricamente y un enunciado simbólico del impulso de la psique por alcanzar la totalidad. El sueño compensa la conciencia unilateral del ego, por lo que nos impulsa hacia la totalidad.

En el enfoque clásico al análisis, la doctrina ha sido, en primer lugar, practicar un análisis reductivo histórico de los complejos (la

[5] Ver H. Dieckmann. *Methods of Analytical Psychology*, p.198.
[6] A. Samuels, *Jung and the Post-Jungians*.

fase "freudiana") y, en segundo lugar, aplicar el método simbólico sintético (la fase junguiana); o (y esta es una cláusula condicional importante) seguir lo que vayan indicando los sueños mismos. La noción aquí es que los sueños mismos van indicando cuándo hay que interpretarlos históricamente y cuándo teleológica y simbólicamente.

Me parece que es justo afirmar que un analista formado en la escuela de desarrollo antes que nada interpreta los sueños de manera histórica y reductiva; mientras que un analista formado en la escuela arquetípica jamás interpreta los sueños históricamente, sino más bien los interpreta en los propios términos de su imagen y estructura interna; un analista formado de manera clásica ve el sueño mismo para que le indique cómo abordarlo, ya sea de manera personalista, histórica, reductiva, o de manera simbólica y teleológica. Esto significa, en términos concretos, que estas tres formas de análisis son significativamente diferentes. La primera tiene gran coherencia histórica; la segunda no tiene ninguna coherencia histórica; y la tercera, tiene algo de coherencia histórica aunque no sea sistemática.[7]

En este capítulo, voy a asumir una posición clásica modificada en tanto que estaré identificando señales sobre cuándo y cómo buscar la totalidad con base en los sueños mismos. Espero que resulte claro el valor terapéutico que tiene este enfoque.

Sueños sobre la historia

Algunos sueños simplemente claman y exigen una reflexión histórica. A este grupo pertenecen los sueños recurrentes que traen el pasado al presente a través de revivirlo. Este sueño clásicamente re-escenifica un acontecimiento traumático, como la escena de una batalla que se da de manera recurrente en forma casi idéntica e insiste en que el soñante vuelva a atravesar por el momento de

[7] *Ibid.*

terror. Sin embargo, hay otros sueños, que físicamente resultan mucho menos amenazantes y menos dramáticos que caen bajo el mismo género.

Un número de hombres con quienes he trabajado en análisis han informado que han tenido sueños recurrentes de este tipo que se enfocan en equipos y acontecimientos deportivos de la escuela preparatoria. En estos sueños de fútbol americano, baloncesto, o béisbol, hay un escenario en particular, un juego importante, muchas veces un viejo entrenador en particular y un momento crítico: "voy corriendo hacia la zona de anotación y se me cae la pelota"; "le pido al entrenador que me meta a la cancha, pero no quiere"; "me estoy poniendo el uniforme, pero no puedo encontrar mis tenis", etcétera.

Al recopilar las asociaciones y la historia representada en este sueño recurrente, se llega a la sensación de que se está presentando un hecho psíquico esencial de esta personalidad. Sin el contexto histórico, sin los detalles ni las asociaciones exactas, no se puede exponer ni investigar este hecho psíquico. En un caso, este hecho psíquico lo expresa la figura del entrenador y su conflictiva relación con el soñante. El sueño recurrente gira en torno a la centralidad de esta figura. Al reflexionar sobre este entrenador, quien aparecía en muchos sueños a lo largo del análisis de este joven, finalmente concluimos que el hecho psíquico central representado, una y otra vez, en estos sueños era un fallido ritual de iniciación masculina y sus secuelas. Como consecuencias del desarrollo psicológico detenido, están la desconfianza en la autoridad masculina, tendencias hacia una estructura caracterológica de *puer aeternus*, la sexualidad compulsiva y una búsqueda de una mentoría adecuada que invariablemente desemboca en desilusión. Mientras estábamos en el proceso de analizar este hecho psíquico, los sueños empezaron a cambiar. El entrenador se bajó de su trono de poder y autoridad y finalmente apareció como un personaje patético sin recursos que necesita que le ayuden y sientan compasión por él. Detrás de este entrenador, o más bien enterrada bajo esta imagen, se encontraba una figura paterna y un problema con el padre que antecedía al entrenador. Este joven también reportó muchos sueños con su padre, con una temática más o menos paralela al tema de los sueños con el entrenador, aunque muchas veces menos dramáticos y con contenidos menos congelados. El padre parecía ser una figura más realista; el entrenador parecía más ubicado en un periodo específico de tiempo y, por lo tanto, más simbólico.

Si ahora estamos diciendo que el entrenador, o más bien este entrenador en particular, era un importante símbolo onírico para este joven, estamos utilizando el término de manera diferente del sentido de "simbólico" como se le entiende cuando se le contrasta con lo "histórico." El entrenador claramente simboliza un hecho psíquico esencial en la personalidad de este hombre, en tanto que, sueño tras sueño, representa un complejo central. Se podría utilizar de manera efectiva esta imagen de los sueños al analizar otras relaciones, incluyendo (en cierta medida) la transferencia. De no haber sido por esos sueños recurrentes con el entrenador, jamás se le hubiera ocurrido a este analizante aprovechar sus recuerdos del entrenador de manera tan central y psicológicamente ilustradora. Los sueños presentaban al entrenador como un símbolo y, en tanto símbolo, esta figura tenía una aplicabilidad general para interpretar otras estructuras similares relacionadas tanto con las relaciones como con la experiencia de vida.

El complejo representado por la figura del entrenador tiene un centro arquetípico, en el cual reside el Padre. Este complejo estaba organizado de tal manera que afecta al ego como lo haría el arquetipo del Padre: una autoridad masculina que bloquea o facilita el camino hacia el trabajo y los compromisos de la libido en el mundo. La figura onírica aquí es simbólica en tanto que apunta más allá de sí misma hacia significados psíquicos mayores. Sin embargo, también era puramente histórica: Este hombre, de hecho, había sido el entrenador del soñante unos 20 años atrás.

Logramos la realización de que un sueño recurrente de este tipo, que contiene una figura o acontecimiento históricos claramente marcados y recordados, también carga un significado simbólico, cuando obtenemos un sentido de su mayor significado psicológico. Es más que una simple repetición de un recuerdo o de un esfuerzo por resolver un trauma emocional del pasado. Quizás se puede definir un símbolo como la suma de un acontecimiento más su significado. Si decimos, por ejemplo, que un sueño es un símbolo, esto significa que hemos captado esta combinación del sueño como acontecimiento histórico y su significado. Una vez hecho simbólico, el significado del acontecimiento también se puede transferir a otros contextos.

Se puede sugerir una hipótesis general para el análisis de los sueños: Cuando una persona o figura o tema de la historia de un individuo aparece de manera recurrente y notoria en una serie de sueños, tiene una importancia simbólica, lo cual implica que aumenta considerablemente la extensión y amplitud de la posible referencia significativa aplicada a esa imagen.

En una serie larga de sueños, en la cual podemos atestiguar un cambio gradual en las estructuras y figuras de los dramas de los sueños, muchas veces también podemos vislumbrar cómo la psique lidia con la historia. Los sueños reelaboran un poco de la historia hasta que se vuelve simbólica y transforma su forma. En este sentido, podemos afirmar que el crecimiento psicológico se puede trazar en las secuencias de sueños. La transformación de la historia personal en un símbolo permite que se vayan trascendiendo gradualmente los acontecimientos del pasado que hayan inhibido o bloqueado el funcionamiento psicológico, que hayan escindido la psique, o bien limitado al *self* en la externalización de sus funciones en el tiempo y el espacio.

Un segundo tipo de sueño que de manera insistente invita a la reflexión histórica y a la reconstrucción es un tipo de sueño que simbólicamente insinúa la presencia de un acontecimiento histórico. Esta era la perspectiva de Freud y su uso del término simbólico. Aquí, la imagen esconde un acontecimiento histórico, al que apenas alude. Sin embargo, se le sueña de manera tal que las asociaciones pueden conducir al acontecimiento histórico de manera fácil y directa. Típicamente, estos acontecimientos tienen una naturaleza vergonzosa, desconcertante y dolorosa, como son las experiencias de incesto que se han encubierto y en cierta medida reprimido.

Una mujer joven me vino a ver porque se sentía avasallada por unos sueños poderosos que no lograba entender. Los sueños estaban cargados de emoción; muchas veces la despertaban y a menudo su contenido era innocuo. En nuestra segunda o tercera sesión, reportó haber soñado con la casa de su infancia. Estaba explorando el patio trasero y vio un árbol que no había visto antes, un árbol joven a punto de dar fruto por primera vez. Sus asociaciones con el sueño nos llevaron con gran rapidez y fuerza de regreso a su adolescencia temprana, cuando su familia se había mudado a esa casa y su padre había comprado el terreno de al lado para hacerlo jardín. Era un jardín con una abundancia de árboles frutales y arbustos de moras. Ella había pasado muchas horas explorando el jardín y jugando ahí con sus amigas. Recordaba que en el lugar del árbol desconocido en el sueño, ella había tenido un encuentro sexual temprano: otra chica le había mostrado ahí sus senos pubescentes y se habían tocado entre sí. Esta asociación llevó rápidamente a otras asociaciones y particularmente a recuerdos dolorosos de descubrir que su padre divorciado y solitario la espiaba mientras se desvestía en su recámara y a veces entraba a su cuarto de noche y se sentaba en su cama. De repente, resurgieron recuerdos de toda su aterradora adolescencia. Desde la inocencia de un joven árbol frutal en el jardín, repentinamente llegamos a la serpiente, al pecado original, a su padre cayendo de su gracia, y a años y años de guardar un terrible secreto. En esta instancia, un sueño inocente, una imagen del Edén, produce un secreto personalmente vergonzoso, no en el nivel mítico simbólico, sino en el nivel concretamente histórico.

Una característica interesante de este caso es que se ajusta a la formulación temprana por parte de Jung de la etiología de la neurosis.[8] Esta mujer joven estaba evitando enfrentar una tarea en el presente: se había quedado atorada en la redacción de su tesis. Su libido no fluía hacia la formulación de su tesis. Más aún, había un problema en su relación con su esposo: la libido tampoco quería fluir hacia allá. El bloqueo de la libido y la subsiguiente regresión producían síntomas: sueños sobrecargados, pesadillas y ansiedad. Siguiendo el sueño anteriormente mencionado de regreso a su historia personal, el camino llevaba a escenas de incesto con su padre, las cuáles, una vez descubiertas y concientizados los traumas y sentimientos, se liberó la libido para que avanzara hacia una nueva progresión de la libido. De hecho, después de algunas discusiones sobre estos recuerdos que la inundaron, ella logró retomar su tesis y concluirla. También abordó la relación con su esposo. Lo que empezó pareciendo un símbolo onírico, en este caso, el jardín, el árbol, el fruto, se convirtió en una historia y perdió su significado simbólico. Esta deconstrucción de significados simbólicos en significados históricos sigue la noción anticuada del psicoanálisis como una disciplina que deshace represiones y resuelve problemas de incesto. Este sueño presentó un símbolo onírico en el sentido freudiano de un disfraz más que en el sentido de la suma de un acontecimiento y su significado.

Sin embargo, había un detalle en el sueño, que no parecía particularmente significativo en ese momento debido a todo el material que fluía desde las asociaciones, que además tenía importancia simbólica. Era el fruto nuevo del árbol. A diferencia de cualquiera de los árboles en el huerto real detrás de la casa, este era un peral; el fruto era una pera incipiente. Históricamente, se refería al periodo de la adolescencia cuando ella se inició en la sexualidad femenina, aunque también tenía una referencia teleológica. Desde una perspectiva clínica, se podía fácilmente evaluar que ella necesitaba avanzar en su identidad femenina y su madurez como mujer. Con respecto al trabajo de interpretación, el

[8] C. G. Jung, *Mysterium Coniunctionis, Obra Completa,* Vol. 14, párrs. 203-522.

movimiento deconstructivo de desarmar el símbolo en tanto disfraz, sirve a la función prospectiva del sueño, que es promover la causa del desarrollo psicológico personal.

La historia como metáfora

Cuando Freud abandonó la teoría de la seducción y la reemplazó con la noción de que las fantasías de incesto de la niñez se disfrazan de memoria histórica, estaba apuntando hacia una de las formas en las que la mente utiliza a la historia metafóricamente. Jung ciertamente apoyaba esta perspectiva de la psique como creadora de la metáfora para expresar su esencia y significados. Se puede utilizar la historia para este propósito.

En una metáfora, se comparan dos cosas de manera tal que una puede representar a la otra e ilustrar su importancia. Aunque también una puede reemplazar a la otra. Si digo: "Mi amor es una rosa roja, roja", puede que esto genere algo de confusión acerca del objeto de mi amor. Podríamos preguntar: "¿Acaso esto significa que amas a una rosa roja?" Yo protestaría, argumentando que estaba hablando poéticamente. Sin embargo, cuando hablamos o pensamos en metáforas, no nos encontramos lejos de un probable enredo. Entre las funciones de la interpretación está el desenredar el enredo y hacer que el significado se vuelva claro. Una buena interpretación transforma el significado de la expresión metafórica en un lenguaje que considera los valores poéticos y cuidadosamente sugiere el significado de la metáfora.

En un sentido, cada sueño es una metáfora y se necesita interpretar. Freud y Jung estaban de acuerdo al respecto. La interpretación de un sueño dice en prosa lo que el sueño dice poéticamente. Cuando leo o escucho un sueño, muchas veces me pregunto: "Si fuera a enunciar la narrativa de este sueño como un pensamiento, ¿qué pensamiento sería?" La mente que sueña es la mente que piensa en imágenes. (Igualmente, podríamos decir que la mente que piensa es la mente que sueña en pensamientos). Esto no contesta la pregunta sobre de dónde vienen esos pensamientos o lo que significan, aunque sí nos lleva hacia una teoría de la interpretación de sueños. Para entender el lenguaje de los sueños, se requiere que los traduzcamos en los pensamientos que representan metafóricamente. Un sueño nos puede mover emocionalmente sin que se dé esto, por supuesto, aunque no se le pueda entender cognitivamente a menos que hagamos esta traducción.

Existe un grupo grande de sueños que empiezan con una frase como: "Estaba yo de regreso a casa". La descripción del sueño empieza con un enunciado sobre el lugar, que se remonta a mucho tiempo atrás: la casa de la infancia, la escuela, la casa de los abuelos, la casa de verano, pero en cualquier caso, un lugar de origen en el que se haya dado una experiencia formativa muy importante. Luego, después de esta típica apertura, se nos introduce a un elenco de personajes en el que muchas veces se mezcla lo viejo y lo nuevo: algunos personajes del pueblo de antaño donde solíamos vivir, otros de fechas más recientes y otros del presente. El sueño procede a desarrollarse en un drama que muchas veces tiene poco o nada que ver con el pasado, aunque se ubique en el pasado. Aunque tenga más que ver con asuntos del presente, de manera sorprendente, se les enuncia en términos e imágenes históricos. Es como si fuéramos a leer sobre una campaña política actual en términos de la Guerra Civil o del periodo revolucionario, de tiempos de formación.

Un hombre a quien le faltaban pocos años para cumplir sesenta años, estaba estudiando una carrera nueva: psicoterapia. Estaba haciendo su servicio social con un número de pacientes con cuota reducida cuando tuvo un sueño en el que regresaba al pueblo donde había nacido y vivido los primeros cincuenta años de su vida. (Este era el escenario usual de casi todos sus sueños). En este sueño, él estaba desempeñando el papel de portero de seguridad en un bar. Se estaba realizando una redada para detener tanto a narcotraficantes como a consumidores de drogas y su trabajo consistía en escoltar a posibles consumidores de drogas a la parte posterior del lugar, donde los detenían. Finalmente, concluyó la operación y tenía la libertad de irse, lo cual hizo con trepidación, temiendo que los narcotraficantes lo atacaran. En sus asociaciones con el sueño, identificó este lugar como el nido de víboras de su pueblo natal. Otras asociaciones llevaron a su servicio social en el cual estaba lidiando con un número de personas que abusaban de sustancias. Uno de estos individuos había cancelado una sesión el día que tuvo el sueño, y temía que el paciente regresionara a su viejo hábito. Otros de sus pacientes eran casos legales de sociopatía.

Es un principio cardinal de la psicología analítica que el inconsciente asimila la experiencia a través de compararla con el pasado. La experiencia nueva se integra a través de masticarla con los dientes viejos de una boca vieja y digerirla en un estómago viejo con gases y jugos gástricos. Con lo que respecta a la psique, el vino nuevo siempre se coloca en barricas viejas. Si este proceso no funciona, se descompone y se reorganiza.

Esta es la base de la transferencia: El paciente asimila al analista, esta nueva figura de importancia, apego libidinal y autoridad, a figuras de autoridad anteriores (por lo general, figuras parentales, que son las iniciales), siguiendo líneas establecidas años atrás a lo largo de un camino arquetípico realmente antiguo. En un sueño como el anteriormente citado, vemos este proceso en funcionamiento. El servicio social era una experiencia nueva y de muchas maneras amenazante para el soñante. No era un novato en el mundo laboral y en la industria de los servicios, aunque esta actividad y este papel le resultaban nuevos. Era un perro viejo aprendiendo trucos nuevos y en este sueño vemos cómo su inconsciente a tientas busca captar este nuevo papel con base en la anterior experiencia de vida. El pensamiento detrás del sueño es algo como: "En tu trabajo nuevo, eres parte de un esfuerzo mayor por cambiar algún comportamiento antisocial y tratar de arreglar las cosas. Se trata de un trabajo bastante peligroso y es fácil que aquellos a quienes estás tratando de ayudar a cambiar te malinterpreten y ataquen. El tipo de personas con las que estás lidiando se parecen mucho a esos personajes que se juntaban en la esquina de la cuadra donde se compraban y vendían drogas. Estás lidiando con el lado sombreado de la vida. Ten cuidado y mantente en estado de alerta".

En este sueño, el escenario histórico está afirmando que el momento actual se parece a como era en ese entonces. Esta asimilación de los modelos del presente a los del pasado es parte de los ajustes y adaptaciones a una nueva situación que es desafiante e infunde temor.

Me recuerda una observación que hace la señorita Marple, la detective vieja y astuta que aparece en algunas de las novelas de Agatha Christie, sobre cómo ella investiga tan bien. Ella afirma que en el pequeño pueblo inglés donde vivía, había justo el número suficiente de personajes para aprender todo lo que necesitaba saber sobre la naturaleza humana. Lo que hace cuando incursiona en una situación nueva es darse una idea de cómo son las personas a través de compararlas con los personajes del pueblo. Su observación era que si conoces a las personas de un pueblo pequeño a fondo, puedes entender cualquier situación humana.

Lo que hacía la señorita Marple era asimilar lo nuevo a lo viejo a través de compararlos. De esta manera, se está utilizando la historia como metáfora: por un instante, el pasado reemplaza al presente para así poder entender el presente más claramente.

"Mi amor es una rosa roja, roja": sólo funciona si hemos llegado a conocer y a amar a las rosas anteriormente; en caso contrario, la metáfora carece de sentido y podría confundir al lector a creer que el poeta es un jardinero. A veces, el intérprete potencial de un sueño que contiene una fuerte referencia histórica actúa como ese tipo de lector. Si se toma la referencia histórica literalmente, en el sentido de hacer referencia concreta a un acontecimiento o persona del pasado, cuando esta referencia histórica se debería tomar metafóricamente, la confusión se vuelve completa.

En el ejemplo anterior, hubiera sido absurdo perseguir la noción de que el soñante estaba en proceso de descubrir alguna actividad sombreada que había sucedido en su viejo pueblo natal. No es que esta táctica fuera necesariamente "equivocada"; de hecho, se podrían ver cuestiones sombreadas de aquellos años pasados, y quizá sacarles algún tipo de provecho. Igualmente, podríamos tomar la táctica de: "Mi amor es una rosa roja, roja" y especular que el hecho de que el poeta haya seleccionado precisamente esta metáfora tiene que ver con una fuerte preferencia por las rosas rojas. O bien, ¿quizá su madre se llamaba Rosa? Sin embargo, esto implicaría que no se esté entendiendo el poema para nada, ya que en verdad no se trata de rosas, sino de su ser amado. De manera semejante, en el caso del sueño, salir a la calle del viejo pueblo natal a papar moscas, implicaría no entender nada.

El elemento histórico en los sueños, en donde la historia es metafórica está apuntando hacia viejos y arraigados patrones de estructura, identificación, hábitos. El sueño está diciendo que se trata de un viejo patrón que se está aplicando a una situación nueva; es un patrón que se estableció en ese lugar debido a las circunstancias, las identificaciones, las personas involucradas y nuestra relación con ellas. El inconsciente está tratando de asimilar el presente a través de devorarlo en el estómago del pasado.

Estos sueños traen otra pregunta a colación, particularmente si son sueños habituales y recurrentes. ¿Acaso esto es algo bueno? ¿Acaso el camino de la individuación implica la asimilación del presente por parte del pasado? O bien, ¿acaso es una señal de defensa? Llegamos aquí a través de los usos de la memoria. La memoria puede ser un medio de cognición, aunque también puede ser un instrumento de defensa.

La historia como opresión

En un artículo en el cual discute cómo el análisis busca disolver la compulsión de la repetición a través de la regresión, Elie Humbert escribe que: "*Nosotros* somos nuestros complejos, que son nuestra memoria". Su noción es que para que se realice un cambio, se deben disolver y reformar los complejos a través de una regresión terapéutica. Esto forma estructuras nuevas. La implicación es que la memoria también se altera. Esto trae la siguiente pregunta a colación: ¿Acaso los sueños indican un proceso que opera en la psique que puede alterar la estructura de los complejos y también cambiar la memoria?

Resulta demasiado simplista como ecuación decir que nuestros complejos son sencillamente nuestra memoria. La memoria es más que los complejos. Sin embargo, ciertamente existe una conexión importante. La memoria, en el sentido que le atribuye la psicología profunda, va más allá de la reserva consciente de recuerdos, sean de corto o largo plazo. Se extiende a los recuerdos corporales y a los recuerdos inconscientes, también. Existe una amplia y contundente evidencia de que la memoria va más allá de la conciencia y sus poderes de remembranza. Soñamos con personas y lugares que jamás recuperaríamos a través de un esfuerzo consciente. Además, después de un largo y arduo proceso de asociación e interpretación, muchas veces nos damos cuenta de que los sueños contienen imágenes de los recuerdos, aunque luego nos sorprendamos que así sea. En años recientes, la terapia corporal ha demostrado que cuando se presionan y masajean los tejidos corporales mismos de ciertas maneras, se puede lograr que recuperen su vitalidad a través de imágenes de los recuerdos de la infancia temprana. Desde hace mucho, se ha utilizado la hipnosis para demostrar la existencia de recuerdos que van más allá del rango de los recuerdos conscientes e incluso se ha incursionado en áreas que quizá tengan que ver con vidas anteriores. Aquí nos encontramos en el borde de un banco de recuerdos que se extiende por todas las eras. Se considera que el inconsciente colectivo contiene residuos de recuerdos de origen ancestral.

En lo que respecta a los contenidos de los recuerdos, podemos decir, con un grado de confianza, que van más allá de la conciencia y el control consciente. No podemos controlar o recuperar lo que recordamos en todos los niveles. La teoría de Freud sobre la represión, lidia con la necesidad humana de olvidar, mientras que simultáneamente testifica que no se nos olvida precisamente lo que queremos olvidar: los recuerdos de los traumas y de las fantasías persisten. Esto también se aplica a la teoría de los complejos de Jung. Los complejos están constituidos en gran medida de memorias inconscientes que se conglomeran en torno a un centro arquetípico, mientras que los complejos son autónomos y están libres del control del ego. De esta manera es la psique, y no el ego la que controla la memoria.

Cuando consideramos cómo se estructura la memoria, nos encontramos con un conjunto de consideraciones. Elie Humbert argumenta que la memoria se encuentra estructurada por los complejos. En otras palabras, la memoria en gran medida se encuentra estructurada por las dinámicas emocionales, como el funcionamiento de las defensas. Más aún, la naturaleza de los complejos es repetir sus patrones, sin que hayan cambiado, hasta que una intervención desde el exterior los altera. Desde muy temprano, se observó la tendencia de los complejos de volverse rígidos, de resistir el cambio y de repetirse. La diferenciación que hace Jung entre la neurosis y la esquizofrenia descansa sobre la relativa maleabilidad de los complejos en las neurosis y su absoluta impermeabilidad ante el cambio en el caso de la esquizofrenia.[9] En las neurosis, los complejos en cierta medida ceden ante el tratamiento y las intervenciones conscientes; en el caso de la esquizofrenia, no tienen resolución. Esta es otra forma de decir, quizás, que para los neuróticos normales, en cierta medida, se pueden cambiar y restructurar los recuerdos; mientras que para los enfermos más graves, no se puede. Por lo tanto, un sentido de historia personal, se estructura por la emoción (es decir, los complejos), por lo menos en cierta medida, y entre más congelada esté la emoción, es menos probable que cambie la memoria.

[9] C. G. Jung, (1953-1983). *Obra Completa*, Sir H. Read, M. Fordham, G. Adler y W. McGuire (eds.). 20 volúmenes. Princeton, NJ: Princeton University Press. p. 141.

Conforme vamos observando los sueños, se vuelve evidente que tanto reconstituyen la memoria como buscan reestructurarla y cambiarla. Si los contenidos de los recuerdos cambian, si cambian sus repeticiones y su estructuración, entonces la identidad personal también cambia, cambian los patrones de comportamiento y de reacción, las percepciones cambian y la personalidad sufre una transformación. El cambio de la memoria, de sus contenidos y estructura, es un componente esencial de la transformación terapéutica. De manera más precisa, el cambio en la carga afectiva o la valencia afectiva, en torno a ciertas áreas del sentido que tenga un individuo de su historia personal –la madre, el padre, la niñez, la identidad, etcétera– es el factor crítico en la transformación psicológica. Una autobiografía escrita después del análisis es típicamente muy diferente de una escrita anteriormente, tanto por los detalles adicionales que contiene como debido al reordenamiento de los contenidos valorados.

Se puede ver que los sueños que trabajan con las valencias emocionales de figuras del pasado, presentan "figuras positivas" del pasado baja una luz negativa y "figuras negativas" con una forma y características más positivas. Dentro de las dinámicas del sueño, hay un esfuerzo por cambiar los complejos, que son la base emocional de la memoria y su estructuración.

Un tipo de sueños que muestra este esfuerzo es el sueño del excusado. Este sueño tiene una estructura más o menos estándar y dos o tres resultados predecibles. Típicamente, el soñante, de repente, se da cuenta de que necesita ir al excusado, por lo general, para defecar. Esto puede ocurrir de manera exitosa, o bien puede enfrentar uno de varios problemas. Hay otras personas en el baño y esto interrumpe el acto; los excusados están tapados y el sanitario está hecho un asco. Nuevamente, esto lleva a dificultades en obedecer el llamado de la naturaleza. El excusado está lleno y ya no le cabe nada más. Desde mi experiencia, quienes tienen este sueño de manera recurrente son personas bastante compulsivas, infelizmente atrapadas en sus hábitos y estilos de vida que se encuentran en una crisis que exige un cambio. Este sueño está manifestando que estas personas están atoradas en medio de un proceso de transformación: el excusado está tapado y el soñante no se puede deshacer del pasado que ya está consumado.

Este sueño indica una necesidad y un problema: La necesidad es deshacerse del material que no tiene valor; el problema es hacerlo, esto lleva a un impasse.

Este soñante es típicamente una persona con una fuerte necesidad de controlar, acompañada de un gran miedo a dejar ir una posición de seguridad que en el pasado tuvo valor, aunque ya no sirve a las necesidades de la individuación. Como una idea, las imágenes del sueño podrían decir: en el pasado esta identidad tuvo gran valor, pero esa identidad ya dio lo que tenía que dar. Ahora hay que soltarla y dejarla ir. Sin embargo, no lo estás haciendo: algo en tu carácter (la plomería) ha creado un bloqueo.

Tanto el requisito de cambiar como la resistencia al cambio, por supuesto, pertenecen a esta misma personalidad, aunque surgen de diferentes áreas. El requisito deriva de la necesidad del *Self* de contar con algo nuevo, con nuevas fuentes de nutrición. La resistencia proviene de defensas del ego en contra de la ansiedad creada por el cambio. Los complejos (es decir, las memorias emocionalmente estructuradas) forman el material del bloqueo y por seguridad emocional insisten en repetir el pasado. Constriñen la personalidad y así taponean el excusado. En el sueño, los complejos mismos se representan a través de imágenes de excremento.

El mensaje es inconfundible: y es el momento de retirar este fragmento de historia y recuerdos obsoletos del cuerpo psíquico. Lo que una vez fue quizás una comida nutritiva, ahora está siendo masticada, digerida por el sistema digestivo, inútil y si se le retiene, va a envenenar a todo el cuerpo: se deben de eliminar las necesidades consumadas del pasado. Los sueños de excusado, por supuesto, también pueden darnos indicios de problemas de transferencia que giran en torno a contener y controlar las emociones. Detrás de esta característica yacen los complejos inextricables y sus repeticiones. En un sentido, la memoria no los deja ir. Nuestra historia no se puede negar e insiste en repetirse. Los complejos forman una estructura caracterológica. Es enorme la ansiedad de separación que se constela al perder el control sobre la historia personal, y esta ansiedad proporciona el pegamento que une la conciencia del ego con su pasado obsoleto.

Puede que la ansiedad por separación adopte la forma de la ansiedad de la *persona* (de la máscara social): "¿Qué dirá o pensará la gente si realizo ese cambio y dejo ir el pasado de esta manera?" O bien, puede que el problema gire en torno a la seguridad y refleje la noción de aferrarse a la historia por comodidad e identidad. Puede que esta ansiedad también sea expresión de un problema de un colectivo, de un clan, o de una familia, que refleja el hecho de que muchos otros, tampoco pueden realizar el cambio necesario y todos están bloqueados; puede que todo el sistema interpersonal esté estancado y envenenado. La cuestión para el análisis en todas estas instancias es la ansiedad de separación, que se presenta con un impacto lacerante durante periodos de profundo cambio interno. Puede que el analista, quien esta igualmente bloqueado, esté contribuyendo al problema más que ayudando a resolverlo.

En la conclusión de su ensayo "El espíritu Mercurius",[10] Jung discute dos tipos de conocimiento, siguiendo a San Agustín: *cognitio vespertina* ("conocimiento de la tarde") y *cognitio matutina* ("conocimiento de la mañana"). El primero, es el tipo de conocimiento que se vuelve ego sintónico y finalmente envejece y pierde frescura, perdiendo su sabor y su valor; mientras que el segundo permanece eternamente fresco. Cuando la introspección y la experiencia que en un primer momento estaban frescos y llenos de inspiración se integran a la conciencia del ego como historia personal e identidad, surge la necesidad de renovarse en un manantial de conciencia y de una visión fresca. El sentido de una historia personal sigue su curso. Al principio, se trata de un festejo y proporciona los materiales

[10] C. G. Jung, "El espíritu Mercurius." *Obra Completa,* Vol. 13, párrs. 299-303.

básicos para una identidad personal. Sin embargo, la historia personal y la identidad yacen sobre un conjunto de complejos, que conforman el pegamento emocional de la memoria y su estructuración. La ansiedad va endureciendo este pegamento emocional y así se fija la historia. Se vuelve una carga. La tiranía de un sentido demasiado fijo de la historia personal bloquea la vida y la nueva dirección que pueda tomar. Así es cómo se debe desprender la cascarilla de la historia; así es como se deben de disolver los complejos. Sin embargo, el centro arquetípico de la personalidad, permanece eternamente fresco, lleno de nutrientes y de valor. En este nivel, en el *Self*, el ego se puede renovar a sí mismo. Según Humbert, esta "regresión" es el secreto de la sanación terapéutica. Podemos agregar que también es la clave de toda renovación psicológica. Desde el *Self* fluye la *cognitio matutina,* una fuente de la juventud que también tiene el poder de un detergente para destapar y limpiar el excusado.

El niño, la niñez y la nostalgia

Si le seguimos la pista a los sueños y a las asociaciones en el análisis, llegamos rápida e inevitablemente a imágenes y memorias de la niñez. Cuando estas imágenes y memorias de la niñez comienzan a agolparse en la conciencia, se trata de los albores de la *cognitio matutina.* Los sueños de la niñez, de volver a ser niño, de regresar a lugares importantes de la niñez, de cuidar de niños pequeños y de bebés, nos están indicando que el análisis está llegando al alma. Esta readmisión a la niñez es esencial para el proceso de sanación que anticipamos y con el que contamos en el análisis.

La constelación de este niño interior es esencial para sanar la escisión fundamental en la psique adulta moderna. Se trata de la escisión entre el consciente y el inconsciente, entre la realidad y la imaginación. El niño sano interior es nuestra capacidad para vivir en un mundo de símbolos completos, en donde las divisiones entre estos elementos todavía no son existentes. Ya sea que a este mundo se le llame "espacio transicional",[11] "liminalidad",[12] la operación de la función transcendente,[13] lo "imaginal,"[14] o el "campo de simbolización asegurado",[15] es un tipo de conciencia en la cual se combinan lo literal y lo imaginal y se les permite mezclarse de tal manera que se suspende la dicotomía entre ellos, creada por posteriores desarrollos del ego. Esta sanación de la ruptura entre lo interno y lo externo, entre lo real y lo imaginal, entre el ego y el inconsciente es la función del símbolo y de la constelación de este símbolo de sanación que generalmente se acepta como la meta final del tratamiento junguiano. Jung habló sobre la función trascendente como un medio a través del cual se reconcilian los opuestos y cambian las actitudes, y esta función en operación la representa el niño que juega.

El retorno a imágenes de la niñez en sueños durante el transcurso del análisis, por lo tanto, indica la operación de la función sanadora. Los sueños que se refieren a la pérdida de un niño o niña, al daño, a las amenazas, y a la negligencia, etcétera, con respecto a un niño o niña, indican peligros potenciales que enfrenta el funcionamiento de esta función sanadora. Recordemos que Jung mismo regresó a la niñez y a juegos de la infancia en su búsqueda de sanación durante su edad madura y fue a través de estas actividades que liberó su imaginación, descubrió la función trascendente y se permitió liberar símbolos de reconciliación.[16]

En el centro de la historia de cada analizante se encuentra la niñez. Los sueños de la niñez implican una historia particular de la niñez, una historia; recordar la niñez tiene el valor psicológico de ayudar a constelar la función trascendente.

---

[11] D. W. Winnicott, *Playing and Reality.*
[12] V. W. Turner, *The Ritual Process.*
[13] C. G. Jung, "La función trascendente", en *Obra Completa,* Vol. 8.
[14] J. Hillman, *Archetypal Psychology: A Brief Account.*
[15] W. B. Goodheart, "Theory of Analytical Interaction", *San Francisco Jung Institute Library Journal,* 1/4.
[16] C. G. Jung, *Recuerdos, sueños, pensamientos*, p. 174.

Una mujer de unos cuarenta y pico de años que sufría de una perturbación creada por un conflicto entre el deseo físico y emocional, por un lado, y una aspiración y compromiso espirituales, por el otro, soñó que estaba jugando con su hermano menor, como solían hacer en su niñez. De repente, ya no estaba jugando con él sino con su muñeca favorita. Este sueño la inundó de recuerdos de la infancia tanto de su hermano y la relación entre ellos y de su muñeca favorita que había conservado consigo hasta su adolescencia. El sueño además ocurrió en un momento de su vida en el que los métodos racionales para resolver problemas y enfrentar su conflicto se habían vuelto obsoletos y simplemente estaba rumiando el mismo territorio una y otra vez. Se había quedado atrapada en sus complejos. El sueño sugería la activación de la función trascendente a través de, antes que nada, jalarla hacia escenas de la niñez e, incluso de manera más importante, le proporcionaría el recuerdo de un objeto transicional. Este objeto mágico tiene el poder de transformar el tiempo del ego y la realidad constreñida por el espacio, en espacio transicional, en el cual el juego permite que se formen nuevas combinaciones de los elementos viejos. Después de este sueño, procedió a probar la terapia de arena (*sandplay*). En la charola de arena, creó una escena de conflicto y resolución. Esta actividad, a su vez, coincidió con un aligeramiento general de los efectos desgarradores del conflicto, le regresó su sentido del humor y desaparecieron algunos síntomas físicos muy severos y vergonzosos.

Cuando un sueño trae a la niñez de vuelta, los tonos afectivos que evoca pueden parecer fuertemente nostálgicos. Puede que el soñante se despierte de tal sueño con una sensación de nostalgia tan fuerte que puedan pasar horas e incluso días antes de que su estado de ánimo y su tono emocional regresen a lo normal. Típicamente, son remembranzas oníricas de tiempos y lugares que de manera particularmente efectiva contienen y nutren al soñante. Con un sueño como ese, el soñante se siente jalado hacia un conjunto de sentimientos e imágenes que huelen a apego y familiaridad íntima e inducen sentimientos de añoranza y, a veces, breves depresiones de separación. El soñante recapitula la separación de la madre y hay un recordatorio de que no puede volver a regresar a casa. Una añoranza por el paraíso recubre la nostalgia y, aparentemente, los sueños nos provocan con un atisbo de lo que una vez tuvimos y perdimos para siempre.

Este tipo de sueño representa un breve retorno simbólico a la madre. La importancia de este retorno no se nota plenamente a través de señalar que en verdad no se puede hacer, que es un delirio romántico y hay que rechazarlo. No es tanto que estos sueños sean sintomáticos de una falta de voluntad para aceptar la realidad actual, sino más bien son un esfuerzo por regresar a la fuente de la vida y de aquello que nos nutre para acumular energía para un nuevo inicio. Este tipo de sueño tiene que ver con la renovación. La nostalgia es tanto un apego sentimental al pasado como una esperanza de tener otra oportunidad en el futuro.

El niño/niña y la niñez misma evocan nostalgia. Los podemos recordar como tiempos de comodidad, de seguridad y creatividad, cuya existencia va más allá de los conflictos serios y de la experiencia de pérdida y limitación. Sin embargo, como señala Jung, el arquetipo del niño fundamentalmente significa futuro.[17] El niño ve hacia el futuro, no hacia el pasado y, paradójicamente, el retorno del niño en el análisis es un medio de acercarse al futuro a través del pasado.

La razón por la cual esto es posible y realmente sucede es que conforme retrocede el pasado y se vuelve pasado distante, se asimila a los arquetipos. Así, mi propia niñez personal se vuelve la Niñez misma; el hogar de mi niñez se vuelve el Jardín de Edén o bien se convierte en ese lugar mítico tan buscado que se llama Hogar; mis padres personales se convierten en Madre y Padre. Conforme las memorias van retrocediendo, se hunden cada vez más en el inconsciente y entran en contacto con el sustrato arquetípico.

[17] C. G. Jung, "Acerca de la psicología del arquetipo del niño", *Obra Completa*, Vol. 9/1

Finalmente, terminan por asimilarse a este sustrato. Otra manera de conceptualizar este fenómeno es ver el arquetipo que yace en el centro del complejo y gradualmente absorbe las asociaciones personales en sí mismo. Enriquecido por estas asociaciones, este rastreo de recuerdos cada vez más se revela como imagen arquetípica en los sueños y las asociaciones recopiladas. El aura emocional que rodea a los recuerdos va cambiando con la edad. Es así como la historia personal se vuelve un mito personal.

Muchas veces, se interpreta este fenómeno como defensivo. Para convertir una niñez dolorosa y perturbada en algo aceptable o, por lo menos, en algo neutro, las defensas del ego reducen los efectos negativos, distorsionan los recuerdos a través de asociarlos con estructuras arquetípicas y reconstruyen defensivamente la memoria de la niñez del individuo. Se reprimen los traumas, se disfrazan las lesiones infringidas por padres narcisistas o con personalidad limítrofe y una especie de turbiedad sentimental esconde las realidades de la niñez con el fin de ocultar su sombría y temerosa verdad. Conforme se van desmantelando estas defensas, la persona que entró al análisis con una descripción resplandeciente de sus padres y su niñez, sale con una visión de cámaras de tortura y monstruos al estilo de Graham Wilson. El ego se ha fortalecido a tal grado que ya puede aceptar esta dura realidad.

La ventaja de hacer un seguimiento de los sueños más que de los recuerdos o asociaciones libres hasta la etapa de la niñez es que los sueños no mienten. Puede que el ego y sus defensas den una descripción distorsionada bajo la forma de un conjunto de recuerdos idealizados u horrendos que hayan sido memorias ligadas entre sí, aunque el inconsciente no coopera mucho en esto. Los sueños de la niñez son tanto cálidos como excesivamente desagradables. Las brujas, incendios, inundaciones, muñecas desmembradas, animales que causan miedo como perros feroces y gatos que arañan, animales de granja destripados o enfermos, escenas de violencia y destrucción, todo esto es tan común como los ositos de peluche y los Jardines del Edén. Las dolorosas dinámicas de la niñez sí se llegan a manifestar en sueños: separaciones y pérdidas, rivalidades edípicas, dobles vínculos que hieren y mutilan. Los sueños que pertenecen a una serie completa de sueños que emergen durante el análisis, no logran ocultar ninguno de estos fenómenos.

Sin embargo, también está el niño que juega, lo cual se siente como la esencia del alma. Este es el objeto de la nostalgia: la meta es regresar a este niño. Para conservar este sentido de la niñez, se movilizan todas las defensas del *Self*. Son defensas del *Self*,[18] más que defensas del ego, que meramente están ahí para defender al individuo en contra del dolor del ego. Sólo cuando se han instalado condiciones de seguridad, se pueden desmantelar estas defensas y se puede permitir que este niño salga del armario o del sótano.

Este niño que juega es una fusión del arquetipo y la memoria personal, que actúa como mediador entre la imaginación y la existencia histórica en una zona particular del tiempo y del espacio. En torno a este niño, se reúnen lugares y personas que también son símbolos: la Madre, el Padre, el Hogar, los Animales.

Una mujer de casi 40 años, que había estado en análisis por unos 12 meses y recientemente había quedado postrada en cama con una enfermedad anómala, soñó que estaba en la iglesia. Conforme caminaba hacia la entrada, una mariposa gigantesca pasó volando a su lado y salió al exterior. Ella misma sale de la iglesia y de repente se encuentra en un paisaje invernal. Está en Rusia y se encuentra parada en una carretera que atraviesa el bosque por unos cientos de kilómetros. Al voltear a ver la carretera, se da cuenta de que se acerca un trineo jalado por caballos y se sorprende al ver que su madre y su padre se dirigen hacia ella. En sus asociaciones con este sueño solamente recordó que su padre era ruso-americano de segunda generación, que siempre le habían fascinado las historias que le contaba su abuelo sobre Rusia y que había leído una y otra vez las grandes novelas rusas. Le surgieron muchas preguntas: ¿Por

[18] M. Fordham, *Explorations into the Self*, pp. 152-160.

qué la mariposa gigantesca? ¿Por qué ese paisaje? ¿Por qué el sueño muestra a sus padres y no sus abuelos o bisabuelos?

Era muy evidente que se trataba de un sueño simbólico, arquetípico como lo indica la figura del alma representada por la mariposa, el gesto de atravesar por un umbral, la tierra de los ancestros. Cuando tuvo el sueño, ella tenía fiebre y estaba preocupada por la gravedad de su enfermedad. Aunque no era hipocondriaca, incluso llegó a preguntarse si sobreviviría. A lo largo de su enfermedad, sus padres la pasaban a visitar de vez en cuando para darle aliento. Ella había creado una especie de relación defensiva contra-dependiente con ellos, con la cual ellos con gusto coludían

Mientras que este sueño es claramente una especie de retorno a la niñez y a sentimientos de vulnerabilidad, en pocas palabras, una imagen de regresión durante la enfermedad, va más allá de esto para representar el espacio transicional y arquetípico: la iglesia en tanto *temenos* sagrado y lugar de las almas; la mariposa como alma que se eleva, que emprende el vuelo hacia otro mundo; su propia entrada al otro mundo, el mundo de los ancestros; la experiencia de la reunión nostálgica con las imagos parentales. Podríamos incluso pensar que el sueño anticipa la muerte: el alma deja el cuerpo y entra a otro mundo, donde quienes nos han amado más profundamente llegan a darnos la bienvenida y a guiarnos a la otra vida. En este retorno a la niñez, hay una penetración más allá hacia la Niñez con mayúscula, la niñez de su propio linaje genético y de su propia raza, el punto de origen, lo fuente de la vida. En este sentido, el sueño implica nacimiento, la renovación de la vida a través de regresar al punto de origen y la entrada en la esfera de la *cognitio matutina.*

El momento en que emergen tanto la enfermedad como el sueño, también está cargado de significado. Ambos se dieron precisamente durante el periodo en el que hubiera nacido su bebé si ella no lo hubiera abortado. En términos prácticos, la decisión de abortar había sido una decisión racional, aunque ni su psique ni su cuerpo habían eliminado la agenda del embarazo y el parto de su cuerpo y, en cierto sentido, habían seguido con su proceso. El sueño, con la mariposa que se escapa y el retorno al mundo de los ancestros, trazó la trayectoria de esta alma nonata. También llevó a la soñante, la madre del bebé perdido, al lugar de sus orígenes ancestrales y de sus raíces. El retorno a la "niñez profunda" hasta el punto del linaje ancestral más allá del propio inicio personal, implica atravesar hacia el futuro. Debido a que los arquetipos interactúan a este nivel, se entra en contacto con el movimiento progresivo de la psique hacia la totalidad.

Capítulo 5

El embrollo en el análisis[1]

Una mujer entra a análisis y declara desde el inicio que su tipo es sentimental/intuitivo, aunque resulta que se comporta como si su tipo fuera sensación/pensamiento. Se trata de una compensación ante su funcionamiento natural. Es una defensa obsesivo/compulsiva, que tanto la protege en el mundo real como esconde su verdadera esencia interna, incluso de sí misma. Además de esto, en la primera fase del análisis, ella muestra evidencia de estar desarrollando una transferencia escindida, a tal grado que considera que las mujeres (lo "femenino") son las cuidadoras de los sentimientos y las relaciones, mientras que los hombres (lo "masculino") se hacen cargo del mundo externo. La paciente espera que el analista responda: (a) al verdadero auto-funcionamiento de la paciente y (b) en tanto hombre, responda a las preocupaciones concretas referentes al mundo exterior y los intereses de la paciente.

En vez de esto, el analista responde con perplejidad y frustración. Tantos mensajes contradictorios salen a borbotones de esta mujer, empezando con su tipología retorcida. Frecuentemente,

[1] Inicialmente se publicó en *Liminality and Transitional Spaces*, Chiron Publications, 1990. Posteriormente, se publicó una versión ligeramente revisada en *Practicing Wholeness*, Chiron Publications, 1998/2014.

el analista siente que la paciente hace maniobras para que él tenga un interés obsesivo en las preocupaciones del mundo real de ella, luego se siente impulsado a hacer a un lado su actitud analítica y su neutralidad, posteriormente se siente jalado a darle consejos e instrucciones, mientras que todo el tiempo la paciente sigue esperando que se reconozca su verdadera esencia femenina. Al estar resistiendo estas presiones, el analista a veces realiza interpretaciones negativas: con estas desviaciones de atención, él piensa que la paciente se está resistiendo al análisis y a veces se lo dice.

La paciente, que al principio se siente incómoda de estar en análisis para empezar, finalmente se llega a sentir traicionada y se queja de que no la está ayudando. A veces, ella incluso siente que el analista está abusando de ella a través de interpretaciones que siente la degradan y le demuestran la falta de entendimiento por parte del analista de sus verdaderas necesidades de ayuda. Ella sueña que los hombres la traicionan, e incluso que su propio esposo está actuando a sus espaldas y aliándose con el enemigo.

Las comunicaciones en el análisis se van plagando de malentendidos; se va fortaleciendo un matiz de sospecha y de acusación. Mientras tanto, la paciente encontró una analista con quien ella desea hacer consultas sobre su aspecto femenino, además de continuar con el analista hombre (aunque con menor frecuencia) con el fin de "equilibrar mi proceso de crecimiento". El analista se siente abandonado y degradado. Él quería ser un analista que la atendiera por completo y no un apéndice.

Este embrollo se deriva de la transferencia, a través de la cual al analista se le asigna el papel del padre/de lo masculino que se ocupa de las cuestiones que tienen que ver con el mundo exterior, para que la paciente pueda relajar la compulsividad de su funcionamiento sensorial/pensante con el fin de experimentar y finalmente llegar a ser su *Self* verdadero. Se supone que el analista va a reemplazar las defensas obsesivo-compulsivas de la paciente. Cuando el analista no desempeña el papel de su adaptación extrovertida del tipo sensación/pensamiento, el analista cae en el complejo paterno negativo de la paciente y la ve como si él fuera el padre inadecuado: discapacitado, incapaz de reafirmarse en y a través del mundo, incapaz de hacerle un lugar a ella en el mundo. La paciente ha estado tratando de repetir su infancia, de hacer las cosas bien esta vez. En vez de esto, la paciente terminó simplemente repitiéndola y sin sentirse mejor que antes después del análisis.

Desenmarañar este embrollo implicaría que los dos, el analista y la paciente, entendieran esta dinámica de la transferencia y se relacionaran entre sí simbólicamente, en vez de relacionarse entre sí de manera concreta y protectora. Si ella pudiera tratar al analista como si fuera su padre defectuoso, entonces ella podría guardar duelo por él así como por su niñez fallida y utilizar al analista como quien simbólicamente carga el problema del padre. En general, se podrían entender las ramificaciones de este problema en su vida y quizás elaborar una resolución para el mismo que involucre un cambio en las expectativas de la transferencia con los hombres y la vida en general. Por su parte, el analista podría, en la modalidad simbólica "como si", expresar sus reacciones contratransferenciales, las cuales se podrían utilizar para desempacar aún más su vida interior totalmente compactada. "Siento que me estás pidiendo lo imposible" en la contratransferencia se convertiría en: "Me pones en situaciones imposibles y me siento frustrada e indefensa" o bien "Cuando te colocan en situaciones imposibles, te sientes indefensa, abandonada, traicionada y enojada contigo misma". "Siento como que quieres que yo rompa las reglas por ti" se convertiría en: "Sientes como que quieres romper las reglas y destruir todo para poderte salir con la tuya, aunque sin sentir culpa". Este tipo de intervenciones, realizadas en el espacio simbólico del "como si" de la vasija analítica, serían extremadamente útiles para tanto elucidar como transformar la vida interior de esta paciente. En última instancia, el significado del complejo paterno negativo se desdoblaría en la imagen del Padre herido, el Dios sufriente e indefenso.

El embrollo como una problemática entre esto y aquello

Este movimiento hacia el espacio psíquico –donde se puede tomar conciencia de las proyecciones transferenciales y las reacciones contratransferenciales con una actitud de "como si" y donde las imágenes arquetípicas pueden tomar forma y se puede recuperar su significado–es una de las partes más sobresalientes del problema. Esta transición es extremadamente difícil con pacientes cuya transferencia interfiere de la manera en la que se describió anteriormente. Los pacientes quieren que todo sea concreto. El embrollo que se da en el espacio entre el aspecto literal/contractual del análisis y el aspecto psíquico/simbólico "como si", crea un peligro para toda la iniciativa analítica. Para pasar de una comunicación concreta, literal y su significado unívoco, a un campo de comunicación simbólica "como si" con sus significados multívocos, muchas veces debemos de pasar a través del valle del embrollo, un estado de confusión entre estos otros dos tipos de comunicación. Típicamente, es la transferencia la que explica el bloqueo psicológico en la tierra de los embrollos.

Ingenuamente, esperaríamos que fuera fácil la transición de la comunicación literal al campo simbólico de la comunicación ya que, después de todo, de esto se trata explícitamente el análisis. ¿Quién pensaría lo contrario? ¿Quién podría acudir a un analista junguiano, de todos los tipos de terapeutas que existen, en busca de ayuda para lidiar con problemas situacionales en el nivel concreto? Los analistas junguianos estamos tan lejos de ser consejeros vocacionales, modificadores de conducta, activistas del trabajo social, predicadores evangelizadores, médicos que promueven el uso y abuso de fármacos, o bien mentores profesionales en el mundo del trabajo y los impuestos como lo que esperaríamos encontrar en el espectro de los trabajadores de la salud mental. Seguramente, como lo sabrá quienquiera que conscientemente elija un analista junguiano, de manera implícita, nos interesa el mundo interno: las imágenes, no las personas; los recuerdos, no los acontecimientos; los conflictos, no las rencillas familiares; las fantasías, no las trayectorias profesionales. La transferencia, no obstante, logra tener injerencia en este conocimiento consciente y crear un embrollo. Los analistas junguianos no somos inmunes al embrollo sólo porque de manera explícita afirmemos que nuestro camino es simbólico.

El embrollo se encuentra en la esfera entre "esto y aquello": entre la comunicación concreta ("la conducta de la sala de espera", como un amigo terapeuta acertadamente la nombrara), por un lado, y la comunicación simbólica, por el otro. El analista naturalmente también sabe que es necesaria la comunicación concreta, pero es para el "mundo de allá afuera" y para ciertos aspectos concretos del análisis (horario, lugar, cuota, cuestiones éticas), mientras que el área analítica se llena en gran medida de comunicación simbólica. Esta diferencia es paralela a la diferenciación que hace Jung entre los signos y los símbolos: los signos son unívocos, se refieren de manera clara y explícita a una sola cosa; los símbolos son polisémicos, no se les puede definir con exactitud o interpretar por completo, y tienden un puente entre el consciente y el inconsciente. Cuando escuchamos concretamente, sólo utilizamos un oído y lo que oímos son tonos y señales claros; cuando escuchamos simbólicamente, es en estéreo, y escuchamos resonancias, reverberaciones, profundidades, dimensiones, y sentimos un centro misterioso de significado que permanece evasivo e innombrable. Escuchar el embrollo, no obstante, requiere más aún de un tercer oído, que pueda escuchar una señal latente tenue detrás de la superficie engañosa y embaucadora de la estática y la desinformación. El embrollo no es comunicación concreta ni simbólica, sino que es las dos formas de comunicación a la vez. Da la apariencia de ser concreta, aunque de hecho se disfraza de simbólica y, por lo tanto, crea malos entendidos, perplejidad y confusión.

En el embrollo, hacemos preguntas como: "¿Qué está pasando aquí?" "No entiendo esto, ¿acaso perdimos el control?" O bien, puede que nos defendamos en contra del embrollo y digamos: "Esto es absurdo, déjalo ir". Sin embargo, comoquiera que lo confrontemos, nos abre un abismo de liminalidad y genera una exigencia urgente de entender la dinámica que se está dando. Nos lanza hacia la desperada necesidad de resolver las cosas y llegar al fondo del asunto. Esta experiencia de la liminalidad es muy diferente del tipo de experiencia que encontramos en el "campo simbólico asegurado".[2] Ahí experimentamos una especie de liminalidad que pertenece al espacio transicional,[3] y la distinción entre el hecho literal y el significado simbólico no es relevante; se encuentra en un estado de suspensión. Simplemente se acepta la ilusión y la realidad como una y la misma cosa, permitiendo que el ego flote en una actitud lúdica. Este tipo de liminalidad es mucho menos confusa para el analista, ya que es lo que estamos buscando y esperamos obtener del análisis. Por lo menos para el analista, se trata de un tipo de liminalidad cómoda. Lo que Rosemary Gordon llama "el proceso simbólico" y William Goodheart, "el campo simbólico asegurado" son espacios transicionales en los cuales se ha alcanzado la actitud de "como si".[4] Según Gordon, la actitud de "como si": "permite que los hombres se relacionen con realidades no visibles en términos de los fenómenos visibles."[5] Esto es lo que el analista espera que suceda, ya que, como señala Wittenberg, si el paciente "en última instancia, no ve la transferencia como una experiencia "como si", el análisis no puede funcionar".[6]

De hecho, toda la iniciativa analítica depende del logro de una actitud "como si" porque esto es lo que permite que una relación entre el ego y el inconsciente se vuelva una realidad psicológica. Esta actitud es una condición necesaria para que opere la función trascendente. Sin esta actitud, quedamos limitados al rango de la conciencia del ego y, por ende, no hay una penetración de las

---

[2] Ver W. B. Goodheart, "Theory of Analytical Interaction".
[3] D. W. Winnicott, *Playing and Reality*.
[4] R. Gordon, "The Symbolic Experience as Bridge between the Personal and the Collective".
[5] *Ibid.*, p. 177.
[6] E. G. Wittenberg, "The Inner World of the Psychoanalyst", p. 52.

profundidades, no hay ningún sentimiento emergente hacia el *Self*, no hay ninguna sensación de los niveles de la psique y sus resonancias armónicas y hay muy poca integración del material inconsciente.

Los analistas, por lo tanto, por lo general, ven el embrollo como lejos de lo ideal. En el mejor de los casos, lo ven como un estado transicional de lo concreto al proceso simbólico. Es parecida al campo de descarga de los complejos de Goodheart. Introduce la liminalidad de un tipo diferente de la liminalidad del proceso simbólico, una especie de liminalidad mucho menos cómoda para el analista.

Las luchas con los embrollos

Me gustaría explorar el embrollo para identificar el potencial más promisorio de lo que se ha notado en general. Este tipo de liminalidad en el análisis puede generar una oportunidad para una especie de conciencia e integración no ofrecida por la experiencia concreta ni simbólica. El embrollo es incómodo, amenazante y provoca ansiedad tanto para el paciente como para el analista, aunque esta ansiedad les puede permitir traer las presuposiciones escondidas a la superficie y resolver los contenidos y las dinámicas de la transferencia y la contratransferencia. El embrollo cuestiona a las presuposiciones enraizadas (las "proyecciones") y puede romper la *participación mística* a través de forzar la toma de conciencia sobre las diferencias de la agenda, los procesos internos y los patrones arquetípicos. Cuando un embrollo vuelve densa la interacción analítica, lleva a una conciencia de la "otredad" y a la sensación de que ni el analista ni el paciente son lo que parecían ser en un primer momento. Viven en universos psicológicos diferentes. Esta toma de conciencia, a su vez, puede mover la relación analítica hacia el "logro de una alianza terapéutica satisfactoria ... un ambiente en el cual se dan transformaciones terapéuticas".[7]

Este resultado, tan deseado, depende, no obstante, de la capacidad de ambas partes, aunque especialmente del analista, para resolver la confusión, reconocer e interpretar las proyecciones y aceptar o ajustar las diferencias hasta que se puedan quizás disolver. El embrollo crea una crisis de confianza y de entendimiento e igualmente puede llevar a un impasse y a una terminación prematura, así como a una alianza realizable.

Ejemplos

#1. Una analista le dice a su paciente, Sr. A, que se va a tomar una vacación larga de seis semanas. El Sr. A, que sólo ha estado en análisis muy brevemente, reacciona diciendo que ya ha hecho suficiente análisis por lo pronto y que se siente satisfecho de no continuar cuando la analista regrese. La analista acepta esto y el análisis termina. El embrollo aquí es que la analista se está comunicando en términos concretos, mientras que el paciente escucha el mensaje como algo simbólico: "Voy a estar fuera de mi práctica durante seis semanas", este mensaje llevó a una interpretación embrollada: "Me estás rechazando y antes de que lo puedas hacer de manera explícita, yo te voy a rechazar a ti". La analista comete el error de aceptar la respuesta en el mismo nivel concreto en el que ella transmitió el anuncio que salía de vacaciones, con lo cual muy probablemente hizo un *acting out* de una contratransferencia negativa de ella misma. Este embrollo destruyó el contenedor analítico.

#2: El Sr. B llega al analista pidiendo concretamente ayuda psicológica para resolver una transferencia negativa con su analista anterior ya que el análisis había concluido en gran animosidad mutua y malos entendidos (un embrollo en sí mismo). El analista

[7] J. W. T. Redfern, "Romantic and Classical Views of Analysis", p. 3

acepta esto y empiezan las sesiones. Conforme va avanzando el proceso, el analista empieza a percibir una petición inconsciente de llegar a una cura mágica para una condición profundamente perturbada y algo de rabia concomitante por no estarla recibiendo de manera suficientemente rápida. El paciente no confiesa este deseo ni interactúa simbólicamente con la transferencia, por lo que el analista termina abruptamente el análisis con la explicación de que no se pueden comunicar y, por lo tanto, no es posible trabajar juntos. El embrollo aquí se deriva de la amplia discrepancia entre las expectativas conscientes e inconscientes del paciente. La transferencia negativa, no reconocida o con la que se lidia de manera "como si" hace que el paciente se sienta golpeado e indefenso. El analista, a su vez, no puede resolver el embrollo y toma represalias a través de comunicar su rabia bajo la forma de una terminación concreta. Nuevamente, el embrollo destruye la relación analítica.

Por lo general, el resultado negativo de los embrollos se produce por medio de que una de las partes o las dos se rehúsan a entrar en la ansiedad de su liminalidad y a experimentarla hasta que se pueda descifrar el mensaje latente. En el primer ejemplo, la analista podría haber confesado que se sentía confundida: "Sólo voy a estar fuera seis semanas; ¿cómo se desprende de esto el hecho de que vas a dejar el análisis?" El paciente podría haber contestado: "¿Acaso esto no quiere decir que te estás tratando de deshacer de mí?" Sin embargo, esto es demasiado arriesgado para ambos, así que no aprovechó el embrollo, tan abundante en alusiones transferenciales y contratransferenciales, para crear conciencia. En el segundo caso, en el cual la relación estaba plagada de hostilidad mutua, el analista no estaba dispuesto a soportar el calor de una transferencia negativa virulenta no reconocida. Quizás, además, la grandiosidad del analista resultó ofendida cuando no logró ayudar al paciente de manera más expedita a alcanzar la meta concreta trazada al inicio del análisis. Debido a que en ambos casos, se ignoró el embrollo, se llegó a un impasse y ninguna de las dos partes entendió cabalmente lo que estaba sucediendo. Una terminación prematura está lejos de ser placentera.

Sin embargo, un embrollo puede permitir extraer oro analítico de un pasaje exitoso.

#3: El análisis empezó con grandes expectativas por parte del joven paciente. Inicialmente, llegó a su analista como quien se presenta ante un ser sabio, lleno de conocimientos y de experiencia. Después de una breve primera fase de idealización, entró en un prolongado periodo intermedio de análisis en el cual básicamente se quejaba de que el analista no era suficientemente cercano, no le daba consejos útiles, no decía mucho, no le enseñaba mucho y no era estimulante. No era lo que había esperado y estaba confundido porque había venido, concretamente, en busca de ayuda. Sintió que el analista lo estaba dejando hacer todo el trabajo por su propia cuenta. El analista, por su parte, desde el principio se había dado cuenta que de manera consistente el paciente ignoraba o mejoraba sus interpretaciones, así que en su frustración eligió permanecer en gran medida callado y pasivo, en espera de que la transferencia se aclarara. Él también estaba confundido por la contradicción entre las demandas concretas de ayuda por parte del paciente y el hecho de que, de manera consistente, simbólicamente se rehusaba a recibir ayuda. Después de un largo periodo de desilusión intensa y una gran cantidad de quejas por parte del paciente, empezó a descubrir todas las maneras en las que el analista se parecía a su padre: callado, distante, pasivo, indefenso, con dificultades para expresarse, con falta de empatía y, generalmente, inútil. Gradualmente, logró utilizar el analista conscientemente como un objeto transferencial negativo (simbólico) para resolver su colosal complejo paterno que tenía una influencia persistente sobre su vida emocional.

Aquí, el embrollo ocurrió y volvió a ocurrir muchas veces, cuando el paciente concretamente pidió consejos y ayuda para obtener una perspectiva y descubría que independientemente de lo que dijera o hiciera el analista, era insuficiente y no le servía. El analista, por su parte, se sentía atrapado entre la exigencia concreta de consejos e interpretaciones que le sirvieran al paciente, por un lado, y la incapacidad del joven para aceptarlos, por el otro. La sensación de frustración del analista yacía en su incapacidad para negociar la distancia entre el pedido concreto de ayuda y la actitud simbólica "como si" que se necesita para hacer uso de sus servicios psicológicos. Él sencillamente tenía que esperar hasta que el paciente pudiera cerrar esta brecha él mismo, que en este caso funcionó con éxito. El embrollo, de hecho, se volvió el umbral a través del cual se podía efectuar el análisis del complejo paterno y sólo después, una vez que se había realizado este pasaje, bajo circunstancias extremadamente desafiantes, mientras que la transferencia negativa era en gran medida inconsciente, podría el análisis entrar a algo que se acercara al espacio simbólico "como si". Poco después de que se había logrado acceder a ese espacio, este análisis, en particular, llegó a su fin.

Rastreando al creador de embrollos

En el análisis junguiano es prácticamente inevitable que se den embrollos, ya sean grandes o pequeños, ya que es un campo de operaciones con múltiples niveles. Sin embargo, hay varias estrategias disponibles para evitarlos. Una de estas estrategias es mantenernos orientados concretamente hacia nuestras metas: viniste a trabajar tu inconsciente y todo lo que vamos a considerar son, por lo tanto, tus fantasías y sueños; no vamos a lidiar con la transferencia y vamos a interpretar la resistencia sólo como obstruccionista. Otra estrategia es permanecer firmemente simbólico: todas tus comunicaciones son simbólicas ("Tengo un resfriado"; "mi mamá murió ayer"; "se me descompuso el coche y no alcancé a llegar a tiempo") y ese es el único nivel en el que lidiaremos con tus comunicaciones. Estas dos estrategias son posturas dominadas por el ego en tanto que el analista define de partida cuál es el nivel adecuado o único en el que se van a considerar la comunicación y la interacción. Sin embargo, si se hace a un lado la actitud dominada por el ego y el analista permanece abierto a todos los niveles posibles de comunicación e interacción, los embrollos resultan inevitables.

Puede que un embrollo surja desde la sesión inicial (en un caso, incluso se dio por teléfono cuando al estar arreglando la primera cita, el analista se confundió y ¡no pudo dar instrucciones claras sobre cómo llegar a su consultorio!). Es más probable que en las subsiguientes sesiones se den embrollos conforme se vayan volviendo más complicados la claridad inicial del caso y los problemas que presenta el paciente, y la historia se vaya volviendo más complicada y opaca, y el desglose de un proceso ideal de individuación y de una línea de desarrollo se sumerja en la inmediatez de una relación compleja. La serie de sueños, muchas veces transparentes y agudamente delineados en teoría y en retrospectiva, se vuelven mutables e ilusorios. Tanto el analista como el paciente atraviesan por experiencias de vida: muertes, nacimientos, divorcios, bodas, graduaciones, crisis de diferentes tipos, las cuales de manera inevitable afectan la situación pura y limpia del tratamiento. El recuento que hace Jung del proceso de transferencia/contratransferencia como una combinación alquímica de psiques es meticulosamente descriptiva.

La mezcla de elementos conscientes e inconscientes de ambos lados crea una miríada de oportunidades de caer en un embrollo. Cualquier proceso analítico que profundiza de alguna manera, es decir, que incursiona en el inconsciente, tendrá que luchar con el creador de embrollos. El creador de embrollos es el inconsciente mismo, Mercurius. Las dos partes que participan en el análisis tienen uno de estos espíritus.

Los embrollos se dan en momentos en los cuales no queda claro si se está dando una comunicación concreta o simbólica (como en los ejemplos anteriores). Entonces, aunque lo concreto se siente simbólico, sobre-determinante, impulsado por un complejo; no se ha establecido una percepción simbólica de su cualidad “como si”.

Mercurius está presente aunque invisible. Esta es la liminalidad del embrollo.

#4: La paciente abre la sesión señalando que se ha cometido un error en su cuenta mensual. El analista recibe esta comunicación como una comunicación concreta y se ofrece para checar los registros y confirmarle posteriormente. Sin embargo, esto no le pone fin a la discusión, ya que la paciente procede a mostrarle de manera detallada, utilizando su calendario, lápiz y papel, de qué manera está equivocada la cuenta. El analista siente una buena cantidad de emoción y presión, pero no sabe exactamente de dónde viene. Le pregunta: "¿Estás enojada? Suena como que sí". Ella responde: "No, tan sólo quiero señalar este error". El analista le dice: "Sin embargo, parece haber algo más detrás de esto". La paciente contesta: "No, tan solo no quiero que continue la confusión, y me gustaría aclararlo ahora en vez de dejarlo pasar hasta el otro mes cuando va a resultar más difícil rastrearlo". Este escenario potencialmente se podría convertir en un embrollo a gran escala si el analista insiste en sondear el contenido simbólico subyacente. Se forma un embrollo cuando el paciente se aferra tenazmente al nivel concreto mientras que el analista trata de extraer algunos contenidos transferenciales que intuye vagamente. En poco tiempo, ninguno de los dos lograra entender lo que el otro está tratando de decir. Por otro lado, el analista podría anticipar el problema y esquivarlo por completo a través de aceptar el nivel concreto y apaciguar al paciente: "Muy bien, yo me hago cargo de checarlo". Sin embargo, el tono emocional de la sesión para entonces es tal que esta opción parece inaceptable, si no es que irresponsable. Mercurius ha atacado y no se puede negar su intervención. ¿Hay alguna manera de vislumbrar más claramente este "venado fugitivo" (una imagen alquímica que hace alusión a este espíritu evasivo)?

Idealmente, al analista le gustaría aprovechar este momento para entrar en un proceso simbólico, para que junto con el paciente pudiera explorar los diferentes niveles psicológicos de esta interacción: todas las reverberaciones de que el objeto transferencial esté sobrecargado; los sentimientos de confusión, culpa y enojo que se derivan de esto; la dimensión arquetípica de la reciprocidad entre los humanos y lo divino y su ruptura; la necesidad de la retribución y de la justicia, la necesidad de ser visto y reconocido. Esto sería material muy valioso para explorar en un verdadero análisis. Sin embargo, lo que el analista realmente enfrenta es la ansiedad y la defensa compulsiva que buscan reducir la ansiedad. Es precisamente esta ansiedad la que les impide pasar al nivel simbólico y el embrollo se da porque el analista no reconoce la ansiedad misma antes de explorar las razones más profundas. La ansiedad está comprometida a mantener el nivel concreto porque es ahí que el paciente se siente seguro y donde parece que se encuentra el problema. Aquí no se puede sorprender a Mercurius, el creador de embrollos, haciendo de las suyas, ya que la ansiedad producida en la transferencia no lo permite. Debido a la ansiedad, no se puede excavar en el embrollo en busca de oro psicológico.

Podría haber una oportunidad de mover esta interacción al nivel del proceso simbólico, en donde se podría vislumbrar a Mercurius, siempre y cuando primero se reconociera la ansiedad, se lidiara con ella y, luego, se alentaran exploraciones más profundas: "Sientes ansiedad de que no me haga cargo de esto, de que permita que se me salga de las manos, de que se te cobre de más o que tengas que seguir luchando por aclarar las cosas en el futuro. Te puedo asegurar que me voy a hacer cargo y que lo vamos a discutir la siguiente vez. Sin embargo, quizá valga la pena explorar tus asociaciones a este tipo de experiencia tan solo para ver lo que pueda estar detrás de la ansiedad." Esto, por supuesto, puede que no lleve a nada, pero por lo menos se reconoció ansiedad y se abrió el camino para pasar al territorio del "como si". El analista, de hecho, ha abordado dos niveles: el nivel concreto de la cuenta y el nivel defensivo de la compulsividad y la ansiedad. También introdujo la posibilidad de otro nivel, el nivel simbólico del "como si", donde el inconsciente ve al analista a través del lente de la transferencia.

Existe todavía otra forma de moverse en este escenario. Puede que el analista cobre conciencia del universo psicológico que habita este paciente tan solo porque se realizó este embrollo en particular. El universo mental del analista, esta cuenta equivocada no es gran causa de alarma. Los asuntos más importantes son las dinámicas psicológicas subyacentes a dicha preocupación. Puede que esta actitud analítica (más o menos estándar) sea en verdad una lectura distorsionada de las necesidades y preocupaciones de esta paciente en particular. Puede que la insistencia de la paciente en aferrarse al nivel concreto sea tan real y genuina como la paciente misma. Si la paciente empezara a tomar todo a nivel del proceso simbólico, se estaría engañando. Sería poco sincero y simplemente adaptativo al contexto analítico y a los deseos y actitudes del analista de jugar el juego del proceso simbólico en torno a la cuenta. Puede, por lo tanto, que el embrollo se refleje en otra dirección. En vez de tratar de abrir el camino hacia una actitud simbólica "como si", puede que el analista adopte un enfoque concreto. Esto no tiene por qué entenderse como una mera claudicación ante la ansiedad y compulsividad de la paciente. Podría ser un reconocimiento más claro del mundo psicológico en el que vive y desde el cual opera. Este tipo de aclaración de la perspectiva que tiene el analista de la paciente –dónde y quién es en verdad, en contraposición a él– también puede llevar la alianza terapéutica a un nivel más efectivo "donde se disuelven y trascienden los límites del ego".[8] Puede que decidan encontrarse en el nivel concreto para resolver problemas, como el problema del pago de la cuenta, y elaborar algo juntos que les permita experimentar el "factor sanador que encontramos en el vientre materno bueno y en una buena experiencia de maternaje" (*ibid.*). La ansiedad que impulsó la compulsión a resolver el problema en términos concretos, estaría, por supuesto, mitigada, pero, más importante aún, el enredo hubiera llevado a un entendimiento más claro, por parte del analista, del tratamiento que

[8] J. W. T. Redfern, "Romantic and Classical Views of Analysis", p. 3.

se le debe de dar a la paciente. Para esta persona, puede que la experiencia del "como si" sólo se dé a través de lo concreto y nunca aparte de él.

Al realizar este ajuste posterior a su actitud, el analista de hecho no está renunciando a alcanzar el nivel del proceso simbólico con esta persona, sino que más bien está cambiando la estrategia para llegar ahí. En vez de alcanzar el proceso simbólico a través de reflexionar sobre acontecimientos y personas como símbolos o de tener la experiencia de las muchas dimensiones de un acontecimiento o persona, se enangosta el umbral que conduce al símbolo, a acontecimientos, objetos y tareas concretos. Quizás en la conciencia del analista, no esté presente la sensación de estar en un campo simbólico, o que sólo esté mínimamente presente, aunque teóricamente siempre debería de estar ahí. Aunque no se sienta o parezca como si fuera una experiencia del "como si", ¡lo es! Resolver el problema del embrollo del pago de la cuenta en términos concretos está en resonancia con el nivel simbólico: lo que se ha dividido, se vuelve a juntar; la atención enfocada y el propósito se unifican; mutuamente se llega al resultado y se le define. La *coniunctio,* de hecho, se experimenta, pero no "como si", no como un símbolo, sino como un acontecimiento concreto que tiene matices simbólicos. Para esta paciente, en particular, se trata de una experiencia más efectiva de la *coniunctio* de lo que sería o pudiera ser una experiencia del "como si" más auto-conscientemente simbólica. Aquí, Mercurius se encuentra atrapado en lo concreto.

Se supone, por supuesto, que los embrollos se han de resolver de una manera u otra, de lo contrario, se endurecen convirtiéndose en impasses y estancamientos. Sin embargo, es un error escapar de la liminalidad del embrollo de forma demasiado barata o rápida. Mercurius se encuentra detrás del embrollo y se le puede atisbar trabajando tras bambalinas. Los embrollos, por lo tanto, se pueden encontrar entre nuestros maestros más efectivos que nos guían hacia una alianza terapéutica más consciente, si se lidia con ella de manera creativa y valiente.

Capítulo 6

El problema de la envidia y la rivalidad entre hermanos[1]

La conceptualización de la envidia

En un libro producto de una búsqueda profunda y escrito de manera vívida, titulado *Mal Occhio* [*Mal de ojo*], Lawrence DiStasi recuerda las tácticas utilizadas por sus abuelos italianos para protegerse en contra de la influencia del "mal de ojo". Nota en especial cómo evitaban hacer alarde de sus hijos frente a desconocidos por miedo a estimular su envidia. Los hijos eran valorados tan altamente que se volvían el objetivo central de los ataques de envidia. Si un hijo o hija se enfermaba de manera repentina y sin explicación alguna, de inmediato se sospechaba que detrás de la enfermedad estaba el *mal occhio* y se buscaba a una curandera que pronunciara unos encantamientos sanadores para contrarrestar los efectos nocivos del mal de ojo.

DiStasi no comenta cómo evitaban los ataques de envidia entre hermanos en el seno de su familia. Algunos de los ataques de en-

[1] Publicado inicialmente en *The Journal of Analytical Psychology*, 1990. Posteriormente, se publicó una versión ligeramente revisada en *Practicing Wholeness*, Chiron Publications, 1998/2014.

vidia más virulentos se dan dentro de los santuarios supuestamente acogedores de las redes de la familia tanto inmediata como extendida, ya que no son solamente las personas desconocidas las que envidian, sino también el hermano, la hermana, o el primo o la prima. La envidia es la raíz de las formas más malignas y crónicas de rivalidad entre hermanos y, a la larga, la envidia hiere igualmente tanto a quien la proyecta como a quien la recibe. El avance de ambos hacia la totalidad puede quedar bloqueado.

Al considerar la psicología de la envidia, es importante notar que, como en la narrativa de DiStasi en donde los hijos son el blanco más frecuente de la envidia en el seno de su cultura, es el objeto o la cualidad de más valor el que atrae el mal de ojo de la envidia hacia sí. Un niño o una niña atraerán la atención del mal de ojo en un contexto particular, por ejemplo, debido a que es ahí que los hijos simbolizan el mayor valor: son el "tesoro difícil de obtener". Con esta toma de conciencia, podemos entender que la envidia se basa fundamentalmente en el deseo frustrado de una persona de tener acceso directo a la fuente del valor, que en la psicología junguiana se conoce como el *Self*.

En un primer momento, puede que cause perplejidad concebir la envidia como algo impulsado por el hecho de que el ego se haya privado del *Self* y, por lo tanto, el ego siente añoranza por él, ya que tanto el ego como el *Self* coexisten en la misma persona y conforman una sola unidad psicológica.

Sin embargo, parece ser que en esencia esto es lo que es la envidia. La palabra "envidia" en inglés, que se deriva del latín *invidere,* en su raíz significa "poner la mirada en algo" con hostilidad intensa. De esta manera, el ojo se vuelve hostil cuando se posa sobre un objeto que disfruta de la gracia de la individualidad si esa misma bendición no se siente internamente también como la propia herencia.

La persona envidiosa proyecta una mirada hostil en dirección de la persona favorecida y, al mismo tiempo, siente que yace una distancia insuperable entre el lugar donde se encuentra, aquí, y ese círculo de privilegio y fortuna. Lo que el ojo envidioso ve es un objeto del *self* que no se puede acercar a una relación ni se puede disfrutar en una relación, sino que más bien lo ve como algo que de manera inexorable nos priva de la gracia y el valor simplemente en virtud de su existencia persistente. La persona favorecida por la gracia parece estar aferrándose a este tesoro, reteniéndolo para sí, con el propósito de acaparar toda la gloria. El vacío interno que la envidia va tallando y manteniendo, denominado por Fordham como un estado "sin senos",[2] es el caldo de cultivo del odio y la destructividad que son centrales para la energía de la envidia. Es la enajenación del ego con respecto al *Self* –percibido externamente en la proyección– la que crea la profunda desesperación y la fatídica malevolencia que se encuentra en los ejemplos clásicos de los estragos de la envidia, como los que vive el Yago de Shakespeare. La envidia es la señal de alarma de una profunda ruptura en el eje ego-*Self*.

La corrosividad de la envidia "desnuda"[3] al mundo interior a través de destruir el sitio del centro del *Self* que se siente internamente.

Las energías del *Self* y los objetos del *Self* (es decir, los símbolos), que constituyen una fuente de auto-estima y resiliencia cuando se encuentran internamente disponibles para una persona, bajo las condiciones de envidia, se perciben como si se localizaran afuera de uno y como si se estuvieran reteniendo.

La envidia, por lo tanto, se alimenta de sobre-valorar a los demás y de una concomitante sub-valoración de lo que uno tiene. En este estado, una persona se vacía de valor y de recursos, y el cambio total de la energía del ego se concentra y se proyecta de manera agresiva a través del *mal occhio,* el mal de ojo.

---

[2] M. Fordham, *Explorations into the Self*, p. 199.
[3] W. Bion, *Learning from Experience*, p 47.

Algunos escritos sobre la envidia

Al estar investigando para este capítulo, sentí una gran vergüenza al caer personalmente en una envidia considerable hacia quienes han escrito anteriormente sobre este tema. A veces, esto casi me paralizó al generar los mismísimos estados expresados en la literatura: vacío, sentimientos de inadecuación y emoción ante la presencia del objeto envidiado. Gradual y afortunadamente, esta reacción se fue transformando y ahora puedo sentir admiración y gratitud por el trabajo tan laborioso y profundo realizado por quienes me antecedieron en incursionar en este territorio emocional tan profundo y, a la vez, tan atormentado.

Melanie Klein retomó el hilo de la envidia en la literatura psicoanalítica después de la extraordinaria introducción de Freud, en sus frecuentes discusiones sobre la envidia del pene, y giró la atención de la envidia del pene hacia los senos. Sin embargo, más allá de meramente cambiar el foco de atención de la envidia, Klein argumentó que la envidia primordial es innata en los seres humanos y la relaciona con *thanatos,* el instinto de muerte.

Tanto las mujeres como los hombres nacen con una cantidad específica de envidia primordial, basada en la fortaleza del instinto de muerte que tienen. La manera en la que se manejan y despliegan los impulsos del instinto de muerte es la historia del desarrollo posterior, aunque al nacer cada uno de nosotros hereda, así como heredamos el pecado original, la capacidad y la propensión de caer en la envidia.

Este enfoque imparcial con respecto al género continua en la descripción que hace Klein de la infancia. Debido a que es una madre la que amamanta tanto a los pequeños varones como a las pequeñas hembras, los bendice con sus senos o se los niega, los senos se vuelven el primer objeto primordial en torno al cual giran las emociones del amor y del odio.

La descripción de Klein sobre cómo opera la envidia en la infancia y posteriormente en la vida, es fundamental para posteriores escritos realizados por freudianos y algunos junguianos también, ya sea que estén de acuerdo con la premisa de un instinto de muerte, la rechacen o la ignoren.

En un escrito titulado "Un estudio sobre la envidia y la gratitud", que llegó a ser un clásico en el campo, Klein hace una diferenciación analítica entre la envidia y los celos. Es importante estar conscientes de esta diferenciación cuando pensamos en la rivalidad entre hermanos, ya que la rivalidad entre hermanos dura mucho más tiempo que la infancia y los padres. Esta rivalidad muchas veces no tiene nada que ver con ganar o perder el amor de una tercera persona.

Según el análisis de Klein, la envidia tiene su propia ubicación en una relación entre dos personas, primordialmente dentro de la díada madre-bebé, mientras que los celos son un fenómeno que tiene que ver con triángulos de tres personas, que clásicamente se constelan dentro de la relación edípica. La envidia es, por lo tanto, "pre-edípica" y se basa en el sentimiento de que la otra persona (originalmente la madre) tiene algo bueno que dar (el pecho), aunque lo está reteniendo para su propio disfrute. El que la persona retenga el objeto bueno es lo que genera envidia y luego también genera odio hacia la madre. Cuando se ve a la madre como reservándose su bondad para sí misma, esta percepción genera el deseo de dañar y echar a perder el pecho que la madre retiene.

Los celos, por otro lado, irrumpen cuando se descubre que otra persona (el padre o un hermano o hermana) está disfrutando el objeto deseado en vez de uno mismo. Los celos nos empujan a destruir al rival para que nosotros podamos tener el objeto amado sin destruirlo. En algunas instancias de rivalidad entre hermanos, son claramente los celos los que motivan el conflicto, aunque en las formas más virulentas, el problema tiene poco que ver con satisfacernos a través de apropiarnos de alguien o de algo, sino que más bien gira en torno al deseo de dañar o destruir al otro envidiado como un fin en sí mismo. La existencia de un objeto en disputa, como un negocio familiar, por ejemplo, es sólo la excusa para enfrentar al hermano o hermana envidiado. El verdadero deseo es destruir a la persona envidiada.

La avaricia, la tercera Furia en esta Trinidad sombreada que analiza Klein, se relaciona íntimamente con la envidia: es el deseo urgente de tener más de lo que se puede posiblemente usar y disfrutar, de tener todo (de devorar todos los senos), de controlarlos y poseerlos por completo. Tanto la envidia como la avaricia, buscan la destrucción del objeto deseado: la envidia, a través de echar a perder lo bueno del objeto amado con nuestra propia maldad a través de proyectar las partes malas del *Self* sobre el otro (identificación proyectiva); la avaricia, a través de introyectar la totalidad del otro sobre nosotros mismos.

Desde la perspectiva kleiniana, el pecho de la madre es el objeto amoroso original en torno al cual giran todas estas emociones oscuras. El pecho es la fuente de vida y, por lo tanto, también simboliza la creatividad misma. Klein cree que una cuestión crucial cuando aparece la envidia es la creatividad. En última instancia, la envidia fundamentalmente tiene que ver con tener acceso a la creatividad y a la fuente de energía creativa. Desde un principio, la propia creatividad potencial del bebé se proyecta sobre el pecho de la madre, una creatividad que va a necesitar el ego para su propio crecimiento y su integridad futura. Debido a que la primera visión de la creatividad se localiza afuera de nosotros, nos sentimos dependientes de ella para poder crecer y para la vida misma. Así, el ego naciente se enajena desde un inicio de su propia fuente de creatividad y crecimiento psíquicos. Finalmente, la psique individual debe recuperar esto a través de la reintroyección, ya que según la forma en que Klein concibe el desarrollo, "el pecho de la madre forma el centro del ego y vitalmente contribuye a su crecimiento e integración".[4] El desarrollo del ego, por ende, está conformado por estos dos movimientos: la proyección del *Self* sobre el otro seguida de la introyección del *Self* de regreso al ego.

[4] M. Klein, "A Study of Envy and Gratitude", p. 215.

En su discusión sobre la centralidad del pecho para la creatividad, la integridad y el desarrollo del ego, Klein se está refiriendo claramente a la misma entidad que Jung llama el *Self*, el principal arquetipo organizador de la psique, aunque sus descripciones y conceptualizaciones sean muy diferentes. Mientras que la discusión de Klein se orienta hacia los objetos, la de Jung es intrapsíquica. Para Jung, el pecho kleiniano se tomaría como un símbolo del *Self*, un mandala con un centro claramente definido. Un objeto o imagen se transforma en símbolo cuando media la energía entre el ego y un arquetipo, y el pecho es ese objeto/imagen. El arquetipo que está mediando el pecho es el *Self*, el cual, según el trabajo tardío de Jung, constituye el centro del ego y promueve su crecimiento e integración a lo largo de la vida. La crítica junguiana a Klein es que ella ubica lo interno afuera: la razón por la cual los pechos ocupan tal centralidad y poder es que carga una proyección del *Self*.

Es la ausencia sentida del *Self,* por lo tanto, la que está fundamentalmente en cuestión en las fantasías proyectivas e introyectivas de los envidiosos y los codiciosos. Jung fácilmente podría unirse a Klein en decir que el problema de la envidia es el lugar de la creatividad, aunque estarían en desacuerdo con respecto a dónde se origina la creatividad psíquica y dónde se nutre.

En una teoría junguiana de la envidia, lo pensaríamos como un síntoma psíquico más que una expresión de la destructividad primordial, deseo de muerte o del mal. Cuando se despierta la envidia, es señal de que algo anda mal, aunque nace de un hambre benigna por alcanzar la plenitud del Self. Sin embargo, una vez constelada, la envidia se puede volver crónica y se puede entonces aliar con el lado sombreado del *self*. En ese momento, la envidia tiene la capacidad de canalizar la energía de la individuación (el impulso hacia la totalidad) hacia la destructividad. Esta es la tragedia de la envidia. Es la historia de Yago destruyendo a Otelo, no para ganarse a Desdémona o para ocupar el lugar de Otelo en el reino, sino como un fin en sí mismo.

Aunque Klein reconoce que la creatividad es la cuestión fundamental en el problema de la envidia, no lo desarrolla en gran medida, debido quizás a que liga la envidia con *thanatos*. Los autores junguianos que la siguen, por otro lado, tienden a tomar este otro camino. Michael Rosenthall, un analista junguiano de Londres, captó y elaboró la conexión entre la envidia y la creatividad. Rosenthall sostiene que el objeto envidiado no es los pechos, sino más bien "una imagen primitiva de la naturaleza fálica. Se trata de un objeto capaz de excitación, de orgasmos, de odio, y omnipotencia. Es bisexual. Esta imagen se deriva primordialmente del arquetipo de la madre."[5] Desde el punto de vista de Rosenthall, la envidia tiene el efecto corrosivo de bloquear la constelación del opuesto contrasexual (el *anima/animus*) y de esa manera evita que se experimente plenamente el amor. Con Rosenthall, las imágenes han sufrido un viraje desde el pecho al falo, aunque ambos simbolizan la creatividad. En última instancia, ambos están enraizados en el arquetipo de la Gran Madre. Ambos son símbolos del *Self*. Para la persona crónicamente envidiosa, la creatividad permanece en y con la Gran Madre, por lo que se detiene el desarrollo del individuo. Esta persona no logra o no puede extraerse del inconsciente en suficiente medida como para desarrollar su individualidad y separatividad. Según Rosenthall, la envidia es sintomática de un desarrollo psicológico detenido y funciona para mantener ese estado de estancamiento psíquico a través de bloquear la constelación del *anima/animus*. Es precisamente esto último que se necesita para sacar al individuo del cautiverio a través de constelar amor.

En conexión con la observación de Rosenthall acerca del objeto de la envidia, recordemos el famoso sueño de la infancia de Jung con el falo subterráneo, que Aniela Jaffe interpretó como una de las más tempranas representaciones simbólicas de la creatividad de Jung. En el caso de Jung, el falo numinoso no permaneció encerrado

[5] M. Rosenthall, "Notes on Envy and the Contrasexual Archetype", p. 73.

en la esfera de la Gran Madre, sino que se volvió disponible para su personalidad consciente y explica la asombrosa potencia de su vida madura (y la disponibilidad del *anima*). De no haber sido así, se podría haber convertido en un Yago, un genio de la envidia debido a su creatividad frustrada y su contacto bloqueado con el *Self*.

Mary Williams, otra junguiana de Londres, le dio seguimiento a las ideas de Rosenthall en un escrito importante sobre la "envidia primordial" y desarrolló una lista de cualidades que caracterizan a los pacientes con envidia crónica. Entre las principales características están las severas características de la personalidad fronteriza, la incapacidad de aceptar interpretaciones analíticas de la "madre" analítica (un rechazo basado en la envidia) y una fuerte tendencia a buscar revertir la relación con el analista para que el analista se vuelva paciente y viceversa. Williams se enfoca en las características transferenciales de la persona envidiosa, notando la perturbación en relación a sus capacidades. Desde el punto de vista de la relación objetal, el individuo crónica y constitucionalmente envidioso no se puede relacionar con el otro de una manera adecuada.

Siguiendo esas contribuciones fundamentales, Judith Hubback relaciona la envidia con el concepto de la sombra de Jung. Su trabajo separa de manera nítida la envidia de *thanatos* y extiende la discusión a la envidia inconsciente, enfatizando la importancia, para el análisis, de develar la dinámica de la transferencia y la contra-transferencia, de concientizar la envidia. Tanto Hubback como Schwartz-Salant señalan la necesidad crucial de develar el componente de la envidia en la sombra para que se pueda dar un mayor desarrollo y experiencia del *Self*. De acuerdo a estos dos autores –y según los Ulanov en su extenso e impresionante estudio de la envidia en *Cenicienta y sus hermanas*– el camino al *Self* paradójicamente atraviesa por un umbral muy estrecho de envidia inconsciente y, a menos que se abra este pasaje difícil, el ego no podrá entrar en un genuino contacto interno con el *Self*. Estos autores parecerían apoyar la noción kleiniana de que todos tenemos una cierta cantidad de envidia y que quizás nazcamos con ella.

Puede que la envidia no sea el camino más real hacia el *Self*, aunque sí parece ofrecer alguna posibilidad de llegar ahí. La implicación es que para vivir de manera creativa, debemos de tomar conciencia de la personalidad de Yago en nuestro interior; de caso contrario, la envidia alojada en el inconsciente, bloqueará el flujo de energía. Esta línea de pensamiento proporciona un punto de referencia para problemas, como el "bloqueo del escritor", que pueden deberse a efectos de la envidia inconsciente.

El patrón de la envidia y la rivalidad entre hermanos en el mito y la religión

La erupción de la envidia en la rivalidad entre hermanos ocurre cuando un hermano o hermana obtiene acceso privilegiado al *Self* (usualmente a través del amor especial y las atenciones de uno de los padres) y, en la mente del rival, se identifica tanto con el *Self* – como el hijo/a favorito/a, el niño dorado, el/la elegido/a– que los celos y la cantidad común de rivalidad normal entre hermanos se vuelven envidia. Quien hereda el *Self* (ya sea bajo la imagen del pecho o el falo) se puede convertir en su dueño de tal manera, o en tal medida que puede retener sus bendiciones, nutrimento y disfrute en vez de compartirlos con otros. Cuando el trio de celos se colapsa en un dúo de envidia, llegamos a la rivalidad entre hermanos en su forma más destructiva.

Un mito que yace en el centro de nuestra herencia cultural y religiosa, representa y aclara el patrón que estoy discutiendo. En el poema épico *El paraíso perdido* de John Milton se encuentra la representación clásica de esta historia.

Dios Padre tuvo un hijo, Lucifer, líder de las huestes del cielo, que era su acompañante radiante. Sin embargo, este hijo era ambicioso, y buscaba inapropiadamente el poder y el auto-engrandecimiento. Finalmente, dirigió una rebelión en contra del Padre y fue abatido por la fuerza superior. Este hijo cayó de la gracia. El Padre tuvo un segundo hijo, Cristo. Este hijo era obediente y estaba dispuesto a hacer exactamente lo que el padre le ordenara. Se dedicó a servir y se ofreció como un sacrificio perfecto a la voluntad del Padre. A través de la obediencia perfecta, el segundo hijo recibió la plena bendición del Padre y se sentó a la derecha del Padre. De hecho, él y el Padre se hicieron uno, y lo que este hijo ordena que sea bendecido recibe bendiciones y ahí donde se abstiene de bendecir, el Padre también se abstiene.

Estos dos hermanos ahora son enemigos eternos. Los sentimientos del hermano mayor hacia el hermano menor se volvieron envidia al ver que el hermano menor se identificaba plenamente con el Padre y el Padre con él. Esto profundizó su destructividad hasta el punto de llegar a ser el mal absoluto: Lucifer se convirtió en Satanás y el Anti-Cristo. El Padre apoya y mantiene esta condición de escisión, de separación entre hermanos. Agonizante de avaricia y eternamente insatisfecho, el hermano mayor anda en busca de aquellos a quienes pueda devorar. Sólo puede destruir; no puede crear.

En este mito, no hay resolución al problema de Satanás, el hermano envidioso. Quien en algún momento fuera Lucifer, el portador de la luz, se convirtió en el Anti-Cristo y esencialmente se define por la hostilidad y la negatividad. Es una representación de la sombra del ego occidental.

Esta es la imagen que describen los pueblos indígenas cuando observan la cara de los europeos movidos por la voracidad.

Sin embargo, cuando Milton, un protestante puritano y anti-monarquista cromweliano, volvió a narrar este mito en *El paraíso perdido,* invocó una imagen de Satanás que muestra gran vitalidad e incluso un considerable atractivo emocional. Uno no tiembla ante su presencia como lo haría en presencia del mal absoluto. De hecho, William Blake posteriormente comentó que Milton estaba secretamente del lado de Satanás. Esta preferencia ciertamente es reflejo de la propia psicología de Blake y de su odio personal hacia la institución religiosa favorecida en Inglaterra. Se podría argumentar que estos dos poetas sintieron la necesidad de redimir la sombra luciferiana de su identificación con el mal absoluto.

Jung, también, de muchas maneras asumió el papel del hijo mayor, argumentando, por ejemplo, que la tarea del hombre moderno es integrar, conscientemente, la sombra del cristianismo y sus ideales elevados. En los escritos de Jung queda claro que él estaba tratando de puentear la escisión entre el bien y el mal, entre el ego ideal y el ego real, tanto en sí mismo como en sus pacientes, así como en la cultura en general. Esto requeriría enfrentar el problema de la envidia en la sombra personal y colectiva.

Jung discute el problema del Padre y sus dos hijos hostiles en "Ensayo de interpretación psicológica del dogma de la Trinidad". Ahí, Jung coloca este mito dentro de la perspectiva del proceso de desarrollo. Primero, hay una etapa del Padre únicamente, que se caracteriza por la unidad pleromática. Se trata del idilio de la infancia, un estado de unicidad y unidad primordial en el vientre de la madre y posteriormente en su pecho. Conforme se va desmembrando este estado de totalidad inconsciente y empieza a diferenciarse, emerge el ego y empieza la segunda etapa. Conforme se va perturbando la etapa inicial de totalidad y unidad con el mundo (*participación mística*) y se va instalando la etapa de la dualidad, el ego empieza a hacer diferenciaciones. En la conciencia se da la diferenciación entre el pecho de la madre y el bebé –el "yo" y el "no yo" – y luego viene la diferenciación entre la madre como un todo, que está a cargo del pecho y el bebé. En esta etapa, además, se discrimina entre el bien y el mal (como partes de la madre: inicialmente, quizás entre el "pecho bueno" y el "pecho malo" de la madre, en términos kleinianos), y poco después le sigue la diferenciación entre las partes buenas y las partes malas del *self*. Esto echa a andar la formación de imágenes sombreadas.

Esta segunda etapa es inevitable, ya que se desarrolla la conciencia y se efectúa la discriminación de los elementos en el mundo y de las diferentes partes del *Self*. Sin embargo, esto también inicia tensión y conflicto entre las partes opuestas. Esto lleva a que haya un niño bueno y un niño malo, a que haya una madre buena y una madre mala. Dentro de la mente del niño/a, estas partes entran en conflicto entre sí. En un desarrollo posterior, es el conflicto que estalla entre la *persona* y la personalidad del ego, por un lado, y la personalidad sombreada, por el otro. Al nivel de la ideación e imágenes religiosas, esta etapa de desarrollo subyace al conflicto entre el Cristo y el anti-Cristo.

El desarrollo normal de la conciencia lleva inevitablemente a la etapa de la dualidad ya que para funcionar adaptativamente, la conciencia humana debe de poder hacer distinciones. Sin embargo, esto no necesariamente lleva al tipo de enajenación permanente que vemos en el mito bíblico, que siembra enemistad crónica entre las dos partes, los dos hermanos, y engendra una envidia crónica en el menos favorecido. El mito griego del nacimiento de Hermes, tal cual se narra en el himno homérico a Hermes, refleja un resultado alternativo. Ahí, por ejemplo, aunque existe una rivalidad entre hermanos, entre Hermes, el inexperto, y su hermano mayor, Apolo, siguiendo las instrucciones del Padre Zeus, los hermanos logran conciliar una relación. Esto lleva a un intercambio de regalos y al inicio de una amistad entre ellos. La envidia se vuelve problemática sólo cuando se percibe al rival como totalmente controlador y que permanentemente impide el acceso a la fuente de la creatividad y el valor, cuando a uno se le "elije" permanentemente y al otro se le deshereda por completo para siempre.

En la tercera fase de desarrollo, tal cual la desglosa Jung (la etapa trinitaria), se trasciende la dualidad de la segunda etapa y se reestablece la armonía. (Esto se refleja en el mito de Hermes y Apolo: experimentan gratitud y comparten regalos). Se consolida la conciencia del ego y se logra la integridad. Las partes hostiles se vuelven a unir y se integran.

Aquí, el problema con nuestra mitología judeo-cristiana colectiva se vuelve evidente. A diferencia del mito griego de Hermes y Apolo quienes logran la reconciliación y la hermandad, el mito bíblico retiene la imagen del "hijo malo" (Lucifer convertido en

Satanás), a quien nunca se le trae de regreso ni se le vuelve a incluir en el reino celestial, lado a lado con la imagen del "hijo bueno" (Cristo), quien está sentado a la derecha del Padre. Según Jung, la Santísima Trinidad de la doctrina cristiana representa tan solo la primera etapa de una posible solución al problema de la dualidad (y la envidia) y, por lo tanto, se le puede considerar tan solo como una representación parcial del *Self* integrado. Permanece ideal y espiritual, aunque le falta integrar la sombra.

Debido a que la escisión entre el bien y el mal permanece tan incorregiblemente enraizado en nuestra mitología, en nuestra psicología personal se promueve fuertemente una estructura similar. Lo sombreado, la sombra envidiosa luciferiana del ego occidental, que se ha constelado en nuestra historia cultural y se revela en este mito, aún ha de trascender su enajenación y quedar incluido en el *Self*.

Con este mito sobre la eterna escisión entre el hijo bueno y el hijo malo y con la identificación del hijo bueno con el padre/el *Self* como nuestra historia psicológica común, no resulta difícil de entender por qué muchos de nosotros luchamos tanto por sentirnos suficientemente buenos sin ser perfectos. En el cristianismo, el vínculo con el *Self* atraviesa por la imagen de Cristo, a cuyo lado nuestros egos se ven mucho más luciferianos. En contraste, la perfección misma de la bondad de Cristo proyecta una sombra oscura sobre nosotros mismos. Debido a que Cristo ocupa la posición privilegiada de la auto-imagen y controla el acceso al *Self* –el alimento celestial, el agua de la vida, la nutrición divina para nuestra vida cotidiana– necesariamente nos sentimos atraídos a él para alimentar nuestra creatividad, esperanza y auto-mantenimiento, aunque estamos igualmente enajenados de nosotros mismos debido a nuestra imperfección. El problema psicológico es que sólo parte de nuestro ego se puede identificar con Cristo y la otra parte –el lado sombreado luciferiano– permanece excluido e irredimible. Desde esta posición, el ego inevitablemente se proyecta sobre los otros, típicamente sobre aquellos que amenazan nuestro acceso a la creatividad y al valor. Los portadores de la sombra simultáneamente generan reacciones de envidia y la envidia cultiva odio absoluto y desprecio. Por esta razón, nos resulta tan fácil destruir a nuestros enemigos con la conciencia tranquila: son el mal. Sin embargo, nuestra envidia, como señala Judith Hubback, está en la sombra y es, por lo tanto, inconsciente.

La Biblia, en donde se aloja este mito, repite con gran frecuencia el tema de los dos hermanos que están atorados en una amarga rivalidad y enemistad. Como sabemos desde una experiencia analítica, los temas recurrentes tienen una importancia crítica. Hay algo que quiere hacerse consciente y no lo ha podido lograr. Esta es la dinámica de la envidia que se constela por el acto central de Dios cuando elige a un favorito y establece un convenio que excluye a los demás.

En un nivel de lectura, la Biblia es la saga de una familia (como *Los Buddenbrook* de Thomas Mann, por ejemplo) que abarca muchas generaciones. Caín y Abel allanan el camino. Dios prefiere la ofrenda del hermano menor, un pastor, por encima de la ofrenda del hermano mayor, un agricultor.[6] Caín tolera esta humillación hasta que la rivalidad entre hermanos se vuelve envidia y la rabia lo invade. Asesina a su hermano. Posteriormente en la epopeya de la familia, José, también en este caso un hermano menor, es elegido por su padre para recibir favores especiales. José hace gala de su condición de hijo especial favorecido con lo cual estimula la envidia de sus hermanos, quienes desean matarlo aunque, a último minuto, en vez, deciden venderlo como esclavo. Una vez más, la rivalidad entre hermanos se coagula en envidia y lleva a una rabia homicida. Luego tenemos a David, el más chico de los doce hijos a quien eligen para ser el rey de Israel, a quien se le eleva de nivel no sólo por encima de sus hermanos, sino también por encima del Rey Saúl,

[6] Génesis 4:3-5.

quien irrumpe en rabietas inducidas por la envidia y busca reiteradamente darle muerte a David.

Finalmente, hay la instancia de Jesús como el "elegido" que reemplaza a Israel en esta posición de privilegio y de merecimiento de derechos. En el contexto más amplio de la historia occidental, Israel se convierte en el hermano mayor desplazado. En tanto a Jesús, el Cristo resucitado, se le ofrece la entrada por adopción a la familia del Padre y quienes entran por este medio ocupan la misma posición de privilegio que la que disfruta Cristo. Esto deja a Israel en una posición de rivalidad desde la cual reivindica este lugar de honor en tanto el "elegido". Así, el judaísmo y el cristianismo caen en una especie de rivalidad colectiva entre hermanos. Cada hermano exige la prioridad en relación con el Padre/el *Self*. En algunas instancias, esta rivalidad se transmuta en envidia y lleva al deseo de destruir al otro.

En el centro de esta historia familiar, se encuentra la imagen de un Padre quien primero creó todos los pueblos de la Tierra y luego eligió a sus favoritos entre sus muchos hijos. La presencia de este Padre voluntarioso acecha toda la narrativa de la familia.

Quizás uno de los temas más cruciales de la Biblia es el ser elegido. Dios realiza un convenio con sus elegidos. Todo depende de esta fatídica decisión. Cuando el Padre elige un favorito por alguna razón inexplicable e irracional, echa a andar una dinámica que, a su vez, genera celos, rivalidad entre hermanos y, en última instancia, envidia y ataques homicidas tanto sobre los elegidos como sobre los no elegidos. La dualidad que se crea a través de este acto de discriminación se vuelve fijo y genera, a su vez, un severo proceso de escisión dentro de la historia. Los "elegidos" constituyen un blanco de los ataques de envidia por que mantienen una posición privilegiada en relación a la fuente de la creación y el sustento. Se ataca a los no elegidos porque cargan la sombra de los elegidos y se les ve como malos y carentes de valor.

La rivalidad y la envidia entre hermanos están entretejidos en la fibra de nuestras tradiciones culturales y religiosas.

La envidia y la rivalidad entre hermanos en la práctica analítica

Entre quienes buscan psicoterapia, hay un grupo significativo de personas que sufren de envidia crónica. Muchas veces, en un primer momento, más inconsciente que consciente, está más en la sombra que reconocido abiertamente y sufrido conscientemente. Estas personas se identifican sutilmente como hijos rechazados, como hijos "malos" o hijas "malas". Muchas veces, son hijos mayores que fueron desplazados en los afectos de los padres por los hermanos menores, los "elegidos" o los especiales que quizás eran más talentosos o presentables. Lo que puede haber empezado como rivalidad entre hermanos de tipo celotípico, se ha endurecido en odio entre hermanos de tipo envidia. Estos hermanos conviven con la envidia como una realidad psíquica diaria y en consecuencia les cuesta mucho trabajo formar y mantener relaciones.

A veces, como ya implicara Mary Williams, la gravedad de su perturbación los coloca en la categoría del diagnóstico de desorden de personalidad limítrofe. Sin embargo, a veces, las defensas del ego disfrazan tan bien a la envidia crónica y la manejan tan hábilmente que la persona no muestra las características típicas de la personalidad limítrofe. Puede que la persona tenga un buen nivel de adaptación con un funcionamiento del ego fuerte y capaz, aunque de manera continua sea vulnerable a ataques sutilmente debilitantes de envidia que socavan la confianza en sí misma y su auto-valía, creando un estado crónico de tensión y ansiedad. Puede que esta persona no explote de rabia, como es típico de las personalidades limítrofes, sino que más bien se contenga y compense el enojo y el odio por medio de comer en exceso, tomar alcohol en grandes cantidades, fumar, o trabajar en exceso. En el trabajo, existe poco disfrute del éxito porque el resultado siempre se ve como de segunda calidad. Como me lo dijera un paciente muchas veces: "Casi siempre llego a ser el elegido, pero nunca soy *el elegido*".

Cuando a estas personas se les enfrenta con sus contrapartes aparentemente más exitosas, sufren intensamente. Los envidiados son aquellos que encantan a todo el mundo, que disfrutan del éxito y de un lugar privilegiado, sobre ellos brillan incesantemente el honor y la atención. Al sujeto envidioso se le exige que contenga las poderosas cargas de odio y los impulsos destructivos, los cuales, en general, se canalizan hacia una forma de comportamiento auto-destructivo.

Se debe de afirmar, también, que todo el mundo experimenta momentos de envidia. La envidia es una reacción emocional universalmente humana. Puede que de repente, los pacientes sientan envidia de sus analistas y que en ocasiones los analistas sientan envidia de algunos pacientes.[7] Sin embargo, las personas a las que me estoy refiriendo aquí de manera específica, son crónicamente envidiosos. Viven en un mundo psíquico de continua vulnerabilidad a las reacciones de envidia, la cual se vuelve su tarea psicológica central a resolver en el análisis. El proyecto de concientizar la envidia crónica es el precursor necesario para resolver sus causas, sean las que sean.

La observación analítica de las personas crónicamente envidiosas revela una perturbación característica en la relación entre el ego y el *Self*. Es como si el mito anteriormente citado se escenificara en su mundo interno. El ego tiene su posición y su papel, aunque es una función luciferiana, enajenada del *Self.* Para este ego, aunque sea intacto, no existe un centro interno cómodo. Al volcarse hacia su interior, esta persona típicamente entra en un vacío o en un mundo de auto-acusaciones atormentadoras. Estas personas no pueden tranquilizarse a sí mismas de manera efectiva; no logran encontrar consuelo en la meditación o en la imaginación activa y en gran medida experimentan ansiedad, baja auto-estima, vacío y voces interiores críticas.

[7] J. Hubback, "Envy and the Shadow", p. 111.

Si otro tipo de figura aparece en la imaginación activa o la fantasía de esta persona, se vuelve objeto de envidia; es el preferido, el favorecido, el elegido y el ego cae en sentimientos de rechazo y carencia de valor. La fantasía, en este sentido, sigue el patrón de la experiencia de vida, cuyos orígenes yacen en experiencias de rivalidad entre hermanos durante la infancia temprana. Esta persona vive constantemente sintiéndose abusada y humillada. En el aspecto más extremo de la personalidad limítrofe, se trata de un alma en el infierno, relegada a un tormento eterno por parte de una figura paterna/Dios indiferente u hostil.

Las palabras analíticas que buscan consolar pueden exacerbar el dolor en este tipo de paciente y esto crea un problema para el terapeuta cuya formación lo entrena para actuar desde la empatía. El paciente "sabe" que el analista prefiere a otros pacientes y ciertamente cuando se toma en cuenta el mundo de la familia y las amistades del analista, el paciente se encuentra al final de una larga fila de preferidos. La transferencia está fuertemente cargada de expectativas de rechazo y humillación. Por supuesto que el analista puede llegar a ser el objeto de envidia, así como la figura paterna rechazante. El portador del *Self* siempre va a preferir a otra figura y el ego inevitablemente va a quedar en segundo lugar (en el mejor de los casos) o va a resultar denigrado y humillado.

Aquí tenemos la psicología de alguien cuya sombra podrá muy bien tener una cualidad ideal, más que repugnante. La sombra consiste en las partes repudiadas (características, cualidades, impulsos, deseos) por las que sentimos aversión. En estos casos de personas crónicamente envidiosas, paradójicamente, sienten aversión por las cualidades (y las personas que las encarnan) que por lo general valora la sociedad e incluso la persona envidiosa (aunque en secreto).

La función psicológica de la idealización, que usualmente es ya sea una defensa en contra de la intimidad o bien un atractivo hacia una mayor integración del *Self*, aquí, en vez, se vuelve la ocasión para una insoportable reacción de envidia. Lo que se proyecta e idealiza como una cualidad valiosa es un aspecto de nosotros mismos, aunque debido a la estructuración interna de la relación entre el ego y el *Self* en estas personas, adopta el significado de que alguien tiene más o está mejor y, por lo tanto, hay que envidiarle y odiarle, y no que sea algo a lo que hay que aspirar o incluso admirar. La proyección de estas características idealizadas del *Self* sobre otros, aleja al ego, lo enajena aún más y crea una repetición dolorosa de humillación y aislamiento. El objeto del *self* es una figura sombreada que hay que evitar o destruir. Por esta razón, estas personas forman relaciones con analistas idealizados y otros que están profundamente conflictuados: por un lado, hay admiración; por el otro, odio y el deseo de destruir.

Es trágico cuando estos individuos terminan sintiéndose malignos. Se identifican con el hijo marginado que ha sido condenado y forzado a aislarse. En su aislamiento, sienten que no valen nada. Luego, llenos de envidia hacia los favorecidos y, en consecuencia, cargados de odio y con el deseo de destruirlos, llegan a sentir que ellos mismos encarnan el mal. Esta distorsión puede llegar a ser tan completa, que su ofrecimiento de suicidarse resulta de hecho un gesto de bondad y de generosidad de su parte: por lo menos estarían reduciendo la presencia del mal en la Tierra, ¡en esa misma proporción!

Es una difícil tarea psicológica de este individuo permitir que la rabia impulsada por la envidia y la destructividad entren plenamente en la conciencia y transformen su energía en una búsqueda y exigencia de auto-reafirmación. Al tomar conciencia de toda esta envidia, existe, por un lado, el peligro de suicidarse o de cometer un homicidio; por el otro lado, existe la posibilidad de redimir la envidia egóica luciferiana y de forjarle un hogar dentro del orden de lo elegido y lo aceptable. También existe la exigencia y la oportunidad de sanar la relación con los otros significativos a quienes conflictuaron y quebrantaron los ataques de envidia.

Al aceptar este tipo de individuo en el análisis, el analista enfrenta el desafío nada envidiable de tolerar los ataques inevitables de envidia conforme se va afianzando la transferencia. Comprensiblemente, se llega a ver al analista como un individuo que tiene acceso a una abundante provisión de aspectos buenos, como sustento, amor, calidez y admiración. El analista además tiene el poder de darles tales provisiones a los pacientes, o bien de impedir que puedan acceder a ellos. Típicamente en estos casos, el paciente se quejará de sentirse privado por parte del analista quien podría dar mucho más si tan solo fuera más abierto, si estuviera más dispuesto, más "presente", si fuera más generoso con el paciente. Al analista callado, receptivo, empático se le verá como que se contiene con astucia y disfruta de su propia abundancia de sentimientos y pensamientos, no estando dispuesto a compartir este tesoro de oro psíquico con el paciente que sufre hambre. Más aún, el analista también podría compartir su cuerpo, aunque también se contenga de hacerlo. Las palabras interpretativas consoladoras de empatía, pronunciadas desde esta posición pueden irritar y humillar más aún al paciente. Los esfuerzos por autorevelarse con el fin de mostrar que el analista también es humano y sufre similares golpes y dolores de la vida, paradójicamente estimulan más aún la envidia: el analista es alguien que puede superar esos problemas y no deja que lo arrastren hacia el fango. Se interpretan los consejos, amonestaciones o palabras de consuelo como insultos, como ataques sutiles que representan comparaciones aborrecibles entre el paciente y el analista. La impotencia y la reducción de la confianza en sí mismo que siente el analista en respuesta a sesiones con ese tipo de pacientes sirve exquisitamente bien al propósito destructivo del paciente envidioso.

Para el analista, el desafío es sobrevivir a estos ataques y contener toda esta hostilidad mientras espera a que el *Self* muestre la mano desde otra dirección. La relación analítica se puede volver una tina alquímica teñida con tinta negra que puede permanecer en la fase de *nigredo* por un periodo de tiempo aparentemente eterno. El análisis es el contenedor de este afecto corrosivo y su fortaleza se someterá a prueba de manera poderosa por las potentes descargas de envidia conforme las sesiones se vayan llenando de la vida interior de dolor, amargura y humillación del paciente. Sin embargo, como dicen los alquimistas, hay que regocijarse cuando se alcanza el estado de *nigredo*: es en ese momento que la envidia crónica inconsciente puede salir plenamente a la luz y experimentarse de manera consciente y directa. Sólo entonces puede someterse a una posible transformación.

Lo que se necesita transformar es la actitud hostil del paciente hacia su propio ego luciferiano que sufre de hambre, para que así se pueda reparar el eje ego-*Self*. La avaricia entonces puede regresar a su proporción normal entre el hambre de cosas buenas y el hambre del *Self* y se puede reducir la envidia a una búsqueda dinámica del *Self*. Para que crezca el ego, no sólo en la infancia, sino también en el desarrollo posterior, resulta necesario "el ingrediente famélico, deseoso y emulador en la envidia."[8] Así, la envidia asume una función prospectiva a través de mostrarle el camino al *Self*. Aquello que envidia la persona envidiosa es también, simbólicamente, lo que desea y lo que necesita para su plena condición de individuo.

Estas necesidades y deseos en sí mismos no son malignos; es la desesperación por la falta de esperanza de llegar a lograr cubrirlos, lo cual crea odio y destrucción.

Una mujer de poco más de 50 años, viuda, que luchaba con problemas de sobrepeso y tabaquismo, aunque más profundamente con problemas de toda una vida de avaricia y envidia que surgieran y se solidificaran en su familia original y la rivalidad entre ella y su hermana, ya había estado en análisis por varios años cuando soñó que venía a mi casa para ir al baño. Cuando entró a la casa, se topó con mi hijo adolescente en el baño por lo que no lo pudo usar. Entonces el adolescente cerró una cortina de hospital a su alrededor y se retiró detrás de ella. Se interpretó ese sueño a la luz de su

[8] J. Hubback, "Envy and the Shadow", *The Journal of Analytical Psychology,* Vol. 17. No. 2. julio de 1972, p. 115.

esfuerzo, reflejado en la sesión anterior, de colocar sus "cosas malas" en mí y mi renuencia a permitirle hacerlo. Ella se contuvo y no se dejó ir por completo. También estaba enojada y le sentía envidia a mi hijo, quien podía hacer lo que quisiera en mi casa. Sin embargo, no logró desatar plenamente su ataque de envidia y logró mantener la compostura y contener su afecto. Comentó que mi distancia creaba un ambiente en el cual no era posible "acercarse más" y aunque se trataba de una queja que venía expresando desde hace mucho, también había llegado a reconocer qué tan destructiva podía llegar a ser su envidia.

En un sueño subsiguiente, una monja le presenta dos bebés. Son gemelos. Ella les sonríe y le regresan la sonrisa. Se despierta feliz y gratificada. Era la primera vez en que recordaba que esa respuesta positiva provenía de otras figuras oníricas. Nos llegamos a dar cuenta que este sueño era un indicio de que se estaba dando un nuevo desarrollo en la relación de su ego con el *Self*. En este sueño, ella se sentía satisfecha y jovial; se sentía plena, amada, vista, valorada. En la sesión en la que me contó este sueño, pasó a decirme cuánto me apreciaba y cuánto apreciaba nuestros años de trabajo juntos. Sus ojos se llenaron de lágrimas, una evidencia de gratitud. Ella estaba elaborando la envidia que sentía por mí y logró sentir gratitud porque ella tenía algo que le era propio: un bebé sonriente que le respondía y le prometía amor.

Desde la perspectiva de Klein, la solución a la envidia se da cuando nos volvemos a apegar al pecho y logramos sentir gratitud por sentirnos satisfechos en vez de sentir odio por la privación que sufrimos. Conforme va disminuyendo la envidia, se va volviendo posible la experiencia del amor. Hubback apoya esta observación clínica. Sólo agregaría que se vence la envidia conforme el *Self* se va experimentando y viviendo en nuestro interior. En los sueños recién mencionados, se está trabajando la envidia. Cuando los bebés, que representan el *Self*, le sonríen y le otorgan al soñante un sentimiento de aceptación, se trasciende la etapa de la dualidad entre el bien y el mal, y se evidencia que se está dando un movimiento hacia la reconciliación y la integración.

La prueba de ácido de esta reconciliación se dio durante los meses y años que siguieron conforme esta valiente paciente fue trabajando la sanación de las relaciones profundamente conflictivas con su madre y hermana. La rivalidad entre hermanas desde la infancia temprana había echado a perder la relación entre las hermanas y el endurecimiento de la rivalidad en envidia crónica se debía a la clara preferencia de la madre por la hermana. Esta paciente logró transformar su relación con la madre al punto en el que dejó de sentirse rechazada y marginada. Fue gracias a su propia iniciativa y a sus esfuerzos repetidos que se dio esta sanación. Una vez que mejoró la conexión con la madre, la paciente logró retomar la relación con la hermana envidiada. Unos dos o tres años después de haber terminado su terapia conmigo, mientras que todo esto se encontraba en las primeras etapas del proceso, vino una vez más para hablarme sobre el trabajo que había estado haciendo desde que nos dejamos de ver. Me informó que había tenido mejoras considerables en las relaciones, en general, pero en particular en las relaciones en el seno de su familia inmediata. Se encontraba en contacto regular con su hermana y lograba disfrutar de los hijos de la hermana como nunca antes. La envidia de la maternidad de la hermana se disolvió en suficiente medida que dejó de interferir en su relación con sus sobrinas y sobrinos.

El sueño de un hombre de más de 40 años, nos da un segundo ejemplo de un caso resuelto de envidia. En este caso, la envidia para él era también un tema de vida y se había constelado recientemente en relación con su esposa profesionalmente exitosa y en la transferencia hacia mí. En un sentido, los dos éramos hermanos rivales. Soñó que lo colocaban en la humillante posición de tener que ser alumno de un hombre mucho más joven. Este joven maestro, aunque contaba con menos experiencia que él, disfrutaba del favor especial de un mentor con mayor antigüedad. En un momento crítico en el sueño, hace contacto visual con un supervisor de mayor rango entre el público, quien le indica a través de una sonrisa y asintiendo con la cabeza, que reconozca la superioridad del soñante con respecto al maestro joven. Entre la figura de mayor rango (el padre) y el soñante se establece una alianza genuina y tácita por encima de la figura más joven (la sombra positiva). Este sueño muestra el esfuerzo de la psique por crear una alianza entre el *Self* y el ego luciferiano tan propenso a sentir envidia y por quitarle la carga de la sombra y de la inferioridad a los hombros del ego. Aquí vemos un enunciado elegante sobre la auto-regulación de la psique, conforme busca vencer la envidia a través de crear una relación más positiva entre el ego y el *Self*. Simultáneamente, en la transferencia se estaba dando un proceso de establecer una fuerte relación de trabajo conmigo.

La idealización del analista pasó a ser manejable y finalmente logró funcionar como hilo conductor hacia tareas importantes del proceso de individuación: mejorar su posición profesional a través de estudiar un grado académico avanzado, involucrarse en la enseñanza y la mentoría, además de aumentar su capacidad de generar ingresos. Conforme se fue transformando la envidia, se convirtió en señal que apunta hacia las necesidades y direcciones de la individuación.

Conclusión

La única solución genuina y no defensiva al problema de la envidia es una mejor relación entre el ego y el *Self*, en la cual el ego sienta que tiene, por lo menos, un acceso igualitario al *Self* en relación al otro (y especialmente la sombra, como ejemplo, los elementos fraternos). Esto a su vez, permite que sea posible una mayor integración de la sombra. Hasta que se alcance este punto, no se puede abordar la sombra, que es demasiado positiva e idealizada, sin envidia. El ego necesita sentir que: "Soy la materialización, la encarnación del *Self*" en esta particular línea continua de tiempo y espacio que es mi cuerpo y mi vida. En pocas palabras, necesitamos sentirnos amados.

Culturalmente, somos herederos de un complejo colectivo del padre que es bastante hostil y crítico. Puede que esto se herede a través del *animus* de la madre o a través del padre directamente. Sin embargo, en tanto herederos culturales del mito de Adán y Eva, estamos en la posición de los desheredados y los desplazados y, por lo tanto, somos especialmente vulnerables a la envidia y la rivalidad entre hermanos. No contamos con el apoyo cultural para sentirnos sostenidos y contenidos en el generoso espíritu de la figura paterna que nos ama, nos acepta y nos adora. Más bien, estamos sujetos a juicios y críticas y muchas veces a la intuición de que prefieren a otros por encima de nosotros. Nos preguntamos si acaso nos encontramos entre los favorecidos, entre los "elegidos".

A muchos de nosotros también nos criaron padres críticos y, por lo tanto, criamos a nuestros hijos con más culpa que elogios. Nos resulta más fácil y más natural identificar las fallas en nosotros mismos, en nuestros hijos, en nuestros colegas y en nuestro mundo que sentirnos impulsados a bendecirlos, elogiarlos y sentir gratitud. Nuestro espíritu está atestado de juicios, inseguridades y críticas, por lo que tiene el potencial de sentir envidia de aquellos sobre quienes proyectamos una relación más positiva entre el ego y el *Self*.

Quizás a nivel colectivo, el surgimiento del mito de la diosa es un esfuerzo por mejorar y rectificar este problema. Puede que la diosa sea menos estricta y menos preferencial en su manera de tratar a los hermanos.

Por supuesto que aquí también existe el peligro de caer en una regresión a la etapa pre-dualista. Sin embargo, en cualquier caso para las mujeres, que encuentran en la diosa una representación del *Self* en la que sus egos pueden buscar una identidad positiva y fuerza, bien podría ser un movimiento hacia la etapa de desarrollo pos-dualista. Para los hombres, que no pueden encontrar una imagen del *Self* en la diosa, puede que esta imagen represente alguna suavización de las severas críticas del padre y de su preferencia por un hijo o hija por encima de los demás hijos. En última instancia, para ambos sexos, la imagen del *Self* debe de reflejar al ego y el ego debe de sentir que está encarnando al *Self*. "Yo y el Padre (o la Madre) somos uno" es un enunciado de la determinación que debe existir en todos y cada uno de nosotros. En este sentido, todos necesitamos llegar a ser como Cristo. Cada uno de nosotros debemos sentir el ego como el lugar adecuado para la encarnación de la divinidad. Todo esto sin ceder la independencia del ego, la auto-reafirmación y la expansión energética hacia el cosmos tanto interior como exterior.

Capítulo 7

Sobre el estado del alma en la personalidad narcisista[1]

Durante la década de los años ochenta del siglo pasado, un número significativo de autores junguianos (por ejemplo, Asper, Corbett, Gordon, Jacoby, Kalsched, Klaif, Satinover, Schwartz-Salant) realizaron comparaciones entre las revisiones de Heinz Kohut de la teoría psicoanalítica e ideas similares en la psicología analítica. La energía para este trabajo se generó gracias a la emoción en torno a los descubrimientos de Kohut referentes al trastorno de la personalidad narcisista y ciertas similitudes evidentes entre sus conceptos y los de Jung.

Estos ejercicios muchas veces elaborados en el pensamiento psicoanalítico comparativo en gran medida han aclarado las similitudes y diferencias entre Jung y Kohut, particularmente con respecto al significado del término clave tanto en el sistema kohutiano como en el junguiano: el *Self*. El que el *self* kohutiano sea o no idéntico al *Self* junguiano y, de ser así, de qué maneras precisas es y no es el caso, ha sido una pregunta teórica crucial abordada en estos estudios, el más completo y detallado de los cuales es el libro

[1] Inicialmente se publicó en Murray Stein y Nathan Schwartz-Salant (eds.). *Gender and Soul in Analysis*, Chiron Publications, 1991. Posteriormente se publicó en forma ligeramente modificada en *Practicing Wholeness*, Chiron Publications, 1998-2014.

de Mario Jacoby: *Individuación y narcisismo.* En general, parece haber consenso en que el *self* kohutiano no es el *Self* de la psicología analítica y que tratar de utilizar estos términos de manera intercambiable lleva a una mayor confusión más que ser de utilidad para ambos sistemas.

Más allá de esta aclaración teórica, la cuestión es si la psicología analítica puede ser útil, ya sea teórica o clínicamente, para un entendimiento más profundo y un tratamiento más efectivo de los trastornos de la personalidad narcisista y los estados limítrofes. Ciertamente, un número de autores junguianos, entre los cuales se encuentran los anteriormente citados, han pensado que este es el caso y han hecho contribuciones significativas.

Me parece que si hay una forma en la que la teoría de Jung puede resultar útil para arrojar más luz sobre los problemas estructurales y clínicos que presentan los pacientes que sufren de una gama de trastornos desde el trastorno de personalidad narcisista hasta el trastorno de personalidad fronterizo, es muy probable que se tenga que redirigir la ruta para que atraviese el territorio del desarrollo del *anima/animus*, en vez de evocar de inmediato el concepto del *Self.* Es aquí que podemos ver paralelismos más cercanos entre el *self* kohutiano, cuya descripción detallada ha resultado de gran utilidad clínica para entender y tratar los problemas que presentan el trastorno de personalidad narcisista y las estructuras de la personalidad descritas por Jung y utilizadas clínicamente en la psicología analítica. Por otro lado, las perspectivas de Kohut pueden resultar de utilidad para la psicología analítica, particularmente para entender el desarrollo de las estructuras del *anima/animus* y algunos resultados patológicos de su desarrollo deficiente.

Al utilizar la teoría del *anima/animus* de Jung para explorar la psicología de los estados narcisistas y fronterizos, me voy a limitar a dos pasajes extensos en las *Obras Completas* de Jung. El primer pasaje proviene del capítulo titulado "Definiciones" en *Tipos psicológicos,* y el segundo abarca el capítulo 3 de *Aion,* "La sicigia:

anima y *animus*". Entre estos dos textos, me parece que se puede recopilar suficiente material teórico para ligar la teoría del *anima/animus* con algunos temas centrales de la personalidad narcisista, tal cual los delinea Kohut y ofrecer algunas reflexiones sobre los estados de la personalidad limítrofe, así como algunas posibilidades para la individuación que yacen más allá de las relaciones objetales narcisistas.

Aquí argumento que los trastornos de personalidad narcisista y los estados de personalidad limítrofe emergen del desarrollo fallido de las estructuras del *anima/animus*.

El narcisismo y el alma

En el último capítulo de su obra monumental, *Tipos psicológicos*, Jung proporciona amplias definiciones de los términos que utiliza a lo largo del libro. Incluye un pasaje extenso, en sí mismo un ensayo corto sobre el término *alma*.

Aquí, define la versión más temprana de su concepto de *anima/animus*. Desde un punto de vista estructural, *anima/animus* es un sólo concepto, aunque tiene dos variantes principales correspondientes a los géneros. En otras palabras, se supone que el término *anima* se aplica a los hombres y que el término *animus* se aplica a las mujeres. Sin embargo, Jung lidia con este concepto sólo después de haber definido el término *persona.* Estos dos términos representan estructuras psicológicas complementarias. Al plantearlos como estructuras contrastantes, Jung aclara la definición de ambos términos.

Jung abre su definición del alma refiriéndose al "complejo funcional" como una "personalidad" y diferenciando los complejos del ego.[2] Argumenta que todos tienen una especie de personalidad múltiple. Esto no es lo mismo que el trastorno de personalidad múltiple (TPM), sino que significa que todos tenemos más de una

[2] C. G. Jung, *Tipos psicológicos*, párr. 797.

sola personalidad dentro de la totalidad de la psique. La totalidad de la personalidad es una complejidad de muchos aspectos, múltiples actitudes, numerosas tendencias, muchas de las cuales frecuentemente entran en conflicto con los demás. Según Jung, la personalidad de un hombre en su centro de trabajo es típicamente profesional, agresiva y decisiva, mientras que su personalidad doméstica en casa, rodeado de la familia y en la intimidad del hogar, puede ser complaciente, pasiva y tranquilo. Lo que esto revela es que poseemos –o nos poseen– una variedad de "complejos funcionales", cada uno de los cuales se puede considerar como una personalidad separada.[3]

Estos otros complejos funcionales, o personalidades, a su vez, tiñen el complejo del ego a través de la "identificación".[4] Cuando el ejecutivo en el trabajo adopta su típico tono de mando, por ejemplo, su ego se identifica con un complejo funcional de un cierto tipo colectivo y escenifica esa actitud. Esta no es necesariamente su personalidad "verdadera" o única.[5] Los complejos funcionales con los que se identifica el ego para lidiar con el entorno social externo, constituyen la estructura de la *persona*. La *persona* misma puede tener múltiples facetas y ser una pluralidad; no siempre va a ser igual en cada entorno. A Jung le impresiona lo camaleónico que es el ser humano, que cambia situacionalmente para adaptarse a las necesidades y expectativas del medio que le rodea. La personalidad, entonces, y en cierta medida incluso el carácter, son altamente sensibles al medio circundante. Andrew Samuels retomó este aspecto del pensamiento de Jung y expandió estas nociones en su libro *La psique plural*.

Es bastante fácil entender y utilizar el concepto de la *persona*. Se trata de una máscara o conjunto de máscaras que se utiliza para adaptarse a situaciones conforme vayan surgiendo en nuestro

---

[3] *Ibid.*, párr. 798.
[4] *Ibid.*
[5] *Ibid.*

mundo social. Sin embargo, es más difícil entender el concepto complementario del *anima/animus,* el complejo funcional que enfrenta al mundo interno. Al igual que la *persona*, muchas veces se tiñe de una actitud típica y colectiva. Por lo general, Jung aquí apela no a la teoría sino a la experiencia, que es muy diferente y complementaria de la *persona*. Si la *person*a es dura, agresiva, formal, entonces el *anima* es típicamente suave, sentimental y emocional.

Es de crucial importancia reconocer que Jung en este momento no vincula las estructuras del *anima/animus* con el género, por lo menos no como la definición esencial de esta estructura psicológica. La estructura del *anima/animus* es sencillamente el rostro volcado hacia el interior, la actitud que adoptamos hacia nosotros mismos, hacia nuestra propia subjetividad, hacia nuestros estados de ánimo, nuestras reacciones emocionales, sueños, impulsos, pensamientos y fantasías. El *anima/animus* es la estructura que utiliza el individuo para adaptarse al mundo interior, a los estados de la mente. Si actuamos desde la suavidad, si nos abrimos y nos tratamos con ternura, este es el rostro del *anima/animus;* por el otro lado, si actuamos desde la dureza, somos agresivos, nos atacamos a nosotros mismos, entonces esta es la actitud del *anima/animus*. En el análisis, a veces se nos pide que pintemos el rostro del *anima* o del *animus*, que le demos forma. Esto les informará a los pacientes cómo se tratan a sí mismos. En general, el rostro complementario se voltea hacia afuera. Para muchos analistas es un lugar común psicológico que ellos mismos son sus peores críticos, por lo general, son mucho más empáticos hacia los otros que hacia sí mismos. La actitud de su *animus/anima* tiende a ser severa y punitiva. Lo contrario también puede ser verdad: nos consentimos a nosotros mismos y castigamos a los otros.

A veces, he sugerido utilizar un término neutro, sin género, como *anime* para referirnos a esta estructura psicológica del mundo interno. En la mente de quienes leen, estudian y recurren a los escritos de Jung, el *anima* y el *animus* se ligan fuertemente con el género por la justa razón de que Jung mismo, por lo general, se refiere a estas estructuras de esa manera. De hecho, el género de los términos se deriva de sus diferencias en latín: el sufijo de *anima* es femenino mientras que el de *animus* es masculino. Cuando Jung escribe sobre el *anima* y deja la abstracción para enfocarse en la experiencia y la imagen psíquica, invariablemente se refiere a sus características femeninas. En cambio, con el *animus*, se refiere al elemento masculino en la personalidad de una mujer.

Podemos aprender mucho de la descripción que hace Jung mismo sobre cómo empezó a referirse al *anima* de esa manera. En *Psicología analítica,* Jung confiesa que la primera vez que tomó conciencia del *anima* en sí mismo ocurrió cuando trabajó con las fantasías de la señorita Miller, que finalmente desembocó en su libro seminal *Psicología del inconsciente.* Fue mientras escribía este libro que por primera vez se fascinó con la mitología y el pensamiento mitológico. Este tipo de pensamiento que Jung se dio cuenta que aparece de manera tan marcada en los materiales de la señorita Miller, de hecho lo empezó a invadir y como científico, se sentía aterrado:

> Como forma de pensamiento, la consideré totalmente impura, una especie de relación sexual incestuosa, profundamente inmoral desde un punto de vista intelectual. El permitir la fantasía en mí mismo, tuvo el mismo efecto sobre de mí que el impacto que se produciría en un hombre si entrara en su taller y encontrara que todas sus herramientas están volando por todas partes, independientemente de su voluntad. En otras palabras, me escandalizó pensar en la posibilidad de una vida de fantasía en mi propia mente ... y mi resistencia era tan intensa que sólo pude reconocer el hecho en mí mismo a través del proceso de proyectar mi material sobre la señorita Miller. ... entonces cobré conciencia de que en la señorita Miller, yo estaba analizando mi propia función creadora de fantasías... y

así en este libro emerge la cuestión de la función inferior y el *anima*.[6]

Estas asociaciones entre la vida fantasiosa de un hombre (generalmente inferior en comparación con su funcionamiento racional más consciente), la imagen de la mujer y la función inferior permanecerían constantes a lo largo de los escritos de Jung sobre el *anima*.

Sin embargo, en este contexto, el lugar de lo femenino es arbitrario y más accidental que esencial. Podemos utilizar los términos *anima* y *animus* para referirnos a la función creadora de fantasías y al mundo interno sin ligarlas al género y seguir reteniendo su valor conceptual para la psicología analítica. Fue sólo a través de las circunstancias históricas y la influencia cultural que se vinculó el *anima* con lo femenino. Sucedió que en la propia psicología de Jung, el *anima* tomó esta forma particular. En otro individuo, cuyas asociaciones culturales y personales sean diferentes, que viva en otra era con diferentes imágenes colectivas de lo masculino y lo femenino, puede que la estructura psicológica a la que llamamos *anima* se configure de manera totalmente diferente, incluyendo un género diferente. Esto implica que son la sociedad, la cultura y la historia, las que construyen los contenidos de la estructura, mientras que la estructura misma se mantiene estable a lo largo del tiempo y las culturas. Estructuralmente, el *anima/animus* es un arquetipo y, por lo tanto, es universal e innato, mientras que la cultura y la experiencia individual de vida, construyen sus contenidos y su coloración.

En *Tipos psicológicos*, obra que se incubó durante la década que siguió al análisis de las fantasías de la señorita Miller y a la ruptura con Freud, Jung señala que el ego se puede identificar con las estructuras del *anima/animus* así como con complejos de la *persona*. Cuando sucede esto, el ego queda, como se dice comúnmente, poseído por el *anima* (o el *animus*). Para el ego,

[6] C. G. Jung, *Analytical Psychology: Notes on the Seminar Given in 1925*. pp. 27-28.

podemos ver cómo esta noción representa un dilema de estar entre Escila y Caribdis, una situación en la cual no se puede evitar un peligro sin caer en otro: por un lado, está la identificación de la *persona*, por el otro, la posesión del *anima/animus*. De cualquier manera, el ego pierde su neutralidad y su libertad y cae indebidamente bajo la influencia de los valores y estilos insertos en los complejos funcionales. Sólo una persona supremamente consciente puede, como Odiseo, trazar el camino entre ellos.

Cuando el ego tiende hacia la identificación con la *persona*, señala Jung, los complejos del *anima/animus* se proyectan sobre un objeto externo adecuado, típicamente, un individuo del otro sexo y ciertamente alguien que encarna en el estilo de su carácter, las características más fuertes de las actitudes del *anima/animus*. este parece ser un estado normal, en términos del desarrollo. El individuo se relaciona primero con su madre y su padre, con los miembros de la familia y posteriormente con el grupo de pares. Los complejos funcionales que se construyen para realizar esta adaptación (la *persona*) se basan principalmente en los modelos que se ofrecen. Una niña pequeña se relaciona adaptativamente con su madre y posteriormente se relaciona con los demás de la misma manera en la que se relacionaba con su madre y como veía a su madre relacionarse con ella y otros. Se podría decir de manera casual que "salió a su madre", de manera más técnica diríamos que introyectó a su madre y se identificó con ella. De acuerdo con la teoría de Jung, lo que en realidad ha ocurrido es que con base en la interacción entre la personalidad latente de la hija y la madre objeto se creó un complejo funcional y, cuando se relaciona con los demás, el ego tiende a identificarse con este complejo. Este es especialmente el caso cuando se ve que la madre tiene éxito en sus adaptaciones. Si se admira a la madre por la manera en la que se maneja en el mundo, entonces la hija ve esto como una estrategia prometedora para hacer lo mismo. Kohut se refiere a la transmutación de la internalización de los objetos idealizados, mientras que Jung habla sobre la formación e identificación de los complejos. Otros teóricos se podrán referir aquí a la imitación, a la "creación de modelos" o al aprendizaje.

Tradicionalmente, para los hombres es el padre o la figura paterna quien desempeña el rol de modelo de la *persona*. A través de la interacción entre el inconsciente del niño y el carácter de su padre, el niño construye un complejo funcional con el cual se puede identificar cuando se relaciona y adapta al mundo. De esta manera, la imago del padre (una imagen psíquica interna) ayuda al hijo a "tender un puente hacia el mundo" a través de este complejo funcional, la *persona*, a través de la identificación del hijo con este complejo

Los complejos funcionales del *anima/animus* cobran existencia a la par del desarrollo de la *persona* y parecen depender en cierta medida de lo que sucede ahí. Mientras que la *persona* está "fuertemente influida y moldeada por las condiciones ambientales", escribe Jung, "el *anima* está también intensamente conformada por el inconsciente y sus cualidades".[7] Sin embargo, cuando el entorno externo es "primitivo", prosigue Jung, la *persona* necesariamente también lo refleja y "el *anima* adopta, por un lado, los rasgos arcaicos del inconsciente."[8] Estos procesos de formación de la *persona* y del *anima/animus* se ven, por lo tanto, correlacionados: lo que sucede en un sector, tiene un impacto fuerte sobre lo que sucede en el otro. Los complejos del *anima/animus* reflejan algo del entorno externo, aunque sea que tan solo estén compensando los complejos de la *persona*. Están, sin embargo, configurados principalmente por el inconsciente y sus cualidades. Los complejos del *anima/animus* son, por así decir, la respuesta del inconsciente del individuo al entorno –a la madre por parte de la hija, al padre por parte del hijo, a la actitud predominante de la familia e incluso de la sociedad y de la cultura contemporánea como un todo.

---

[7] C. G. Jung, *Tipos psicológicos*, párr. 808.

[8] *Ibid.*

Como se indica, el panorama usual del desarrollo de una personalidad muestra cómo el ego se identifica cada vez más con los complejos de la *persona*, los cuales reflejan el entorno y se configuran con las figuras importantes en este entorno, como la madre y el padre y otros individuos significativos. Mientras tanto, los complejos del *anima/animus* permanecen distantes y ajenos, en general no se identifican con el sentido de formar la identidad consciente del individuo.

Típicamente, se les proyecta sobre otros individuos adecuados. Esta proyección crea vínculos intensos ("almas gemelas"), ya que el otro individuo representa el "otro" interior que se vuelca hacia adentro. Posteriormente, en la vida, el individuo podrá gradualmente ir tomando conciencia de los complejos del *anima/animus* como actitudes internas y atraerlas hacia las estructuras de la conciencia y la identidad del ego.

Posteriormente, se les deja de proyectar sobre las figuras en el entorno, por lo menos en cierta medida. Este es el curso esperado de la maduración y la individuación, el acercamiento gradual a la totalidad psicológica. La integración del *anima* y el *animus* es un logro del desarrollo durante la segunda mitad de la vida.

Sin embargo, Jung menciona otra posible línea de desarrollo. Esta ocurre cuando el ego no se identifica primordialmente con los complejos de la *persona*, sino más bien se identifica con los complejos del *anima/animus*:

> Si se proyecta la imagen del alma, el resultado es un vínculo afectivo absoluto con el objeto. Si no se le proyecta, se suscita un estado de inadaptación relativa, que Freud describió con el nombre de "narcisismo". ... De no proyectarse la imagen del alma, gradualmente se va desarrollando una relación profundamente mórbida con el inconsciente. El sujeto se va inundando cada vez más por contenidos inconscientes, los cuales no logra asimilar debido a su relación inadecuada con el objeto, el individuo se ve incapacitado de asimilar o de darle

> cualquier tipo de uso por ninguna otra vía, con lo que toda la relación entre el sujeto y el objeto se va deteriorando cada vez más.[9]

Vale la pena notar que Jung se refiere aquí al término *narcisismo* de Freud. Este término ocurre muy rara vez en la *Obra Completa* de Jung, ya que sólo se le menciona unas seis veces. Ocasionalmente, Jung utiliza el término narcisismo para referirse a la forma despectiva en la cual los individuos muchas veces ven la introversión. Sin embargo, en el tipo de narcisismo que Jung está considerando en este pasaje, que es el clásico tipo psicoanalítico introducido por Freud mismo y posteriormente retomado y elaborado por Kohut, él lo ve como un déficit de desarrollo debido a la falta de identificación del ego con los complejos de la *persona*. Es el caso del ego del individuo que no se identifica con los complejos disponibles de la *persona*, lo cual significa, en términos prácticos, que los complejos asociados con la figura parental del mismo sexo son más negativos que positivos. La valencia negativa produce aversión por parte del ego. En el caso de un hijo varón, se podría decir que no se identifica o no se puede identificar con el padre. En el caso de una hija, esto se aplicaría a su relación con la madre. Los complejos de la *persona* formados en torno a la interacción con estas figuras no atraen al ego suficientemente como para formar una identificación positiva. Existe una brecha. Puede que la hija admire e incluso idolatre a su madre, aunque no se puede identificar con ella porque no se ha formado aún el complejo de la *persona* que se necesita para identificarse con la madre o porque la identificación que se ha formado es repulsiva. Puede que el hijo admire al padre, aunque desde lejos y desde una posición de inferioridad y miedo; sus complejos de la *persona* no jalan a su ego hacia un vínculo de identificación.

Si nos preguntamos por qué es así, necesitamos observar profundamente las complejidades del desarrollo en la infancia y la

[9] *Ibid.*, párrs. 812-813.

niñez temprana. Puede que el objeto en torno al cual se forma el complejo de la *persona* (la madre para la hija; el padre para el hijo) comunique un rechazo sutil o evidente del bebé o niño pequeño. Este elemento de rechazo se integra en el complejo de tal manera que el ego no se le puede acercar sin sentir rechazo, baja autoestima o críticas. Si este objeto parental siente envidia o rivalidad, entonces el odio se integra al complejo y crea odio hacia sí mismo. El complejo de la *persona* odia al ego, por así decir. Desde el punto de vista del ego, es una imagen negativa. Así es como los objetos externos negativos, se convierten en objetos internos negativos. La función de la terapia para este individuo es sanar esto a través de proporcionar un nuevo objeto que dé cuidados y sea empático en torno al cual se forma un nuevo complejo de la *persona* con el cual se pueda identificar.

Como quiera que se dé este desarrollo patológico temprano, arroja al ego a un estado de enajenación social y de aislamiento tal que lleva a una profunda falta de adaptación al mundo exterior y a un estado de absorción en el mundo interior.

Podría parecer que, bajo esas circunstancias, el inconsciente compensaría el complejo negativo de la *persona* con un complejo positivo y atractivo del *anima/animus*. En cierta medida, esto es lo que sucede, aunque se convierta en una seducción y se vuelve un escape de la realidad. El *anima* actúa como una sirena, el *animus* como un "amante diabólico" (*demon lover*). Cuando se da este desarrollo incestuoso, centrado en sí mismo, el ego se retrae y se recluye en un mundo interior de fantasía, se esconde cada vez más del mundo exterior y sus demandas y surge el estado psicológico que Jung llama "mórbido". Esto se asemeja a la retracción esquizoide tal cual la describe W. R. D. Fairbairn.

Lamentablemente, cuando los complejos del *anima/animus* se desenganchan de esta manera del mundo exterior, se profundizan sus arcaicas y altamente cargadas polaridades arquetípicas que están intensamente conflictuadas. Al lado del *anima* seductora, tipo sirena, acecha la bruja que imparte muerte; al lado del *animus* del amante fantasmagórico se encuentra el mago oscuro.

Típicamente, los individuos que entran en esta condición psicológica se fascinan con la magia, la religión esotérica y el ocultismo. Son muy vulnerables a las influencias y símbolos arquetípicos y fácilmente caen bajo la influencia de individuos que utilizan tales medios para obtener poder y manipular. Otros, sencillamente se retiran hacia un mundo hecho de sus propias fantasías y obsesiones personales, llegando a un estado de confusión y delirio en sus identificaciones con estas figuras internas. Si los complejos de la *persona* se estructuran de manera deficiente o negativa o bien si son defectuosos, los complejos funcionales del *anima/animus*, parece ser, no se estructuran particularmente bien, en el sentido de proporcionar protección y una adaptación adecuada al mundo interno de las fuerzas y figuras del inconsciente. Es muy probable que esto se deba a la razón práctica que si uno de los padres falla, es probable que el otro falle también. Los complejos de la *persona*, por lo general, se estructuran en y a través de la interacción entre la personalidad del sujeto y la figura parental del mismo sexo. Las hijas aprovechan a la madre para tender un puente hacia el mundo y los hijos aprovechan al padre para este mismo propósito. Esto forma el complejo funcional que puede utilizar el ego para lidiar con el mundo social externo. Paralelamente, se forman los complejos funcionales del *anima/animus* y se estructuran típicamente a través de la interacción entre la personalidad del sujeto y la figura parental del otro sexo. Los hijos aprovechan a sus madres, las hijas a sus padres, para volcar la atención hacia el interior y lidiar con el mundo interior, cubrir sus demandas y enfrentar las presiones de los instintos y los arquetipos. Si los complejos del *anima/animus* son inadecuados, el ego del individuo no se adaptará suficientemente al inconsciente y tenderá a quedar avasallado por el inconsciente.

En los casos en los cuáles sólo uno de los padres está disponible tanto para la *persona* como para la constelación y estructuración del *anima/animus*, o en los casos en los que una de las figuras parentales es tan inadecuada que llega a ser inservible para este propósito, es probable que haya una confusión de la identificación y en consecuencia de la identidad. Las estructuras de la *persona* y del *anima/animus* serán similares y se usarán para propósitos de adaptación a ambos mundos: exterior e interior. Socialmente, puede que un hombre dé la impresión de ser afeminado, y que una mujer dé la impresión de ser masculina y puede que se avergüencen y se sientan acomplejados por esto. Similarmente, si la madre soltera o el padre soltero fueran del mismo sexo que el/la paciente, puede que a este individuo le cueste trabajo volcar su atención hacia adentro. Este es el panorama típico del trastorno de la personalidad narcisista: un sentido de vergüenza y baja autoestima combinada con superficialidad interna.

Si el problema es incluso más severo, nos enfrentamos al trastorno de la personalidad fronteriza. Hay que considerar que el individuo que ha tenido una figura parental del mismo sexo más o menos distante con quien no le haya resultado fácil identificarse, es un candidato común para la psicoterapia hoy en día.

Esto significa que la *persona* termina siendo inadecuada, defectuosa o, por lo general, no se encuentra disponible. Este individuo también tiene un complejo parental negativo con la figura parental del otro sexo, debido a la actitud dominante y controladora de esa figura parental y esto significa que las estructuras del *anima/animus* son defectuosas y que no se puede depender de ellas para enfrentar la vida interna y el inconsciente. Aquí vemos que tenemos un individuo mal adaptado al mundo exterior y extremadamente vulnerable a los embates del inconsciente. No es que este individuo se haya identificado con los complejos del *anima/animus* –esto nos daría la imagen de una introversión extrema o de un retraimiento esquizoide– sino que no cuenta con estructuras de la *persona* ni del *anima/animus* con las cuales identificarse y de las cuales depender. Esto, me parece, yace en el trasfondo de la personalidad fronteriza: hay un ego que es frágil en el mundo exterior y es extremadamente vulnerable a ser invadido por el inconsciente desde el interior, por el afecto, la ideación, la imaginación. Puede que este individuo parezca ser creativo, aunque también sea extremadamente vulnerable tanto al mundo externo como al mundo interno.

Un caso

Godfrey es el mayor de siete hijos de una mujer joven ligeramente más educada y culta que su esposo bien parecido y poco ambicioso. Godfrey sólo tenía 2 años cuando nació el siguiente hijo y luego en rápida sucesión aparecieron cinco hermanos más. La casa era pequeña y rápidamente terminaron amontonados. El padre de Godfrey era vendedor viajero y se la pasaba fuera de casa la mayor parte del tiempo en sus recorridos. Su madre estaba avasallada con todos sus hijos y dependía de Godfrey, como el mayor, para ayudarle con los demás hijos. Desde muy temprana edad, se dio cuenta que no disfrutaba de los otros niños del barrio, especialmente los niños rudos y peleoneros. Godfrey era inteligente, sensible y dotado artísticamente; no era particularmente atlético. Muy seguido añoraba la soledad, el orden, las cosas bellas. No alcanzaba el dinero y el padre no estaba disponible, no sólo porque estaba ausente la mayor parte del tiempo, sino además porque era narcisista y favorecía sus propios pasatiempos e intereses por encima de su hijo. Por lo tanto, Godfrey creció más o menos por su propia cuenta, a pesar del conglomerado de miembros de la familia que vivían tan amontonados.

En la adolescencia, Godfrey sufría de un agudo malestar social y desarrolló severos problemas dermatológicos, usualmente una señal de las inadecuaciones de la *persona.* No se sentía aceptado por sus pares y tendía a aislarse. Descubrió que se podía evadir a través de consumir drogas y de tener fantasías sexuales. En la universidad, lo cortejaba un compañero mayor a quien admiraba y entró en una relación homosexual. Al mismo tiempo, tuvo una novia, con quien finalmente se casó. A partir de entonces, los problemas de confusión de género y de identidad se entretejieron con su historia personal.

Godfrey entró en análisis cuando tenía alrededor de 35 años. Para entonces, ya tenía varios hijos chicos y lograba sostenerse a sí mismo y a su familia a través de un negocio familiar. Sufría de severos altibajos emocionales en su estado de ánimo, de depresión, ataques incontrolables de ira y sentimientos de desesperanza y de vacío. Cuando estaba en grupo, se ponía en estado de alerta y sentía gran ansiedad y frecuentemente sus pesadillas lo despertaban. Su forma preferida de actividad sexual era la masturbación con fantasías homosexuales. Diez años antes, había intentado suicidarse, con medicamentos, y por poco se muere. Ya no abusaba de drogas, excepto por una ocasional fumada de marihuana.

Al sufrir de una aguda ansiedad de abandono como resultado de una amenaza de divorcio, el análisis rápidamente reveló severos problemas estructurales. La ausencia de una figura del padre que fuera lo suficientemente bueno resultó en complejos inadecuados de su *persona*, de ahí su extrema ansiedad en situaciones sociales, especialmente con hombres. Tenía miedo que se rieran de él y lo consideraran inadecuado como hombre. No podía hablar con otros hombres a su nivel. Con las mujeres, se sentía más cómodo, aunque, por lo general, no le caían bien ni las respetaba. Los complejos del *anima* estaban teñidos por su complejo materno en gran medida negativo. Su madre había sido extremadamente invasiva y dominante y había sido demasiado cercana a su hijo para su comodidad. El *anima*, por lo tanto, cuando aparecía en sus sueños, por lo general, era amenazante. Godfrey vivía aterrado de su vida interna: sus estados de ánimo eran impredecibles y extremos, oscilando desde estados eufóricos hasta una depresión dolorosa. El más ligero acontecimiento emocional en su mundo, podía activar masivas agitaciones internas y ataques de pánico; su imaginación producía diabólicas figuras satánicas y sus sueños contenían imágenes semejantes. Sus relaciones conflictivas con el mundo externo estaban en correspondencia con sus relaciones conflictivas con el mundo interno. Tendía a regañarse por cualquier cosa y sentía que de ninguna manera podía confiar en sí mismo.

La breve descripción clínica apunta a un problema con el *anima*. Los complejos del *anima* de Godfrey se habían estructurado de tal manera que no lo protegían de su inconsciente. Este es el papel normal (o ideal) de la estructura del *anima* en la psique. Probablemente esto se debía históricamente a la carencia de una madre empática y a un espejeo fallido. Este defecto estructural interno en el *anima* dejó a Godfrey severamente en riesgo con respeto a sus estados interiores y sus reacciones emocionales, altamente cargadas de afecto, que además lo dejaban vulnerable a ataques internos y a pérdidas repentinas de su autoestima, todo lo cual ha sido clásicamente descrito por Kohut. Se trata de un trastorno de la personalidad narcisista con características de personalidad limítrofe.

Un incidente clínico ilustra cómo se experiencia esta estructura psíquica. En algún momento del análisis, Godfrey había empezado a admirar a un hombre mayor que él que era maestro. El maestro había invitado a Godfrey a comer, pero a último momento canceló la comida con lo que parecía ser una excusa poco convincente. Al principio, Godfrey se lo tomó con calma, pero para cuando me vino a ver para su sesión de análisis unas horas después, estaba de un mal humor inexplicable. Rastreamos el origen de su funesto estado de ánimo a ese acontecimiento. En los días siguientes, este estado de ánimo de hecho empeoró en extremo y le duró alrededor de unas dos semanas. Sus sueños reflejaban esta herida a su autoestima y todo nuestro trabajo analítico durante este periodo se concentró en examinar esta increíble reacción. Por más revelaciones o empatía que yo expresaba por mi parte, o por más entendimiento que él tuviera, no tenían mucho efecto sobre su estado de ánimo y sus sentimientos. Este tipo de sensibilidad aguda a los desplantes de las otras personas a las que él idealizaba, está apuntando hacia un trastorno narcisista e indica el fracaso de las estructuras internas, del *anima*, de proteger al ego contra los severos ataques provenientes de su interior. Todo el sentido de auto-valía se hace añicos y no hay ninguna resiliencia interna. No hay nada que compense el sentirse amado desde el interior cuando no lo ama la persona a quien admira. La psique lo decepciona y él cae en un abismo sin fondo.

Godfrey tenía una especie de armadura exterior hecha de retazos pegados entre sí que funcionaba de manera defensiva como *persona*, aparentemente para proporcionar una máscara o armadura en contra de las piedras lanzadas con hondas y los flechazos de la realidad. Sin embargo, esta protección es sólo aparente. A un nivel más profundo, hay un sufrimiento agudo y una vulnerabilidad extrema a estos rechazos y ataques desde el interior –la auto-crítica, las hondas y las flechas de los pensamientos auto-abusivos– dan en el blanco con extrema precisión.

Después de varios años de análisis, hubo alguna mejora. En sus sueños, logramos ver emerger una figura onírica masculina que le ayuda y lo venera y puede mostrarle el camino en su incursión en las profundidades; además, algunas de las figuras femeninas que aparecían en sus sueños eran receptivas y amigables. Mientras tanto se estaban modificando lentamente los complejos de la *persona* y se estaban formando alrededor de su interacción conmigo y de sus relaciones con el mundo externo que mejoraban marcadamente tanto en su efectividad como en reducir su ansiedad. En los sueños, también hay evidencia de la constelación de una figura del *Self*.

De casos como este, queda claro que desde los trastornos de personalidad narcisista hasta los trastornos de personalidad fronteriza, existen desarrollos inadecuados tanto en los conjuntos de complejos funcionales de la *persona* como del *anima/animus*. La posibilidad de lograr algún grado de totalidad psicológica depende de la reparación de estas dos estructuras.

El *anima/animus* como factor formador de proyecciones

Sin embargo, hay otro tipo de problema narcisista, más sutil, en el que, no obstante, parece haber un desarrollo normal y suficientemente bueno en los complejos funcionales tanto de la *persona* como del *anima/animus*. Este tipo de problema tiene que ver con un problema de desarrollo que, en general, sólo se encuentra en la adultez y muchas veces sólo en la segunda mitad de la vida. El desafío aquí tiene que ver con cobrar consciencia de los complejos del *anima/animus* y de la proyección de la psique sobre ellos. Este tipo de narcisismo –no el tipo evidentemente patológico discutido anteriormente (de tipo freudiano, según Jung mismo), sino un narcisismo sutil e insidioso– resulta en relaciones objetales altamente determinadas por la proyección de los complejos del *anima/animus*.

En *Tipos psicológicos,* Jung señala que normalmente el ego de un individuo se identifica con los complejos de la *persona* y las actitudes del *anima/animus* que se encuentran exclusivamente en la proyección en los otros: "En todos los casos en los cuales hay una identificación con la *persona* y el alma, por consiguiente, es inconsciente, la imagen del alma se transfiere a la persona real. Esta persona es objeto de amor intenso o igualmente de odio (o miedo) intenso".[10] (Una implicación de esto, incidentalmente, es que cuando el ego no se identifica con los complejos de la *persona*, el individuo tampoco proyecta los complejos del *anima/animus*. El hecho de que este individuo no se enamora ni odia, es un indicador diagnóstico que ayuda a diferenciar entre el narcisismo primario y secundario. El narcisista primario no se puede enamorar, el narcisista secundario se enamora de manera regular y compulsiva).

Hay una característica de la personalidad narcisista que tiene que ver con la proyección de los complejos funcionales del *anima/animus* y con las relaciones objetales consecuentes con esta

[10] C. G. Jung, *Tipos psicológicos*, párr. 808.

dinámica. En esta conexión, Kohut se refiere a los "objetos del *self*". Un objeto del *self* es un objeto tan entretejido con material psíquico proyectado que representa tanto a un contenido interior como a sí mismo para que la relación del ego con el material psíquico proyectado sea una parte de la propia psique inconsciente. Cuando concebimos un proceso de individuación –un proceso de maduración– como una superación de este tipo de relación objetal, debemos de concebirlo en términos de que es un *opus contra naturam,* ya que relacionarse de manera afectiva con el mundo como proyección parece ser el estado humano más o menos natural, en tanto que es "natural" permanecer inconsciente, particularmente de las proyecciones de los complejos del *anima/animus*.

Para la década de los años cuarenta, cuando Jung estaba escribiendo *Aion,* que incluye un capítulo titulado "La sicigia: *anima* y *animus*", había extendido su entendimiento de la proyección del *anima/animus* desde la relación amorosa mágica para incluir un rango mucho más extenso de relaciones objetales, de hecho quizás en el caso de la personalidad narcisista se incluye el espectro completo:

> Resulta muchas veces trágico ver de qué manera tan clara una persona destruye su vida y la de otros, pero por nada del mundo es capaz de comprender hasta qué punto toda la tragedia se origina en él, y una y otra vez la realimenta y la mantiene funcionando. A su consciencia no la afecta, ya que se queja de un mundo infértil, y lo maldice, un mundo infértil que cada vez se va retrayendo más. Es antes bien un factor inconsciente que teje las ilusiones que le ocultan a su propio mundo. El tejido tiende a convertirse de hecho en un capullo en el que el sujeto quedará completamente envuelto.[11]

Las mujeres, añade Jung, están similarmente sujetas a esta actividad de tejer un capullo (el *animus*): "La mujer, como el hombre, queda

[11] C. G. Jung, *Aion*, párr. 18.

envuelta por la enorme influencia familiar y, como la hija que es la única que entiende a su padre (es decir, que siempre tiene la razón en todo), es trasladada a los pastizales en los que el pastor de su alma, el *animus,* la deja pastorear".[12] El *anima* y el *animus* son estructuras paralelas y factores arquetípicos dinámicos en los hombres y las mujeres y en ambos sexos, son responsables de tejer ilusiones, crear proyecciones y perturbar las relaciones objetales del ego.

Para Jung, al igual que para Melanie Klein en su teorización tardía, la proyección y la introyección empiezan en la infancia más temprana. A través de una combinación de estos procesos, se construye una imagen interna del mundo. Para Jung, la madre personal es la primera portadora del factor formador de proyecciones en el hijo y el padre es el primer portador del *animus* en la hija.[13] Estas figuras (es decir, la madre y el padre) también son, por supuesto, introyecciones, por lo que los complejos del *anima/animus* desarrollan su propios lineamientos y características particulares. Sin embargo, detrás de estos complejos del *anima/animus*, que el ego utiliza para gobernar y relacionarse con la expresión del inconsciente y de los instintos en la vida cotidiana, yacen los arquetipos del *anima* y el *animus*. El arquetipo se extienden mucho más allá de las figuras de la madre/padre personales y sigue funcionando como creador de proyecciones más tarde en la vida. Desde el punto de vista de Jung, este es el factor responsable de convertir a los objetos en objetos del *self*.

Un caso

Un ejemplo clínico ilustra el tipo de problema que aparece en un hombre cuando hay una fuerte identificación del ego con los complejos funcionales de la *persona*, una casi total inconciencia de

[12] *Ibid.*, párr. 32.
[13] C. G. Jung, *Aion*, párr. 28.

los complejos funcionales del *anima* y del arquetipo y las consiguientes relaciones objetales narcisistas.

La esposa de Jason, un hombre con poco más de 40 años, lo "mandó a terapia" con el siguiente ultimátum: "O aprendes a relacionarte conmigo o bien aprendes a vivir sin mí". Él mismo no entendía cuál era su problema, sólo sabía que ella estaba extremadamente inconforme y seriamente deseaba divorciarse. Él estaba feliz con su profesión y tenía mucho éxito, llegaba a terapia bien vestido y arreglado y tenía un porte encantador y una actitud encantadora.

Debido a que era la esposa la que estaba inconforme, pedí verla a ella en sesión para escuchar su versión de la historia. Ella me dijo que durante el cortejo, su esposo la había buscado apasionadamente y había insistido en que se casaran. Ella había estado ambivalente y hubiera preferido esperar, pero la intensa presión que él ejercía, había sido demasiado para ella y tomó prematuramente la decisión de casarse con él. No tardó en lamentarse de esto, aunque igual prosiguió con los preparativos de la boda, ya que no quería causar problemas. Durante el cortejo y los primeros años del matrimonio, su esposo era, según afirmara ella, apasionadamente sexual, pero eso fue disminuyendo y pocos años después su vida sexual pasó a ser prácticamente inexistente, en gran media por elección de él. Sin embargo, él seguía extremadamente celoso de ella y frecuentemente se la pasaba checando dónde estaba ella durante el día. Nunca hubo duda alguna sobre la lealtad de él hacia ella y ella nunca tuvo la sensación que él amara a otra mujer o que quisiera cambiar algo de la relación. Él estaba más que satisfecho cuando ella se quedaba en casa y estaba ahí para él los fines de semana. Sin embargo, cuando estaban juntos, él rara vez le hablaba o escuchaba y este era el principal problema. Ella sentía que él estaba completamente inconsciente de quien era ella o de lo que ella pensaba o sentía. De hecho, él no tenía ningún interés en ella, aunque él quería que ella estuviera en casa todo el tiempo. Cuando llegaban a tener relaciones sexuales, él cerraba los ojos y parecía estar en su propio mundo. Él estaba totalmente ocupado con sus propios pensamientos, enfocándose en su trabajo y sus pasatiempos. Él tomaba decisiones unilaterales sobre los gastos, aunque resentía que ella hiciera lo mismo. Ella se sentía completamente controlada por él y se sentía invisible. Todas sus amistades lo encontraban encantador y pocas entendían cuál era su problema con él. Sólo las amistades que lo conocían más íntimamente lograban ver lo que ella veía.

Conforme fue surgiendo su historia en terapia, resultó que él es el hijo mayor de una familia patriarcal, tradicional, estrictamente estructurada. Su madre servía a su padre, quien, en gran medida, permanecía callado en casa y preocupado. De niño, él admiraba a su padre, pero no tenía una relación personal con él y llegó a parecerse a él tanto físicamente como en su comportamiento. Muchas personas han comentado esto. Después de la muerte del padre, él siguió teniendo una relación cercana, aunque en gran medida no verbal e inconsciente con su madre.

Cuando conoció a la mujer con la que se casó, se enamoró de ella de inmediato. Su mayor deseo era tenerla y no podía creer en su buena suerte cuando ella le respondió positivamente. Veía su matrimonio básicamente como un éxito y estaba completamente satisfecho tanto con el matrimonio como con ella, excepto por las amargas quejas de ella que él no lograba entender y que lo hacían sentir cada vez más incómodo. Sentía devoción por su familia y no quería que nada de su familia cambiara. Su trabajo le daba una gran satisfacción y estaba ascendiendo firmemente en la escalera corporativa. Le caía bien a todos sus jefes y compañeros de trabajo. No lograba entender lo que estaba haciendo en el análisis conmigo. Sugirió que quizás era su esposa la que necesitaba ayuda. Aun así, estaba dispuesto a venir a sesiones conmigo. Estaba dispuesto a hacer cualquier cosa con tal de salvar su matrimonio.

Esta es la imagen de un hombre envuelto en un capullo de ánima. Su Eros buscó fuera de sí, encontró su alma gemela y ahora la está tratando de conservar en ámbar. Él no es reflexivo, no es "objetivo", no tiene ningún interés en el auto-conocimiento y nunca ha considerado sus propios procesos internos. Acepta el mundo tal cual es y, para él, el mundo es tal cual él lo ve. Jung diría que él se había identificado con su complejo de la *persona* y que estaba proyectando su *anima* inconsciente sobre el mundo. Mientras tanto, el mundo real se alejaba de él. Basta con ver a su esposa como testimonio de esto.

Las relaciones objetales más allá del narcisismo

Jung reconoce la dificultad de concientizar los factores del *anima/animus*: "mientras que se puede ver a través de la sombra y se le puede reconocer fácilmente, el *anima* y el *animus* están mucho más lejos de la conciencia y, en circunstancias normales, rara vez o nunca se perciben".[14] Este tipo de narcisismo parecería ser el estado psicológico normal de los humanos y sólo en circunstancias anormales se vería uno forzado o jalado a un análisis de los mismos conceptos fundacionales y de las actitudes y percepciones a través de los cuales opera la conciencia y en base a los cuales la psique ha constituido un mundo.

Afortunadamente, la terapia, por lo general, empieza con tales circunstancias anormales. Los individuos vienen a terapia en estado de crisis, en un estado de agitación tanto interna como externa y sus presuposiciones más profundas y estimadas sobre la vida, sobre sí mismos y sobre su entendimiento de la realidad quedan expuestas para su revisión consciente. Cuando la psique se abre de esta manera y el individuo se encuentra dolorosamente suspendido en la liminalidad psicológica, queda disponible la preparación necesaria para un análisis meticuloso. Hasta entonces, no se puede dar la transformación de la conciencia y la liberación del *Self* ocluido o atrapado y la totalidad no es ni siquiera una posibilidad teórica.

---

[14]*Ibid.*, párr. 19.

Jung argumenta que cuando se concientizan los factores del *anima/animus* a través de una crisis y de la confrontación e introspección analítica acompañado de un "otro" adecuado, emerge una "tríada": está el ego (el sujeto), el otro (el objeto) y el elemento "trascendente" (el *anima/animus*). Las relaciones objetales se han perturbado radicalmente: el otro deja de ser un portador de la proyección del *anima/animus,* deja de ser un objeto del *self*. Más bien, se puede hacer una diferenciación consciente entre la imagen del alma (en tanto el otro interior, trascendente, es decir, perteneciente al inconsciente) y el otro real. La relación con el otro, libre de proyecciones, puede adoptar formas totalmente nuevas. En esto hay un nuevo tipo de libertad tanto para el ego como para el otro, que les permite ser más plenos en relación al otro, sin la necesidad de escenificar la proyección del *anima* o el *animus*.

Winnicott, en un ensayo tardío titulado "El uso de un objeto y la relación a través de la identificación", escribe sobre esto como las diferencias entre la "relación del objeto" basada en la proyección y el "uso del objeto" libre de proyecciones. En este último, el sujeto tiene mucha más libertad para ser creativo con el objeto porque ya se sabe que el pensamiento y la fantasía no pueden destruir al otro, como sucedería si se relacionan a través de identificaciones. Para Winnicott, el pasaje de un tipo de relación objetal a otro no es automático ni "natural" (tampoco lo es para Jung, en donde hacer consciente el *anima/animus* es un *opus contra naturam* extremadamente raro y difícil), aunque se logra a través de la experiencia de que la fantasía y la expresión destructivas no matan al otro ni lo alejan. Me parece que Jung también estaría de acuerdo con esto, aunque no lo enfatiza de manera explícita. Tanto Winnicott como Jung estarían de acuerdo en que a través del trabajo analítico paciente y cuidadoso, se puede lograr este resultado y esto es también el camino hacia la experiencia del *Self* (verdadero).

Capítulo 8
En el territorio del sueño[1]

> Sacude el dios entonces en sus sienes
> Un ramo húmedo del rocío de Leteo,
> Impregnado del poder soporífero
> De la laguna Estigia,
> y a pesar de sus esfuerzos,
> le inunda de sueño los ojos.
>
> Virgilio, *Eneida,* Libro V, líneas 854-56

El caso de William

Existe un territorio psíquico sobre el cual reina el dios Somnus. Ocasionalmente, se constela este territorio en análisis. En ese momento, el aire se vuelve pesado con el "rocío de Leteo" y un "poder estigiano" con fuerza cierra los párpados. Al igual que Palinuro, el desafortunado piloto de la nave de Eneas que es objeto del interés de Somnus, que al ser tocado por la rama hipnótica del dios, termina cayendo de su nave al mar, puede que el analista luche valientemente, aunque quizás no logre resistir la magnética fuerza de la somnolencia. Ocasionalmente, el analista puede irse por la

[1] Inicialmente publicado en M. Stein, *The Interactive Field in Analysis*, Chiron Publications, 1995. Ligeramente revisado para *Practicing Wholeness*.

borda y caer dormido por un instante y quizás despertar con un sobresalto, deseando que haya sido un instante muy breve y que haya pasado desapercibido.

La primera vez que William entró a mi consultorio, parecía un niñote somnoliento. Aunque afirmó que tenía veinte y tantos años, a mí me pareció que más bien parecía un niño de 7 años que había crecido de más. Era de una estatura promedio y tenía tal sobrepeso que prácticamente carecía de una forma clara. Quizás la mejor manera de describir su forma era como una pera mal definida. Su cara redonda no mostraba ningún trazo de adultez. Con un corte de cabello de casquete corto, tenía la apariencia de un niño angelical preadolescente.

Sonreía fácilmente, podía parecer pensativo y reflexivo, aunque mayormente parecía estar ausente, con la mirada perdida en el horizonte lejano y absorto en su propio mundo interior. Vestía de manera casual, cual corresponde a la vida de un estudiante y a lo largo del año en que lo estuve viendo en análisis, sólo usó unos tenis delgados, incluso durante los días más crudos del despiadado invierno de Chicago.

Desde un principio, yo luchaba por mantenerme despierto durante las sesiones con William. Debo de confesar que esto me puede suceder en sesiones individuales casi con cualquiera. (He hablado con muchos otros analistas sobre el problema de la somnolencia en las sesiones y todos confirman haber tenido ese problema ocasionalmente). Para mí, la somnolencia es, en general, una función relacionada con qué tan bien dormí la noche anterior o con la hora del día que pudiera ser (después de la comida a medio día y en las primeras horas de la tarde, que son las horas más desafiantes) o el grado en el que el paciente está emocionalmente presente o que resulta estimulante en una sesión en particular o si el paciente está bloqueando o resistiéndose a un dolor que está surgiendo como resultado de algo que se destapó en el análisis. Un amigo analista me ha dicho que cuando hay un enojo no reconocido en el consultorio, a él le gana el sueño y me he dado cuenta de que a veces eso me pasa a mí, también. Sin embargo, es raro que un individuo sea capaz de lanzarme un fuerte conjuro hipnótico regularmente, independientemente de la hora del día que fuera o que otra cosa de interés estuviera sucediendo. William tenía esta especie de fuerza hipnótica y desde la primera sesión en adelante, tuve que luchar por mantener los ojos abiertos y las manos sobre el timón de la vasija analítica. Muchas veces, oraba por tener la fuerza para mantenerme despierto.

Típicamente, William entraba al consultorio con un andar ligero, como si estuviera relajado y flotara y, tomaba su lugar en el sofá, reordenaba sus pensamientos un poco y procedía a fijar la mirada somnolientamente en el espacio vacío. Mientras, yo permanecía sentado frente a él y observaba su cara, yo esperaba tranquilamente y buscaba entrar en ese vacío silencioso con él. Finalmente, él empezaba a hablar. Quizás hablaba sobre su lucha crónica con la comida y su hábito de comer en exceso (siempre había sufrido de sobrepeso y en algunos momentos de su vida había llegado a ser obeso) o sobre sus dificultades con sus trabajos académicos (no se le daba la auto-disciplina y las fechas de entrega de los trabajos siempre lo agarraban desprevenido) o bien hablaba sobre sus compañeros de estudios. Originalmente, empezó a analizarse conmigo porque estaba deprimido y le faltaba motivación para realizar sus estudios. Era muy probable que trabajar estos problemas nos tomaría algo de tiempo. Sin embargo, cualquiera que fuera el tema que trajera a sesión, siempre estaba presente el aura hipnótico. A un influjo inicial de energía que producía alguna verbalización le seguían silencios prolongados durante los cuales se apagaba el brillo de los ojos de William, su cara asumía una expresión de una suave vacuidad y pasaban varios minutos antes de que otro estallido momentáneo de energía lo trajera de regreso al consultorio conmigo.

A veces yo respondía a una de estas verbalizaciones con un comentario o una pregunta, o incluso con un intento por interpretar (podría haber una conexión con algo de una sesión anterior o con su historia personal). Por lo general, estas intervenciones producían un reconocimiento de su parte (él no era grosero) o incluso una respuesta que elaborara el tema con otras asociaciones, no obstante, esta energía no tardaba en agotarse y regresábamos al silencio.

En el análisis existen muchos tipos de silencio: la pausa cargada que trae un pensamiento nuevo o una perspectiva nueva; el silencio con enojo que busca castigar; el silencio doloroso del conflicto y la parálisis mental; el silencio desesperado del desaliento. Para mí, el silencio de William se sentía como un vacío, aunque era un vacío que me jalaba. Parecía carecer de contenido. Al principio, no era desagradable, sino simplemente vacío y ausente, aunque también era extremadamente hipnótico. Me preguntaba: ¿acaso esto es lo que las serpientes le hacen a las aves? A veces, le preguntaba adónde se había ido durante el silencio. Por lo general, no me podía decir mucho sobre el contenido de sus pensamientos durante ese periodo y recaía en su estado somnoliento. Si yo llegara a interrumpir uno de sus silencios, él se sacudía y se me quedaba viendo sorprendido, como si yo lo acabara de despertar de un sueño y le estuviera pidiendo que me lo contara. Nuevamente, él no lograba describir satisfactoriamente los contenidos mentales durante el silencio. Había una total ausencia de conciencia profunda.

Sobre las islas de conciencia que de manera gradual fuimos construyendo durante el transcurso de las más de 50 sesiones que tuvo conmigo, logramos erigir bastante material estructurado –una detallada historia personal, un sentido de las psicodinámicas en varias relaciones importantes, una definición bastante cuidadosa de varios conflictos clave; sin embargo, en retrospectiva, la impresión global de este encuentro analítico es de vastas extensiones de mar vacío dividido por varios fragmentos de tierra firme y la presencia de Somnus a lo largo del viaje. Una y otra vez, era como si

Ya la húmeda Noche
casi había salvado en su carrera la mitad del cielo
y en plácido descanso relajaban sus miembros los marineros

echados bajo los remos por los duros asientos
cuando caído de los astros etéreos, Somnus, el Sueño ligero,
apartó el aire tenebroso y dispersó las sombras.
Buscándote a ti, Palinuro.[2]

Y yo era el desventurado Palinuro, aunque William también lo era.

Para mí, la lucha con Somnus empezó desde el momento en que William entró tranquilamente a mi consultorio. Finalmente, la somnolencia llegó a ser tan severa que tan solo su presencia física era una señal para que yo quisiera empezar a cabecear. Nunca me llegué a quedar dormido por completo, aunque muchas veces mi cabeza llegaba a tocar las aguas de la laguna Estigia de las cuales me lograba retraer de inmediato, sobresaltado. La fantasía que me llegaba, ocasionalmente, era la de quedar hipnotizado por una serpiente o por un encantador de serpientes. El aire se volvía más denso, mis ojos se ponían pesados, mi mente se ponía completamente en blanco y sólo con la mayor fuerza de voluntad lograba aferrarme a la más ligera hebra de conciencia. No es que William era aburrido ya que no es que las sesiones hayan sido dolorosas en el sentido de una aburrición que "taladra" e irrita. William era hipnótico.

Me preguntaba si acaso él tendría este mismo efecto sobre otras personas. La oportunidad para descubrir esto surgió cuando se cambió a otra ciudad y empezó a trabajar con un analista al que yo lo había referido. En una reunión profesional, este analista me agradeció por haberle referido a William y le pregunté en términos generales cómo iban las cosas con William. "¡Oh! ¡De maravilla! ¡Es un caso tan interesante!" Francamente, no podía más que estar de acuerdo. Ciertamente, el caso de William era interesante, sin embargo, aproveché para indagar un poco más y ver si este analista también sentía la fuerza hipnótica que yo encontraba y que predominaba tanto. ¡Parece que él no la sentía! Me quedé azorado. Esto me seguía intrigando. ¿Acaso William era completamente

[2] *Eneida,* V: 839-44

diferente con él? ¿O acaso este otro analista era tan completamente diferente de mí que Somnus no le afectaba o él no constelaba el factor Somnus con William? Quizá Somnus no tenía ningún interés en él. O bien, quizás él no me estaba diciendo toda la verdad sobre su experiencia de William por miedo de que yo pensara mal de él. Yo tampoco le había contado sobre el efecto hipnótico que William ejercía sobre de mí. (Las comunicaciones entre analistas colegas, por lo general, se disfrazan fuertemente, no sólo por motivos de confidencialidad, sino también por motivos de auto-estima y conservación de la *persona*).

El campo interactivo

El caso de William ha llegado a ser para mí una de las experiencias más gráficas y convincentes de un campo interactivo en el análisis. La idea de un campo en el análisis se tomó prestada de la física, en donde se describen y analizan los campos de fuerza, como los campos magnéticos. Un campo es un patrón de flujo de energía que afecta a los objetos que se encuentran bajo su dominio. En un campo psíquico, las fuerzas psicodinámicas, por lo general, operan en un nivel en gran medida inconsciente, y producen estados particulares de conciencia tanto en el analista como en el paciente. "Proyección," "identificación proyectiva", "participación mística", "procesos de transferencia/contratransferencia", "fusión" son todos términos que se utilizan, en diferentes contextos y literaturas, para reflexionar sobre esos campos interactivos. Es probable que estemos en un lugar en el desarrollo del pensamiento analítico en el cual podemos utilizar mitos e imágenes para nombrar y definir *tipos de campos* que se constelan en el análisis y así obtener un mapa más diferenciado del territorio analítico del que hemos tenido, al estar limitados por uno u otro de estos términos abstractos.

Un tipo de campo que muchas veces se menciona en la literatura de la psicología analítica es el campo erótico. Eros estuvo presente en el lanzamiento del psicoanálisis y ha sido de central importancia para las discusiones sobre la relación analítica durante las últimas nueve décadas. Eros define el campo interactivo clásico. Ares, el dios de la agresión y el conflicto, define otro campo bien conocido y ampliamente estudiado. Lo que estoy proponiendo es que también hay muchos otros campos, cada uno de los cuales merece que se le explore, se le discuta, se le investigue, y se le dé un nombre. El campo de la somnolencia, el reino de Somnus, es el que estamos considerando aquí.

Este campo, al que también le podríamos llamar el campo de las amapolas, es soporífico. En él, tanto el analista como el paciente, tienen el impulso de cabecear y caer en un estado más o menos completo de inconciencia.

En este campo, existe todo un espectro de condiciones. En un extremo, hay un impulso prácticamente irresistible a quedarse dormido; del otro lado, sólo hay una seducción suave, apenas perceptible, apacible, arrulladora, adormecedora, una ligera desviación en dirección a cabecear o a caer, de manera pasiva, en una ensoñación, un gradual deslizamiento que aleja de la capacidad de seguirle la pista a lo que está sucediendo. Lo potente que resulte ser la fuerza magnética de Somnus en un caso particular va a depender del tamaño y el poder del complejo que lo sustente.

Las categorías diagnósticas y las perspectivas de desarrollo pueden servir para lograr un entendimiento de la naturaleza psicológica de este campo. Mientras que el peligro de congelar a un ser humano en la nevera de un diagnóstico es siempre un riesgo a evitar; un diagnóstico, junto con un entendimiento desarrollista del génesis de la estructura psicológica, nos puede abrir el camino y guiarnos conforme tratemos de penetrar más profunda y empáticamente en las capas sutiles de la psique inconsciente que rodean a la superficie sintomática y de discernir las posibilidades de lograr una introspección analítica más profunda.

Entonces, ¿cómo se diagnosticaría a William? Entre las posibilidades pre-edípicas (ya que él era claramente pre-edípico y existía casi por completo en el mundo de la Madre), los dos diagnósticos estándar –el Trastorno de Personalidad Narcisista y el Trastorno de Personalidad Fronteriza– en cierta medida corresponden al diagnóstico. William sí mostraba evidencia de la "extrema absorción en sí mismo, falta de empatía, incapacidad para aceptar críticas y necesidades grandiosas y exhibicionistas"[3] de la personalidad narcisista. Además, reunía características típicas de las impenetrables defensas narcisistas. También eran evidentes aspectos del Trastorno de Personalidad Fronteriza. Él sí mostraba el característico tipo de "enredo ambiental"[4] que muestra el trastorno fronterizo, aunque estaban ausentes tanto la rabia como el abuso que los terapeutas experimentan tan frecuentemente con pacientes limítrofes. También era, en cierta medida evasivo, en cierta medida dependiente y en cierta medida autista.

En términos sociales, William vivía en los márgenes y muchas veces sentía que no pertenecía, que provenía de afuera y que incluso era un marginado y tenía cuentas pendientes con quienes representan lo establecido, lo convencional. Calladamente, primero idealizaba y luego denigraba a las personas importantes que lo rodeaban, tal cual como típicamente lo hacen las personalidades fronterizas y, sin embargo, parecía ser más que una personalidad fronteriza. En un sentido, se encontraba más allá de la frontera. Sin embargo, él no era manifiestamente psicótico y de manera rutinaria no confundía la fantasía con la realidad. Él tiene un tipo de conciencia que entra y sale de estados parecidos al autismo, que alternan con una conciencia interpersonal normal. Se podrían considerar como estados de fuga, aunque momentáneos y muy fácilmente interrumpidos. Para entender a William diagnósticamente, encontré que correspondía adecuadamente a la descripción de Thomas Ogden de la posición autista-contigua.

---

[3] N. Schwartz-Salant, *Narcissism and Character Transformation*, p. 55.
[4] *Ibid*, p. 56.

Ogden escribe acerca de una "modalidad de generar experiencia" que es "la más primitiva", en la cual "la organización psíquica se deriva en gran medida de la contigüidad sensorial, es decir, se establecen conexiones a través de las experiencias de las superficies sensoriales que se 'tocan' entre sí'."[5] La posición autista-contigua es una extensión de las posiciones depresivas y paranoide-esquizoides kleinianas en un tipo de organización mental más temprana y, en adultos, en un tipo de organización mental más regresiva y primitiva. La modalidad de la experiencia autista-contigua es una característica de la infancia temprana y se "basa en el ritmo de la sensación (Tustin), particularmente en las sensaciones a nivel de la superficie de la piel (Bick)".[6] Aquí, la experiencia del ego es no reflexiva y las características principales de esta experiencia son el ritmo y la contigüidad superficial con objetos.[7] Una regresión a esta modalidad de la experiencia en el análisis parece no sólo preverbal sino también pre-simbólica (ya que no hay presentes imágenes o pensamientos claros) y mientras que este estado no es autista según la estricta definición de la patología infantil, sí es profundamente difuso.

Ogden hace una lista de las típicas reacciones contra-transferenciales con el paciente que se encuentra en una posición autista-contigua, entre las cuales se encuentra lo siguiente:

A veces, el espacio entre el paciente y yo se ha sentido como si estuviera lleno de una cálida sustancia tranquilizadora. Frecuentemente, se asocia con un estado contratransferencial onírico que no tiene nada que ver con el aburrimiento. Se trata más bien de un sentimiento agradable de estar suspendidos entre el estado de sueño y el estado de vigilia.[8]

---

[5] T. H. Ogden, *The Primitive Edge of Experience*, p. 31, n. 6.

[6] *Ibid.*, p. 31.

[7] *Ibid.*, p. 32.

[8] *Ibid.*, p. 44.

Esta es una referencia a un estado que Bion llama *reverie*, un estado ideal de la madre nutriente cuando ella está emocionalmente en un contacto íntimo con su bebé y está sentando las bases para que se instale la "función alfa" en la mente incipiente del bebé.

Sin embargo, existe un tipo de ansiedad característica, asociada con la posición autista-contigua. Según Ogden, existe "un terror innombrable a la disolución de los límites que resulta en sentimientos de fugas, de caer o disolverse en el espacio sin forma y sin fin".[9] También se puede experimentar este terror en la contratransferencia. En mi trabajo con William, se sentía como un terror de quedar atrapado en los brazos de Somnus, de ahogarse en la somnolencia. No se trataba de un agradable sentimiento de ensueño, sino más bien de un miedo a sentirnos jalados por la fuerza de la corriente de la resaca que nos lleva a un vacío oscuro de total vacuidad. En la terminología de Bion, nos sentimos amenazados de que un jalón nos lleve a un territorio mental sin función alfa y, por lo tanto, que pudiéramos quedar expuestos a los elementos beta que están al acecho en las profundidades más recónditas del inconsciente. A veces logré sentir la tenue silueta de una presencia siniestra. Posteriormente, me enteré de que esta era la forma de una madre psicótica, que representaba la amenaza de una muerte por sofocación.

Mantenerse despierto en la contratransferencia

¿Cuánto podemos aprender de un solo caso? Esta es una pregunta abierta. Se puede sobre generalizar, saltar de una sola instancia a la presuposición de que describe todo un conjunto de fenómenos clínicos. Sin embargo, también es verdad que el campo que yo experimentaba con William de manera tan extrema y sostenida es uno que he registrado de manera momentánea y menos intensiva con muchos pacientes. Existe una fuerte probabilidad, me parece,

[9] *Ibid.*, p. 81

de que las fuerzas y complejos dinámicos inconscientes que estaban operando en este caso, se presenten activamente en muchos otros casos, quizá de manera más sutil, aunque igual de manera idéntica. Definitivamente, creo que existe un territorio del acto de dormir en el que reina Somnus, así como también hay un territorio del acto de amar en el cual domina Eros. Muchos analistas y estudiantes han confirmado esto en discusiones privadas.

Podríamos quizá conceptualizar este tipo de parálisis inducido de alerta mental como la defensa del ego de un paciente que funciona a través de crear un estado de disociación en su interior y externamente levanta un muro de somnolencia. Se podría ver como una función defensiva cuyo propósito es evitar las invasiones no deseadas e intolerables de una madre perturbada. El campo narcótico bien podría funcionar como una defensa en contra del dolor psíquico interior: es mejor dormirse que sentir desesperación, desconexión y depresión. Que una persona así entre en análisis y luego proceda a quedarse dormida y arrastrar al analista hacia un campo de amapolas es como ir al consultorio del dentista porque nos está doliendo un diente y rehusarnos a abrir la boca porque sabemos que nos va a doler cuando taladren el diente. Sin embargo, el diente, podrido y cariado, también nos duele. Este era ciertamente en parte el dilema de William.

Este tipo de análisis de la somnolencia como defensa hasta cierto punto parece exacto, pero no cuenta toda la historia ni incluso la parte más esencial. No estoy completamente de acuerdo con la noción de que el territorio de la somnolencia es solamente una defensa del ego porque siento un propósito mucho más oscuro detrás de la amenaza de Somnus. Una defensa, como la negación, por ejemplo, busca proteger y sostener la vida del individuo; tiene una función adaptativa. Sin embargo, Somnus no entra en escena con una intención tan benigna. Quiere que Palinuro se ahogue; quiere su muerte. Hay un diseño siniestro que no se le puede interpretar por completo como defensa.

El mayor efecto de esta fuerza hipnótica es producir una superficie estancada de conciencia, en la cual, como en los cuentos de hadas sobre hechizos, todos terminan dormidos. Se lanza este conjuro, no para proteger a quienes duermen, sino para detener la vida, el crecimiento, el desarrollo. Se le pone freno inmediato a cualquier movimiento hacia la individuación y quienquiera que entre en este territorio también cae dormido.

Mientras tanto, muy por debajo de la superficie de la conciencia, existe el reino intenso aunque ambiguo de la fantasía vitalmente activa. Sin embargo, la única manera de entrar en este territorio es pasar la prueba mórfica, evitar los efectos finales de la somnolencia inducida por (lo que creemos que es) el lado oscuro del complejo materno. Quedaba claro que este parecía ser el caso de William. En su psique, el complejo materno generó un campo de encantamiento paralizante en el cual estaba atrapado el ego de William y el principal propósito no era proteger a William, sino contenerlo.

Existen muchos cuentos de hadas en donde el encantamiento adopta la forma de somnolencia y de esta manera detiene el desarrollo. El sueño congela el crecimiento. "Blancanieves" y la "Bella Durmiente" son ejemplos muy bien conocidos. "Los zapatos gastados de tanto bailar" (de Grimm) es un cuento poco conocido en el cual el tema de quedarse dormido desempeña un papel clave, un papel que en lo que a mí respecta identifica a los elementos clave que necesita el analista para sobrevivir y penetrar en una psique como la de William.

La historia se desenvuelve de la siguiente manera:

> Un rey tenía doce hijas cuyos zapatos cada mañana amanecían desgastados de tanto bailar, a pesar de que el rey había mandado cerrar sus aposentos y resguardarlos con guardias. Se emitió una proclama que anunciaba que quien descubriera cómo sucedía esto, se casaría con la princesa de su elección. La muerte era la recompensa si fallaba. Sucede que muchos príncipes aceptaron el

desafío, aunque todos fallaron porque se quedaban dormidos en el puesto de vigilancia. Parece ser que ninguno lograba permanecer despierto toda la noche. Mientras que domina este poderoso territorio de la somnolencia, continuaba el misterio y las princesas seguían estando solteras.

El héroe de la historia recibe el consejo de una mujer mayor de edad que sabe cómo mantener el status quo. Le dice que no tome el vino que le ofrezcan las princesas y se pusiera la capa de invisibilidad que le dio para seguir a las princesas dondequiera que fueran. De esta manera, él podrá descubrir sus secretos. Él hace lo que le aconseja y descubre la vida secreta de las princesas. Al oscurecer, bajan al interior de la tierra por una puerta en el piso, las princesas atraviesan un jardín mágico, cada una cruza el gran lago en una lancha de remos conducida por un príncipe y pasan toda la noche danzando alocadamente en un hermoso palacio. Al amanecer regresan, cierran la puerta en el piso y actúan como si hubieran estado durmiendo toda la noche. El héroe logra acompañarlas, en silencio e invisible y al día siguiente informa al rey sobre sus hallazgos. Esto rompe el encanto. Se casa con la hija mayor y hereda el reino. Los príncipes, por otro lado, "quedaron bajo el influjo de un encantamiento por el mismo número de noches en que estuvieron danzando con las doce princesas".[10]

Al inicio de las sesiones analíticas con William, muchas veces me sentí como los héroes potenciales de este cuento de hadas. Había un periodo de silencio total y de inmediato sentía la amenaza de Somnus en el ambiente. Yo podía hacer un comentario, hacer una pregunta, referirme a nuestra última sesión o no. Hiciera lo que

[10] *Grimms Fairy Tales*, "The Shoes That Were Danced to Pieces". *Parafraseado por el autor.*

hiciera yo o él, pasaba los primeros minutos de la sesión procurando acostumbrarme al espacio. Gradualmente, adquirí la capacidad de mantenerme en estado de alerta y esperar con calma (y de manera invisible) hasta que apareciera una apertura. William parecía caer en la profundidad de sí mismo y, desde ahí, era probable que él pudiera hablar y revelar algo sobre su vida interior. A través de muchos pasajes oscuros durante los meses que pasamos juntos, logré entrever la historia de su niñez con una madre psicótica, ser testigo del incesto psicológico que ocurría entre ellos, entender el daño que le habían causado a su hermana (quien era, según contaba William, intermitentemente psicótica y gravemente obesa) y reconocer los valientes esfuerzos que había realizado, aunque en vano, por separarse psicológicamente de su madre.

También me llevó hacia el territorio de sus fantasías y ocasionales actividades sexuales. Era un territorio que en gran medida él protegía de todos los demás. Era una parte secreta y peligrosa de su vida. Incluso su propio ego permanecía más o menos dormido cuando se adentraba en ese territorio. Era ahí que las princesas danzaban toda la noche mientras dormían el ego y los complejos parentales de William. Ahí, continuaba su vida secreta mientras que todo permanecía quieto y dormido en la superficie. En la mañana, se levantaba exhausto, sin saber exactamente por qué.

Le tomó un tiempo considerable y un esfuerzo paciente establecer claridad sobre lo que sucedía en este territorio escondido de la fantasía, ya que en un inicio eran muy vagas las historias e imágenes que aparecían. La escena, conforme se iba manifestando más claramente, me parecía infantil, paradisiaca, inocente. Aunque la sexualidad era una característica prominente, todavía no era en gran medida genital. Aparecían escenas con niños y hombres jóvenes tomados de las manos o danzando, siendo tiernos e íntimos entre sí, cuidándose los unos a los otro. Nada obsceno o vulgar aparecía en las imágenes, que revelaban una gran intensidad y añoranza, sentimientos de una profunda comunión en los gestos de abrazar y acariciar. En estos escenarios, podíamos pasar vastas cantidades de tiempo hablando con tranquilidad y atención. En las fantasías, podía haber un estallido momentáneo de frenesí dionisiaco, aunque en mayor medida parecían un largo día de verano que transcurre con gran lentitud, o bien las últimas horas de la noche en una discoteca.

En el transcurso del año durante el cual se realizó este breve análisis, William logró la considerable capacidad para verbalizar lo que sucedía en este nivel de actividad fantasiosa que no había articulado. Una parte del material estaba conformado de recuerdos, otra parte de la realización de deseos en el presente. Había, por lo menos, una fantasía con la Gran Madre en la cual una diosa estaba alimentando a William directamente a través de un tubo.

Conforme todo este material, especialmente las imágenes sexuales, se iba integrando más en su complejo del ego y William lograba aceptar y concientizar sus deseos y pensamientos liminales con menos conflicto y menos miedo, las escenas de sus fantasías lograban una mayor precisión e iban perdiendo parte de su ambigua oscuridad. A estas alturas del proceso, nuestras exploraciones psíquicas eran menos subterráneas. Nuestras sesiones también se volvieron, en cierta medida, menos soporíficas, aunque este elemento nunca desapareció por completo.

En el sueño individual más importante del análisis, William se encuentra atrapado en la granja de su abuela. Sin embargo, se encuentra la camioneta de su padre y se la roba para poder escapar. Ya va de salida, habiendo superado los mayores obstáculos, cuando se despierta. Este sueño precedió una cierta consolidación posterior del ego y grandes pasos conscientes hacia la individuación; marcó una iniciación a una nueva etapa en su desarrollo. Los dos de inmediato reconocimos la importancia de este sueño y nos referimos a él frecuentemente durante el resto del análisis. Era el equivalente en el cuento de hadas del héroe que se ganó una novia con quien casarse entre las doce princesas que danzaban toda la noche y dejaban sus zapatillas hechas trizas. Lo que surgía del inconsciente venía acompañado de energía nueva y un compromiso más fuerte con la vida y las relaciones verdaderas.

Dos tipos de sueño

Lo que sucedió en el transcurso de este análisis se puede amplificar más por medio de otra historia acerca de caer en un sueño profundo. Según el escritor yahvista, Dios creó a Adán y luego a los animales y las aves para que fueran sus asistentes. Después de esto a Adán se le pide que nombre a los animales, Dios se da cuenta que ninguno de los animales es un asistente adecuado,

> Entonces Dios el Señor hizo caer al hombre en un sueño profundo y, mientras dormía, le sacó una de las costillas y le cerró otra vez la carne. De esa costilla Dios nuestro Señor hizo una mujer y se la presentó al hombre, el cual, al verla, dijo: "¡Esta sí que es de mi propia carne y de mis propios huesos! Se va a llamar 'mujer' porque Dios la sacó del hombre". Por eso el hombre deja a su padre y a su madre para unirse a su esposa y los dos llegan a ser como una sola carne.[11]

Existe un considerable y sorprendente isomorfismo entre esta historia de la Biblia y el cuento de hadas de "Los zapatos gastados de tanto bailar" de los hermanos Grimm, y entre estas dos narrativas y el caso de William. Los puntos más profundos de contacto tienen que ver con dos temas: (a) el tema de la separación de una identificación con imágenes y figuras de la infancia, y (b) el tema de crear una sola figura del *anima* con quien se relaciona el complejo del ego (Adán en la Biblia, el héroe en el cuento de hadas y William en mi caso).

En la historia bíblica, se presentan estos temas de manera muy vívida. Este pasaje del Génesis clásicamente se recita en bodas, que es una ceremonia de iniciación con un rito de salida (entregar a la

[11] *La sagrada Biblia*, Génesis 2:21-24.

novia), ritos de liminalidad (los votos) y un rito de reincorporación (regresar a la sociedad como una pareja nueva). La nota de despedida de las figuras parentales es inequívoca. Este pasaje encuentra un claro paralelismo en el cuento de hadas, que también concluye con una boda y la consiguiente separación del hogar parental.

Similar al cuento de hadas, también existe en la historia bíblica un movimiento desde la "multiplicidad" (es decir, las doce princesas; *todos* los animales y las aves como ayudantes) hacia la "unidad" (es decir, la princesa mayor solamente como novia; una Mujer, Eva). En estos dos casos, esto representa una consolidación del ánima en una sola entidad psíquica.

En el caso de William, también hubo un gradual surgimiento (separación/individuación) desde la identificación con los complejos de la infancia (representada dramáticamente en el sueño de escaparse de la granja de la abuela en la camioneta del padre) hasta un reconocimiento más consciente del *self*/otras distinciones e inicios, por lo menos, de una integración de la sexualidad en su conciencia. De manera gradual, William iba saliendo de la posición autista-contigua.

Tanto el cuento de hadas como la historia bíblica terminan en el momento cuando se constela de manera explícita e inmanente la sexualidad y el caso de William también concluye en el punto en el cual estaba aceptando su sexualidad conscientemente. La consolidación de una sola *anima* anuncia el fin de la fase de la madre asfixiante y el inicio de la fase dinámica del *anima* relacionada con el desarrollo interior. En un sentido, el ego nace una segunda vez, esta vez de la madre psicológica (en contraposición a la madre física).

Un punto de diferencia crucial entre el cuento de hadas y la historia bíblica, no obstante, es la función de la somnolencia en cada uno. En el cuento de hadas, quedarse dormido mientras se vigila a las princesas es un fracaso letal y lograr permanecer despierto trae un gran premio como recompensa. El sueño apoya la continuidad del status quo patológico. Este también era el estado de las cosas con William. La somnolencia evita el movimiento y el desarrollo en su vida en todos los niveles. En la historia bíblica, al contrario, la somnolencia es la condición necesaria para iniciar la individuación; es un vientre creativo del que nace el *anima*-compañera.

Por lo tanto, es evidente que hay diferentes tipos de somnolencia o diferentes funciones y significados asignados a la experiencia de quedarse dormido. Uno es defensivo y evita la individuación; el otro es creativo y facilita la individuación.

En la vida de William, también, había dos tipos de somnolencia: Uno era el campo narcótico que se constelaba en nuestras sesiones, que era una pantalla defensiva proyectada por el complejo materno para sofocar el desarrollo, evitar la separación e impedir que el ego registre las fantasías; el otro tipo era el sueño onírico, que dio origen al invaluable sueño de robarle la camioneta al padre y escapar de la granja de la abuela, un acontecimiento psíquico que nos resultó muy útil en el esfuerzo analítico por liberarlo de su condición de estar atado a la madre.

Quizás la diferencia entre estos dos tipos de sueño yace en el hecho de que uno lo induce Dios Padre quien aparentemente quiere que el complejo del ego se solidifique, se unifique y se individúe, por lo menos en cierta medida, mientras que el otro tipo lo induce un complejo materno amorfo (en el cuento de hadas no se menciona ninguna madre) y altamente perturbado (en el caso de William). Con William, era importante que el análisis valorara los sueños nocturnos y los utilizara para promover la individuación.

La función interpretativa del analista en el territorio somnífero

El cuento de "Los zapatos gastados de tanto bailar" indica algunos peligros al tratar de hacer interpretaciones analíticas de este "territorio somnífero". La vieja mujer sabía que se encuentra con el héroe en su camino hacia el pueblo le da dos cosas: un consejo y un objeto. El consejo es: "No debes beber el vino que te traigan de noche y debes aparentar que estás profundamente dormido".[12] El objeto es una pequeña capa: "Si usas esto, te volverás invisible y luego podrás seguir a las doce princesas".[13] Al seguir estas instrucciones, el héroe logra alcanzar su meta. Esto sugeriría que en un caso como este, queda prohibido hacer sonidos (es decir, dar interpretaciones conscientes). Una interpretación que explore prematuramente el significado de lo que está sucediendo en este territorio interactivo perturbaría el proceso.

Son peligrosas las intervenciones desde la conciencia, basadas como usualmente sucede, en la teoría y la experiencia clínica. De hecho, las interpretaciones que se basan incluso en el material más específico de un caso individual puede tener un efecto perturbador cuando el territorio está constituido por las características fuertes de una posición autista-contigua. La presentación prematura de los bordes, los límites, las formulaciones conceptuales, las diferenciaciones entre sujeto-objeto, como las que se podrían hacer en las interpretaciones transferenciales, por ejemplo, tienen un efecto inesperado y rompen el conjuro. El héroe debe de adentrarse con las princesas en las cavernas subterráneas y simplemente observar lo que hay ahí, antes de informárselo a cualquier parte de la personalidad en el tratamiento.

En un momento de la historia, el héroe rompe una ramita de un árbol, para llevársela de regreso como muestra del lugar donde fue. El árbol "se quebró con un crujido fuerte. La princesa más chica expresó: 'Algo anda mal',"[14] Es muy fácil perturbar este territorio, como se perturba la superficie de un estanque de agua tranquilo en un bosque. El desafío es mantenerse en un estado de alerta, para poder observar lo que está sucediendo y poder posteriormente llevarle un informe al complejo del ego (el rey perplejo, en nuestra

[12] *Grimms Fairy Tales*, p. 597.

[13] *Ibid.*

[14] *Ibid.*, p. 5

historia), sin embargo, posteriormente, durante la observación, es necesario permanecer quieto e invisible.

En el caso de William, yo, por supuesto, hice muchos "sonidos". Lo observé, lo etiqueté, lo interpreté, lo eduqué, e incluso, de vez en cuando, le di consejos, aunque estos sonidos, por lo general, no se daban cuando estábamos en el territorio narcótico. En algún momento, durante la hora analítica, o al final de la sesión, muchas veces había un tiempo breve para ofrecer algunas aclaraciones y tener una discusión de ego a ego y hacer algunas observaciones. En ningún momento, le hice un comentario directo sobre la naturaleza del campo mismo. Lo hice de manera instintiva más que siguiendo la teoría o una premonición. Parecía ser lo correcto incursionar lo más profundamente posible en el estado disociado con William y rescatar los fragmentos de fantasía que gradualmente se pudieran ensamblar posteriormente en lo que finalmente se volviera una imagen bastante clara de sus fantasías y deseos, así como de sus recuerdos de la niñez.

Sobre la naturaleza y el origen de los campos interactivos

Los casos analíticos finalmente se asientan en un patrón o imagen de la interacción particular entre las dos personas involucradas. Este patrón de la imagen, que caracteriza a la relación y define su esencia más profunda, yace en el centro del campo interactivo. En el capítulo 10, escribo sobre "el embrollo", que fue la imagen central de un campo interactivo en un análisis en particular; fue un patrón de confusión y malos entendidos que perduró a lo largo de una relación analítica bastante prolongada. El patrón que estoy describiendo aquí, que caracterizó mi muy breve relación de trabajo con William, se caracterizó principalmente por una especie de estupor hipnótico, por un fuerte jalón hacia las profundidades del inconsciente.

¿Cómo es que cobran existencia estos campos? Es probable que cobren forma casi de inmediato, como fue el caso con William, o bien puede que se tome un periodo de tiempo para mostrar su rostro. Son producto de la alquimia psíquica que se da en el análisis, como lo describe Jung en "Psicología de la transferencia." Estos campos parecen constelarse como resultado de una mezcla particular de ingredientes psíquicos específicos que tanto el paciente como el analista colocan en el contenedor analítico.

Típicamente, el analista inicia un análisis a través de calladamente observar y absorber las comunicaciones verbales y no verbales del paciente nuevo. Esta receptividad por parte del analista en la sesión inicial y varias sesiones subsiguientes permite que se dé una especie de infección psíquica en el analista.[15] Es como si un virus psíquico entrara en el campo y encontrara un cuerpo anfitrión bajo la forma del analista, a quien tiene que sondear para entrar. El virus se adhiere a un complejo psíquico del analista y, una vez que se cuela, comienza a hacer su trabajo de auto-replicación.

Esta penetración en los contenidos de la psique del analista que son proyectados por la psique del paciente (a través de la "identificación proyectiva") produce un estado de consciencia psíquica en el analista afín a aquel en el inconsciente del paciente. Generalmente, en un principio es oscuro, opaco y confuso. Jung se refirió a esto como una "influencia" e "infección psíquica" y al discutir el proceso analítico, muchas veces se refirió al modelo chamánico de sanación. Esta transferencia de contenidos psíquicos hace que sea posible esa prácticamente milagrosa "lectura de la mente" que muchas veces pueden realizar los analistas ante el asombro de sus pacientes.

Según el modelo chamánico, al analista se le transfiere la "enfermedad" que aqueja al paciente (una forma bastante literal de transferencia) y el analista empieza a sufrir el mismo padecimiento. Dentro de la psique del analista, se da una cuasi-identificación con la proyección (una forma de contratransferencia debida a la

[15] Ver M. Stein, "El poder, el chamanismo y la mayéutica en la contratransferencia", Capítulo 2.

respuesta a la proyección, a la que Fordham llama contra-transferencia sintónica), a través de la cual el analista se apropia de la enfermedad ajena. Esto permite que el analista no sólo pueda empatizar de manera muy precisa con el paciente, sino que también pueda en verdad observar, de primera mano, el proceso psíquico inconsciente del paciente, en relación tanto a sus aspectos destructivos como a los esfuerzos de sanación y de restauración que constela la presencia del virus dentro del rango más amplio de la psique. Se esperaría que la constitución psíquica del analista sea suficientemente saludable y fuerte como para aguantar la enfermedad y contrarrestarla con suficiente fuerza como para producir un antídoto, aunque no siempre sea el caso.

Algunos analistas sucumben ante la personalidad más fuerte y ante las toxinas virulentas de ciertos pacientes y resultan profundamente heridos o destruidos por ellas. Estos analistas son los potenciales héroes que se beben el vino que les ofrecen las princesas, caen drogados, se duermen y luego se despiertan al oír que el verdugo está afilando la cuchilla del hacha que los va a ejecutar. Por lo general, pensamos que esto sucede en instancias de *acting-outs* sexuales de analistas con pacientes, aunque el territorio de la somnolencia también conlleva peligros considerables, uno de los más importantes es alimentar un complejo materno ya de por sí engrandecido en el analista con todos sus síntomas concomitantes de grandiosidad e inflación.

Sin embargo, francamente debemos reconocer que los analistas también pueden infectar a sus pacientes con virus psíquicos. Estos analistas aparentemente carismáticos, aunque efectivamente peligrosos, muchas veces consideran que ser testigo de que los pacientes se vuelven cada vez como ellos, es una "cura". Lo que en general sucede es que su influencia está creando una *persona* falsa sin entrar en contacto con las estructuras subyacentes de la psique del paciente. Sería sabio por lo menos cuestionar esto, para evitar el inevitable desastre de una "cura transferencial".

Cuando consideramos el fenómeno de la proyección, del cual la transferencia es un tipo, el analista debe tener en mente que mientras que el virus psíquico que inicia la infección es un elemento ajeno y pertenece al paciente, cada proyección requiere de un "gancho" con el cual engancharse y cada identificación proyectiva necesita de un "contenedor" adecuado y fértil en donde alojarse. Por lo tanto, son claramente erróneas las narrativas completamente unilaterales en las cuales se etiqueta ya sea al analista o al paciente como el "portador". En la analogía del virus que busca entrar en la célula anfitriona, está el reconocimiento de que el virus y el anfitrión tienen algo estructural en común –debe de haber una "correspondencia" – para que se dé una infección. El virus debe de buscar una célula anfitriona adecuada (es decir, un complejo) en el cuerpo psíquico del analista a la cual adherirse y entrar en ella.

En el caso de William, el virus estaba claramente localizado en el complejo materno. En su historia del pasado temprano, la madre lo había infectado a través de la unión por medio del cordón umbilical. Nunca se habían realmente separado en el nivel inconsciente de su unión. William seguía teniendo una relación simbiótica con su madre psicótica. Lo que esto le había causado a él era un bloqueo en su individuación hacia la madurez masculina. Sus estructuras psíquicas habían permanecido amorfas y ambiguas y su complejo del ego no se lograba librar de la madre a través de una identificación con un padre disponible.

De ahí que William hubiera permanecido crónicamente atorado en la madre, sin estar conscientemente identificado con ella ni tampoco estaba separado de ella. El agrandado complejo materno había llenado su sistema psíquico a tal grado que no había espacio para que creciera un complejo del ego individuado. La mayor parte de su vida psíquica, por lo tanto, se daba dentro de las profundidades del inconsciente y uno de los principales síntomas observables indica que este estado de cosas era el campo narcótico en el que estaba atrapado el ego de William, es decir, las disociaciones tipo fuga. Era esto lo que se me comunicaba como analista y lo que me había infectado. Me había vuelto casi igual de somnoliento y desmotivado que William.

La primera vez que William vino a sesión conmigo, casi me infectó de inmediato con esta fuerza hipnótica, mortífera. Su presencia física y psicológica tuvo un efecto soporífico sobre de mí. Mi hipótesis es que un virus patogénico entró en mi psique a través de mi propio complejo materno, a través de una similitud estructural. (Aunque, en muchos sentidos. mi propia madre era muy diferente de la de William, ella compartía la característica de inconscientemente socavar tanto mi separación de ella como mi identificación con mi padre). A través de este complejo, el virus lograba entrar en el inconsciente y reproducirse. Una vez dentro de mi cuerpo psíquico, este virus exageraba aquellos aspectos similares en mi complejo materno y, en consecuencia, mi ego muy rápidamente sentía el mismo efecto sofocante, asfixiante, hipnótico con el que William vivía crónicamente. Así, se realizó el contacto chamánico y se cerró el circuito.

Durante el transcurso del análisis, a través de esta infección, me familiaricé con las estructuras psíquicas de William y logré observar directamente sus luchas por mantenerse vivo y sano desde mi propia experiencia de su presencia. No era el caso que la fuerza hipnótica fuera principalmente una defensa por parte de su ego en contra de mis invasiones o de su propio dolor psíquico, sino más bien ambos caímos en la misma condición, ambos batallamos por evitar caer en un estado de posesión y de perder nuestra mente por medio de lo que se podría considerar como un complejo materno mutuo. En el centro de este campo interactivo yace el arquetipo de la Gran Madre en su forma contenedora, asfixiante, potencialmente castrante y devoradora. Cuando nuestras luchas por permanecer despiertos y cobrar consciencia comenzaron a tener éxito, había además el apoyo de otro territorio: el sueño de escapar de la granja de la abuela en la camioneta del padre. En el trabajo analítico, apareció como por intervención divina, esta movilización de la energía de la individuación bajo la forma del embaucador (el *trickster*) en suficiente grado como para escapar de la esfera de la Gran Madre. El acto de robar era transformador, tal cual como se supone que debe de ser el embaucador. En la imagen de la camioneta pick up del padre, el aspecto paterno, espiritual de la psique se estaba poniendo disponible ante el ego incipiente de William. Quizás esto refleja el resultado de una incipiente transferencia del padre hacia mí.

La crisis que condujo a la terminación de nuestra relación analítica la creó también una fuente que se oponía a la Gran Madre, es decir, la sexualidad de William. Su proyección de la Gran Madre, en gran medida, hizo que William se sintiera atraído a la Iglesia y mientras lo vi en análisis, él estuvo estudiando una carrera en el santuario de la Gran Madre. Después de que nuestro trabajo analítico había alcanzado el punto de escapar de la esfera de la Gran Madre (en el sueño), William hizo tales *acting-outs* sexuales que lo corrieron de la Iglesia. Se le pidió que abandonara sus estudios y que se retirara de las instalaciones de la iglesia. En otras palabras, la Madre lo sacó a patadas. Como resultado, se vio obligado a mudarse a otra parte del país en busca de empleo y nuestro trabajo analítico llegó a un fin bastante abrupto. Conscientemente, no estábamos preparados para esto, ya que todo sucedió en el transcurso de una semana. No obstante, el trabajo que se había realizado hasta ese momento, podía en el transcurso de una semana sostener la ruptura y utilizarse para el beneficio y el crecimiento de William.

Simbólicamente, el momento era bueno. La expulsión de William de la Madre Iglesia hacia el mundo de la vida independiente, del trabajo y de las relaciones interpersonales más libres lo expulsaron del Paraíso y requirió que él desarrollara su autonomía y su postura masculina en relación con el resto del mundo. Después de dejar la ciudad, me llamó por teléfono para que le refiriera un analista en su nueva ubicación. Le di el nombre de un amigo analista y William se puso en contacto con él y siguió con el análisis. Fue este colega quien posteriormente me informaría que el trabajo iba bien y que no mostraba ninguna señal de experimentar el campo hipnótico que a mí me había parecido tan potente. Quizá William había en verdad escapado del campo de la fuerza hipnótica de la Gran Madre; quizás el virus ya no estaba activo; quizá el analista nuevo no contaba con un sitio receptor adecuado.

Después de varios meses, recibí una tarjeta de William agradeciéndome por la ayuda que había recibido en análisis e informándome sobre sus actividades en ese momento. Recuerdo haberme sentido complacido con el resultado, aunque también tomé nota de que William no me había regresado un libro de uno de los libreros de mi consultorio que una vez me había pedido que le prestara: *Los orígenes e historia de la conciencia* de Erich Neumann. Es un libro sobre el desarrollo de la conciencia en la cultura occidental a través de una liberación de las culturas del pasado de la Gran Madre dentro de la forma patriarcal que aunque actualmente se está debilitando, sigue dominando.

Me pregunté si acaso este libro representaba la camioneta del padre de William, que él había utilizado para escapar de la granja de su abuela, así como una extensión de mí y de nuestro trabajo. Personalmente, esperaba que este enunciado tan poderoso por parte de un espíritu tan entusiasta y masculino siguiera liberando un antídoto efectivo en contra del virus de la Gran Madre que había contagiado a William y que lo mantuviera en el camino del desarrollo psicológico hacia la madurez.

Capítulo 9

Aspectos espirituales y religiosos del análisis moderno[1]

La función religiosa

Jung propone que dentro de la psique humana existe una función religiosa nativa/primitiva. El *homo religiōsus* no es para nada una criatura excepcional. De hecho, en cierta medida, todos tenemos una inclinación religiosa, por lo menos, de manera implícita. La función religiosa es un instinto mitopoético de algún tipo y expresa la tendencia inherente de la humanidad de crear mitos. Esta función se manifiesta dondequiera que las personas crean cultura y busquen encontrar significado. Surge espontáneamente en los individuos y se le puede estudiar en los registros históricos de las religiones y en las prácticas rituales de todos los seres humanos en todas las épocas.

En los tiempos modernos, la función religiosa también continua mostrando sus efectos. Debido a que estos puedan estar ataviados en nuestras modas contemporáneas de pensamiento e imaginación, muchas veces no se les reconoce como fenómenos

[1] Anteriormente publicado en *Analytical Psychology: Contemporary Perspectives in Jungian Analysis*, J. Cambray y L. Carter (eds.), Routledge, 2004.

religiosos. En un artículo tardío titulado "Ovnis: un mito moderno sobre cosas que se ven en el cielo", Jung discutió las "observaciones" frecuentes de naves extraterrestres circulares como evidencia de que en la psique colectiva de los occidentales se estaba elaborando un nuevo mito. Cuando los humanos enfrentamos lo desconocido, en este caso el "espacio exterior" y la posibilidad de explorarlo o de que sus habitantes se nos enfrenten, se proyectan y experimentan imágenes arquetípicas y patrones psicológicos. La manifestación de estas imágenes primordiales, entretejidas en típicas estructuras narrativas compartidas por las mitologías desde tiempos inmemoriales, representan la activación de la función religiosa mientras los humanos buscamos trazar mapas de los territorios que están más allá de las fronteras de lo conocido. La muerte es otra de esas fronteras y en esta tierra fronteriza se generan las imágenes arquetípicas de la vida después de la muerte, para así obtener algún tipo de dominio consciente sobre el misterio de la muerte.

Cuando un individuo entra en análisis, se abre un espacio para las proyecciones que se vuelve disponible para que se aliente a la función religiosa a entrar en acción. En un principio es un territorio desconocido. La realidad del analista es y sigue siendo en gran medida un enigma, así como también es un enigma la noción general del "inconsciente" del cual se derivan tantas interpretaciones. Los aspectos del mundo interior que yacen más allá del alcance de una simple reflexión e introspección representan un rompecabezas desafiante. Hay mucho que concientizar y resolver. A medida en que incursionamos en este territorio, se vuelve evidente que lo que ahí se esconde es más que tan solo recuerdos y asociaciones personales. Los factores dinámicos particulares entran en juego en la transferencia y a través de acontecimientos sincronísticos que no son fáciles de explicar o de entender. En el análisis, el individuo entra en *terra incognita* y, por lo tanto, se invocan proyecciones arquetípicas.

Como observara Jung, la función religiosa está presente y funciona activamente en la relación analítica; típicamente, se elabora en la transferencia. Hay que notar que cuando Jung introduce la noción de los arquetipos en su obra seminal, *Dos escritos sobre psicología analítica*, lo hace a través de discutir la transferencia.

El analista se mitologiza en la psique del paciente porque la realidad del analista permanece más o menos oculta y envuelta en la obcuridad a lo largo del tratamiento analítico. Las imágenes arquetípicas (por ejemplo, el héroe o el demonio, el salvador o el guru) y los temas arquetípicos (por ejemplo, emprender una aventura, cruzar el mar abierto) se entretejen con la experiencia concreta de este encuentro humano íntimo.

La psique del paciente responde al analista y al espacio analítico, típicamente a través de proyectar características míticas sobre el analista y el espacio analítico.

El marco físico y mental del ser humano que realiza sesiones analíticas se mancha o embellece con contenidos del inconsciente personal del paciente y del inconsciente colectivo. En el trabajo analítico, se percibe y se siente que está operando algo misterioso, escondido y, a veces, incluso numinoso. Comforme se va desarrollando un "campo analítico", el espacio físico en el cual se realiza el análisis, también se vuelve altamente simbólico en la percepción y el sentir del paciente. Objetos como lámparas y adornos de la pared pueden quedar investidos con un valor simbólico numinoso. A veces este aspecto del análisis se revela vívidamente en los sueños, que pueden representar al analista como una figura mítica imponente con rasgos ya sea demoníacos o divinos.

Jung colocó la función religiosa a la par del "instinto", con el mismo atractivo y omnipresencia que la sexualidad, la agresión, o el hambre. La función religiosa, como la entendía y desarrollaba Jung en sus escritos, genera proyecciones arquetípicas y experiencias de numinosidad a través de utilizar objetos y cosas comunes y corrientes en el mundo circundante. Siguiendo el entendimiento de Rudolf Otto de la experiencia religiosa en su libro *Lo santo: lo racional y lo irracional en la idea de Dios*, Jung la concebía como la experiencia de lo *numinosum* y definió la "actitud religiosa" como aquella que invita a la persona a ponerle atención cuidadosa y escrupulosa a "un potencial o efecto dinámico que no es causado por un acto arbitrario de voluntad",[2] sino por los "poderes" que yacen más allá del mundo visible y conocido y crean efectos numinosos dentro de él.

La actitud religiosa y la función religiosa van de la mano conforme el individuo desarrolla una sensibilidad a las manifestaciones de la dimensión arquetípica del inconsciente. Según la concepción que tiene Jung de la actitud religiosa, no es primordialmente defensiva, en tanto que su meta y propósito no son fundamentalmente evitar la ansiedad provocada por la inseguridad o la muerte. Más bien, observa y respeta a los aspectos arquetípicos de la experiencia, los cuales las personas religiosas tradicionales comúnmente atribuyen al agenciamiento de un Dios objetivo. (Por supuesto, es de sobra conocido que se puede utilizar la religión para propósitos defensivos, aunque su propósito real es conservar y respetar a los poderes y, con sus rituales, reproducir la experiencia de la numinosidad que generalmente yace en su punto de origen).

Jung utilizó las dos posibles derivaciones de la palabra "religión". Por un lado, se puede considerar que se origina en la palabra *relegere* del latín, que significa "reunir, examinar detenidamente"; alternativamente, y quizás más precisamente, se considera que se deriva de *religāre*, que significa "ligar/atar con fuerza".[3] (En la terminología católica, una persona "religiosa" es una persona "atada" por medio de votos). Jung utilizó las dos nociones: la "actitud religiosa" (de la palabra *relegere)* implica poner "atención cuidadosa y escrupulosa" a la experiencia numinosa; la "función

[2] C. G. Jung, *Acerca de la psicología de la religión occidental y de la religión oriental*, párr. 6.
[3] C. T. Onions (ed.) , *The Oxford Dictionary of English Etymology*, p. 754.

religiosa" (de la palabra *religāre*) liga o vincula la conciencia del ego con los niveles arquetípicos del inconsciente.

Jung considera que el vínculo vital entre el ego y el nivel arquetípico de la psique, al que posteriormente Erich Neumann y Edward Edinger denominaron el "eje ego-Self", es esencial para la salud mental. Este vínculo constituye los cimientos mismos y la precondición necesaria para la totalidad humana. La neurosis se da cuando se altera este vínculo, es decir, cuando el ego consciente se aleja tanto del puerto donde echa amarras e incursiona en un estado de enajenación interna del *Self*, la fuente psíquica y el territorio de su existencia. A esta condición patológica, Jung le llamó "unilateralidad". La función religiosa invita a la persona a regresar a la fuente, de ahí que la búsqueda innata de la psique de su propia salud y totalidad esté íntimamente relacionada con la función religiosa.

Debido a que la meta del análisis, tal cual la practicaba y enseñaba Jung, es promover la totalidad psicológica, su propósito coincide con la meta de la función religiosa. En este sentido, el análisis se encuentra al servicio de la función religiosa. Ambos buscan fomentar y promover la totalidad psicológica a través de crear y mantener una conexión fuerte y vital entre el ego consciente y el territorio interior de su existencia, las imágenes arquetípicas primordiales del inconsciente colectivo en el centro del cual se encuentra el *Self*.

Como un comentario al margen, se debe hacer notar que Jung (y la mayoría de los analistas que le siguieron) muy frecuentemente halló que los pacientes se habían apropiado y utilizado las enseñanzas y las estructuras de la religión establecida para obstaculizar el funcionamiento de la función religiosa. La práctica de la religión organizada, cuando se le utiliza de manera defensiva o cuando se le toma de manera demasiado concreta y se aplica a las operaciones defensivas del ego, obstaculiza la función religiosa. En vez de ayudar a las personas a realizar y mantener un contacto vital con las imágenes primordiales de la psique, las personas pueden hacer un mal uso de las creencias y prácticas religiosas primordialmente para defenderse en contra de la ansiedad por abandono o de los miedos de aniquilación. Si la creencia religiosa ofrece a sus adherentes la doctrina reconfortante y tranquilizadora de la vida eterna, por ejemplo, puede que caigan en la trampa de la dependencia infantil de los sacerdotes y las autoridades religiosas que controlan los medios de la gracia. En tal caso, el análisis busca deshacer los efectos de las costumbres religiosas que promueven características y patrones de comportamiento neuróticos, como el trastorno obsesivo-compulsivo (la "escrupulosidad"), reacciones de culpa exagerada por los pecados percibidos, miedo al castigo por parte de las figuras parentales, la dependencia infantil de otros, etcétera. Las religiones no son la panacea para las enfermedades mentales. Al contrario, puede que las exacerben, si no es que de hecho las alienten o incluso las puedan crear. Los líderes religiosos son famosos por traumatizar a las personas para que sean creyentes y discípulos.

El análisis y la modernidad

El análisis surgió dentro del contexto cultural e histórico de la modernidad (para una excelente discusión sobre esto, ver Peter Homans, *Jung in Context* – que se podría traducir como *Jung en su contexto*). Aquí encontró un papel especial como método para la "cura de las almas". El análisis en tanto profesión diferenciada de la psiquiatría médica nunca se habría arraigado en una cultura tradicionalmente religiosa, que cubre las contingencias de significado de su propia manera y ofrece otros métodos para lidiar con el conflicto mental y la angustia emocional. Hasta hoy en día, el análisis florece sólo ahí donde la modernidad ha echado raíces profundas y le ha dado forma a las expectativas culturales y a las ansiedades concomitantes. Las sociedades tradicionales y las partes más tradicionales de las sociedades modernas, por lo general, son inhóspitas con respecto a la profesión analítica. De hecho, muchos tradicionalistas y fundamentalistas religiosos consideran que el análisis es subversivo y peligroso.

Jung estaba profundamente consciente de su contexto cultural y en muchos de sus escritos hace comentarios sobre él. Por lo general, las personas que acudían a él y a sus seguidores y alumnos para analizarse eran "gente moderna", es decir, no eran religiosos en el sentido estricto de la palabra, aunque muchos de ellos, al igual que Jung mismo, se habían educado en familias y ambientes tradicionalmente religiosos. En su propio análisis de la situación cultural en la que se encontraba trabajando como médico y analista, Jung siguió la conocida diferenciación entre las culturas tradicionales y las modernas. Las culturas tradicionales se enraizan y se basan en un mito religioso, mientras que las culturas modernas emergen de una crítica racional ("ilustrada") de la religión con sus imágenes míticas y presuposiciones metafísicas. Como escribió Karen Armstrong de manera tan persuasiva en *The Battle for God* [que se podría traducir como *La batalla por Dios*], utilizando la diferenciación que hace Johannes Sloek entre las formas de pensar de *mythos* y *logos*, las culturas tradicionales se enraizan en *mythos* y la cultura moderna se basa en el principio del *logos*. El análisis se originó y sigue teniendo su hogar primordialmente en la cultura del *logos* de la Europa de la pos-Ilustración, es decir, en la modernidad. Jung se consideraba kantiano en el sentido de que aceptó la crítica de la razón pura y los conocimientos metafísicos de Kant. Jung no creía que se puede comprobar la existencia de Dios o que la teología tiene acceso a conocimientos especiales sobre la naturaleza del cosmos ("revelación"). Como la mayoría de las personas que lo rodeaban, Jung suscribía el enfoque científico al conocimiento. En ese sentido, era "moderno".

Los problemas religiosos y espirituales que Jung abordó en su trabajo práctico con pacientes y en sus escritos corresponden a problemas de individuos modernos que se han apartado de las creencias de la tradición religiosa. Ya no están contenidos religiosamente en un sistema de creencias definido y deben de abrirse camino espiritualmente dentro de una cultura orientada científicamente que ofrece poca orientación sobre cuestiones de naturaleza espiritual. La modernidad rechaza todos los patrones de pensamiento y comportamiento que de basan en los mitos (si no es que se burla de ellos). La gran ventaja de la cultura científica moderna es que sí funciona. Ha producido mejoras estables en la efectividad técnica de las herramientas e instrumentos que pueden de manera poderosa darle forma a la naturaleza y cambiarla. Sin embargo, no logra dar lo que pueden dar las culturas de los *mythos*, es decir, un sentido del destino personal y del significado dentro del marco de la historia y de un sistema de símbolos cosmológicos.

Jung luchaba en contra del prejuicio de la modernidad contra lo mítico y lo simbólico. El problema básico del "hombre moderno en búsqueda del alma" (el título de una de las obras más reconocidas de Jung) es la ausencia del "alma". En la modernidad, no hay trascendencia. Así que el problema es que sin la posibilidad para imaginar el significado personal en un vasto universo impersonal, totalmente material, la función religiosa fracasa y la totalidad psicológica se reduce como opción viable. En la modernidad, el ser humano se ve reducido, por lo general, a un fenómeno meramente temporal en un universo material ligado al tiempo. La experiencia religiosa, es decir, la experiencia de lo *numinosum*, se interpreta como nada más que una irrupción emocional subjetiva basada en el flujo arbitrario de la química cerebral y de las hormonas. No carga ningún valor intrínsico y apunta hacia nada que esté más allá de sí mismo. En ese universo, no hay símbolos verdaderos, sino sólo signos y engaños. Este es el sesgo modernista.

Más aún, el individuo moderno, una vez que se le ha inculcado una visión científica e ilustrada del mundo (*logos*), encuentra que es imposible regresar a la religión tradicional como fuente de significado. Se vuelve esencialmente imposible adquirir el mito existencialmente. Desde una perspectiva científica, resulta indefensible la creencia religiosa. A diferencia de una cultura basada en el *mythos*, la cultura basada en el *logos* opera estrictamente con base en la racionalidad científica, en la cual cada "verdad" se cuestiona continuamente y no hay certezas permanentes. No hay hechos espirituales irrefutables, sólo hay teorías, y cada teoría está abierta a dudas y revisiones. De esta manera, parece ser que los individuos modernos están condenados a vivir una vida de pobreza psicológica y parcialidad en medio de la abundancia material, sin la opción de alcanzar la totalidad debido a que se ha desabilitado la función religiosa. No logran crear un vínculo efectivo con los arquetipos numinosos del inconsciente colectivo. Están forzados a vivir una existencia egoica infecunda, sin Dios, sin significado trascendente e imposibilitados de tener acceso a las capas más profundas de la psique. No tienen un mito que guíe su vida y están condenados a vivir sin un mito rector.

Este es el dilema que Jung buscaba abordar en el análisis. ¿Acaso es posible que los individuos modernos lleguen a alcanzar la totalidad? ¿Acaso hay una manera de permitir que la función religiosa realice su trabajo psicológico natural dentro de la cultura de la modernidad?

La función religiosa en el análisis

¿Cómo es que las personas puedan ser espirituales mientras que mantienen sus conexiones culturales con la modernidad y sus compromisos con un enfoque científico al conocimiento? De esta pregunta florecieron muchos de los enunciados escritos de Jung referentes a la relación entre el análisis y la función religiosa. En obras como "Psicología y religión", "La vida simbólica", "¿Psicoterapeutas o el clérigo?" "Psicoanálisis y cura de almas" y "Un estudio en el proceso de individuación", Jung expuso el caso de atender a las necesidades espirituales de los hombres y mujeres modernos dentro del marco de la práctica analítica. (En tiempos recientes, el término "espiritual" ha reemplazado al término "religioso", para diferenciarlo de las formas y prácticas religiosas tradicionales). Para muchas de las personas que acudían a Jung en busca de tratamiento psicológico, Jung afirmó más de una vez que el problema fundamental no era médico, sino espiritual. Se reducía a un problema relativo a la ausencia de significado y la falta de contacto con lo arquetípico. Sufrían de falta de totalidad ya que la función religiosa no estaba operando de manera efectiva. Estaban enajenados de sus propias raíces psicológicas, sin un anclaje interno, a la deriva en los mares abiertos de la modernidad, sin contar con una brújula que los guíe. Jung también llegó a reconocer que los síntomas neuróticos podían ser expresión de necesidades espirituales no satisfechas y, por lo tanto, muchas veces eran una expresión distorsionada de una función religiosa que funciona deficientemente. Ocasionalmente, declaraba que las personas deberían estarle agradecidas a sus neurosis ya que evitan que se acerquen más a la unilateralidad racionalista. La neurosis paradójicamente los regresa a sí mismos y a la observación cuidadosa y escrupulosa de los poderes que funcionan en la psique que están fuera del control del ego. La neurosis es, irónicamente, un tipo moderno de actitud religiosa. Woody Allen sería emblemático de este estado de cosas.

Independientemente de lo que pueda estar sucediendo en la superficie de la vida consciente, Jung teoriza que puede que la función religiosa siga activa en el inconsciente. Por lo tanto, recopilaba sueños para estudiar la función religiosa en acción dentro del inconsciente de las personas científicas modernas, con base en la teoría de que los sueños ofrecen una especie de rayos X de lo que está sucediendo bajo la superficie del inconsciente. En uno de esos estudios, presentado como una interpretación de una serie de sueños en *Psicología y alquímia*, Jung busca demostrar el movimiento teleológico de la psique hacia los símbolos de totalidad. El soñante era un "hombre moderno" con una alta formación científica (ya sabemos que se trata de Wolfgang Pauli, el físico) que estaba bajo tratamiento psicológico con un alumno de Jung. En este trabajo, Jung argumenta que se podía detectar la función religiosa en la producción de símbolos oníricos. En su comentario, no hace mención alguna de los aspectos personales "del caso". Se adhiere a las imágenes de los sueños y las enlaza en un encadenamiento de piezas que llevan a varios símbolos altamente numinosos, simbólicos del *Self*.

Además, en su propia práctica analítica, Jung muchas veces detecta signos de espiritualidad frustrada en los sueños de sus pacientes, así como en la transferencia arquetípica. Más aún, su método de imaginación activa, usado en conjunción con el análisis de los complejos, de los sueños y de la transferencia, se volvió un tipo moderno de disciplina espiritual, afin a los ejercicios espirituales de San Ignacio de Loyola o las prácticas de meditación de algunas tradiciones religiosas orientales. En la experiencia analítica, una persona puede descubrir y recuperar la función religiosa.

Lo que Jung hacía en el análisis de sus pacientes, se volvió un medio para abrir al individuo moderno a la función religiosa activa dentro del inconsciente. ¿Si los "hechos" del inconsciente, en la medida en la que se van volviendo disponibles a través de los sueños y de la transferencia, se siguen de manera cuidadosa y se observan durante el transcurso de un análisis detallado, el paciente entra en contacto con el *spiritus rector* (es decir, la función espiritual) que reside inherentemente en el interior de la psique. Este contacto produce una ruptura de las defensas en contra de lo espiritual (el prejuicio cultural de la modernidad) y abre el camino hacia un nuevo tipo de conciencia espiritual y religiosa fuera de cualquier tradición religiosa definida. Para Jung, el análisis se volvió un camino para sacarle la vuelta al impasse espiritual creado por la modernidad.

Los seguidores de Jung: los junguianos y los pos-junguianos

De manera intensa, los seguidores de Jung anduvieron este camino. Expandieron las perspectivas originales de Jung y llevaron su modelo de análisis hacia muchas otras áreas del mundo. Incluso una revisión superficial y modesta de la literatura junguiana sobre el tema de la espiritualidad y la función religiosa en el análisis produce una plétora de títulos y autores. Entre los más destacados de la primera generación de junguianos se encuentra C. A. Meier, cuyo pequeño libro, *Jung's Analytical Psychology and Religion* [que se podría traducir como *La psicología analítica de Jung y la religión*] es un hermoso resumen de las perspectivas de Jung y las mínimas añadiduras de los primeros junguianos. Muchos otros junguianos reconocidos de esa generación también contribuyeron a este tema: Gerhard Adler, Barbara Hannah, Esther Harding, Jolande Jacobi, Aniela Jaffé, James Kirsch, Marie Louise von Franz, para nombrar sólo algunos de los más sobresalientes. La Cofradía para la Psicología Pastoral con sede en Londres –para la cual Jung mismo dio una conferencia en 1939 titulada "La vida simbólica" y James Kirsch ofreció la primera conferencia de folleto a publicarse sobre "El aspecto religioso del inconsciente" y Michael Fordham, a quien no se le conocía por un énfasis sobre la función religiosa, dio la XLVI conferencia de folleto sobre "La psicología analítica y la experiencia religiosa"– desde 1939, estuvo patrocinando conferencias anuales sobre el tema de la psicología analítica y la espiritualidad. Este es un indicio de la cantidad de atención que los junguianos le han dado a la función religiosa durante el transcurso de las últimas siete décadas. Por supuesto que no todas tienen que ver con la espiritualidad en el análisis, aunque casi todas las obras de junguianos asumen que el análisis es el lugar primordial en el cual lo espiritual toma forma dentro del contexto cultural de la modernidad.

Con la era de los "pos-junguianos", que comúnmente se identifican como aquellos que siguieron a la primera generación de "junguianos", se dio un cambio de tono y de énfasis y entró en escena un nuevo grupo de autores con un diferente tipo de sensibilidad. Los primeros libros de James Hillman *Suicide and the Soul* [que se podría traducir como *El suicidio y el alma*] e *Insearch: Psychology and Religion* [que se podría traducir como *La búsqueda: Psicología y Religión*] marcaron un tono nuevo. Hillman le dio una definición psicológica al término "alma", proporcionándole amplia credibilidad en el mundo angloparlante. Esto culminó en su best seller, *El código del alma*. Entre los pos-junguianos que siguieron el liderazgo de Hillman, la espiritualidad se subsumió bajo el término de "arquetípico", que se redefinió sutilmente para querer decir "esencial" o "importante", sin referencia al "inconsciente" o a "los arquetipos del inconsciente colectivo". La "psicología arquetípica" de Hillman también desafió poderosamente la noción del "monoteismo" psicológico representada por la centralidad del *Self* en los escritos de Jung y su primera generación de seguidores. En vez, propuso abrir la psicología al "politeismo", que presentó un tipo de espiritualidad con una multiplicidad de imágenes y centros. Utilizando los mitos griegos como plantilla para esta versión de la acción de la función religiosa en la psique, la aparición de lo espiritual dentro del análisis se volvió más ampliamente disponible y generalizado. También incluiría la aparición de las imágenes arquetípicas en la conciencia, ya sea desde "el inconsciente", como en los sueños, desde las "proyecciones", como en la transferencia, o desde el mundo de los fenómenos de la experiencia cotidiana. Se escaneó la vida contemporánea en la ciudad y en el cine, en relaciones como el matrimonio y la amistad y en la vida familiar, así como en el análisis en busca de las imágenes arquetípicas que están en juego. Dondequiera que se hallaran estas imágenes, sería una oportunidad para una epifanía momentánea, una visión de la psique como un *unus mundus* o *anima mundi* subyacente que habita la totalidad del mundo fenoménico. Las puertas del análisis se abrieron de par en par y se sacó a la psicología profunda del contexto clínico para llevarla al mundo en general. Esto ofreció una especie de resacralización psicológica del mundo moderno, ya que los individuos con un buen ojo para las imágenes y la estructura arquetípicas podían asumir la creación de los mitos. La espiritualidad se convirtió en una forma de ver a través de una perspectiva arquetípica. A su vez, esta sensibilidad con respecto a la imagen arquetípica en la experiencia consciente fue llevada de regreso al análisis, en donde se halló que una multiplicidad de campos arquetípicos se constelan en una interacción dinámica de psiques dentro del entorno analítico.

Con base en la obra de Hillman fluyeron los libros populares de Thomas Moore (por ejemplo, *El cuidado del alma: Cultivar lo profundo y lo sagrado en la vida cotidiana*), las obras más devocionales de Robert Sardello (por ejemplo, *Love and the World: A Guide to Conscious Soul Practice* [que se podría traducir como *El amor y el mundo: Una guía para la práctica consciente del alma*]), las obras y conferencias psicológicas y teológicas de David Miller (por ejemplo, *The New Polytheism: Rebirth of the Gods and Goddesses* [que se podría traducir como *El neo-politeísmo: El renacimiento de los dioses y las diosas*]) y las obras con una inclinación filosófica de Robert Romanyshyn (como por ejemplo, *Mirror and Metaphor: Images and Stories of Psychological Life* [que se podría traducir como *El espejo y la metáfora: Las imágenes y las historias de la vida psicológica*]).

Sin embargo, al mismo tiempo, otros pos-junguianos contemporáneos se inspiraron más directamente en las obras de Jung y los primeros junguianos y las extendieron hacia el área clínica con contribuciones importantes. Entre ellos, quizás de manera más destacada, está Ann Ulanov, profesora de psicología y psiquiatría del Seminario Teológico Unión en la ciudad de Nueva York (ver, por ejemplo, su ensayo "Aspectos espirituales del trabajo clínico") y Edward Edinger, uno de los decanos de los analistas estadounidenses (ver su obra clásica *Ego y arquetipos*). Además, Lionel Corbett ha hecho una declaraión significativa en su obra *La función religiosa de la psique*.

Un enfoque crítico a los aspectos religiosos y espirituales en el análisis

Lo que hace que el análisis junguiano moderno sea diferente del análisis tradicional es una actitud crítica con respecto a la técnica y a la interpretación, así como la incorporación de las perspectivas de figuras psicoanalíticas modernas como D. W. Winnicott y Wilfred Bion. Conforme el análisis junguiano fue evolucionando durante los años desde la fundación de los institutos de formación formal después de la segunda guerra mundial, se fue dando un debate intenso y continuo (que en cierta medida continua) entre lo que a veces se le refiere como lo clínico en contraposición a lo simbólico o bien entre el enfoque desarrollista y los enfoques clásicos al análisis. Este argumento, a veces muy mordaz, ha agudizado el pensamiento de ambos lados de la división y en tiempos recientes se ha dado una especie de acercamiento en el cual ambas partes parecen escucharse y entenderse, así como respetarse entre sí. Más aún, hoy en día existen múltiples "mezclas" de los dos polos opuestos que buscan incorporarse en las fortalezas de cada uno y minimizar los déficits.

Las fallas aparecieron de la siguiente manera: se consideraba que el énfasis en los aspectos simbólicos del análisis (es decir, lo arquetípico y lo espiritual) caracterizaba a la Escuela de Zurich y a los analistas con una mayor influencia directa de Jung mismo. La crítica contra esta postura, derivada primordialmente en un inicio de la Escuela de Londres dirigida por Michael Fordham y sus alumnos, argumentaba que el enfoque simbólico omitía características importantes del trabajo analítico al ignorar las características personales de la transferencia y del desarrollo temprano. Los analistas de la Escuela de Londres, bajo la profunda influencia de la teoría de las relaciones objetales conforme se iba elaborando en Inglatera en las décadas de los años cuarenta y de los años cincuenta, buscó alinear el análisis junguiano más estrechamente con la técnica y concepción psicoanalítica emergente en esos momentos (es decir, las escuelas kleiniana e intermedia). Su gran énfasis en una mayor frecuencia de las sesiones (cuatro o cinco veces por semana en contraposicón a dos veces por semana que era la norma en Zúrich), el uso del diván en vez de sentarse frente a frente, la valoración positiva atribuida a la regresión a la niñez y los niveles infantiles de la transferencia en el análisis y el trabajo detallado a través de las fases tempranas del desarrollo dentro del espacio estructurado del análisis parecían contradecir el énfasis de Jung sobre la experiencia de lo numinoso, la elaboración del significado personal de la vida de uno, de la anticipación del destino y lo simbólico. Mientras que Jung enfatiza el aspecto religioso del análisis en la cuidadosa y escrupulosa atención a la actividad de los factores arquetípicos en operación en el proceso analítico, sus críticos atacaban su dependencia de la interpretación de los sueños y la activación de las capas arquetípicas del inconsciente a través de la imaginación activa y su desatención relativa de la transferencia personal. Argumentaban que los analistas de Zurich (de la Escuela "clásica") omitían las dimensiones más importantes del análisis, es decir, la cuidadosa reconstrucción del desarrollo psicológico temprano y el apego entre las figuras parentales y el bebé como se reexperimentaba en la transferencia. En pocas palabras, argumentaban que el enfoque simbólico no era agudo clínicamente ni estaba suficientemente enraizado. No abordaba las dificultades psicológicas de los pacientes que buscaban ayuda para sus condiciones neuróticas comunes, la mayoría de las cuales giraban en torno a problemas con sus relaciones.

Ante esto, los analistas con una orientación simbólica contestaban que el supuesto enfoque clínico no lograba responder a la cuestión más importante de todas, es decir, establecer la conexión entre el ego y el *Self* y generar el sentido de un significado personal. Al igual que a la modernidad, le faltaba el elemento religioso y, por lo tanto, no lograba conectar el ego moderno con lo trascendente, con el *Self.* Sin esta conexión, es imposible alcanzar la totalidad. Una persona podría estar en análisis por cientos de horas, podría entender todas las razones por las cuales su sufrimiento se basa en traumas de la infancia temprana, podría llegar a ser más racional y competente en las relaciones humanas comunes y corrientes, pero no por eso se iba a "curar" de la enfermedad de la modernidad, es decir, la falta de conexión con la función religiosa y con los símbolos que llevan al ego a una relación más consciente con el *Self*.

Conforme se daban virulentos debates en los congresos y las publicaciones, las dos partes gradualmente empezaron a escucharse una a la otra, y se dieron cambios en ambas partes. Los analistas de Zúrich se volvieron menos arquetípicos y simbólicos y los de Londres empezaron a hablar sobre el *Self* de manera tal que justificaba escribir *Self* con mayúscula. Mario Jacoby, analista de alto nivel formador de analistas en Zurich, aunque realizó parte de su propia formación en Londres, es una importante figura de enlace. Su libro sobre la transferencia, *El encuentro analítico*, muestra una unión fluida de perspectivas y técnicas clínicas y arquetípicas/simbólicas. Igualmente, Rosemary Gordon, una de las decanas de la Escuela de Londres, ha escrito obras que acogen una actitud y perspectiva simbólica y la entretejen con un sólido enfoque clínico en obras como "La experiencia simbólica como puente entre lo personal y lo colectivo" y "El masoquismo como una perversión de la necesidad del culto a Dios".

Hoy en día, generalmente se ha aceptado en la psicoterapia y el psicoanálisis que existe una necesidad humana legítima de tener experiencias religiosas y que la función religiosa desempeña un papel saludable en la vida psicológica. El sentimiento religioso va más allá de simplemente ser un vestigio de la dependencia de las figuras parentales durante la infancia. El entendimiento de Jung de los símbolos como vínculos entre lo racional y lo irracional, que acercan más estrechamente al ego y al inconsciente, se ha llegado a entender que no es tan "místico" como había sido anteriormente. De hecho, en muchos círculos psicológicos y psicoanalíticos, se ha demonizado menos el misticismo y se le ha respetado más de lo que se le respetaba a inicios y mediados del siglo XX. El misticismo no es necesariamente contradictorio con respecto a la racionalidad y la practicabilidad. Además, puede ser extremadamente útil en términos médicos. Experimentalmente, se ha demostrado que la oración "funciona" para ayudar a las personas a recuperarse de las enfermedades físicas. Hoy en día, muchos terapeutas aceptan la noción de que los seres humanos somos espirituales por naturaleza, siempre y cuando los prejuicios colectivos no bloqueen esta naturaleza. Se considera que la espiritualidad es potencialmente parte de la salud mental y no una señal de enfermedad.

Conforme los analistas junguianos se fueron volviendo más críticos, también fueron cambiando la técnica y la interpretación. Ya no es tan fácil como antes hacer interpretaciones puramente reductivas o puramente sintéticas. Hay conciencia de que hay que cubrir ambas bases.

Además, al pensamiento crítico sobre la espiritualidad y la función religiosa conforme entra a la práctica analítica, se le ha añadido una nueva corriente de pensamiento a la discusión de los elementos religiosos y espirituales en el análisis. Esta forma de pensar se ha centrado en el potential destructivo de las constelaciones arquetípicas dentro de la psique y del proceso analítico. En una ponencia desafiante dada en 1985, Jeffrey Satinover argumenta que las estructuras psíquicas con una base arquetípica compensan los déficits del desarrollo. Entran en juego cuando no hay cuidados comunes y corrientes disponibles (cuidados "suficientemente buenos") y sirven para compensar el déficit a través de ofrecer figuras y proyecciones imaginales que responden al propósito de proporcionar una reafirmación tranquilizante, protección, comodidad y presencia. Desde esta perspectiva, se ve la función religiosa como de una naturaleza fundamentalmente defensiva. Esta perspectiva emerge del trabajo de Satinover sobre los trastornos de la personalidad narcisista, en los cuales las grandiosas fantasías compensatorias remplazan los logros reales al servicio de fortalecer la autoestima. Nathan Schwartz-Salant, en su libro sobre el narcisismo y en su posterior obra sobre el trastorno de la personalidad fronteriza, notó una actividad similarmente defensiva y, a veces, altamente destructiva y tóxica por parte de las imágenes y estructuras arquetípicas. Donald Kalsched proporcionó la piedra angular de esta perspectiva en su libro *The Inner World of*

Trauma [que se podría traducir como *El mundo interior del trauma*], en el cual argumenta que las defensas arquetípicas del *Self* surgen de los traumas severos sufridos en experiencias tempranas de la infancia. El "sistema de auto-cuidado" que entra en juego con base en la experiencia de traumas psicológicos tempranos y severos recurre a defensas primitivas, arcaicas (es decir, arquetípicas) para asegurar la sobrevivencia psíquica del individuo, por un lado, aunque al igual que las enfermedades anti-inmunes que atacan el cuerpo, también tienen el lamentable efecto de socavar y, muchas veces, destruir la viabilidad social y psicológica de quienes se supone deben de proteger. Son las estructuras defensivas aparentemente impenetrables y espinosas que enfrenta el analista que busca trabajar con las víctimas de traumas tempranos, quienes muchas veces muestran severas perturbaciones de la personalidad limítrofe.

Esta perspectiva de que la función religiosa tiene un potencial negativo no está completamente sin referencia en el propio trabajo de Jung. Jung claramente reconoce el lado sombreado del *Self* en obras como *Respuesta a Job*, aunque él y sus seguidores inmediatos no aplicaron esta perspectiva en su trabajo clínico con pacientes. Fue posteriormente, conforme los analistas empezaron a trabajar con los trastornos de personalidad narcisista y limítrofe que este aspecto de la función religiosa comenzo a perfilarse con claridad. (Se puede encontrar el mismo fenómeno en las reacciones sociales y políticas a los traumas provocados por a las guerras y la economía. Las sociedades y las culturas muestran la misma propensión a recurrir a las defensas religiosas conforme buscan proteger sus identidades nacionales y culturales asediadas. Las acciones defensivas se vuelven el foco del "espíritu grupal", que muchas veces tienen el efecto de traumatizar más a las personas que se supone deben recibir protección).

Acerca de la "espiritualidad negativa"

Hoy en día, a los analistas junguianos de todas las escuelas se les enseña a abrirse a la manifestación de la función religiosa en el análisis, ya sea que se exprese positivamente en símbolos oníricos numinosos, por ejemplo, o negativamente en las defensas del *Self*. ¿Qué significa esto en la práctica? Fundamentalmente, significa que se prepara a los analistas para que presten "atención cuidadosa y escrupulosa" a los factores inconscientes que operan en el proceso analítico, que puede aparecer bajo la forma de imágenes oníricas traidas a sesión, fenómenos relacionados con la transferencia y la contratransferencia, reacciones defensivas, o cualquier otro "fenómeno del campo" que pueda ir apareciendo en el "aquí y ahora" del análisis. Además, es importante notar que a los analistas se les enseña a abstenerse de "hacer sugerencias" y en su proceso de formación no se les alienta a crear "escenificaciones espirituales" dentro del marco analítico. Esta combinación de apertura hacia lo espiritual y lo religioso (es decir, lo arquetípico) que emerge de la psique, combinada con la abstinencia de hacer sugerencias o escenificar escenarios espirituales (como la oración, citas de textos de las Escrituras, alentar estados alterados de conciencia dentro de la sesión, etcétera) es lo que he llegado a llamar "espiritualidad negativa". Con este término busco diferenciarla de la "espiritualidad positiva" que se practica en espacios religiosos como iglesias, templos, mesquitas, etcétera, en donde la acción ritual se dirige precisamente a convocar o invocar a los poderes numinosos de la dimensión arquetípica.

Los adjectivos "negativo" y "positivo" no expresan valor sino más bien denotan la ausencia o presencia de contenido. Esta distinción entre espiritualidad "negativa" y "positiva" se inspira en la diferenciacion que hace Isaiah Berlin entre dos tipos de libertad. La "libertad negativa" implica estar libre de la compulsión y limitaciones externas, mientras que la "libertad positiva" implica estar libre para implementar un programa de acción. En el análisis, practicamos la disciplina del vaciamiento (la "abstinencia"), que instaura un "espacio libre y protegido" (para utilizar el concepto de Dora Kalff) para que entre la psique del paciente y se revele lo más plenamente posible.

El análisis se basa en una relación inherentemente desigual entre el analista y el paciente, ya que, por un lado, el analista acepta la responsabilidad ética, profesional y legal del proceso para lo cual se le paga y, de manera más importante todavía, se trata de un proceso que es fundamentalmente "para el o la paciente" y su beneficio psicológico, su sanación y crecimiento hacia la totalidad. Lo que el analista aporta es la formación (incluyendo muchos años de análisis personal y supervisión), una metodología (la técnica), la auto-disciplina y el respeto por la psique conforme se va desenvolviendo y va revelando sus deficiencias y potenciales. El analista debe permanecer más o menos libre de expectativas, de presiones programáticas, o escenificaciones auto-gratificantes. En este sentido, no existen analistas cristianos, judios, hinduístas, o musulmanes; sino más bien son sólo analistas. Cuando trabajan con pacientes individuales, deben colocar sus propias posturas positivas ya sea religiosas, filosóficas e incluso teóricas (excepto por los métodos esenciales que ocupan) entre corchetes. Idealmente, el "espacio analítico", por lo tanto, está vacío (es decir, es negativo) hasta que entre el material del paciente individual que viene a sesión. (Reconozco que esto es el "ideal" que se busca, no es algo ya dado que se debe garantizar o, en todo caso, que sea incluso plenamente alcanzable. Todos los analistas, independientemente de sus propias convicciones o creencias personales, se crían en un entorno cultural específico que ejerce una profunda influencia sobre ellos y una parte importante de este entorno es el *ethos* religioso predominante).

Voy a ofrecer algunos ejemplos clínicos para ilustrar cómo entiendo la espiritualidad negativa y el análisis. El primero es un caso en el cual lo espiritual aparece como una peligrosa figura depredadora al acecho, como un ángel oscuro. Un paciente nuevo trajo un primer sueño al análisis. Está desayunando en un cuarto de hotel cinco estrellas con el ventanal totalmente abierto. Afuera tiene la vista del mar. Una brisa marina moderadamente fuerte hace ondear las cortinas blancas hacia el interior de la habitación. Le pido que describa este detalle más cuidadosamente.

"Es una brisa leve", afirma, "muy fresca. A veces sopla el viento y la cortina, tú sabes, se agita", añade, haciendo gesticulaciones amplias con sus brazos. "Es un día claro y soleado y la brisa está bastante fuerte, sin ser amenazante. Es un buen día para pasarla en la playa o para ir a velear".

Mientras él describe esto, entra en un leve estado de ensoñación y yo lo sigo. Por un instante, parece como que hemos entrado al sueño juntos y yo prácticamente puedo sentir la brisa y saborear el aire salado. Él sigue haciendo asociaciones con la imagen y yo empiezo a cavilar: El ventanal está abierto, se puede acceder al inconsciente y parece un momento propicio. También pienso: viento = *pneuma* = espíritu. Algo levemente espiritual se está moviendo. También me dice que yo, el analista, aparezco en el sueño. Lo estoy observando desayunar y él se pregunta si acaso lo voy a criticar. Así que me doy cuenta de que está operando una transferencia potencialmente negativa y que fácilmente me puedo convertir en una figura parental que juzga y rechaza.

Varias semanas después, trajo un segundo sueño, que por meses fue la pieza central del trabajo analítico. En este sueño, él está parado sobre la orilla de un gran río. Nuevamente, el elemento agua ocupa un lugar central. A su alrededor y dentro del agua, él ve muchas mujeres y niños jugando, nadando y, en general, relajándose. Se trata de una escena llena de paz, casi paradisiaca. Al entrar al agua y empezar a nadar, se da cuenta de lo limpio y transparente que está el río. Puede ver el fondo del río y está disfrutando la sensación fresca y refrescante del agua limpia sobre su piel. Nada una distancia considerable y está a punto de doblar una curva del río cuando de repente detecta la forma de un gran tiburón blanco acostado tranquilamente en el lecho del río a una profundidad de entre 7 y 10 metros. Estupefacto, rápidamente se da la vuelta y se sale del agua. No puede entender porqué a las mujeres y a los niños no les parece importar y siguen nadando y jugando en el agua. ¿Acaso no ven al tiburón? o bien ¿acaso no saben que es peligroso? O bien ¿él sólo alucinó al tiburón y no es real? No lo sabe.

Este sueño era inquietante aunque de hecho no era terriblemente aterrador. El paciente asocia al tiburón con un brote psicótico que tuvo durante un viaje de drogas que había tenido años atrás. Se trató de una experiencia traumática central que le cambió la vida por completo. Le tomó años recuperar la integridad de su ego. En el estado paranoide en el que se sumió durante la experiencia con drogas, afirmó: "ante los ojos de Dios, yo estaba congelado. Podía ver mi pecado. Dios estaba apuntando su dedo acusador directamente hacia mí. Yo sabía [lo dijo enfáticamente] que yo era totalmene corrupto y que estaba podrido. Todo lo que yo hacía era malo. Yo era el mayor pecador del mundo. No había nadie más en mis alrededores: Yo era lo único que veía Dios y su forma de juzgarme era contundente y final."

El gran tiburón blanco –un depredador psíquico– en algún momento había atacado y devastado a su ego. Para él, se trató de una experiencia espiritual de primer orden, aunque también resultó en una reacción severamente patológica. El lado enojado y rechazante de un Dios terrible que juzga apareció en la experiencia con drogas y su ego debilitado se traumó severamente. A nivel personal, el podía asociar esto con escenas de la infancia de una figura paterna alcohólica que imparte castigos y brutalidad. Sus padres no eran confiables. Cuestiones destructivas sorprendentes y atemorizantes pueden suceder repentinamente y sin ninguna advertencia.

"Por eso me salí del río de la vida" reconoció, refiriéndose al mal viaje de drogas. "Mi vida se detuvo en ese instante. Anhelaba regresar a ser quien yo era antes del ataque, pero no podía. Estaba atrapado en este conocimiento de que Dios me estaba viendo y de que yo era totalmente malo. No podía entender por qué otras personas no estarían igualmente devastadas por este conocimiento". Jonathan Edwards, el reconocido predicador y ministro puritano hubiera reconocido esta crisis espiritual como algo bastante familiar.

En esta imagen onírica del tiburón latente, producida dentro del contexto del análisis muchos años después, se nos da un punto de entrada para regresar a un acontecimiento traumatizante y al ego traumatizado. El sueño apunta hacia el factor arquetípico subyacente, el lado sombreado del *Self*. La presencia de esta fuerza potencialmente traumatizante en el inconsciente lo siguió acechando en los años subsiguientes. Ahora entra en el espacio analítico, pareciendo suficientemente suave y dócil en ese momento, aunque es potencialmente explosivo y peligroso. Quizá se le pueda domesticar y metabolizar a través de la reflexión y volverse bastante más benigno a través de la experiencia de la transferencia.

La resolución de su culpa patológica y su miedo a la venganza divina, experimentada en el brote psicótico y expresada a través de la imagen onírica del tiburón, es evidencia de alguna mejora (es decir, de normalización) en otro sueño (también arquetípico) que tuvo el paciente cerca de un año después. Él soñó con:

> una araña extraña, con su cuerpo dividido en tres partes (una cabeza, un tórax y un cuerpo propiamente tal), aparece sentada en una esfera de plástico, que es un contenedor hueco lleno de un líquido del que se alimenta. (Ver el dibujo del paciente, más adelante). Esta esfera cuelga en la terraza de adelante de la casa, cerca de la entrada. Vivo en la casa junto con otras personas, quizá miembros de mi familia. La araña parece ser sintética, aunque esta viva y es de verdad. Sus patas están huecas, la cabeza es de color azul y es esférica y algunos elementos se ven más o menos abstractos. Es una araña hembra, una madre con sus crías. La araña está

completemente feliz, embelezada y totalmente viva, haciendo lo que necesita hacer. De repente y sin ninguna provocación, la mato. Le arranco cuatro de sus patas. La araña hace muecas de agonía mientras destruyo por completo su pequeño mundo. Posteriormente, me le quedo viendo fijamente a la esfera y me doy cuenta de que la araña ya no está ahí. Me siento decepcionado de ver que su lugar está vacío. Alguien en la casa pregunta: "¿Dónde está la araña?" La araña, por supuesto, es irremplazable. Me siento terrible por haberla matado y me doy cuenta de que algo esencial ha desaparecido de la casa. Al despertar, me siento muy deprimido.

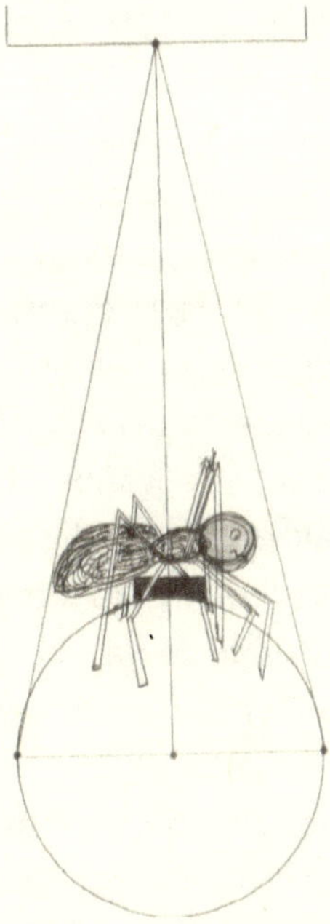

Es entendible que este sueño fuera profundamente preocupante para el paciente (y para mí) y pasamos varias sesiones reflexionando sobre él. El paciente temía que se hubiera producido un daño irreparable a sí mismo, a su totalidad y a su equilibrio psicológico. Se preguntaba si acaso incluso él había destruido al Self.

Su acto injustificado de destructividad sin sentido era tan sorprendente tanto para él como para mí. Él es un alma amable y gentil, ambientalmente sensible y nutriente. Por más que le dábamos vueltas a este sueño, explorando cada faceta y cada camino a profundidad y a detalle, nada le hacía sentido y a ninguno de los dos nos satisfacía la interpretación. Unas seis semanas después, tuvo otro sueño que proporcionó una respuesta satisfactoria. Se trataba de un sueño sencillo en el cual se hacía referencia al sueño de la araña y apareció la frase "RESPETO A LA OTREDAD" y quedó registrada. La idea era que la araña, que vivía en su propio mundo, representaba la "otredad" radical. La palabra "respeto" fue la llave que abrió el candado del significado. De experiencias como esta nació lo que Hester Solomon llamó "la actitud ética". Es una actitud enraizada en la conciencia del otro, en el respeto por el otro. Sin embargo, este sueño va más allá todavía para defender el respeto por la "otredad" misma. Esto es precisamente lo que Jung quería decir con el término "religioso", que descansa en la "atención cuidadosa y escrupulosa" (es decir, el respeto) hacia la otredad, hacia los factores que funcionan en la psique y en el mundo que están más allá del entendimiento del ego, con los que el ego no se puede identificar salvo con engaños y locura. Siguiendo a Kierkegaard, podemos decir que lo "religioso" va incluso más allá de las dimensiones "éticas" de la experiencia psicológica y de la madurez para acoger el respeto por la otredad misma conforme se manifiesta en lo numinoso. Estos sueños se volvieron el maestro de la actitud religiosa.

Ofrezco esto como ejemplo no de brillantez clínica o interpretativa de mi parte o del paciente, sino que es más bien un ejemplo de lo que significa la "espiritualidad negativa" que es afín a lo que se denomina similarmente "capacidad negativa", un término abrazado por John Keats y recomendado a los poetas. Un sueño propuso un rompecabezas y otro sueño lo resolvió. La tarea del analista aquí es simplemente mantener el espacio suficientemente abierto para recibir estos dos sueños y vivir con la frustración y la ambigüedad de no saber la respuesta sino hasta que la psique ofrezca su propia solución.

Otro ejemplo clínico sobre cómo la espiritualidad negativa desempeña un papel en el análisis es el siguiente: un paciente al que había estado viendo por poco más de un año, trajo un sueño que lo había sorprendido por completo. Desde mi punto de vista, es un ejemplo de la libertad y el genio del espíritu inconsciente para poner las actitudes conscientes de cabeza. También es ejemplo de cómo opera la función religiosa. El contexto del sueño era extraordinario. El paciente me contó que tuvo el sueño mientras estaba sentado en una banca en el hospital esperando a que su hija pariera su tercer bebé. Ni su esposa ni él estaban conformes con que su hija tuviera ese bebé: no estaba casada y no contaba con los recursos para sostenerse y sostener a sus otros dos hijos y mucho menos para sostener a un tercer hijo. El padre del bebé había desaparecido del mapa. Ella se había rehusado a someterse a un aborto y había insistido en llevar el embarazo a término. Así que ahí estaba él a las 2 a.m., esperando junto con su hija a que la recibieran en la sala de partos. Se quedó dormido en la banca y soñó que se encontraba en el cuarto de hospital de su hija. Algunas mujeres deambulaban por ahí, haciendo diferentes tareas. De repente, tuvo una visión (en el sueño) y en la visión, ve que hay unas veinte personas paradas alrededor de la cama de su hija, esperando a que pariera. Todas esas personas están ahí para celebrar un acontecimiento *alegre*. De repente reconoce a todas esas personas. Cada una de ellas es alguien que conoce del pasado. Explora sus caras: ahí está un amigo de la infancia, un amigo de la universidad, un ex-mentor, etcétera, etcétera. Los conoce a todos. En la visión del sueño, son de la edad que tenían cuando los conoció. Está extático y lleno de gozo, ya que se da cuenta de que aunque algunos ya murieron, aún así están ahí y han regresado para acompañarlo en el nacimiento de su nuevo nieto. Lo rebasan sentimientos de gratitud y lágrimas de alegría por poder estar con sus amigos una vez más, cuando su hija lo despierta y le dice que ya es la hora de entrar a la sala de partos.

Este sueño/visión es una red viviente de relaciones, de vínculos entre el pasado (sus amigos de la infancia), el presente (la situación en el hospital) y el futuro (el nieto nuevo, un símbolo de futuridad), afín a las visiones místicas de interconexión de todas las cosas y seres en el cosmos, visibles e invisibles. En ese tipo de momentos, tenemos el privilegio de trascender nuestros limitados puntos de vistas y preferencias del ego. Hay realidades más amplias, tanto temporales como atemporales. La posición del ego se relativiza. El ego hace a un lado sus propias preocupaciones limitadas e inmediatas, conforme se va asentando una perspectiva más amplia. El sueño le ayudó a este hombre a cambiar su actitud hacia su hija y nieto.

La espiritualidad que surge en el análisis es espontánea, sorprendente y casi siempre va en contra de las actitudes limitadas y las expectativas del ego. Esto es posible sólo si el analista practica una espiritualidad negativa y no llena el contenedor analítico con contenidos y procedimientos positivos. La psique del paciente hace el trabajo necesario.

Otra viñeta clínica ilustra la aparición de la función religiosa a través de un acontecimiento sincronístico llevado al análisis. La sincronicidad es la coincidencia significativa de los factores subjetivos y objetivos. Con mayor frecuencia, el momento de ser testigo de la sorprendente interconexión entre las cosas, tanto internas como externas, se deriva del contexto de una relación humana cercana.

Un paciente, que para nada estaba inclinado hacia una mentalidad mística y buscaba ser un hombre moderno racional y escéptico, en todos los sentidos, me contó un suceso poco común. Estaba anodadado por un incidente que sucediera el día anterior a nuestra sesión. Su hija había llamado desde otro país y le había contado sobre un accidente casi fatal que había tenido mientras conducía un viejo auto rentado en una estrecha carretera en la montaña. Una de la llantas del vehículo se había reventado y casi le había causado que se saliera de la carretera y se precipitara hacia la muerte en el fondo de la barranca. Aunque la había afectado profundamente, estaba bien. Le estaba contando este acontecimiento atemorizante a otro de sus hijos mientras manejaban hacia la ciudad para ver un espectáculo. Justo cuando estaba a punto de platicarle sobre la llanta que se había reventado, una de las llantas de su carro estalló, haciendo un ruido escandaloso; se reventó con tanta fuerza que el borde del rin de inmediato raspó el pavimento. Se quedó sin habla. La red oculta de relaciones objetales, que incluye las esferas psicológicas y físicas de nuestra vida, a veces se evidencia de maneras sorprendentes. Si pudieramos ver la plena extensión de este fenómeno, veríamos que cada uno de nosotros está conectado por hilos entretejidos en un gran tapiz cuyo tamaño y diseño más íntimo están más allá de nuestro entendimiento y nos tocamos unos a otros de maneras extrañas y en lugares sorprendentes. El resultado neto de tal experiencia sincronística es la convicción de que trasbambalinas operan factores invisibles que ni controlamos ni entendemos. Si les ponemos atención, nos involucramos en lo que Jung llamó la actitud religiosa.

Capítulo 10
Sanación profunda[1]
Una entrevista con Robert Henderson

Rob Henderson (RH): Actualmente, en el mundo occidental de la psicoterapia y la salud mental, se dirige la atención al trabajo que se enfoca en soluciones a corto plazo. Un número cada vez mayor de individuos cuentan con una variedad de medicamentos que toman regularmente, muchas veces sin tener un objetivo claro. Cada vez más padres de familia están pidiendo que se medique a sus hijos. Cada vez más niños y niñas están siendo diagnosticados con una condición mental. La gente muchas veces desea sentirse bien rápidamente. Sin embargo, la sanación y el trabajo de transformación que implican los enfoques profundos, por lo general, son a largo plazo y las compañías de seguros no las cubren. Hoy en día, algunos individuos sienten que están "en terapia" cuando lo que hacen es ver a su psiquiatra una vez al mes para revisar cómo van con los medicamentos recetados. Considerando esto, ¿qué futuro le ves al trabajo de la psicoterapia profunda, como el análisis junguiano?

---

[1]Originalmente publicada en *The Jung Journal*, 2009, Vol. 3, No. 4. Dr. Robert Henderson es un psicoterapeuta pastoral en Glastonbury, Connecticut, Estados Unidos.

Murray Stein (MS): Has colocado el dedo en la ansiedad del día entre los psicoterapeutas profundos de todas las escuelas. El psicoanálisis junguiano no es comida rápida. Para empezar, se toma un esfuerzo considerable formar a un clínico en esta disciplina. Esta formación exige una profunda lectura de la propia psique, así como de la psique de los pacientes. Esto necesariamente requiere cuidado, tiempo y una interacción intensa con el mundo psíquico.

Esto no implica que los psicoanalistas junguianos no puedan también dar una asistencia valiosa en un tratamiento a corto plazo. Existen suficientes herramientas para esto también. Sin embargo, para lograr la profunda transformación de la personalidad y la conciencia que busca el psicoanálisis junguiano, se requiere bastante tiempo. Preguntas si acaso este tipo de trabajo tiene un futuro en el actual mundo cultural tan acelerado e impaciente. Pienso que sí, aunque no sea enorme el cambio. Por supuesto que nunca lo fue.

El análisis es, por naturaleza, elitista; no es que sea socialmente elitista, sino que es cultural y psicológicamente elitista. Quienes buscan el análisis, no son necesariamente la élite social o financiera del mundo. Muchas veces, están lejos de eso. Más bien son individuos que encuentran en su interior una dedicación especial a la conciencia, a la observación psicológica de sí mismo y de los demás. Supongo que podríamos llamarle un don, o quizás una maldición. Esta inclinación determinada a explorar la psique es afín a la búsqueda de la sabiduría, a la pasión del filósofo. Esta es también una preocupación elitista que no es muy gratificante financiera o profesionalmente en el mundo académico de hoy, en el cual la ciencia de la computación es mucho más popular entre los estudiantes y atrae grandes cantidades de financiamiento a las universidades.

Por mi cuenta, no me causa desesperanza el futuro del psicoanálisis junguiano porque veo que hay nuevos individuos que buscan entrar en la formación, muchas veces son jóvenes con talento o de entre 40 y 50 años que encuentran soluciones más rápidas, más económicas y, a mi parecer, inferiores a los problemas que les presenta la psique individual y colectiva, a las cuales tristemente les falta sustancia. Se siguen escribiendo libros junguianos, muchos de ellos de una calidad bastante buena. Actualmente, en un número de universidades y de continentes existe un movimiento académico emergente que se denomina Estudios Junguianos. Aunque la consulta de nuestros colegas no está abultada y con la demanda rebasada, con largas listas de espera como en las décadas de los ochenta y los noventa, sin embargo, está suficientemente llena y resulta satisfactoria.

RH: ¿Cuáles son algunos de los factores que nos están llevando a enfoques a corto plazo que pretenden hacer que los pacientes se sientan bien de inmediato y con una mayor dependencia de los medicamentos conforme buscamos sanarnos, atribuyéndole menos importancia a lo profundo y a largo plazo?

MS: Me parece que la mayoría no quiere desacelerar sus vidas ocupadas y estresadas para tomarse el tiempo para reflexionar sobre quiénes son, qué están haciendo, quién en ellos está ansioso, deprimido, y por qué los acechan sentimientos de vacío.

Tan sólo una parada breve basta para poder seguir. Si una píldora te ayuda a dormir o te echa a andar en la mañana o reduce la intensidad de tu ansiedad con respecto a tu desempeño, o bien mejora tu funcionamiento de una manera u otra, entonces es suficientemente buena. ¡El show debe de seguir! Es eficiente. Muchas personas no sienten que les alcance el tiempo para más. Ese es un factor. Además, está el mercado.

Lo que mueve a las farmacéuticas son las presiones financieras y necesitan vender una cantidad cada vez mayor de medicamentos. Los doctores están presionados a limitar el tiempo que pasan con sus pacientes, las compañías de seguros sienten que los accionistas están encima de ellos y exigen recortes en los costos y mayores ganancias. Todo esto se entreteje con publicidad y campañas políticas para vendérselas al público. La salud mental es un tema social y político que se reconoce a nivel mundial y una enorme cantidad de personas sufren trastornos mentales de un tipo u otro.

La depresión, los comportamientos adictivos, el suicidio, la violencia aleatoria y toda una gama de otros problemas abundan a nivel mundial, tanto en países desarrollados como en países que no están tan desarrollados, y los formuladores de políticas y los líderes políticos buscan las soluciones más inteligentes y más eficientes. ¿Cómo ayudar a toda esta gente afligida? La terapia a corto plazo es más económica que la terapia a largo plazo; las pastillas son más económicas y resulta más fácil recetarlas a nivel masivo que recurrir a la hospitalización, etcétera. La economía desempeña un papel poderoso en darle forma a las actitudes y decisiones que tome la gente con respecto a los tratamientos para lograr la salud mental y tomar psicoterapia.

Un tercer factor, me parece, es que el psicoanálisis clásico no entregó los resultados prometidos en su época de auge. Tiene un efecto curativo sobre algunas personas, más no sobre todas. La misma desilusión que se enraizó con respecto al psicoanálisis a inicios de las décadas de los años sesenta y setenta, posteriormente se extendió hacia todo tipo de psicoterapia profunda a largo plazo en la década de los noventa del siglo pasado y persiste hasta hoy en día. Sin embargo, vemos que lo mismo está pasando con respecto a medicamentos como Prozac, por ejemplo. A algunos, estos medicamentos les ayudan a sentirse mejor, aunque a otros los vuelve locos. Existen efectos colaterales no intencionados. No proporcionan soluciones permanentes y, a veces, el sufrimiento psíquico que logran reducir en un primer momento, regresa posteriormente con efectos debilitantes mucho peores que antes, como los demonios que regresan al alma de la que una vez fueron expulsados, multiplicados por diez.

La psique humana es un instrumento delicado y complejo, y lo que le resulta medicinal a una persona, puede que sea venenoso para otra. Es complicado responder a la pregunta de cuál es el mejor tratamiento para este individuo o para aquel. No se trata de una situación donde una talla le queda a todos. No obstante, las respuestas sencillas son tentadoras y los individuos muchas veces no están en la posición de decidir lo que es mejor para ellos, por lo que primero prueban la opción más cercana y menos cara.

Regresando a la pregunta que planteas, un cuarto factor podría ser lo que consideramos el factor defensivo. Se puede decir que la gente, en general, no quiere enfrentar sus problemas ni básicamente lidiar con ellos, sobre todo si se les ofrece otra opción más fácil y menos exigente.

Si puedes tapar una gotera en el techo y detener el goteo por unos meses, ¿para qué molestarte y gastar en quitar el techo viejo y poner uno nuevo? La respuesta, por supuesto, es clara: para ya no tener el mismo problema o un problema peor el año que entra cuando se derrita la nieve y el hielo. Sin embargo, resulta tentador pensar a corto plazo. Además, podría ser un síntoma del espíritu de la época, del *Zeitgeist* en el que vivimos hoy en día. ¿Cómo saber si vamos a estar en la misma casa el año que entra? Quizás perdamos nuestro empleo, no podamos pagar la hipoteca, nos muramos de influenza o de cáncer, así que ¿para qué nos preocupamos?

Parece abrumador enfrentar este dolor psíquico y examinar dónde se origina, buscar perspectivas más amplias para encontrarle el sentido al dolor e insertarlo en un patrón de nuestro destino, invitar al inconsciente a decir algo acerca de tu condición actual y tomar esto muy en serio, confesarse al otro y entrar en una relación terapéutica profunda y continua que podría causarte niveles primitivos de miedo; todo esto se ve muy desalentador. Quizás sea mejor tan solo tomarse una pastilla, encender la televisión e irla pasando día tras día.

RH: ¿Cuál es el precio que paga un individuo y una cultura cuando los mueve el impulso a corto plazo del *Zeitgeist* de sentirse bien al instante?

MS: Cualquier intercambio implica beneficios y, por supuesto, también pérdidas. Un placer a corto plazo puede ofrecer un sentido de exaltación y liberación, aunque al mismo tiempo implique un dolor a largo plazo. Mientras argumentaba a favor de realizar una lectura profunda y sostenida de los textos canónicos, en un clima cultural que tristemente se dirige a estímulos televisivos por segmentos de diez minutos o menos, a Harold Bloom se le preguntó: "¿Por qué motivo se intercambiarían los placeres fáciles de alcanzar por placeres difíciles de lograr?

Su contestación no fue sencilla. La meditó profundamente: los placeres más difíciles producen algo que no pueden dar los placeres a corto plazo. En una sola palabra, la sabiduría: esa cualidad de profundidad de sentimiento y visión que nos permite capturar un aprecio por la complejidad de la vida y puede llegar a conclusiones fuertes y compasivas. Los analistas que han trabajado por algunos años en análisis a largo plazo, ya sea con una gran frecuencia semanal o no, saben que los tipos de cambio psicológicos que importan *no se adquieren* fácilmente ni de forma rápida.

La mayoría de los individuos que entran a terapia, se sienten mejor después de una sesión, aunque sea una sola y después de cinco o seis sesiones, muchas veces sienten que ya se compusieron. ¿Será así? Ciertamente no en el sentido profundo o duradero de la palabra. No es que un solo sueño nos cure, sino que es más bien una larga secuencia de sueños considerada dentro de una relación terapéutica continua la que logra que la pesada nave de su carácter tome una nueva dirección. Por lo tanto, ¿cuál es el precio que se paga por tomar el camino a corto plazo que te hace sentir bien ahora mismo? Es la defensividad atorada la que podría producir una superficialidad y una labia asombrosa, actitudes infladas de autosuficiencia, el peor y más peligroso tipo de arrogancia, ya que no hay capacidad para reflexionar con el fin de verificar los comportamientos y pensamientos impulsivos de una psique no transformada. Es precisamente lo que hemos visto en la política exterior de Estados Unidos desde el 11 de septiembre de 2001.

RH: ¿Acaso estás sugiriendo que la forma en la que nuestra cultura está abordando nuestra salud mental es también la forma estadounidense en la que se abordan otras áreas de la vida, como la política exterior?

MS: Sí, todo pertenece a una misma pieza. Hay que reconocer que, hoy en día, la industria de la salud mental está estrechamente entrelazada con el tejido cultural predominante. Los profesionales de la salud mental no se encuentran alejados de la sociedad como en algún momento del pasado en el que a los psiquiatras se les llamaba, por ejemplo, ¡alienistas!

La cultura y sus actitudes predominantes, sus modas pasajeras, sus urgencias del día, se van infiltrando en la psique de todo el mundo e influyen sobre todos los campos, incluyendo la profesión de la psicoterapia. La inmensa popularidad de la terapia cognitivo-conductual (TCC) es sintomática. Aunque muchos de los terapeutas cognitivo-conductuales con experiencia saben perfectamente que el tratamiento a corto plazo, enfocado en los síntomas, prácticamente sólo compone temporalmente los estados de ánimo, sólo logra mejorar el desempeño brevemente sin alterar los patrones de actitud y comportamiento más profundamente arraigados (los "complejos" en términos junguianos), se sienten presionados por las actuales urgencias culturales, sociales y financieras para mantenerse en sintonía con la línea partidista.

Se nos ocurre pensar cómo es que se persuadió a la psiquiatría a servir a la ideología y al Estado en la exUnión Soviética. Estoy seguro de que hubo muchos doctores en ese sistema que siguieron sirviendo al Estado a pesar de sus remordimientos con el fin de proteger a sus familias e intereses personales.

Hoy en día, la gente quiere resultados rápidos con poco esfuerzo. Lamentablemente, o quizá afortunadamente para el alma, este enfoque no funciona con las problemáticas más difíciles que enfrenta la humanidad. Cambiar al individuo, o a la sociedad, de manera significativa (con cambios de personalidad, modificación de las defensas, el retiro de los bloques neuróticos que obstaculizan el crecimiento, cambio de carácter, creación de una narrativa cargada de significado) exige paciencia, tiempo y un esfuerzo continuo de reflexión. Se trata de un punto de vista que es difícil de vender al público hoy en día. El trabajo arduo, el crecimiento lento, la reflexión profunda y el esfuerzo esmerado dirigido a problemas que aparentemente no tienen solución no son temas populares.

RH: Anteriormente mencioné el aumento del número de niños y niñas que están medicados, muchas veces por petición de sus padres. También estamos identificando un aumento en los medicamentos antipsicóticos recetados a los residentes en residencias de la tercera edad, muchas veces como un aliciente para que se duerman cuando irritan al personal. Como psicoterapeuta profundo, ¿cómo ve estas tendencias?

MS: Estas tendencias se enraízan en actitudes que están ciegas ante la realidad del alma. De hecho, representan ataques al alma. La psique es territorio sagrado, es la *imago Dei* dentro de un marco humano. El alma, por lo menos, merece respeto y atención reflexiva.

Los padres que buscan medicar a sus hijos para así controlar sus sentimientos y comportamientos rebeldes deberían de preguntarse por qué están tan enfurecidos con las almas a las que ayudaron a encarnar en este mundo, recibiendo la responsabilidad no sólo de parirlos, sino también de criarlos, nutrirlos, sostenerlos y protegerlos hasta que puedan hacerlo por sí mismos. Igual de importante es que los padres se interesen en lo que está empujando a sus hijos a hacer *acting outs*.

Muchas veces, no resulta fácil descubrir esto y requiere de tiempo, una escucha atenta, observación, así como un auto-examen (¿qué tipo de perturbaciones en los padres y en la relación parental están subyacentes al comportamiento disruptivo y las reacciones emocionales en los hijos?). ¡Lleven a su hijo o hija al terapeuta si no logran entender lo que está comunicando su comportamiento!

Quizás el terapeuta les puede traducir el mensaje. Con respecto a las personas incapacitadas de la tercera edad, es el mismísimo problema. Este tipo de mal uso de la medicina es un abuso del alma.

RH: Para muchos hombres, Viagra y Cialis se han vuelto medicamentos milagrosos de la era moderna. Argumentan que les permite enfrentar los problemas sexuales instantáneamente. Hay noticias de que pronto habrá medicamentos comparables para las mujeres. ¿De qué nos perdemos cuando adoptamos este enfoque a los problemas sexuales?

MS: En un esfuerzo por aliviar la ansiedad por el desempeño, uno tiende a exagerar la magnitud de lo que de otra manera se podrían considerar problemas insignificantes en donde se coloca el acento en el lugar correcto dentro del contexto de una relación íntima. El desempeño y el placer sexuales pertenecen a un contexto más amplio y no son "problemas" o "asuntos" a tratar mecánicamente como partes separadas del tema en cuestión.

En el clima cultural contemporáneo, la sexualidad tiende a escindirse y disociarse de la totalidad de la persona, volviéndose un fin en sí mismo. Tomar Viagra y ese tipo de medicamentos es una especie de "dopaje" para mejorar el desempeño, a menos que su uso se coloque dentro del panorama de un acto de amor entre dos personas que desean una intimidad profunda a través de una experiencia compartida. No tengo nada en contra de permitir que la medicina moderna nos ayude a vivir una vida mejor.

Yo mismo, por ejemplo, desde los 14 años, uso lentes para ayudarme a vivir de manera normal. Es imaginable que un hombre tome Viagra para permitirse una intimidad física más profunda con su ser amado y no primordialmente para calmar su ansiedad o presumir una sorprendente potencia masculina. Similarmente, es probable que una mujer sienta la necesidad de aumentar su libido y su receptividad hacia su amante a través del uso de un medicamento parecido, sobre todo considerando que la segunda mitad de la vida especialmente pasa la factura a nivel del aparato físico.

RH: Conforme la cultura de la salud mental hace un viraje hacia enfoques de corto plazo que se enfocan en aliviar los síntomas, ¿qué le sucede al entendimiento de lo que es la sanación?

MS: Tristemente, hoy en día la sanación está pasada de moda en la mayoría de las escuelas de pensamiento y formación psicoterapéutica. Se le ha remplazado con afrontamiento, funcionamiento, ajustes y demás estrategias del ego que prometen un alivio inmediato de los síntomas y conseguir que los individuos regresen al trabajo. Lo que en círculos junguianos significa el término de "sanación" tiene que ver con el desarrollo de una vida simbólica, la relativización del ego e involucrarse en un proceso de individuación.

Nada de esto se puede lograr en 20 sesiones de terapia dirigidas al alivio de síntomas. Sin embargo, lamentablemente el alivio que se alcanza muchas veces tiene una vida igual de corta que el tratamiento. Desde un entendimiento junguiano de lo que es la sanación, se ven los síntomas como instigadores de una profundización de la conciencia consciente de la realidad psíquica. Jung solía decir: "Da gracias a Dios por tu neurosis: es un llamado a individuarte. La sanación implica alcanzar la totalidad y necesitas una sacudida para moverte en esa dirección.

Deshacerse de los síntomas te deja en el punto donde estabas anteriormente, quizás en una situación un poco más cómoda, aunque de ninguna manera más desarrollada psicológicamente. Es como tomar una aspirina para un dolor artrítico. Es probable que la artritis te esté llamando a realizar cambios fundamentales en tu vida; la aspirina te ayuda a seguir como antes, pero con un poco menos de dolor. Si quieres tratar el problema básico, tienes que hacer mucho más que deshacerte del malestar.

RH: Al momento de esta entrevista, se están sacudiendo los cimientos financieros de Estados Unidos y del mundo entero y los individuos se preocupan y sienten miedo por el futuro. Desde una perspectiva profunda, ¿qué enfoque resulta útil para preocupaciones de tal magnitud?

MS: Esta crisis acecha como un monstruo de las profundidades, un verdadero dragón que amenaza con tragarse a todos. Me gusta la forma en que Erich Neumann analiza la ansiedad. Puede que la amenaza aparente venga desde el exterior, como una crisis económica mundial o las amenazas del terrorismo y la guerra por parte de un "otro" desconocido, o bien puede que emerja desde el interior como una amenaza de locura o posesión. Sin embargo, en ambos casos, se trata de una amenaza a nuestra frágil conciencia del ego en su existencia precaria. Cuando el castillo de naipes de las finanzas se viene abajo, sentimos como que nos está tragando las fauces de la Madre Devoradora.

Nada parece estable, nada parece invulnerable, nada parece estar más allá de su alcance. La portada de un número reciente de *The Economist* [*El Economista*] muestra a un hombre parado al borde de un precipicio que se está desmoronando, fijando la mirada en el oscuro abismo que se encuentra a sus pies. Esta es ansiedad arquetípica y augura el inicio de la transformación, que siempre debe proceder a través de entrar a la oscuridad y asumir el calvario de la iniciación en un nuevo nivel de conciencia.

A mí me parece que esta crisis financiera es parte de la enorme transición histórica en la que está entrando nuestra cultura mundial y debido a que estamos tan cerca de este cambio y nos encontramos atrapados en su campo energético, no podemos imaginar lo que va a resultar de este proceso. En momentos como este, me parece que el enfoque junguiano a la crisis y transformación nos puede ayudar a orientarnos y tener perspectiva. Sin embargo, no hay manera de evitar el proceso en el que se halla atrapada la comunidad global en su conjunto.

RH: Con la elección de Barack Obama como Presidente de Estados Unidos, muchos están sugiriendo que se están dando importantes cambios de paradigma. ¿Estás de acuerdo? y, de ser así, ¿en tu opinión como psicólogo profundo, cuáles son algunos de estos cambios?

MS: Al vivir en Suiza, me asombró darme cuenta de la importancia que tiene esta elección de un presidente estadounidense para quienes viven tan lejos y están fuera de la órbita inmediata de la política de Estados Unidos. Estaba claro que algo muy grande y simbólico estaba en marcha.

En la noche de la elección, las calles y bares de las principales ciudades suizas se desbordaron celebrando la victoria de Barack Obama. Era como si la selección nacional de futbol de Suiza hubiera ganado la Copa Mundial. Los europeos, en general, han estado lanzando profundos suspiros de alivio al finalmente ver algo de luz al otro lado del largo y oscuro túnel taladrado por Bush y compañía. El tono emocional de la política mundial y sobre todo el papel de Estados Unidos han cambiado dramáticamente desde las elecciones.

A un nivel simbólico, me parece que la elección de Obama contiene la promesa de una reconciliación de muchos opuestos; no sólo de blanco y negro, lo cual es, por supuesto, de importancia crítica para el mundo en su conjunto y no sólo para la sociedad estadounidense, sino también para la escisión entre la izquierda y la derecha en la política, entre "nosotros" y "ellos" en las agrupaciones religiosas y nacionalistas y entre el poder y la compasión. Esperemos que la elección de Obama represente el fin de las guerras ideológicas que han causado tantos estragos y sólo han producido rencor y amargura. Por supuesto que debemos de tener cuidado de no cargar a este hombre con demasiadas proyecciones mesiánicas sólo porque nuestra necesidad es tan grande en el momento actual.

En un nivel práctico, la elección de Obama les facilita considerablemente a los suizos y demás europeos volver a tener el placer de visitar Estados Unidos para asistir a conferencias y congresos que se realizan de vez en cuando y son patrocinados por los junguianos. Estados Unidos está empezando a relucir nuevamente, como brillaba después de la segunda guerra mundial hasta que los horrores de nuestras acciones militares en Vietnam mancharon su imagen dorada de ser el hogar de un pueblo compasivo y tolerante. Hace unos pocos años, en una encuesta aplicada a ciudadanos suizos, se votó que Estados Unidos era la nación más peligrosa de la Tierra. Ahora, está cambiando radicalmente esta percepción.

Acá le llamamos obamamania y ¡estamos lanzando nuestros sombreros al aire! Efectivamente, esperamos que la elección esté augurando un cambio de paradigma para Estados Unidos y el mundo.

RH: Ha sido maravilloso compartir esta entrevista contigo. Aprecio tus puntos de vista.

MS: Ha sido un placer.

Capítulo 11
Los símbolos y la transformación de la psique[1]

Introducción

Mi doctor de cabecera en Thun recientemente se quejaba de la gran cantidad de pacientes que atiende que se encuentran perfectamente sanos, pero acuden a él doblándose de dolor y quejándose de sus síntomas. "Están locos", exclamó, alzando las manos en frustración. "Son gente perfectamente sana, pero ¡no logran convivir con su salud! Por otro lado, tengo pacientes que se sienten lo más sanos posible, y les tengo que informar que les quedan seis meses de ida porque acabo de descubrir un linfoma. ¡Me gustaría enviar a la gente sana a la luna! ¡Están locos de remate!"

Su queja me recordó las primeras páginas del libro sobre las Conferencias Terry de Jung impartidas en 1936 en la Universidad de Yale, titulado "Psicología y religión." Ahí le cuenta a su público sobre el poder que puede tener una neurosis sobre la vida de un paciente. Ilustra, por ejemplo, con el caso de un hombre que se imagina que tiene cáncer, aunque no hay eidencia física de cáncer en su cuerpo. Después, se siente completamente perdido y se llega a convencer

[1] Originalmente publicado en *Symbolic Life 2009*, primavera, Vol. 82. Ligeramente revisada para esta publicación.

de que está loco. Procede a consultar a Jung, como psiquiatra. "Ayúdeme, doctor. Creo que me estoy muriendo de cáncer, aunque es absurdo y aun así ¡no puedo dejar de pensarlo!" ¿Qué hace Jung como psiquiatra con este cáncer imaginario?

"A este último le dije que era mucho mejor que se tomara en serio su obsesión en vez de injuriarlo como un mero disparate patológico. Sin embargo, tomársela en serio implicaría reconocer que es una especie de diagnóstico del hecho de que en una psique que realmente existía haya aparecido un problema que adopta la forma de un tumor canceroso. 'En tal caso', seguramente preguntará el paciente, '¿qué puede ser este tumor?' Mi respuesta sería: 'No lo sé', pues lo cierto es que lo ignoro por completo. Aunque ... se trata, sin ninguna duda, de una formación inconsciente compensatoria o complementaria; todaía no se sabe nada sobre su naturaleza específica o contenido. Se trata de una expresión espontánea del inconsciente, basada en contenidos que no se encuentran en la conciencia ... Posteriormente, procedo a informarle ... que sus sueños nos facilitarán toda la información necesaria y que procederemos a entenderlos como si provinieran de una fuente que goza de inteligencia, persigue un fin determinado y está revestida de rasgos de algún modo personales. ... El síntoma es como el brote de una planta sobre la tierra, mientras que el cuerpo principal de la planta se extiende bajo la tierra como un rizoma. Este rizoma representa el contenido de la neurosis, la matriz de los complejos, de los síntomas y de los sueños. Tenemos incluso buenas razones para suponer que los sueños son justamente el reflejo de esos procesos psíquicos subterráneos. Si llegamos a ese nivel, literalmente llegamos a la 'raíz' de la enfermedad".[2]

La idea delirante de un crecimiento canceroso en un cuerpo sano es, pues, un *símbolo*, que puede proporcionar un punto de entrada en la esfera inconsciente de los complejos, los procesos y los conflictos escondidos. Así como un cáncer físico le drena la vida

[2] C. G. Jung, *Psicología y religión, Obras Completas,* Vol 11, párrs. 35-37.

a un organismo vivo si se le permite crecer sin control alguno, un cáncer psíquico, también, le drena la energía psíquica vital al indiiduo y produce un estado de estancamiento desprovisto de esperanza e incluso finalmente lleve a la muerte psíquica. Los símbolos tienen el poder de hacer precisamente eso. Para bien o para mal, acumulan, contienen y canalizan la energía psíquica.

En un sentido, este síntoma psíquico es una metáfora, en tanto que toma prestado el lenguaje de lo físico (el cáncer, la enfermedad) y lo aplica a la esfera de lo psíquico. Esta transferencia del lenguaje de una esfera a otra es lo que hacen los poetas cuando recurren a las metáforas. La psique involuntariamente actúa de manera poética al afirmar: "Estoy enfermo de cáncer", cuando la persona, si estuviera más consciente de su sufrimiento psíquico, diría: "Siento una profunda desesperación", o "No tengo energía," o bien "¡Estoy en un conflicto, sin esperanza alguna, que me está carcomiendo en vida!" Sin embargo, este paciente no puede decir eso. Sólo puede decir: "Estoy convencido de que tengo cáncer, y ¡no puedo sacarme esta idea irracional de la cabeza!" Es un poeta involuntario. Él no ha elegido este símbolo de manera consciente o voluntaria; es el símbolo el que lo eligió a él. No tiene la libertad como para descartarlo y no logra interpretarlo. Así que va al analista y le confiesa que está poseído por un símbolo y que no sabe lo que significa. Es comprensible que se sienta humillado por el síntoma absurdo y el implacable atrapamiento que ejerce sobre él. Jung argumenta que tal morbilidad es, por lo general, vergonzosa, y al paciente le da pena reconocer esta debilidad. Se encuentra atrapado en un complejo y el inconsciente simboliza este factor psíquico –poderoso, autónomo e inconsciente– como un caso de cáncer. Se debe de analizar este atrapamiento en el complejo y hacerlo consciente para que así el sufrimiento tan real causado por el síntoma-símbolo se pueda transformar en sufrimiento psíquico. Quizás se puedan constelar otros recursos psíquicos, ayudando así a que se dé el libre flujo de energía (libido) hacia tareas y metas más revitalizantes.

¿Qué es un símbolo?

Jung entiende y utiliza el término *símbolo*, de manera diferente de una metáfora, en tanto que lo que le comunica o presenta a la conciencia es absolutamente intraducible a otros términos, por lo menos por el momento. Los símbolos son opacos y muchas veces hacen que se paralicen los pensamientos. Las metáforas son transparentes y así debe de ser si han de hacer su trabajo. Nos ayudan a pensar de manera creativa, a pensar "afuera de la caja". Si un poeta escribe, por ejemplo, que un puente salta ("proyectando una bóveda sobre el mar") y lo aborda como un "arpa" y un "altar", como hace el poeta estadounidense Hart Crane en su famoso poema "Al puente de Brooklyn", el lector puede con diligencia desentrañar el sentido de lo que el poeta intenta comunicar. Sabemos lo que es un puente, y también sabemos lo que significa "saltar" y lo que es un "altar" y un "arpa". Podemos pensar junto con el poeta y apreciar lo que quiere decir con estas metáforas. Todas las imágenes se refieren a datos sensoriales en el mundo material y la reflexión producirá ideas interesantes sobre cómo pertenecen el uno al otro y lo que significa esta concatenación única. Sin embargo, si un paciente dice: "Estoy convencido de que tengo un tumor canceroso en mi cuerpo, aunque no haya evidencia, ¿qué significa esto?" el psicoterapeuta deberá confesar, con Jung, "No tengo idea de lo que significa, pero podemos explorar la imagen. Al voltear a ver tu vida, tu historia, tus sueños y fantasías, puede que logremos descubrir algo que en este momento quedó fuera de la conciencia y es análogo al cáncer". Se trata de una diferencia importante. La conexión entre el significador y el significado es totalmente opaca en el caso de los símbolos; con las metáforas, al contrario, esta conexión es evidente, aunque muchas veces sea muy complicada y, a primera vista, desconcertante.

Jung relaciona al símbolo con un entendimiento de las dinámicas psicológicas y esto diferencia su perspectiva con respecto a otras definiciones de símbolo y lo simbólico, como las definiciones filosóficas o literarias. La definición de Jung es psicológica y busca servir a los propósitos de captar el significado de los síntomas e imágenes conforme vayan apareciendo irracionalmente en la experiencia de los pacientes, en particular, aunque también en individuos de cualquier lugar del mundo en general. Jung define el símbolo de la siguiente manera: "Un símbolo no es un signo que encubra algo que todos conocen, sino un intento por aclarar analógicamente lo que todavía no se conoce del todo y se halla aún en proceso de devenir".[3] Un símbolo presenta un contenido inconsciente abriéndose camino hacia la conciencia. En tanto analogía, presenta algo que de lo contrario sería completamente inconsciente.

El paciente con la idea delirante de tener un tumor canceroso en su cuerpo no puede en ese momento expresar su sufrimiento de cualquier otra manera o de mejor manera, o bien de una manera más precisa y psicológicamente descriptiva. Por lo tanto, él habla de símbolos sin ningún entendimiento consciente en absoluto de lo que pueda estar comunicando el símbolo. Su opinión es que es simplemente una idea delirante, una idea loca de la que no se puede deshacer. El doctor tampoco sabe lo que significa. Con los símbolos, solamente sabemos que presentan algo por analogía, que hay mucho más ahí de lo que podemos captar rápida y conscientemente y que hay algo profundamente escondido y oscuro. El psicoanalista junguiano tendrá fe de que en el símbolo hay algo lleno de significado, aunque por lo pronto eso sea todo.

Una vez que se entiende el símbolo cognitivamente –sea como expresión de una ramificación de un trauma de la infancia, como una imagen de conflictos intrapsíquicos o interpersonales, como un bloqueo al potencial creativo, o bien cualquier otro significado que pueda tener– se le puede hacer a un lado como símbolo. He aquí una declaración de la hermenéutica de Jung:

"Una forma de interpretar la expresión simbólica como la mejor formulación posible de algo relativamente *desconocido* ...

[3] C. G. Jung, "La estructura del inconsciente", párr. 492.

Mientras un símbolo esté vivo, es la expresión de algo que no se puede caracterizar mejor de ninguna otra manera. El símbolo sólo está vivo mientras está preñado de significado. Sin embargo, una vez que ha dado a luz a su significado, una vez que se ha encontrado la expresión que formula lo que se busca, espera o adivina aún mejor que el símbolo aquí aceptado, entonces el símbolo está muerto, es decir, sólo posee un significado histórico. ... Una expresión que representa a algo conocido es siempre un simple signo, nunca un símbolo."[4]

A partir de ese momento, el símbolo se transforma en signo, y entonces tanto el significador como el significado se expresan abierta y claramente ligados entre sí. Se vuelve un marcador histórico: un paciente hipotético podría declarar: "Solía pensar que tenía cáncer, pero lo que descubrí es que los traumas, los conflictos de la infancia y la consiguiente falta de confianza en mí mismo, bloquearon mi libido". Una vez que se haya descubierto el sufrimiento *psíquico* necesario y se haya hecho consciente, el símbolo se vuelve un "signo" y entonces la conciencia lo podrá usar como metáfora, si el paciente elige ser poético.

Un objetivo terapéutico fundamental del análisis es convertir los símbolos en signos y posiblemente en metáforas y así liberar la conciencia del paciente del atrapamiento de los complejos autónomos y desbloquear el flujo de la libido hacia canales más satisfactorios de vivir, amar y crear. Así que mi médico en Thun, en vez de enviar a esos pacientes locos a la luna, ¡los debería de mandar a un buen psicoterapeuta!

Hasta aquí todo va bien, aunque, ¿acaso es suficiente? Jung y la mayoría de los junguianos hoy también, me atreería a decir, objetarían quedarse en esta meta positiva aunque bastante limitada del análisis. Pensar que con esto basta, significaría quedar satisfechos con transformar el sufrimiento inconsciente en sufrimiento consciente y lograr lo que la psicoanalista estadounidense

[4] C. G. Jung, *Tipos psicológicos*, párrs. 820-822.

Elizabeth Zetzel define como salud psíquica: "La salud psíquica exige una iniciación exitosa y una posterior integración de esas capacidades que a lo largo de la vida facilitarían, primero, el reconocimiento pasivo y la tolerancia de las limitaciones, pérdidas y amenazas, e igualmente, los esfuerzos activos dirigidos a encontrar y obtener los objetos disponibles y las metas personales que permitan tanto gratificaciones pasivas como logros activos".[5] Este es, por supuesto, un resultado altamente deseable para un análisis terapéutico, aunque no alcanza a ser lo que Jung veía como el pleno potencial para el desarrollo psíquico que debe promover el análisis.

Algunas diferencias entre Jung y Freud

Ahora, me referiré brevemente a algunas diferencias entre Jung y Freud y cómo llevaron a importantes diferencias entre los dos campos a los que dieron origen: el psicoanálisis y la psicología analítica.

Antes que nada, con respecto al término de "libido", la principal diferencia es que Jung eligió utilizar el término en un sentido más general de "energía psíquica" y no circunscribió su significado, como lo hiciera Freud, exclusiamente al deseo sexual o al impulso/instinto sexual. Para Jung, la libido se volvió un término genérico que abarca todos los tipos específicos de manifestaciones de energía psíquica. Al inicio, puede que haya parecido ser una diferencia pequeña, pero con el tiempo realmente marcó una gran diferencia en sus teorías acerca de la economía psíquica, la motivación, y la aplicación práctica de estas teorías al trabajo clínico. Conforme Jung continuaba sus exploraciones del inconsciente personal y colectivo en los años posteriores a la ruptura con Freud, se percató de una intuición que ya había tenido en su periodo anterior a Freud y evidenciado en su libro sobre la esquizofrenia, *Psicología de la dementia praecox*. Elaboró la idea de que la psique

[5] Elizabeth Zetzel, *The Capacity for Emotional Growth,* pp. 283-284.

tiene una función prospectiva y creativa y que cuando se activan los símbolos, sirven para organizar las estructuras y patrones que sigue la libido. Desde esta perspectiva, los símbolos desempeñan un papel dinámico al potencialmente permitir que la psique *avance* en un desarrollo hacia una mayor totalidad, en vez de *retenerla*.

La causa más inmediata de la ruptura aguda y decisiva entre Jung y Freud fue la obra de Jung *Símbole und Wandlungen der Libido* [*Símbolos y transformaciones de la libido*] y, por supuesto, la fría recepción de Freud de las ideas revisionistas que Jung estaba planteando ahí. Ya en ese entonces, Jung estaba utilizando el término libido en el sentido más general de energía psíquica o simplemente "interés", más que como energía o deseo sexual específicamente. Más aún, interpretaba el deseo del incesto y el tabú del incesto como el deseo de permanecer en estado infantil (una especie de deseo de estar en el paraíso) y la prohibición en contra de la realización de este deseo como un imperativo psíquico de avanzar hacia el desarrollo y la madurez. En este trabajo, Jung estaba explorando la formulación de la psique como un sistema de auto-regulación cuya meta era el pleno desarrollo de las potencialidades del individuo. En otras palabras, concebía a la psique como orientada hacia propósitos y metas de desarrollo. De ahí el título de *Wandlungen der Libido* (*Transformaciones de la libido*). Desde su punto de ista, las transformaciones de la libido a las que se refería aquí, tenían un propósito y una meta y los símbolos desempeñaban un papel destacado en este proceso. En esa época, Jung todavía no había elaborado en suficiente medida lo que llegaría a ser la teoría de los arquetipos como para poder explicar esta característica teleológica de la ida de la psique. Estaba explorando en la oscuridad, de ahí la naturaleza bastante caótica del texto. Sin embargo, cuando revisó este libro para su publicación en 1952 y le dio un título nuevo, *Símbolos de transformación*, le agregó pasajes extensos que explican y enraízan el trabajo en la teoría de los arquetipos. Así, en un nuevo pasaje escribe lo siguiente sobre los símbolos:

> Los símbolos que crea [es decir, la psique] siempre están enraizados en el arquetipo del inconsciente. ... Los símbolos actúan como *transformadores*, cuya función es transformar la libido de una forma "inferior" a otra "superior". Esta función es tan importante que el sentimiento le otorga los valores más altos. El símbolo opera a través de la sugerencia, es decir, carga la convicción y, al mismo tiempo, expresa el contenido de esa convicción. Logra hacer esto, en virtud del numen, es decir, de la energía específica almacenada en el arquetipo. La experiencia del arquetipo no sólo es impresionante, sino que se apropia y posee la totalidad de la personalidad ... la primera tarea con que se topa el psicoterapeuta consiste en que él mismo tenga que volver a entender los símbolos, para poder así entender a su paciente en su afán compensatorio inconsciente por hacerse de una actitud que refleje la totalidad de la psique."[6]

Aquí, él propone la idea de que los símbolos transforman la libido en una dirección "superior". Esto es parecido a la "sublimación" de Freud, pero no indica un mecanismo de defensa, ni Jung ve esto como abandonar el famoso residuo freudiano de "descontento" o "malestar".

Se podría decir que los símbolos son los medios a través de los cuales se sublima la energía psíquica ya que pueden moldear y canalizar la libido y enviarla vertiginosamente por senderos que llevan a motivaciones, actividades, actitudes y estados de conciencia "superiores", es decir, más complejos y completos. Sin la capacidad simbólica, los humanos seríamos criaturas mucho más sencillas, desprovistas de mente y cultura. Para Jung, la capacidad humana para recibir símbolos y hacer algo con ellos pertenece a la definición misma de lo que significa ser humano. "Los símbolos reconfiguran la materia".[7]

---

[6] C. G. Jung, *Símbolos de transformación*, párrs. 344-346.
[7] C. G. Jung, *Letters,* Vol. 1, p. 59.

En este pasaje (y en muchos otros también), Jung conecta el símbolo íntimamente con el arquetipo. Esto es extremadamente importante en la teoría junguiana. Los arquetipos son potenciales patrones de funcionamiento psíquico arcaicos y profundamente inconscientes. Si no se les constela, son extremadamente difusos y ambiguos. Se van refinando y volviendo más precisos conforme emergen en la vida psíquica en tanto patrones de percepción, comportamiento, motivación, y actitud. Los arquetipos son innatos en el sentido de que se originan en regiones psíquicas que anteceden a las experiencias y adquisiciones personales precisas del individuo y son mucho más generales que ellas. Pertenecen al inconsciente colectivo, que no es personal, al igual que la cultura no es personal. Ahí nacemos. Los arquetipos *no* son ideas ni recuerdos que se heredan, sino que son más bien patrones potenciales de motivación, acción, y reacción (defensa), que emergen en una variedad de situaciones humanas en respuesta a desafíos y a campos ambientales que exigen adaptación: como la relación entre la madre y el bebé y otras relaciones familiares, un llamado a la acción heroica en grupos de pares y en la sociedad, la oportunidad de amar, la amenaza de morir, etcétera.

Los arquetipos en gran medida se pueden parecer a los "instintos" en una matriz biológica, esperando ser "activados". A veces, Jung se refiere a los arquetipos de esta manera, como "patrones innatos de comportamiento" y muchos junguianos han seguido este modelo. Sin embargo, el riesgo de esta perspectiva es que entonces los símbolos quedan reducidos a meras representaciones de estructuras inconscientes específicas que existen en algún lugar de la subestructura biológica (por ejemplo, en el cerebro). Este reduccionismo no es tan diferente del reconocido reduccionismo biológico de Freud. Jean Knox, analista junguiana contemporánea ha escrito: "En este sentido, tanto el psicoanálisis como la psicología analítica ... de hecho, se pueden ver como reduccionistas, en tanto que reducen y objetivan la vida psíquica a través de esfuerzos por explicar su funcionamiento en términos de procesos corporales. Por lo tanto, esta similitud entre Freud y Jung es tal que los psicoanalistas y los analistas contemporáneos se unirían para rechazarla, lo cual me parece que revitalizaría a ambas disciplinas".[8] Knox procede a promover "una perspectiva que la corriente de la experiencia actual constantemente se re-configura y guía el desarrollo de la mente y del cerebro humanos. ... Los estudios sobre la infancia ... demuestran el papel crucial que juegan las relaciones íntimas en el desarrollo de la psique humana."[9]

Sin embargo, si entendemos el arquetipo en un sentido psicológicamente dinámico, quizás como Knox también argumentaría, se le puede concebir como un patrón potencial ampliamente flexible de motivación, actitud, acción y reacción a situaciones humanas críticas, o, como Jung definiera el término en una carta a Wolfgang Pauli, como probabilidad estadística: "... el arquetipo representa nada más que la probabilidad de acontecimientos psíquicos".[10] Se pueden entender los arquetipos como probables modos emergentes de operación psíquica, más que entidades fijas y heredadas en espera de que se les activen. Los símbolos, desde este entendimiento, tienen dos funciones en relación a los patrones arquetípicos: 1) expresarlos de manera gráfica y sucinta, volviéndolos visibles, memorables y concretos como imágenes, y 2) atraer a la libido y energetizar más aún los patrones arquetípicos emergentes y, de esta manera, transformar y canalizar la libido. Debido a que los patrones arquetípicos están sujetos a las reglas del acto de emerger, permanecen parcial o mayormente inconscientes hasta que se vuelvan plenamente operatios, de ahí lo que justifica la perspectiva de que los símbolos son la mejor expresión posible en el momento actual de un patrón que sigue siendo en gran medida inconsciente. Los símbolos, por lo tanto, anticipan los patrones que emergen plenamente. Una vez que se activan los

---

[8] J. Knox, "Who's Afraid of Sexuality?" p. 4. Artículo sin publicar.

[9] *Ibid.*, pp. 4-5.

[10] C.A. Meier (ed.), *Atom and Archetype: The Jung-Pauli Letters*, p. 69.

patrones y se desenvuelven por completo, la conciencia puede establecer los nombres y cogniciones que capturen su significado y los interpreten de manera efectia. Una vez hecho esto, los símbolos se vuelven signos y se vacían de su numinosidad y de su cualidad sugerente, misteriosa, y además compulsiva. En la psique, los símbolos desempeñan una función parecida a la de una partera.

Los procesos simbólicos

Regresemos ahora con nuestro paciente hipotético con la idea delirante de que tenía cáncer. Si tomamos esta idea como un símbolo, diríamos que algún contenido inconsciente estaba procurando emerger debido a una crisis en la vida del paciente y que el síntoma era tanto un llamado de ayuda ("Doctor, doctor, ¡me estoy muriendo!") y el esfuerzo de la psique por ofrecer una solución a la crisis en la que se encuentra el paciente. Un enfoque junguiano al tratamiento, en este caso, sería crear una imagen lo más completa posible del contexto de la vida del paciente hasta la actualidad, incluyendo su historia de vida, los principales déficits de desarrollo que haya tenido y sus conflictos no resueltos, su situación consciente actual en la vida (con respecto a las relaciones íntimas, al trabajo, a los significados) y luego se le añade a este contexto conscientemente establecido y creado, el material inconsciente derivado de los sueños, las fantasías, las proyecciones, la transferencia, etcétera. Una vez que se tiene esta imagen, supuestamente empezamos a entender el significado del síntoma, por qué se eligió el cáncer como símbolo, por qué cáncer de este órgano y no de aquel otro, por qué se manifestó ese conjunto preciso de síntomas. Sin embargo, esto sería apenas el inicio del proceso analítico.

Lo que a Jung y a la mayoría de los junguianos que le siguieron y aplicaron sus métodos les interesó con gran entusiasmo, no es primordialmente deshacerse de los síntomas o incluso entender su significado simbólico, sino más bien en el proceso simbólico que se abre y se revela cuando el análisis interactúa activamente con el inconsciente. Lo que es importante aquí no es solamente *un* símbolo, sino un *proceso simbólico* que revela una tendencia invisible y difícil de discernir aunque totalmente importante y dadora de vida en la psique que intenta crear *significado* en el amplio sentido espiritual de la palabra. Sólo los símbolos pueden transmitir este contenido, sólo los símbolos lo pueden presentar, sólo los símbolos lo pueden contener y ponerlo a disposición de la conciencia. Se trata de un proceso que jala poderosamente a la libido y finalmente termina transformando la vida de manera radical y decisiva.

En las Conferencias Terry, en las que Jung se refiere a un paciente hipotético con esta idea delirante de que tiene cáncer, Jung inesperadamente abandona esta figura y recurre a otra, la de un paciente real a quien conocía bien y había seguido por un periodo de tiempo. Jung dice:

> ... Propongo escoger otro caso como un ejemplo de cómo los sueños revelan los hechos internos desconocidos de la psique. El soñante era un intelectual de notable inteligencia y conocimiento. Padecía una neurosis y vino a mí en busca de ayuda porque sentía que su neurosis lo abrumaba y estaba lenta y seguramente minando su confianza ... le di la tarea de observar y poner por escrito sus sueños. No interpretamos sus sueños ni se los expliqué y sólo fue mucho después que empezamos su análisis.[11]

Este hombre era un reconocido científico y académico en Zúrich que había llegado a una crisis de la mitad de la vida. Hoy en día, los académicos conocen a fondo los detalles personales, pero no los voy a mencionar aquí. Basta con decir que en la vida académica él era un éxito por su brillantez, aunque en su vida personal e íntima era un lamentable fracaso y sufría de "estados de ansiedad, alcoholismo psicógeno y disipación moral general".[12] Los sueños que

[11] C. G. Jung, *Psicología y religión*, párr. 38.
[12] *Ibid.*, párr. 55.

tuvo después de una reunión inicial con Jung y mientras estuvo en tratamiento con uno de los estudiantes de Jung, fascinaron a Jung por las sugerencias que ofrecían acerca de las "posibles fuentes de información sobre las tendencias religiosas del inconsciente".[13] Jung resume la actitud consciente del paciente hacia la religión y lo espiritual de la siguiente manera:

> La religión carecía de toda importancia para mi paciente, y ciertamente nunca espero que le pudiera llegar a preocupar de alguna manera. Sin embargo, a raíz de una experiencia muy alarmante, acudió a mí. Mi paciente, al ser sumamente racional e intelectual, había descubierto que frente a su neurosis y al poder desmoralizador de su neurosis, sus actitudes mentales y su filosofía lo habían abandonado por completo. Su forma de ver el mundo no albergaba nada que hubiera podido servirle de ayuda para obtener suficiente control sobre sí mismo.[14]

Desde el punto de vista de Jung, los sueños llevan la atención del paciente a: "el problema de la actitud religiosa",[15] que de hecho implica el problema del significado en un nivel meramente personal.

Jung procede a ofrecer un vistazo al proceso simbólico que se desenvuelve en esta extensa serie de sueños. Con respecto a la serie de sueños, como él dice: "lo más probable es que los procesos inconscientes gocen también de una continuidad, o incluso que disfruten de ella con mayor frecuencia que los acontecimientos conscientes. ... Por ello, si queremos desentrañar cuáles serían los motivos más profundos de nuestro sueño, debemos de regresar a la serie de sueños e identificar qué lugar ocupa este último en la larga cadena de ... sueños."[16] La idea aquí es que hay un proceso simbólico que opera en el inconsciente, que si se entiende e

[13] *Ibid.*, párr. 39.
[14] *Ibid.*, párr. 51.
[15] *Ibid.*, párr. 53.
[16] *Ibid.*

interpreta correctamente, revelará las intenciones más profundas y más escondidas de la psique humana. ¿Cuáles son?

Al romper con Freud, Jung cuestiona la primordial, si no es que exclusia centralidad de la sexualidad y del impulso sexual en la ida psíquica. De hecho, concluyó que para Freud, el tema de la sexualidad misma era un símbolo, un poder numinoso basado en las energías y patrones arquetípicos, que se había apoderado de la conciencia de Freud y la controlaba. Jung sentía que para Freud, la sexualidad era una religión. Como todas las religiones, le daba dirección y significado a su vida. Como símbolo, le ofrecía significado y un prospecto infinito de mayor elucidación. En el proceso simbólico que Jung estaba estudiando en la serie de sueños del intelectual de Zúrich, la meta también parecía ser la creación de símbolos que ofrecieran significado. El objetivo del proceso simbólico es crear imágenes y temas que le den significado supremo a la vida del individuo. Es por eso que consideraba a este proceso como desarrollo espiritual, como una especie de peregrinación sagrada. Su diferencia con respecto a Freud se basa en un entendimiento de la sexualidad como un símbolo (Eros) y no tan solo como una presión o impulso físico y biológico. Sin embargo, lo consideraba como un símbolo entre muchas posibilidades y no necesariamente el más importante de todos. En ese sentido, no era monoteísta, sino más bien politeísta. Así como existen muchos mitos, muchos dioses y diosas, cada uno con su propia sacralidad y poder para atraer lo numinoso, así también hay muchos símbolos y procesos simbólicos. Para el intelectual de Zúrich, el significado se presentaría en una declaración simbólica muy distinta, no en imágenes de la unión sexual como la última realización y satisfacción, sino en imágenes de armonía compleja que unió los ritmos de tres movimientos grandiosos como se presentan en el Reloj Cósmico, una imagen que él descubrió en una visión: "veo dos círculos, uno horizontal y otro vertical, que comparten un mismo centro. Se trata del reloj cósmico."[17] El reloj se mueve en tres grandes ritmos o pulsaciones: una pulsación pequeña, una mediana y una grande. Jung comenta lo siguiente al respecto:

> Todos estos sueños se vieron finalmente coronados por una imagen que asaltó la consciencia del paciente en la forma de una repentina impresión visual. En varias ocasiones anteriores, él había tenido atisbos de imágenes o visualizaciones fugaces que no eran desconocidas para él, pero en esta ocasión su contemplación se tradujo en una experiencia de gran intensidad." Como lo describe él mismo: 'Era una impresión de la armonía más sublime'. La visión supuso un punto de inflexión en el desarrollo psicológico del paciente. Era lo que –en el lenguaje de la religión– llamaríamos una conversión.[18]

Tal es el poder transformador del símbolo.

[17] *Ibid.*, párr. 111.
[18] *Ibid.*, párr. 110.

Capítulo 12
La fe del analista[1]

La fe es un misterio. Algunos tienen fe y otros no. A lo mejor depende de su niñez. Me he dado cuenta de que los individuos que en sus años tempranos tuvieron condiciones de salud o graves problemas emocionales o traumas, durante los cuales se debatieron entre la vida y la muerte y estaban inciertos si deseaban o no permanecer en este mundo, muchas veces tienen una conexión misteriosa con la espiritualidad mística. Es como si lo supernatural los rodeara y entrar en otro mundo fuera una posibilidad siempre presente. A veces esto les asusta, pero si no los asustara, se podría convertir en fe en su destino como individuos. Si se vuelven psicoanalistas jungianos, muchas veces muestran un don de tolerar las presiones a través de echarse un clavado en las profundidades del inconsciente con sus pacientes. Su fe, que se basa en la experiencia personal de lo trascendente, los sostiene contra viento y marea.

En esta reflexión, voy a abordar varias cuestiones que caen bajo el tema más amplio de la "fe" del analista cuando trabaja con

[1] Anteriormente publicado en *The Journal of Analytical Psychology* 56:3, 2011. Aquí revisado y aumentado.

las crisis inevitables y momentos de desesperación que surgen en el transcurso del análisis. Las preguntas a considerar aquí son:

1) ¿Qué es la "fe"?

2) "¿Tengo fe, una fe o no?" (la pregunta que Jung se hace a sí mismo en una carta a Fray Victor White, O.P.[2]);

3) ¿Acaso la presencia o ausencia de la fe en el analista marca una diferencia significativa para el curso y el resultado del trabajo analítico?

Después de contestar a estas preguntas, voy a considerar algunos "momentos de crisis" característicos que surgen en el análisis y que Jung desglosa brevemente en su ensayo, "La psicología de la transferencia", en el que afirma: "El colapso y la desorientación de la conciencia pueden durar un tiempo considerable y son una de las transiciones más difíciles con las que el analista tiene que lidiar exigiendo gran paciencia, valentía y fe por parte del médico y el paciente."[3]

Pregunta # 1: ¿Qué es la "fe"?

Empezaré por preguntar: ¿cuál es nuestra intención cuando utilizamos esta palabra, la "fe"? En culturas que se basan en las tradiciones religiosas monoteistas que emergen de la Biblia (incluyo el Islam y el Corán en este "conjunto"), la cual en gran medida les da forma, la "fe" tiene una fuerte referencia metafísica y supernatural. La palabra "fe" implica "fe en Dios", más precisamente en el Dios tal cual se nombra y revela en las Sagradas Escrituras de las tradiciones religiosas.

La etimología de la palabra en inglés, sin embargo de hecho está desprovista de cualquier referencia explícita a cualquier fenómeno religioso o supernatural. En el Diccionario Breve del Inglés de Oxford (SOED por sus siglas en inglés), encontramos que la

---

[2] A. Lammers, *The Jung-White Letters*, p. 119.

[3] C. G. Jung, "La psicología de la transferencia", *Obra Completa* 16, párr. 476.

palabra "fe" en inglés se deriva del latín *fides, fide-, fidere* y que la palabra *fides* del latín es una traducción de la palabra *pistis* en griego. El significado básico de estas raíces latinas y griegas son: la confianza en uno mismo, la fiabilidad, la confianza en los demás. Se podría tratar de la confianza en alguien o en algo: en las propias habilidades y poderes creativos, por ejemplo, como Louise Bourgeois, la famosa escultora, utilizó la palabra cuando se le preguntó: "¿Cómo logró usted seguir trabajando por tanto tiempo sin que se le reconociera públicamente?" (no la "descubrieron" sino hasta que tenía más de setenta años de edad y se había ocupado como escultora por décadas) y dijo "¡Tan solo tuve fe en mi trabajo!"[4] Podemos tener fe en nuestros socios de negocios o en nuestra pareja íntima (en que son confiables y nos son "fieles"), o en un partido político o en un liderazgo. Aquí, la fe es puramente de este mundo y sin una connotación espiritual o religiosa. Implica confiar en uno mismo y en alguien o algo más que sea visible, cognocible, tangible. Es más o menos equivalente a "Confío en ti". "Tu apretón de manos es tan válido como un contrato legal". Tener fe implica tener una confianza pura y sencilla en alguien o algo.

Sin embargo, en el sentido bíblico de la palabra, la "fe" es un término que busca apoyarse y confiar *en Dios*, de ahí que implique el contacto con la divinidad y el conocimiento sobre ella en tanto que realidad supernatural. En la Biblia hebrea, los grandes ejemplares de la fe –como Abraham que confiaba en Dios y dejó su tierra para emprender un viaje hacia lo desconocido y Moisés quien confió que Dios les proveería alimento durante los años que deambularon por el desierto– colocan su fe en la deidad, no en sus propios poderes o en lo mundano. La fe excede el alcance de la razón y exige evidencia. Salta hacia otro tipo de cognición (como en el famoso "salto de fe" de Kierkegaard) en el cual hay un riesgo. Descansa en el conocimiento intuitivo.

[4] "Louise Bourgeois: la araña, la amante y la mandarina", una película de Marion Cajori y Amei Wallach, Zeitgeist Video, 2008.

En el Nuevo Testamento, encontramos una definición clásica de la fe en este sentido religioso: "Ahora bien, la fe es la certeza de las cosas que uno espera, la convicción de lo que no se ve. Porque por ella los antiguos recibieron aprobación divina. Por medio de la fe, entendemos que el universo fue creado por la palabra de Dios, de modo de que lo que se ve se hizo lo que no aparece a la vista".[5]

Aquí, la fe quiere decir una especie de conocimiento: de lo invisible, lo supernatural y el/los poder(es) supremos que funcionan trasbambalinas y son responsables de que haya algo en vez de que haya nada y del destino tanto individual como colectivo. Además, en el Nuevo Testamento, la fe en Cristo se vuelve la condición para la salvación del alma, una idea que fue poderosamente propuesta por Martín Lutero en la Reforma protestante. La fe se convierte en el requisito para la salvación y para asegurar nuestra condición bendita, si no siempre a nuestra satisfacción física en esta vida, entonces seguramente a nuestra satisfacción espiritual en la siguiente vida. La fe no consiste en confiar en cualquier cosa, sino que implica confiar específicamente en Cristo. Juan Calvino, en su noción de la predestinación, resolvió el misterio de la fe: Las personas que tienen fe están bendecidos y obtienen su capacidad de tener fe por medio de la divina Providencia. La fe en sí misma se enraiza en lo trascendente.

Este entendimiento religioso de la fe es lo que se ha transmitido de una generación a otra de personas empapadas en las tradiciones bíblicas, y no es sorprendente descubrir que es este entendimiento del término, más que el significado más neutro de lo que indica la etimología de la palabra, es lo que ha adoptado la cultura más o menos secular del Occidente. Comúnmente se entiende que el contenido de la "fe" está constituido por: a) la convicción de que en la naturaleza operan fuerzas invisibles y supernaturales; b) el conocimiento, basado en la "revelación", sobre cómo estas fuerzas afectan e impactan la realidad visible en el tiempo y el espacio; y c) la confianza en que estas fuerzas llevarían

[5] Hebreos 11: 1-3.

al triunfo supremo del bien sobre el mal y la salvación de las almas de los creyentes. El término "fe", pertenece de una manera más auténtica al vocabulario de lo religioso y su existencia separa a los fieles de los no creyentes.

Con razón, entonces, las personas modernas, en general, han rechazado este término. El positivismo lógico, por ejemplo, considera que todas las declaraciones de la fe no son más que mera superstición, básicamente un sinsentido descartable. La fe pertenece a la Edad Media, a la Edad de la Fe, que ha sido superada por la Edad de la Razón. En el periodo de la alta modernidad (los siglos XIX y XX), por lo general, se consideraba que tener fe era algo pre-moderno, significando que el "creyente" permanecía atorado en la etapa mitológica de la conciencia humana y todavía no había evolucionado culturalmente hacia la etapa moderna, la cual categóricamente rechazó la noción de lo supernatural y se comprometió con los métodos de la ciencia empírica y la racionalidad lógica. La fe no es una palabra que se use en el discurso científico. De hecho, es anatema, por usar otro término religioso. ¡Es un término prohibido!

En tanto hombre moderno comprometido con el método científico y la investigación, Jung batalló con el término "fe". En una carta al Padre Victor White fechada el 21 de mayo de 1948, se cuestiona y escribe:

> "Su ensayo ["Notas sobre el gnosticismo"] me ha hecho pensar: *"¿Tengo fe, una fe o no?"* Nunca he logrado producir fe y he tratado tanto, que finalmente ya no sé lo que es o significa la fe. Gracias a tu ensayo, ya cuento aparentemente con una respuesta: para mí, la fe o el equivalente de la fe es lo que yo llamaría *Respeto*. Tengo respeto por la verdad cristiana... Sin embargo, no contiene nada especifico ya que siento el mismo tipo de respeto por las enseñanzas básicas del budismo y las ideas fundamentales del taoismo".[6]

---

[6] A. Lammers (ed.), *The Jung-White Letters*, p. 119.

Al igual que los modernos de la cultura y los científicos con formación universitaria, Jung tiene grandes dificultades con el término "fe". A su parecer, la fe, por lo general, significa "creencia": asentir con un conjunto específico de doctrinas y credos, sean protestantes reformados, católicos romanos, musulmanes, judíos, hinduistas o cualquier otra religión. No necesariamente implica una experiencia religiosa primordial de primera mano, o una postura filosófica rigorosa ganada gracias a grandes esfuerzos que incluye una visión cosmológica personal o, como diría Jung, una *Weltanschauung* personal [una cosmovisión personal]. Jung no se podía identificar con ninguna de las tradicionales confesiones de fe, aunque culturalmente era un protestante reformado suizo. Jung no podía reivindicar para sí mismo este tipo de fe –pura creencia– y de hecho a veces expresa hostilidad y desafío cuando se siente presionado a aceptar enseñanzas autorizadas acerca de las enseñanzas trascendentales o metafísicas sobre Dios. Aunque sí *respetaba* las tradiciones religiosas, todas, aprendió muchísimo de un gran número de estas tradiciones. Para él, estaban cargadas de simbolismo arquetípico y le enseñaban sobre los contenidos del inconsciente colectivo. No estaba de acuerdo con sus argumentos ontológicos y metafísicos y, no obstante, no tenía "fe" en ninguna de ellas. Podemos decir que él veía a todas estas tradiciones desde afuera con una mirada sin prejuicios y desde esta perspectiva todas tenían el mismo valor: para la psicología. Él se sentiría satisfecho si hubiera podido reemplazar la palabra "fe" por la palabra "respeto". Tenía un genuino aprecio por el pensamiento religioso y la experiencia de todos tipos.

Sin embargo, si definimos el concepto de "moderno" como el rechazo absoluto a cualquier cosa numinosa, espiritual o trascendente, entonces ¿qué tan "moderno" era Jung? Es muy difícil precisarlo y captarlo en los términos familiares que utilizamos hoy en día para categorizar los tipos históricos de actitud y pensamiento: "pre-moderno", "moderno" y "pos-moderno". En contraste con lo que dice en la carta a Victor White recién citada, Jung *era* muy capaz de expresar lo que él intuía que era la trascendencia: yo argumentaría que se trata de una especie de declaración de fe a través de la cual le llegaban intuiciones de manera espontánea o a través de canales de experiencia personal y numinosa, en particular. Por ejemplo, en una carta a Fray White escrita justo antes de la carta citada, afirma: "Quienquiera que haya entendido con claridad lo que significa: *'Qui fidelis est in minimo'* ['El que es fiel en lo muy poco (Lucas 16:10)], le avasalla la *dura necessitas* [la dura necesidad] de sumisión y disciplina de un tipo más sutil que la *regula S. Benedicti* [la Regla de San Benito]. No quiero recetarles el camino a seguir a otras personas, porque sé que mi camino me lo recetó una mano que está fuera de mi alcance".[7] La advertencia de Jung con respecto a dar consejos a otros, se basa en el sentido de que su propia vida ha recibido dirección y forma, de hecho, hasta órdenes de algún tipo de "una mano más allá de mi alcance". Con base en esta declaración, parece muy evidente que se había sometido plenamente a un "poder superior", al que en otras cartas a White, Jung se refería libremente como Dios. Recordemos, además, el oráculo de Delfos esculpido sobre el umbral de la entrada de la casa de Jung: *Vocatus atque non vocatus Deus aderit* ("llamado o no llamado, invocado o no invocado, Dios está presente"). Se trata de un recordatorio constante de "Deus", al entrar a su casa, día tras día. Aunque es difícil de definir y precisar lo que significan estás líneas, *Deus* es ciertamente una referencia a un factor trascendental que Jung recordaba constantemente.

Es desde este tipo de conciencia de un "camino" que "ha sido prescrito...por una mano fuera de mi alcance", al que me deseo referir al considerar aquí la cuestión de la fe y el analista que tiene su práctica clínica. No se trata de una fe en el sentido convencional de una "creencia" en las doctrinas tradicionales sobre Dios, sino que es más que el significado neutro de la fe en el sentido de tan solo confiar en alguien o en algo. Más bien es la fe en el sentido de 1)

[7] *Ibid.*, p. 117. Carta con fecha del 30 de enero de 1948.

hacerse responsable de tener un reconocimiento implícito o explícito del ser que sea más completo e integral que lo que nuestro conocimiento enfocado pudiera en principio entender o asimilar exhaustivamente; 2) confiar en los atisbos ocasionales que tengamos de esta "mano más allá de mi alcance" y 3) entregarnos a su visión más amplia, a su sabiduría, voluntad y poder. No más que Jung, la mayoría de nosotros estámos dispuestos a aceptar sin cuestionar enseñanzas autorizadas entregadas desde el púlpito, la mesquita, la sinagoga o la catedral. Valoramos demasiado nuestra libertad para pensar y vivir la vida como para eso. Sin embargo, ¿acaso vamos tan lejos como Jung en asumir nuestra responsabilidad, confiar y entregarnos a la "mano más allá de [nuestro] alcance"? En otras palabras, se trata de un desafío.

Dejar a un Dios específico y revelado fuera del panorama, digamos que la "fe" se define como una especie de cognición intuitiva con fuertes matices y connotaciones emocionales, una esfera del ser más alla de nuestro entendimiento consciente (la conciencia de la "mano más allá de mi alcance") y que avanza hacia el futuro con confianza ("la seguridad que supone aquello que se espera"). Karl Jaspers utiliza la frase neutra de "lo integral" para referirse a esta esfera hacia la cual dirigimos nuestra atención en un acto de fe .[8] La persona de fe, o con fe, confiaría en tales cogniciones intuitivas y, yo añadiría que lo haría debido a las experiencias personales que sugieren que esta totalidad es una Verdad, una totalidad que excede al *self* de la persona individual y es una especie de *self* de *selfs*, un *Self* que todo lo abarca.

Pregunta #2: "¿Acaso *yo* tengo fe, una fe o no?"
A esta segunda pregunta, cada uno de nosotros le debe de dar una respuesta individual y personal desde la quietud, la interioridad, recurriendo a una anamnesis personal (para seguir el ejemplo de Eric Voegelin de establecer su certidumbre noética y variedades de

[8] K. Jaspers, *Way to Wisdom*, pp. 28-38.

trascendencias de la conciencia[9]). Tenemos que consultar a nuestros recuerdos, voltear a ver los patrones que se van desenvolviendo en nuestra vida, reflexionar sobre la pregunta del significado de los giros y vueltas aparentemente accidentales de nuestra historia personal (las "sincronicidades"), y recordar los "milagros".

Personalmente, por lo tanto, debo reconocer que yo mismo me he planteado esta pregunta muchas veces de diferentes maneras y la he contestado en una diversidad de maneras en diferentes momentos de mi vida. De chico estuve expuesto a la fe religiosa en casa. Crecí con la Biblia y me familiaricé con muchas de sus historias y figuras. Posteriormente realizé estudios formales e intensivos de teología cristiana. Así que, a lo largo de mi vida, he atravesado por muchas "fases" de estar con y sin fe, dentro y fuera de la "fe" en el sentido religioso, según la fase del proceso de individuación en la que me encontraba.

Al entrar en las décadas posteriores de la vida, me plantié esta pregunta y ahora me encuentro recurriendo a la riqueza de las especificidades y de lo que yo llamo las experiencias primarias, incluyendo importantes sueños, escenas y acontecimientos de la imaginación activa y varias sincronicidades asombrosas (las considero "milagros") que le han dado forma a lo que ahora llamaría mi "plataforma de fe". Por supuesto que también han sido importantes mis lecturas en una amplia gama de literaturas, aunque las experiencias primordiales son elementos cruciales. Considerando estas experiencias, también puedo encontrar lo que Jung llama "respeto" por las tradiciones religiosas y por lo que experimentan las personas involucradas en ellas cuando hablan de la "fe", aunque mi propia plataforma de fe es en cierta medida diferente de los tablones colocados por la tradición religiosa que es parte de mi historia, el cristianismo protestante.

En pocas palabras y planteada de manera bastante abstracta, mi plataforma de fe es que *el tiempo y la eternidad se intersectan y*

[9] E. Voegelin, *Anamnesis*, Capítulo 3.

aseguran el valor trascendental de ciertas experiencias numinosas, las cuales a su vez le ofrecen un profundo sentido de significado a la vida. Efectivamente, reconozco esto como una variación de la noción de la encarnación, tal cual la afirma la fe cristiana, en la cual se unen el Dios infinito y una conciencia humana limitada en un momento histórico especifico. En este momento, el elemento de la numinosidad es de importancia clave. Sin embargo, en mis experiencias, la deidad que está presente en este momento no siempre se especifica como una deidad bíblica, aunque para mí el símbolo de Cristo permanece central.

A veces estas experiencias numinosas de valor trascendental se han realizado en la *vas bene clausam* del análisis con mis pacientes. Se trata de "momentos transformativos"[10] imborrables para la conciencia, y ambos los reconocemos como tales en el proceso. La esencia de esta experiencia es la intuición de una intersección o interpenetración del tiempo y la eternidad, de lo finito y lo infinito, de lo concreto y lo simbólico. Se siente como algo atemporal y comunica una sensación de significado para el presente y el futuro, en el que se puede confiar. La mano que se encuentra detrás de los tiempos y las ubicaciones exactas de estas intersecciones se encuentra escondida en el Gran Misterio. Se trata, como dice Jung, de la "mano muy por encima de mi cabeza".

Un satelite o derivativo de esta plataforma es el argumento (también artículo de fe) de que el alma humana individual/la psique/el *self* tiene un valor infinito. ¿Por qué? Debido a que cada persona finita es un sujeto adecuado para recibir lo infinito. A mi parecer, esto es lo que Jung quería decir con la expresión: la "cristificación que afecta a un gran número de seres humanos" en su obra tardía, *Respuesta a Job*. A cualquiera se le llama a encarnar el infinito en esta vida; cualquiera es capaz de recibir intuiciones de la divinidad y de encontrar el significado supremo de la vida tal cual

[10] Agradezco a Linda Carter por esta frase en su artículo "Countertransference and Intersubjectivity".

se vive concretamente en todos y cada uno de los contextos humanos en el planeta. Tal gnosis está libremente disponible para cada individuo en la Tierra. El *self* humano es una *imago dei* y, por lo tanto, se relaciona con la deidad misma y está bendecida con un valor supremo. Ya sea que la persona tome conciencia de esto o no, que viva una vida corta o larga, se individue conscientemente o no, el valor permanece. Así es como "tenemos un encuentro con el Buda" o "el Cristo" en nuestro interior y en el interior de todos los demás con los que nos encontremos en nuestra breve vida aquí en la Tierra. El rabino Leo Baeck reafirma la existencia del mismo valor básico desde una perspectiva judía en su poderoso ensayo, "*Individuum Ineffabile*" [el individuo inefable] presentado en la Conferencia de Eranos en la que estuvo presente Jung en 1947.[11]

Esto también implica que el encuentro humano con otros, como lo vivimos en análisis, por ejemplo, tiene un potencial infinito. La relación interpersonal horizontal, con toda su transferencia y proyecciones, ilusiones y desilusiones, amor y odio y demás dramas, se intersecta con una línea vertical con un valor infinito y un significado potencial que se extiende más allá de los dos humanos empíricos involucrados en este viaje compartido. Es en esto en lo que podemos confiar.

Pregunta #3: ¿Acaso la presencia o ausencia de la fe por parte del analista marca la diferencia en el curso y resultado del trabajo analítico?

Obviamente, ¡esto marca una diferencia! Todo marca una diferencia si el proceso analítico llega a ser profundo y transformador. Las actitudes, el temperamento, los prejuicios culturales, los complejos, el desarrollo personal del analista, todos estos factores marcan una diferencia en el curso y el resultado del análisis porque al final todos estos factores son parte del proceso, afectan al "campo" y tienen

[11] L. Baeck, "*Individuum Ineffabile*", traducido al inglés en *Hebrew Union College Annual*, Vol. 91 (2020), pp. 261-301.

un impacto. Sin embargo, quizá resulte útil echar una mirada más de cerca a cómo es que este factor precisamente –la fe, tal cual la definí anteriormente– podría marcar una diferencia crucial.

Recientemente, un analizante me preguntó al inicio de la sesión y prácticamente de la nada: "¿Usted cree que podemos cambiar nuestra fatalidad, nuestro destino?" No me queda claro de dónde venía esta pregunta o por qué era un problema. Por supuesto que a nivel científico o racional es una pregunta imposible. ¿Qué es el destino? ¿Qué es la fatalidad? ¿Realmente existen? Argumentar que cada vida tiene un destino o una fatalidad es en sí mismo una declaración de fe y se debe de contestar en ese mismo nivel. Además, ¿porqué querríamos cambiarlo? Al reflexionar sobre esta pregunta, debo de confesar que no creo que podamos interferir en el destino de un individuo si es que acaso eso es lo que Jung quiso decir cuando se refirió a "una mano que está fuera de mi alcance". Sin embargo, podemos llegar a aceptarlo, e incluso a amarlo (*amor fati* = amor al destino). No obstante, para que el analista adopte esta postura, se requiere de un acto de fe, es decir, considerar que el destino de cada individuo tiene valor, incluso un valor y significado supremos. Sin esta actitud generada por la fe, es probable que el analista sienta la tentación de jugar a que es Dios y procurar ayudar a la persona a cambiar su destino, pero ¿dónde lo dejaría? Se nos viene a la mente la famosa supuesta plegaria de la serenidad de Reinhold Niehbuhr: "Padre, danos la serenidad para aceptar las cosas que no puedo cambiar, el valor para cambiar las cosas que puedo, y la sabiduría para reconocer la diferencia."[12]

El psicoanalista y teólogo alemán Eugen Drevermann escribió: "Sólo cuando Dios está ahí, podemos dejar de estar obligados a ser Dios". ¡Qué sabiduría más brillante! A mí me parece que para que el análisis funcione adecuadamente, el analista no debe adoptar el papel de Dios, aunque para que sí funcione el análisis, es necesario sentir que lo Trascendente está presente en el consultorio

[12] https://yalealumnimagazine.com/articles/2709-you-can-quote-them

independientemente tanto del analista como del paciente, aunque con ellos, entre ellos, ya que aquí "se reunen dos".

El análisis se realiza en presencia de la divinidad y así participa de un aura sagrado. En este contexto, se puede aceptar y apreciar incluso un destino difícil y encontrar que es de supremo valor.

Desde esta perspectiva, muchas veces me viene a la mente la declaración de Jung: "... el hecho es que la terapia real es el enfoque a lo numinoso y en la medida en que alcanzas experiencias numinosas, se te libera de la maldición de la patología. Incluso la enfermedad misma adopta un carácter numinoso".[13] Incluso cuando una enfermedad –depresión, ansiedad, adicción, trastornos de personalidad limítrofe, perversión– asume un carácter numinoso, deberá querer decir que se le ha colocado dentro de la perspectiva de fe que contiene el infinito.

Sin embargo, hay que tener cuidado de no conformarse con algo que a veces sucede, quizás incluso muy seguido, cuando en los términos junguianos clásicos se traduce la fe en el sentido espiritual y religioso de la palabra sencillamente como conocimiento del mundo arquetípico (invisible) y de los contenidos del inconsciente colectivo y la confianza en los procesos del *self*. Los analistas junguianos de rutina recurren a este tipo de pensamiento cuando tratan pacientes, sobre todo los más desafiantes y difíciles. Tienen fe en la sabiduría de la psique, en el funcionamiento del *self*, aunque sea opaco y se encuentre escondido de la vista. Gracias a su formación, cuentan con conocimientos positivos sobre el mundo invisible del inconsciente: saben sobre los complejos, así como sobre las imágenes y los patrones arquetípicos de los pensamientos y comportamientos. Saben sobre el *self* y sobre la relatividad del ego con respecto a la psique objetiva. Sin este conocimiento, sería difícil proceder en muchos casos. Sin embargo, esto no llega a ser una expresión de la fe, como se le entiende en el sentido más fuerte que implica el conocimiento de y la confianza en los factores

[13] C. G. Jung, 1973, *Letters* 1, p. 377.

trascendentales que yacen totalmente más alla de la esfera de lo psicológico y se extienden hacia lo que Jung llamó la dimensión psicoide e incluso más alla de eso para llegar al material totalmente transhumano o no humano y las dimensiones espirituales de la realidad. La fe, en este sentido, se refiere al territorio que va más alla de los extremos discernibles del espectro que Jung utiliza como metáfora para describir la psique humana, con la tonalidad infrarroja que representa el soma y el mundo material y la tonalidad ultravioleta que conduce hacia lo espiritual. La fe de este alcance tan lejano, va más alla de lo personal, lo causal, lo racional y mira hacia las esferas de lo que en *El libro rojo* Jung denomina "el más alla" (*Jenseits*) y posteriormente discute como la base de la sincronicidad. Se trasgrede el horizonte de la racionalidad, del tipo que sea, y se abre hacia lo transpersonal y lo cósmico. La famosa imagen del alquimista que asoma la cabeza por el campo energético de la Tierra para contemplar el firmamento supercelestial de estrellas, un firmamento más alla incluso de las estrellas físicas, es una representación de echar un atisbo al mundo cósmico. Es desde aquí que se extrae nuestro fatalidad y nuestro destino. Nuestra psique es una *imago Dei*.

Para las personas modernas (como la mayoría de nosotros) se trata de un punto impresionante: ¿Es posible tal conocimiento? ¿Acaso es creible? Para las personas religiosas tradicionales, esto es posible tan solo debido a una revelación divina. De ahí la famosa máxima de Anselmo de Canterbury: "*Neque enim quaero intelligere ut credam, sed credo ut intelligam. Nam et hoc credo, quia, nisi credidero, non intelligam.*" ("No busco entender para creer, sino que creo para entender. Pues también creo que, si no creyera, no entendería"). Sin embargo, después de las críticas de Kant, nos hemos vuelto apropiadamente cautelosos de tales certezas.

No obstante, Jung, con su gran sensibilidad ante las advertencias kantianas, con gran audacia afirma en la conclusión de sus Conferencias Terry en la Universidad de Yale en 1937: "La aventura espiritual de nuestro tiempo consiste en que la conciencia humana ha quedado expuesta a lo indefinido e indefinible. Sin embargo, nos parece –con buenas razones– que incluso lo ilimitado está atravesado por leyes psíquicas: leyes que no ideó ningún hombre, pero cuya 'gnosis' se encuentra en el simbolismo de un dogma, el cristiano...."[14] Claramente, su intención era explorar más allá de los límites de la esfera puramente psicológica y, por supuesto, esta actitud tiñó su práctica como analista.

La fe proporciona una perspectiva bastante específica del proceso terapéutico, en tanto que confía en que si la psique/el alma se abre al "inconsciente" (que no tiene límites y al cual la mente consciente no puede definir exhaustivamente) emergerán los desarrollos y movimientos necesarios que favorecen la individuación. Existe una confianza implícita de que lo que está sucediendo, por más extraño o extravagante que pueda ser a veces, tiene un significado potencial. El efecto de esta actitud sobre el analista, es que los pacientes obtienen un sentido de fe en si mismos (en el *self* en su interior). Yo sugeriría que la fe del analista se comunica con sutileza al paciente, quien con el paso del tiempo la adopta. El mensaje del analista: "Tengo fe en que tu psique tiene un potencial infinito" se traduce en la mente del paciente en: "Tengo fe en que mi psique está en contacto con el infinito y su potencial de darle significado a mi vida".

Por supuesto, en esta era en la que la medicina y la psicoterapia se basan en la evidencia científica (y no en la fe), resulta necesario ofrecer estudios e investigaciones que produzcan resultados, que demuestren que nuestros métodos sí funcionan, que las personas se benefician de ellos y mejoran, adquieren más confianza en sí mismos, en sus propios sentimientos e intuiciones. Necesitamos poder demostrar que la fe es comunicable, que pasa de: "Confío en ti" a "Confío en el *self*".

En la Divina Comedia de Dante, aparece una escena conmovedora en la cual Virgilio, quien ha acompañado al poeta por el

[14] C. G. Jung, "Psicología y religión," *Obra completa,* Vol. 11, párr. 168.

Infierno y el Purgatorio, se despide de Dante, con las siguientes palabras:

> Y dijo: "el fuego temporal y el eterno has visto, mi hijo;
> Y has llegado a la parte donde yo por mí más allá no discierno.
> .....
> No aguardes mis palabras ni tampoco mis gestos;
> Libre, recto y sano es tu arbitrio,
> Y sería errado no obrar a su mando
> por lo que yo a ti sobre ti te corono y mitro".[15]

En ese momento, Dante se queda solo en su camino hacia el Cielo. Virgilio, su guía, tiene fe en su capacidad para confiar en sus propios impulsos, que han sido purificados y hechos conscientes durante el viaje a través del Purgatorio. Ya puede depender de su propia conexión con el *Self*. Esto también sucede en análisis, *Deo concedente* [Si Dios lo permite].

Cuando se requiere tener "fe" en el análisis

Exiten fases del análisis, a veces más largas, otras veces más cortas, en las que se pone a prueba la fe del analista en el proceso. Jung escribe sobre esto de manera bastante explícita y gráfica en su ensayo "La psicología de la transferencia". En referencia a las imágenes # 6 y # 7 de *Rosarium Philosophorum*, titulado "El ascenso del alma", que él discute a fondo en su obra, él escribe:

> "A esto le corresponde desde el punto de vista psicológico un estado oscuro de desorientación. La descomposición de los elementos significa la disociación y disolución de la consciencia del ego existente. La analogía con un estado esquizofrénico es clarísima, y hay que tomarla en serio porque este es el momento en que las psicosis latentes pueden volverse agudas, justo en el instante en

[15] Dante, "El Purgatorio" XXVII, 127-143.

> que el paciente toma conciencia del inconsciente colectivo (el no-ego psíquico). Este colapso y desorientación de la conciencia puede durar un tiempo considerable y es una de las transiciones más difíciles con las que debe lidiar el analista, exigiendo la mayor de las paciencias, valentía y fe por parte del doctor y del paciente. Es un signo que indica que el paciente esta siendo jalado de un lado para otro sin ningun sentido de direccion, es decir, en el sentido más estricto de la palabra, él se encuentra absolutamente en un estado sin alma ..."[16]

Lo que el analista necesita en este momento del proceso analítico es, como dice Jung: "fe." Aunque, ¿fe en qué? Fe en el proceso arquetípico de la individuación que está atravesando por un pasaje de transición en el cual los poderes rectores son la muerte y el renacimiento. Es impresionante ver cómo la muerte aparece en el contenedor analítico, ya sea cómo pérdida de energía o de confianza en nosotros mismos, o como depresión por que las cosas no mejoran sino más bien empeoran, o como fantasmas y sueños de muerte aparecen de manera asombrosa en la conciencia del paciente y con la fuerza de la convicción. ¡Los pacientes están convencidos de que están a punto de morir! O bien sienten la presencia de la muerte en sus vidas. Aquí el analista se debe aferrar a la fe en la individuación en tanto proceso arquetípico. El analista debe tener conocimientos profundos sobre el arquetipo de la muerte y el renacirmiento. Sin embargo, estos conocimentos debe de ser gnosis, es decir, conocimientos basados en la propia experiencia del analista, de caso contrario, no será suficientemente efectivo o fuerte como para sostener la confianza del analista en sí mismo y en el proceso.

Existen tres tipos de crisis típicos que como analistas enfrentamos en nuestro trabajo con pacientes: una crisis de identidad (confrontar a la sombra con la vergüenza y la culpa que la

[16] C. G. Jung, *CW 16*, párr. 476.

acompañan); una crisis de la "pérdida del alma" (desaparece el anima y deja un hueco, un vacío frío); y una crisis de la "pérdida de sentido en la vida" (el animus sale volando, dejando un espacio vacío a nivel de la cognición). Cada uno de estos tipos de crisis requiere de un proceso de muerte y renacimiento y cada uno puede desafiar la fe del analista en el proceso de individuación.

Muchas veces estas tres crisis coinciden en un periodo dramático de vida: la muerte de un ser amado cercano con los sentimientos de vergüenza y la culpa que la acompañan; la pérdida de estatus social y/o profesional; un fracaso significativo en los negocios (una bancarrota) o en las relaciones (un divorcio); un diagnóstico médico catastrófico que de manera repentina acorta la expectativa de vida o bien requiere de un tratamiento médico extremo con una probabilidad de supervivencia limitada. En tanto psicoterapeutas, constantemente vivimos a la sombra del fracaso y la muerte. Nosotros, también, enfrentamos el desafío de mantener una actitud constructiva y un sentido de significado en lo que hacemos como cuidadores del alma.

Si volteamos a ver cómo llegó Jung a su fe en la transformación y en la gnosis personal como se describe en *Liber Novus*, nos damos cuenta de los muchos encuentros que tuvo con los Muertos e incluso con la Muerte misma. En *Liber Novus*, capítulo VI de *Liber Secundus,* titulado "La muerte", Jung describe su encuentro con una "figura" parada "en la última duna, lleva un sobretodo negro arrugado, está inmóvil y mira a lo lejos... es delgado y pálido y hay una extrema seriedad en su mirada".[17] Desde ahí, su mirada sigue una visión de una multitud de muertos fluyendo en una tremenda corriente desde los cerros hacia el mar y Jung atestigua los horrores de la Gran Guerra por venir. Él mismo desciende hacia el frío valle de la sombra de la muerte, donde pierde toda esperanza en una nueva vida por venir. Es entonces que llega la espeluznante experiencia del renacimiento: *"Inter faeces et urinas nascimur"*

[17] C.G. Jung, *El libro rojo*, p. 273.

("Nacemos entre heces y orina" – San Agustín): "Durante las tres noches siguientes me acorralaron los horrores del nacimiento. En la tercera noche se alzó una risa de selva primordial para la cual nada es demasiado simple. Entonces la vida comenzó a moverse otra vez".[18] Jung se refiere a su renacimiento parecido al renacer del ave fenix: "Cuando comprendí mi oscuridad, me sobrevino la noche magnífica y mi sueño me sumergió en las profundidades de los milenios, y desde ahí ascendió mi Fénix".[19]

Fue a partir de experiencias como esta que Jung forjó su gnosis de la muerte y el renacimiento en tanto proceso arquetípico. Es desde "las profundidades de los milenios" que él puede ver la historia. Este es el territorio de la experiencia/existencia de su fe en el proceso de individuación.

[18] *Ibid.*, p. 277.
[19] *Ibid.*, p. 274.
[18] T. Singer, 2021, *Vision, Reality and Complex,* pp.101-107.

Capítulo 13

El trauma cultural, la violencia y el tratamiento analítico[1]

El trauma cultural se presenta bajo muchas formas: como producto de desastres naturales, por ejemplo, sismos, inundaciones y sequías; o como horrores causados por los humanos, como guerras, ataques terroristas, y colapsos financieros. No hay época en la historia en la que no se hayan producido traumas culturales, ningún lugar de la Tierra se escapa de estos traumas. Todos, sin excepción, somos víctimas de algún trauma cultural, aunque, por supuesto, unos mucho más que otros. Sin ir tan lejos, en nuestra misma casa encontramos traumas culturales y sus efectos. La pregunta aquí es: ¿acaso algunos de nosotros podamos convertirnos en sanadores heridos de traumas culturales?

¿Qué es un sanador herido que sana traumas culturales? ¿Cómo es? Voy a empezar con una historia familiar que Richard Wilhelm le contó a Jung, un cuento titulado "El hacedor de lluvia". Aquí vemos un sanador de traumas culturales en acción.

> Ahí donde vivía Wilhelm, había una sequía severa: llevaban meses sin una gota de lluvia y la situación se

[1] Anteriormente publicado como un Informe de Congreso en "Confronting Cultural Trauma: Archetype, Culture and Healing", Macao, China, 2015.

> había vuelto catastrófica. Los católicos hacían procesiones, los protestantes oraban y los chinos quemaban varitas de incienso y disparaban armas para ahuyentar a los demonios de la sequía, aunque sin resultado alguno. Finalmente, los chinos dijeron: "Vayamos por el hacedor de lluvia" y de otra provincia, apareció un viejo hombre enjuto. Lo único que les pidió fue una casita tranquila en algún lugar donde estar. Ahí se encerró por tres días. En el cuarto día, se juntaron las nubes y –en una época del año en la que no se espera que caiga nieve– cayó una tremenda tormenta de nieve. El pueblo se llenó de tantos rumores sobre el maravilloso Hacedor de Lluvia que Wilhelm acudió a él para preguntarle cómo le hacía. En un auténtico estilo europeo le dijo: "Te llaman el Hacedor de Lluvia, ¿me puedes decir cómo hiciste la nieve?" y el el pequeño hombre de China contestó: "Yo no hice la nieve; no me hago responsable." "Pero, ¿qué has estado haciendo estos últimos tres días?" "¡Ah! Eso te lo puedo explicar: Vengo de otro país donde priva el orden. Aquí las cosas están en desorden; no están como deberían de estar según las ordenanzas del Cielo. Por lo tanto, el país en su conjunto no está en Tao y yo tampoco estoy en el orden natural de las cosas porque estoy en un país en desorden. Así que tuve que esperar tres días para poder regresar al Tao y después de esto, de manera natural, llegó la lluvia".[2]

Cuando nosotros como terapeutas en formación enfrentamos algún trauma cultural masivo, en cualquier forma, por supuesto que nos sentimos avasallados e indefensos. Se trata de traumas que van más allá de nuestros medios de tratamiento, que lidian primordialmente con individuos o grupos pequeños. No podemos empezar a resolver el problema grande en un nivel colectivo gigantesco. Así que, ¿qué

[2] C. G. Jung, *Visions: Notes of the Seminar Given in 1930-1934*, Vol. 1, p. 333.

podemos hacer? Por supuesto que podemos tratar a los individuos uno por uno, o en grupos de cinco o seis. Sin embargo, ¿qué podemos hacer con los traumas culturales a gran escala? Aquí, me parece que la historia del Hacedor de Lluvia ofrece un enfoque utilizable. Nos enseña que tenemos que empezar con nosotros mismos: Empezamos a través de colocarnos en el "camino" en el que debemos de estar. En terminología psicológica, diríamos: Empezamos a través de reivindicar una conexión con el espíritu interno y de ponernos en armonía con él. Puede que esto tenga un efecto sincronístico sobre la cultura en general y sobre el ambiente cultural. Es, por lo menos, un punto de partida para la terapia del trauma cultural.

Los libros de Donald Kalshed han influido de manera importante sobre el entendimiento junguiano del trauma de la infancia y su tratamiento. Él enfatiza en el hecho de que cuando se trauma un niño, la psique reacciona con defensas primitivas diseñadas para proteger la esencia de la personalidad del niño, su centro espiritual. Estas defensas siguen funcionando en la vida del adulto y muchas veces crean graves problemas interpersonales e intrapsíquicos ya que son tan inconscientes y extremistas e incluso violentas. De hecho, pueden llegar a ser como una enfermedad autoinmune que ataca a la psique misma. Se aplica lo mismo si el trauma ocurre durante la edad adulta.

Thomas Singer y sus compañeros de trabajo adoptaron este modelo y lo aplicaron al trauma cultural.[3] Se ven las mismas reacciones psíquicas en los grupos grandes de personas relacionadas entre sí cuando un trauma los golpea colectivamente. Las defensas primitivas emergen para proteger al espíritu del grupo, su alma colectiva, su herencia e integridad culturales. Se instaura una patología cultural de hiper-defensa que impide que la cultura

[3] Ver T. Singer y S. Kimbles. *The Cultural Complex*. Ver también T. Singer y C. Kaplinsky, "Cultural Complexes in Analysis," en M. Stein (ed.), *Jungian Psychoanalysis*.

funcione de manera sana como un todo y los miembros de la cultura sufren de esta hiper-defensa de una generación en otra. En la recopilación de artículos que Grazina Gudaite y yo editamos, titulada *Cómo confrontar el trauma cultural: enfoques junguianos para entender y sanar,* 17 autores que representan a 12 culturas diferentes de alrededor del mundo, discuten los efectos multi-generacionales del trauma cultural.

Como hace notar el Hacedor de lluvia: cuando va a una región perturbada, él también se perturba. Esto sucede si el sanador en potencia es también un sanador herido y conoce cuales son los problemas del trauma desde su interior. Los patrones culturales de defensa en contra del trauma colectivo tienen un efecto contagioso sobre quienquiera que visite la región, pero no todos entienden el significado de esto ni lo pueden aprovechar. Esta es la función del sanador herido. Él o ella puede recurrir a lo que llamamos en la psicología junguiana la contratransferencia sintónica. Jung tomó nota del efecto que tuvo sobre él mismo cuando llegó a Alemania, una cultura traumada por su derrota en la Primera Guerra Mundial, y desde el interior de su propia experiencia, logró vislumbrar el peligro que se avecinaba.

Lo primero que debe hacer un sanador de traumas culturales es dejarse contagiar en cierta medida por la enfermedad de la región. Esta es la base para entender los problemas y para su tratamiento. Entonces, como vemos con el Hacedor de Lluvia, el sanador se sana a sí mismo, y así causa efectos virtuosos en la región. Le podríamos llamar el "tratamiento silencioso"; en otros lugares, le he llamado contratransferencia chamánica.[4]

Debemos de reconocer que cuando una cultura se trauma, las defensas arcaicas se constelan intensamente en un nivel colectivo. Esto lleva a todo tipo de esfuerzos por remediar y restituir la sensación anterior de integridad cultural, como también vemos en la historia del Hacedor de Lluvia (remedios religiosos, procesiones,

[4] Ver el Capítulo 2.

acciones ritualistas, etcétera). Se busca castigo por las injusticias que comete la gente, y las víctimas de catástrofes naturales escenifican reconstrucciones restauradoras. No obstante, ninguna es suficiente, porque no tratan el profundo problema psicológico creado por los traumas culturales severos, que hacen trizas el sentido de la identidad y del valor cultural. Las tradiciones dirían que la cultura se salió del Tao, o que cayó de la gracia de Dios, es decir, que está fuera de contacto con la voluntad celestial. Se debe restablecer este estado y esta es la tarea del sanador de la cultura. Se trata de una tarea tanto cultural como espiritual.

Alinearse con y apoyar a las defensas psicológicas, como las describe Kalshed, sería como caer en una trampa. Estos métodos no sanan, sino que exacerban el problema. La empatía falsa es peor que inútil; es perjudicial. Para mí, la empatía falsa quiere decir formar una alianza con las reacciones defensivas de la víctima: culpar, vengarse, enojarse o deprimirse, atacar, retraerse. Ninguna de estas defensas sirve para sanar las heridas psíquicas infligidas por un trauma. El sanador de la cultura debe tener otra visión, un enfoque diferente. El sanador busca recuperar la relación con el centro interior de la personalidad a través de entrar en el interior. Esta es la forma en la que el Hacedor de Lluvia aborda el problema. No consiste en retraerse del problema sino en abordar el problema en otro nivel. Este enfoque comienza a través de volcarse hacia el interior, no hacia el exterior. Aun así, nuestros esfuerzos por hacer terapia cultural deben incluir la acción hacia afuera, aunque posteriormente.

Para mí, hay una clara diferencia entre el sanador de la cultura y el dirigente político. Estas dos figuras desempeñan funciones diferentes dentro de una cultura. El dirigente político debe de organizar una respuesta colectiva al problema en un nivel extrovertido, trabajar con comités, representantes populares, agencias y todo tipo de organizaciones sociales, incluyendo el ejército. El peligro es que el dirigente político se deja guiar por las defensas primitivas de la psique colectiva y las escenifica en un amplio nivel social e incluso global, como vimos después de los ataques terroristas del 11 de septiembre de 2001. Estas acciones no van a resolver los problemas psíquicos más profundos producidos por el trauma, aunque pueden ofrecer un alivio superficial temporal a través de calmar la necesidad de venganza y de justicia punitiva. Sin embargo, muchas veces la agenda política se vuelve parte de una primitiva reacción defensiva al trauma y termina empeorando las cosas incluso más. Se debe reubicar el centro cultural y reestablecer la confianza en un sentido cultural del significado y del destino enraizado en las profundidades de la historia. En primera instancia, esto requiere de contención y de estar centrado. De lo contrario, prevalecerá la violencia dirigida tanto hacia el exterior como hacia el interior del cuerpo cultural.

La violencia es la reacción defensiva de una persona, animal o cuerpo político que ha sido herido. A veces se dirige hacia afuera, otras veces hacia adentro y, a veces, en ambas direcciones. A lo largo de la historia, podemos ver cómo funciona esta defensa primitiva en las culturas heridas: Alemania después de la primera guerra mundial, Rusia después de la Revolución, Estados Unidos después del 11 de septiembre, etcétera. Dentro de este contexto, también debemos mencionar el trauma de Japón después de la apertura forzada a las potencias occidentales en el siglo XIX, que condujera al militarismo nacionalista en el siglo XX. La violencia ataca hacia afuera, en contra de los enemigos extranjeros y ataca hacia adentro en contra de lo que se percibe como saboteadores internos.

Otro tipo de defensa en contra del trauma cultural, como la que se dio en Japón después de la segunda guerra mundial, es ocuparse de inmediato en construir una *persona* fuerte que cubra todas las heridas de la psique con capas de una exitosa adaptación a un nuevo orden mundial. En ese caso, el trauma cultural no recibe tratamiento ya que permanece escondido de la mirada pública y enterrado en el inconsciente de la cultura. Ahí, adopta la forma de un complejo cultural y funciona donde no se le pueda ver.

El Hacedor de Lluvia aborda el trauma cultural de una manera totalmente diferente. No sucumbe a la violencia, ya sea externa o interna. Empieza con un reconocimiento consciente del problema y luego procede a hacer su trabajo interno en un espacio contenido.

¿Acaso los psicoterapeutas se pueden volver hacedores de lluvia? Yo creo que sí y esto es algo que se puede hacer desde cualquier escritorio, desde cualquier biblioteca, desde cualquier sala de conferencias.

En el aspecto más extrovertido, los psicoterapeutas del trauma, dentro del contenedor de la relación terapéutica, se toman el tiempo y el cuidado de escuchar y procesar, junto con sus pacientes, las historias de acontecimientos traumáticos. Como lo demostrara y describiera ampliamente Eva Pattis Zoja,[5] los métodos no verbales, como los juegos en la arena (*sand-play*), también pueden resultar útiles en este proceso de sanación. Toshio Kawai ha hecho notar que la sanación de las víctimas del terremoto y tsunami de 2011 en la parte oriental de Japón, se da cuando las "grandes historias" se van desvaneciendo a favor de las "historias pequeñas". Las grandes historias están constituidas por las versiones de las víctimas de los acontecimientos traumáticos narradas una y otra vez; las historias pequeñas se refieren a la vida cotidiana re-establecida a una forma más normal de interactuar y resolver problemas en el cotidiano. Inicialmente, era importante narrar las grandes historias primero para que los acontecimientos del trauma pudieran irse entretejiendo entre los pliegues de la estructura de la narrativa más extensa y más cotidiana. Esto demuestra la integración y la reanudación de un funcionamiento psíquico más sano.[6]

En el nivel cultural, necesita suceder lo mismo. Para narrar la gran historia de un acontecimiento traumático –un desastre natural, una guerra, una revolución, la huida de refugiados, los ataques

[5] E. Pattis Zoja, *Sand Play Therapy in Vulnerable Communities*.
[6] T. Kawai, "Big Stories and Small Stories in the Psychological Relief Work after the Earthquake Disaster: Life and Death".

terroristas, etcétera– se debe de narrar en un lugar seguro. Las agencias de noticias de inmediato se enteran de la existencia de estos acontecimientos, aunque les falta un contenedor donde tratarlas y los dirigentes políticos y culturales necesitan abordar los acontecimientos, tanto durante su transcurso como después. Sin embargo, esto muchas veces sólo lleva a reacciones defensivas: culpar, negar, disociarse y escindirse, una violencia punitiva, etcétera. Esto no es suficiente para poder sanar. La gran historia del trauma de alguna manera debe encontrar un lugar en la narrativa cultural más amplia como parte significativa de la totalidad. De alguna manera u otra, las historias de las víctimas y de los perpetradores, las historias del sufrimiento de los inocentes y de los crímenes, contadas con franqueza, se deben de integrar a las narrativas culturales de sus tiempos. Esta es una de las tareas del sanador de culturas: introducir las historias del trauma cultural en la narrativa general de la individuación cultural específica y de la individuación cultural mundial. Se deberá de imaginar esta narrativa como un mandala coherente.

Para resumir, podemos decir que el trabajo del psicoterapeuta de tratar los traumas culturales consiste en dos aspectos: el primero de naturaleza introvertida y el segundo de naturaleza extrovertida. El primero es de importancia primordial: esto requiere que el psicoterapeuta de la cultura viva en carne propia, tanto personal como imaginativamente, la enfermedad cultural causada por los traumas culturales y que luego la resuelva interiormente a través de re-establecer la conexión interior con el centro de la totalidad de la personalidad en su interior. Este es el modelo del Hacedor de Lluvia y forma la base de cualquier actividad extrovertida subsiguiente. Estas actividades incluyen escuchar las historias de las víctimas y procesarlas en un contenedor que pueda producir narrativas culturales de naturaleza coherente y cargada de significado. Esto se puede hacer en la práctica, o bien en el estudio a través de escribir libros y artículos, ofrecer reflexiones, dar conferencias y comunicar mensajes sanadores en cualquiera y todas las formas disponibles.

Capítulo 14

Las cuatro modalidades de la temporalidad y el problema de la vergüenza[1]

La conexión psicológica entre la temporalidad y la vergüenza no es un asunto sencillo, por decir algo, sobre todo cuando se toma en cuenta el inconsciente. Antes que nada, la temporalidad es un tema complejo y su vínculo con la vergüenza es, por lo tanto, más que tan solo un simple registrar y recordar cosas vergonzosas cometidas tanto en el presente como en el pasado. Hinton cita a Serres que se refiere a la temporalidad como si fuera un "pañuelo doblado y arrugado".[2] En este pañuelo, inevitablemente encontramos manchas de vergüenza. ¿Cómo es que llegan ahí? y ¿Se pueden reducir o incluso hacer que desaparezcan? De no ser así, ¿qué propósito tienen para la individuación?

En este ensayo, me gustaría desdoblar y alisar este pedazo de tela arrugada y procurar ver los hilos de la trama de este constructo e identificar cómo y cuándo la vergüenza se entreteje en la trama y posiblemente cómo se puede integrar el problema de la vergüenza en la vida consciente a través de una experiencia del *self*.

---

[1] Anteriormente publicado en L. Hinton y H. Willemsen (eds.), *Temporality and Shame*. Londres: Routledge, 2017.

[2] L. Hinton, "Temporality and the Torments of Time", *Journal of Analytical Psychology*, 60, 3, 353-370.

Cuatro modalidades de la temporalidad

¿Qué es el tiempo? Yiassemides inicia su estudio sobre la temporalidad y la atemporalidad con la siguiente oración: "El tiempo es un concepto extremadamente oscuro" y cita al Sombrerero Loco de *Las aventuras de Alicia en el país de las maravillas* de Lewis Carroll: "Si conocieras el Tiempo tan bien como yo… no hablarías de… *ello, sino de él*".[3] Ya contamos con dos metáforas para referirnos al tiempo: el pañuelo y el Padre Tiempo. Se podrían agregar otras metáforas, como las grandiosas imágenes arquetípicas del río (o la serpiente), la procesión (o el tren) y la rueda.[4] Cada metáfora ofrece una perspectiva sobre la experiencia humana de la temporalidad.

Mi enfoque, sin embargo, va a ser más analítico y abstracto y no voy a intentar contestar la pregunta de qué es esencialmente el tiempo, sino, más bien, voy a sugerir que las cuatro modalidades básicas de la temporalidad desempeñan un papel en la conciencia humana, de diferentes formas y en diferentes etapas de la vida: la acronicidad, la cronicidad, la sincronicidad y la discronicidad.[5] Para propósitos de esta discusión, organizaré estas modalidades en dos pares de polaridades, como se muestra en este diagrama:

Las cuatro modalidades de la temporalidad

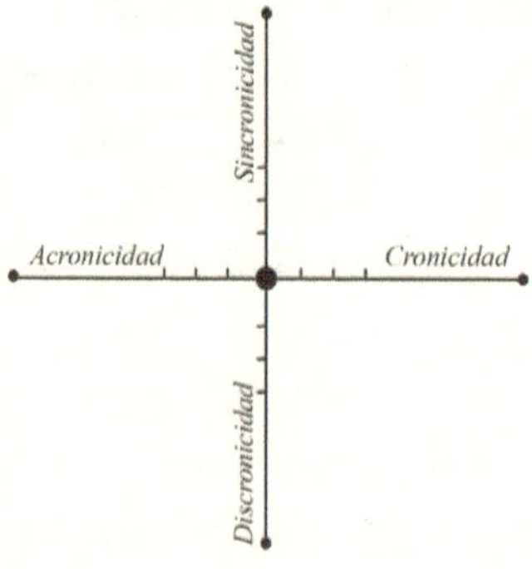

[3] A. Yiassemides, *Time and Timelessness: Temporality in the Theory of Carl Jung*, p. xiii.
[4] M.-L. von Franz, *Psyche and Matter*, p. 136.
[5] He creado este neologismo para este ensayo. Dis- (del prefijo griego que significa dificultad, negatividad, mala suerte) indica un estado difícil y generalmente doloroso en el cual las cosas se encuentran desarticuladas.

El eje horizontal indica la temporalidad en una escala que va desde la ausencia hasta la presencia en el sentido del tiempo cronológico. El eje vertical indica líneas de tiempo paralelas y divergentes que existen en tiempo real y podrán conjugarse en la conciencia. Todos comparten el término "cronicidad", de la palabra griega "chronos", que significa "tiempo".

Definiciones

De las cuatro modalidades de la temporalidad psicológica, la más sencilla y más cercana al sentido común cotidiano es la "cronicidad", que indica el sentido normal de un continuum de pasado-presente-futuro en estado de vigilia una vez que el individuo haya adquirido un sentido del tiempo real y de la continuidad de la memoria. La temporalidad como cronicidad es el estado consciente de la conciencia del movimiento regular de objetos como el Sol y las manecillas del reloj en el mundo que nos rodea. Von Franz cita al filósofo romano Macrobio: "En tanto que el tiempo es una medida fija, se deriva de las revoluciones del cielo. Es ahí donde se inicia el tiempo, y de ahí se cree que nació Kronos que es Chronos. Este Kronos-Saturno es el creador del tiempo".[6] Desde tiempos inmemoriales, los humanos hemos observado y registrado el cambio de las estaciones, el movimiento de las estrellas en el cielo nocturno, la inclinación cambiante de los rayos de sol que caen sobre un reloj solar y los cambios que se dan en el cuerpo conforme van pasando los años. A través de utilizar esta modalidad crónica de la temporalidad, es posible construir una narrativa personal basada en un marco de tiempo con fechas específicas y contextos relacionados que podrían parecer un pedazo de tela en el cual se han entretejido recuerdos del pasado y anticipaciones de posibles futuros por venir. Los recuerdos de experiencias dolorosas de vergüenza pueden dejar marcas oscuras e indelebles en una narrativa personal.

[6] M.-L. Von Franz, *Time: Rhythm and Repose*, p. 74.

Una modalidad de la temporalidad psicológica relacionada, aunque contrastante es lo que llamo "acronicidad." Se trata de una especie de modalidad negativa de la temporalidad, un tiempo cero, un punto de partida en los mitos y el desarrollo psicológico. Se experimenta como atemporalidad y estar afuera de los marcos de tiempo. Antes del número uno, que podría representar la cronicidad, está el número cero, la acronicidad. La acronicidad se refiere a la ausencia de conciencia del sentido del tiempo objetivo ("tiempo real"[7]). Todo se realiza en el tiempo presente, y el tiempo, si acaso se registra en esta modalidad, es como una telaraña, un velo fino que envuelve ligeramente la conciencia sin dejar una impronta profunda. Aquí, puede que la memoria aparezca o no como un factor. Mientras que, sobre la mesa, el reloj sigue marcando el tiempo, segundo por segundo, la psique no está consciente de su movimiento. Los niños, las personas que duermen, los que ensueñan, los lectores que hacen lecturas profundas, los meditadores y los místicos, las personas de edad avanzada y los que perdieron la razón, los individuos creativos desempeñándose en su trabajo, en pocas palabras, todos y cada uno de nosotros tenemos esta experiencia. Si se registra aquí la vergüenza, va a tender a ser vaga y generalizada, quizás no se apegue a individuos, acontecimientos u objetos específicos, sino que más bien sea un estado de ánimo más que un sentimiento ligado al contexto y si se liga a un recuerdo específico, entonces se apega a un recuerdo reprimido.

La acronicidad y la cronicidad yacen sobre un espectro con muchos gradientes entre los extremos, y puede que entren y salgan uno del otro, ya sea con fluidez o con brusquedad. Esto es lo que representa el eje horizontal en la gráfica anterior.

Psicológicamente, el eje vertical es más complejo. Las dos modalidades de la temporalidad representadas aquí logran crear

[7] Utilizo la expresión "tiempo real" para referirme al tiempo tal cual lo miden los relojes, es decir, el tiempo objetivo que existe más allá del reconocimiento humano. Se trata de la temporalidad no psicológica.

algunas de las arrugas más marcadas en el tejido de la temporalidad y puede que expliquen la vergüenza que se siente en un registro extraño e impersonal o un registro transgeneracional.

Las dos temporalidades sobre este eje están constituidas por una complejidad de líneas de tiempo simultáneas. Llegar a estar plenamente conscientes de estas modalidades de temporalidad, nos exige observar y recordar nuestros sueños y fantasías, es decir, conectarnos con los temas y las historias en el inconsciente.

La extensión ascendente de este eje que se eleva por encima del eje horizontal, consiste en una modalidad de la temporalidad psicológica a la que Jung denominó "sincronicidad". Jung se refiere a este fenómeno como "*correspondencias acausales*, que consisten en un ordenamiento paralelo de los hechos en el tiempo".[8] La sincronicidad consiste en una convergencia sorprendente e inesperada aunque significativa de secuencias cronológicas entre ya sea: a) el mundo interior de la psique y el mundo exterior de los objetos materiales; o bien b) dos secuencias paralelas en el mundo material causalmente desconectadas entre sí.[9] La sincronicidad crea un doblez en el tejido de la temporalidad que junta a dos líneas del tiempo separadas. La vergüenza puede o no aparecer de manera prominente en esta modalidad de la temporalidad. Ninguna culpa se puede derivar específicamente de este giro del tiempo ya que no hay una conexión causal entre las secuencias. Se le atribuye puramente a la casualidad: quizás no a una casualidad aleatoria, como suponía Pauli,[10] aunque, no obstante, al fin y al cabo se le atribuye a la casualidad.

En una extensión descendente sobre el eje vertical, se encuentra la temporalidad psicológica a la que llamo "discronicidad". Se trata de lo opuesto a la sincronicidad, una especie de tempo-

[8]G. Adler (ed.), *C. G. Jung Letters, Vol. 2*, p. 46.
[9](Para discusiones más detalladas, ver Atmanspacher, 2013; Cambray, 2009; Connolly, 2015; Jung, 1952/1969; Main, 2004; von Franz, 1974; Yiassemides, 2014).
[10] W. Pauli, "The Piano Lesson", *Harvest*, 49, 2, 122-134.

ralidad sombreada: Dos secuencias paralelas en el tiempo se experiencian simultáneamente, aunque no como secuencias convergentes. Muchas veces, la vergüenza aparece inserta aquí, aunque no suele ser de carácter personal en tanto que puede que sea transgeneracional.

El problema de la vergüenza en la díada de modalidades de la temporalidad: la acronicidad y la cronicidad

A. *La acronicidad*

El punto de partida del universo es un estado de acronicidad objetiva. El tiempo no existía antes del Gran Estallido, cuando el universo material cobró existencia a través de una explosión. Antes de esto, sólo existe una especie de espacio-solo-Dios, que en la versión mazdeísta del libro del Génesis, por ejemplo, se le llama "el lugar y residencia de Ōhrmazd. Algunos le llaman la Luz infinita. ... El Tiempo de la vestimenta [de Ōhrmazd] es infinito".[11] Los mitos de la creación narran el momento cuando el mundo cobró existencia como si hubiera tenido lugar *in illo tempore*, "en ese tiempo".[12] La acronicidad es pretemporal, infinita e ilimitada. Es una temporalidad de no-tiempo.

De hecho, la acronicidad es, en general, la modalidad de la temporalidad del mito. El mito no está contenido dentro del tiempo cronológico, sino que más bien contiene una característica parecida al tiempo en su interior como una especie de coherencia interna. Esencialmente, el mito es acrónico en tanto que no requiere de conciencia histórica o de contexto para adquirir significado. Más bien, el mito permanece aislado como una "constancia icónica", como observa Blumenberg:

> La constancia icónica constituye el elemento más característico en la descripción de los mitos. La constancia de su

[11] H. Corbin, "Cyclical time in Mazdaism and Ismailism", p. 121.
[12] M. Eliade, *Patterns in Comparative Religion*, p. 395.

> contenido central permite al mito aparecer incorporado como un elemento "errático" aun en contextos tradicionales de un tipo diferente. Este predicado descriptivo de la constancia icónica no es más que otra forma de expresar aquello que, en el mito, impresionaba a los griegos como su arcaica antigüedad. El alto grado de mantenimiento de ese elemento nuclear asegura su difusión en el tiempo y en el espacio, su independencia de condicionamientos locales o de la época. El *mython mytheisthai* [narrar un "mito"] de los griegos quiere decir que se narra una historia sin fecha y que no es fechable y, por lo tanto, no se le puede localizar en ninguna crónica, pero que en compensación por esta deficiencia, es una historia que encierra ya en sí misma su significación.[13]

Mientras que los mitos existen esencialmente en una temporalidad acrónica, sí logran entrar en la cronicidad a través de que se les cuente, se les escuche y se les recuerde, y así ocupan su lugar dentro de las narrativas históricas, tanto personales como culturales y desde ahí pueden generar una vergüenza cultural o colectiva como en el caso del "pecado original". Por otro lado, los rituales logran transformar el tiempo cronológico en acronicidad mítica *in illo tempore* ya que el ritual, una danza, por así decir, "es una repetición y, por consiguiente, una re-concretización, de *illud tempus*, 'aquellos tiempos'."[14]

"En el principio ..." (Génesis 1:1), la frase con la que inicia la Biblia, no deja espacio para una descripción de la realidad "antes" del principio. La Biblia empieza con la creación del tiempo. El tiempo real no existía antes de que hubiera objetos en el espacio. El tiempo es una función de los ritmos regulares de los movimientos de los objetos en relación entre sí en el espacio. Al momento de la creación, puede empezar el flujo continuo del tiempo real ya que

[13] H. Blumenberg, *Trabajo sobre el mito*. p. 165.
[14] M. Eliade, *Cosmos and History*, pp. 28-29.

ya han cobrado existencia los objetos. Jung lo plantea de la siguiente manera: "Si no hay ningún cuerpo moviéndose en el espacio, entonces tampoco puede haber tiempo ..."[15] Sólo la Divinidad existe fuera del tiempo y el espacio, *in illo tempore*, en el tiempo y espacio de orden mítico o imaginario. La Divinidad (singular y plural) reside dentro de la temporalidad acrónica. Se trata de un presente eterno. También se aplica al reino de la psique pura, como escribe Jung en una carta: "Si en el mundo psíquico, no hay cuerpos moviéndose en el espacio, tampoco puede haber tiempo. El mundo arquetípico es 'eterno', es decir, se encuentra fuera del tiempo."[16]

En el relato bíblico del principio, el sentido humano del tiempo como lo experimentan Adán y Eva permanece mítico, o acrónico, incluso después de que los seis días de la creación se hubieran contado como se debe y hayan tomado su lugar en el Jardín del Edén. Esto indica la diferencia esencial entre la temporalidad psíquica humana y el tiempo real u objetivo. Adán y Eva no existen dentro de lo que reconoceríamos como cronicidad psicológica, es decir, con un sentido del tiempo que transcurre continuamente del presente al futuro con toda una historia que se va acumulando tras de sí, ya que viven en una ronda eterna de días y noches sin cambios ni desarrollos significativos. Mas aun, con facilidad y regularidad caminan y hablan directamente con Dios, de modo que no hay división alguna entre el mundo psíquico humano y el mundo arquetípico divino. La temporalidad crónica todavía no ha empezado. Mientras permanezcan en el Jardín del Edén, Adán y Eva viven en una acronicidad psicológica, y mientras esto perdure, existen sin vergüenza. La historia (es decir, la cronicidad), que está constituida por el paso del tiempo real con la acumulación lineal consciente de incidentes, desarrollos y cambios recordados, sólo empieza después de la "caída" y expulsión del Edén.

---

[15] G. Adler (ed.). *C. G. Jung Letters*, p. 45.
[16] *Ibid.*, p. 46.

En el desarrollo del sentido consciente del tiempo de un individuo, este tipo de temporalidad prevalece desde la conciencia fetal y bien entrado el periodo de la infancia. En la modalidad de la acronicidad psicológica, se registran individualmente las experiencias, aunque –debido a que la memoria todavía no forma parte del juego– permanecen desconectadas entre sí o de los contextos en los que se hayan realizado. En la neurociencia, a esto se le llama "conciencia semántica".[17] Son momentos registrados por la memoria, aunque no queden atados entre sí en una narrativa continua.

Los seres humanos, si acaso viven suficientes años y caen bajo ciertas condiciones neurológicas de orden patológico, como la demencia, podrán terminar ahí donde empezaron, en la modalidad de la temporalidad de la "acronicidad" crónica. Recuerdo vívidamente una escena en la sala de cuidados asistidos para dementes en donde dos hombres de edad avanzada estaban sentados en una banca con la mirada perdida en el espacio frente a ellos. Del otro lado de la sala y dentro del campo visual, un reloj mostraba la hora y marcaba el paso de cada minuto con un tic-tac. Lentamente, las manecillas del reloj avanzaban sobre la carátula del reloj de un número al otro. Era un domingo temprano en la tarde. Los hombres no se movían de su lugar. Parecían estar profundamente inconscientes del tiempo: pasado, presente o futuro. Un letrero al lado del reloj informaba que el almuerzo se sirve todos los días a las 11:30 a.m. Ya eran las 2:30 p.m., así que se podría suponer que los dos hombres ya habrían comido y estaban descansando en la banca. Tenían los ojos bien abiertos, casi no los movían, ni siquiera para parpadear. Independientemente del estado de conciencia en el que se encontraran en ese instante, parecía no guardar relación alguna con el tiempo cronológico. Vivían en la temporalidad psicológica de la acronicidad perpetua, sin relojes o calendarios en mente. Los recuerdos ya no le servían para hilar experiencias. Vivían en el presente eterno. Su modo de temporalidad en la conciencia era afín al mito y a la infancia, *in illo tempore*.

---

[17] L. Hinton, "Temporality and the torments of time", p. 363.

A través de llevar una vida sana normal, constantemente oscilamos entre la modalidad acrónica y el sentido registrado del tiempo cronológico. Sin embargo, no estamos atorados en la acronicidad por una deficiencia neurológica. Podemos deslizarnos por la escala desde una posición en el eje horizontal a otra. Cuando dormimos, cuando soñamos en un estado de vigilia o caemos en un estado de ensoñación, cuando meditamos o hacemos imaginación activa, cuando nos quedamos con la mirada fija sobre el vacío o cuando olemos una rosa, en cierta medida, momentáneamente caemos en una temporalidad acrónica. De hecho, la mayoría de nuestros días están fuertemente intercalados con periodos acrónicos y un cuidadoso inventario de conciencia evidencia que gran parte de nuestra vida, la pasamos en esta modalidad. Cuando parece que se nos escapa el tiempo, o bien las horas del reloj se comprimen dramáticamente y le perdemos la pista al tiempo: a las horas, a los días o a los años; puede que estemos en esta modalidad, o quizás a medio camino de la entrada y a medio camino de la salida: Generalmente, cuando estamos despiertos, en estado de vigilia, fácilmente nos deslizamos entre la acronicidad y la cronicidad y podemos deslizarnos por este eje a través de un acto de voluntad.

Las experiencias registradas dentro de la modalidad de la acronicidad pueden incluir las manchas de vergüenza, aunque no necesariamente sea así. Una excepción es cuando las personas fuertemente insertas en un sistema de reglas estrictas, muchas veces leyes y mandatos religiosos que estrictamente prohíben el tener ciertos pensamientos o sentimientos. Si llegaran a emerger a la superficie en momentos acrónicos (fantasías, sueños, asociaciones aleatorias), antes de que se les pueda reprimir y relegar a las profundidades del inconsciente daría lugar a la vergüenza. Para estas personas, la psicoterapia no es una opción ya que no pueden tolerar sus afectos y pensamientos sombreados y, por lo tanto, no los pueden integrar. El miedo a la vergüenza y a la culpa bloquean el camino. El resultado neto es el conflicto neurótico crónico.

B. *La cronicidad*

En el mito bíblico, la cronicidad psicológica empieza cuando Adán y Eva son expulsados del Jardín del Edén y se rompe la fluidez de la conversación entre la criatura y el Creador. La experiencia del tiempo cambia de una ronda de repeticiones eternas de ciclos fluidos de necesidad-satisfacción a una secuencia lineal de momentos en el tiempo histórico que exige un gran esfuerzo y una conciencia dirigida para proceder desde la necesidad hasta la realización en la cual muchas veces hay grandes brechas de frustración entremedio de esta secuencia. Una memoria continua de acontecimientos y experiencias del pasado se apodera y le da forma a la narrativa conforme el mundo empieza a cambiar y la conciencia humana a evolucionar. En la neurociencia, a esto se le llama la aparición de la "memoria episódica" y para la mayoría de las personas, se inicia alrededor de los 4 años de edad.[18] Además, en la conciencia se da un sentido del futuro, incluyendo la conciencia de la muerte. En el tiempo cronológico, se dan inicios y finales. Vivir con este sentido de temporalidad, implica vivir en la modalidad de la cronicidad.

Adán y Eva, habiendo comido el fruto del árbol del conocimiento del bien y el mal, abandonan el Edén avergonzados y no tardan en emerger en el panorama conflictos y luchas de poder. Empieza la vida humana normal. La envidia va formando una nube entre sus hijos, Caín y Abel, y lleva una serie de escenificaciones sombreadas. El crimen y el castigo se vuelven rasgos de la historia humana. La marca de la vergüenza queda indeleblemente inscrita en la frente de Caín, el hermano criminal y asume un lugar central en su identidad. Enlaces causales entre el pasado y el presente y las consecuencias y responsabilidades que implican se convierten en la ley de la vida en la modalidad de la temporalidad de la cronicidad.

Claramente recuerdo cuando tenía 4 o 5 años de edad y mi padre me enseñó a decir la hora. Era domingo de Pascua en la

[18] *Ibid.*, p. 364.

mañana y antes de ir a la iglesia, mi padre, que era pastor, me dio una lección sobre el tiempo. Tomó un reloj alrededor del tamaño de su mano y me enseñó cómo se mueven las manecillas sobre la carátula del reloj. Dijo que la manecilla pequeña muestra la hora y la manecilla grande, los minutos. Los números que me iba señalando, decían la hora. Yo sabía suficiente sobre el tiempo como para entender estas palabras. Hasta aquí, todo iba bien. Giró la corona en la parte posterior del reloj e hizo que se movieran las manecillas. Luego, puso una cierta hora y me pidió que le dijera qué hora marcaba. Hicimos esto varias veces y no tardé en agarrarle el modo. Orgullosamente, les anuncié a mis amigos de la escuela dominical que ¡yo ya sabía decir la hora! Para mí, fue un parteaguas en mi aprendizaje y es un momento que jamás olvidaré. Es una parte permanente y constante de la narrativa de mi vida. Desde entonces, he tenido la sensación de que el tiempo es mi amigo y rara vez le pierdo la pista. Casi nunca llego tarde a una reunión o a una cita. Si me equivoco con la hora, siento vergüenza. Tengo una buena sensación del tiempo cronológico y vivo cómodamente dentro de este tipo de temporalidad. También me interesa la historia que se remonta hasta los orígenes de la cultura humana e incluso hasta los inicios del universo y me ubico dentro de un contexto histórico y cultural preciso. Puede que sea una coincidencia, pero mi recuerdo más temprano de experimentar vergüenza data aproximadamente de esta misma edad.

En el momento del desarrollo psicológico cuando la cronicidad toma el control permanente de la conciencia, se da una separación en la psique. El ego emergente se separa del inconsciente y, cada vez más, el ego se vuelve una unidad psíquica singular en sí misma en contraposición a otras partes del mundo interno. En pocas palabras, la psique se diferencia y se empieza a dar la represión. Se forman las defensas del ego y la identidad comienza a cobrar forma. Nacer a la cronicidad es una especie de segundo nacimiento de la conciencia humana y viene acompañado de una conciencia estable de los opuestos, como el bien y el mal, la inocencia y la vergüenza, el éxito y el fracaso y la vida y la muerte. El sentido del tiempo del ego ahora se vuelve un sentido de la cronicidad y la acronicidad atemporal de la psique que queda escondida en el inconsciente, abandonada al mundo de los sueños y de la fantasía. En la niñez, se restaura la acronicidad durante el juego y a largo de la vida, la creatividad sigue dependiendo de hacer contacto con la capacidad de jugar y, por lo tanto, de volver a entrar temporalmente a la modalidad de la acronicidad.

En algunas culturas, en particular, en las culturas orientales, como la de Japón, es mucho menos drástica y más "suave" la separación entre el ego y el inconsciente. Los mitos y la historia no se distinguen entre sí de manera tan clara y un sentido de la realidad normal puede incluir a la fantasía de manera importante de forma tal que no se da en el occidente. La cronicidad y la acronicidad están más cercanas entre sí; de hecho, de alguna manera están entretejidas entre sí. Aquí estoy siguiendo las líneas de pensamiento asentadas por Hayao Kawai y Claude Levi-Strauss.

Vale la pena notar que se conoce la cultura japonesa como una "cultura de la vergüenza", en contraste con las "culturas de la culpa" del mundo occidental. En su obra clásica, *El crisantemo y la espada,* la antropóloga Ruth Benedict hizo esta observación inicialmente. Esta característica de la cultura japonesa parece ser consecuencia de la proximidad más cercana entre las modalidades acrónicas y crónicas de la temporalidad en la población. Algunas personas piensan que esto indica un nivel más bajo o menor de desarrollo del ego en esta cultura ya que la vergüenza se asocia más con un desarrollo temprano del ego, mientras que la culpa se asocia más con un desarrollo avanzado del ego. Sin embargo, de hecho, no se puede separar la vergüenza de la culpa como si la culpa fuera un producto de mayor desarrollo del ego. Como podemos ver en el relato bíblico de la caída, la culpa de hecho precede a la vergüenza y ciertamente vienen envueltas juntas como parte de un mismo paquete. De hecho, muchas veces es el caso de que la culpa, en tanto el acto de autojuzgarse internamente y condenarse por algo ya cometido, produce un profundo sentido de vergüenza.

Muchas veces se ha argumentado, también, que la culpa se aísla más en un solo acto en un contexto específico, mientras que la vergüenza se generaliza hacia la totalidad del *self*, aunque, de hecho, muchas veces la culpa sangra más allá de los confines discretos de una acción culposa y afecta a la totalidad de la psique y el cuerpo, incluyendo el inconsciente. Vemos este fenómeno de manera detallada en la novela de Dostoievski, *Crimen y castigo.* Raskolnikov se juzga culpable y, a partir de ese momento, empieza a experimentar una vergüenza insoportable en cada faceta de su ser. Paul Ricoeur nota este mismo desarrollo en la obra de Kafka: "Ser condenado sin que alguien te maldiga es la condena más elevada que existe ..."[19] La vergüenza es este "grado más elevado de condena" y muchas veces se da como consecuencia de la culpa.

Quizás podríamos decir que en las culturas de la vergüenza la transformación de la culpa en vergüenza se da de manera más rápida, predecible y profusa que en las culturas de la culpa. Puede que esto se deba a que el ego, que asume la responsabilidad por las acciones y, por lo tanto, carga la culpa, no está completamente aislado del resto del *self*. El límite entre el ego y el inconsciente es más permeable y, por ende, la experiencia de la vergüenza es más inmediata y total. Sin embargo, esto para nada excluye la experiencia de la culpa. La vergüenza y la culpa sencillamente están más estrechamente entretejidas entre sí.

Tanto la vergüenza como la culpa entran en el contexto psíquico con fuerza con el establecimiento de la modalidad de la cronicidad. En culturas en las que la modalidad de la cronicidad es extremadamente recesiva, la vergüenza podría ser relativamente ligera o incluso podría estar ausente. Esto sería tema de una investigación más a fondo por parte de la antropología psicológica o cultural.

---

[19] Como lo cita S. P. Edelman en *Turning the Gorgon: A Meditation on Shame*, p. 19.

Conforme la "conciencia semántica" se vuelve "memoria episódica" en una persona, va tomando forma una memoria continua y una narrativa conformada por recuerdos asociados y ligados entre sí. Por supuesto que, a lo largo de la vida, esta narrativa entretejida experimenta una revisión constante y, en un sentido, se debe volver a crear todos los días al despertar en la mañana. De vez en cuando, también está sujeta a un proceso de rediseño radical conforme la vida de una persona atraviesa por las fases de la individuación desde la infancia pasando por la adolescencia, la adultez, la etapa madura, la edad avanzada y el acercamiento a la muerte. Sin embargo, no es tan sólida e intacta como podría parecer a primera vista. De hecho, al inspeccionarla más de cerca, nos damos cuenta de que está llena de hoyos y fisuras que de vez en cuando se llenan de lo que Jung llama *zurückphantasieren* ("retro-fantasías"),[20] en las que se trasponen los sentimientos y las fantasías actuales y se les toma por ("se les recuerda" como) acontecimientos pasados. En el análisis, se realiza un trabajo constante de destejer y volver a tejer la narrativa basada en perspectivas nuevas y recuerdos emergentes. Un peligro, aquí, es que se convierta en nada más que una forma sofisticada de "retro-fantasías", [21] como se ha visto cuando un terapeuta intencionadamente apoya o incluso inserta fantasías ambiguas en el presente en el interior de las narrativas de sus pacientes como "memorias" de un trauma de la infancia. Por supuesto que en esta narrativa emergente y constantemente transformadora de la cronicidad, de manera natural se dan experiencias tempranas y formadoras de vergüenza y culpa, las cuales asumen rasgos importantes.

El sentido de temporalidad psicológica en tanto cronicidad es una orientación que asume la conciencia con referencia al mundo

---

[20] J. Laplanche y J.-B. Pontalis, *The Language of Psycho-Analysis*, p. 112.

[21] L. Hinton ofrece una discusión útil de *Nachträglichkeit*, una revisión de recuerdos a la luz de reflexionar en retrospectiva sobre las experiencias del pasado, como los traumas de la infancia temprana. Ver Hinton, 2015, p. 361ss.

material que nos rodea y al lugar que ocupamos en él. Esta es una función clave del "principio de realidad",en tanto que habita en el ego. Esta modalidad es una representación en la conciencia de la temporalidad en tanto tiempo real que rige a las temporalidades, internas o subjetivas, incluyendo la acronicidad, la sincronicidad y la discronicidad. Cuando vivimos con una conciencia aguda del reloj y el calendario y pensamos sobre nosotros mismos en relación a la historia, de manera tanto personal como colectiva, y nos colocamos esencialmente dentro de estos contextos, vivimos en un mundo donde rige la cronicidad como rey. El ego, orientado por la cronicidad, es el sol alrededor del cual giran todas las demás temporalidades. El desarrollo en esta dirección empieza en la vida temprana y dura toda la vida, siempre y cuando conservemos nuestra mente sana. Las pruebas del estado mental consideran el sentido de temporalidad psicológica como una característica clave de la salud mental. La psicosis es una ruptura en el predominio de la cronicidad dentro de la conciencia, cuando otras formas de temporalidad toman el control y el ego pierde su lugar central. En ese momento los factores subjetivos, como los sentimientos, los pensamientos y las fantasías asumen el dominio y con ellos llegan otras modalidades de la temporalidad como la acronicidad (la demencia), la sincronicidad (la paranoia) y la discronicidad (la disociación), para reemplazar el entendimiento del ego de la cronicidad y el tiempo real.

El sentido del mundo y de la vida como determinados estrictamente por la cronicidad tiene grandes ventajas para la humanidad; incluye un sentido de la vida humana como un proceso de desarrollo y algo finito. Conscientes de la naturaleza inevitable de la muerte, monitoreamos nuestra edad más cuidadosamente conforme van aumentando las probabilidades de que nuestra historia personal llegue a su fin. Esta modalidad de la temporalidad psicológica introduce y guarda la vergüenza y la culpa en la conciencia, acompañada necesariamente de la aparición de la ética y la elaboración de reglas morales. La ética depende de la conciencia de las relaciones objetales y la causalidad en el tiempo y el espacio.

La cultura humana depende de la cronicidad psicológica como un hecho poderoso y efectivamente dominante de la conciencia. En un sentido, el precio que pagamos por la cultura es una conciencia aguda de la vergüenza.

La sincronicidad-discronicidad: una díada de modalidades de la temporalidad

C. *La sincronicidad*

El tipo de modalidad de la temporalidad dentro de la que vivían Adán y Eva mientras se encontraban en el Jardín del Edén es acrónico (mítico), aunque también es sincrónico: en el Edén, existe una total armonía fluida entre la oferta y la demanda, entre la necesidad interior y la realización externa, entre la psique y el mundo. Se trata de una plantilla arquetípica de la temporalidad en la modalidad de la sincronicidad, cuando el interior (la psique) y el exterior (el mundo objetivo) están en una relación armónica y sintónica. En este estado de conciencia, no hay ningún sentido de vergüenza. La sincronicidad en sí misma está libre de vergüenza, aunque si se le integra a la cronicidad de la experiencia normal de vida del ego y se le considera bajo una luz diferente, quizás bajo el lente de lo ético, puede que asuma un aspecto relacionado con la vergüenza.

La sincronicidad se refiere a un momento en el tiempo en el cual de manera acausal o fortuita, azarosa, coinciden lo interno (las imágenes, los pensamientos, los sentimientos) y lo externo (los objetos materiales, las criaturas), llevando a que en el acontecimiento se revele el significado objetivo.[22] Se trata de una confluencia entre la psique y la materia, lo interno y lo externo, las temporalidades subjetivas y objetivas basada en la coincidencia y cargada de significado. Los tiempos de la psique, consciente o

[22] C. G. Jung, "Sincronicidad: un principio de conexión acausal".

inconsciente, y los tiempos de los acontecimientos en el mundo objetivo, por cuestiones de azar, simplemente coinciden de manera significativa. En esta instancia, dentro de la conciencia se entretejen las dos líneas de la temporalidad como si fueran una sola línea.

Erich Neumann escribe sobre la infancia en términos que implican este mismo tipo de sintonía entre el mundo interno y el externo. El feto, mientras se encuentre contenido en el vientre de la madre, atraviesa esta etapa de la vida en un estado de acronicidad. Una vez que ha nacido, este estado gradualmente pasa hacia lo que posteriormente, en los brazos de la madre y apegado a su seno, se convierte en una prefiguración del estado sincrónico:

> Esta experiencia de la infancia ... es la encarnación ontogénica de la realidad unitaria primordial en la que no existen los mundos parciales de afuera y adentro, el mundo objetivo y la psique. ... En esta fase, existe una unidad primordial entre la madre y el hijo.[23]

La naturaleza facilita la íntima coordinación cronológica entre la necesidad y la satisfacción, ya que el acto de alimentar de la madre y la necesidad del infante de ser alimentado están más o menos sintonizados para coincidir en el tiempo. Lo interno y lo externo se encuentran de manera oportuna cuando el bebé llora y la madre responde. Se trata de un prototipo personal de la temporalidad en tanto sincronicidad: la psique y el mundo se encuentran en un estado de sintonía. Para el desarrollo, es un estado transicional que pasa de la acronicidad a la cronicidad y, al igual que los Padres Originales, no implica ninguna vergüenza.

Sin embargo, si no se satisface la necesidad expresada o si el reflejo especular de la madre no se encuentra con la mirada del bebé, entonces en esta fase de desarrollo infantil puede ocurrir una experiencia temprana y preverbal de la vergüenza. Edelman, refiriéndose al trabajo de G. Kaufman, escribe: "Mirarse a la cara es ... la forma más temprana de comunión. Si durante esta actividad,

[23] E. Neumann, *The Child*, p. 11.

no se realizan las expectativas fundamentales, se constela la vergüenza".[24] Debido a que esto ocurre dentro de la temporalidad psicológica de la acronicidad, no se traslada hacia adelante en el tiempo ni se entreteje con la narrativa de la memoria. Simplemente permanece como una experiencia de vergüenza no asociada con el tiempo ni el lugar. Debido a que falta el contexto, será afín a lo que Bion llamó los elementos beta, que no se metabolizan psíquicamente. Si se repite la experiencia suficientes veces, estas experiencias tempranas de vergüenza podrán convertirse en la base de un sentido generalizado de vergüenza, o una falla básica (Balint) en el sentido del *self*, una herida primordial que no sana y crea un flotante trasfondo ubicuo de vergüenza en los estados anímicos de la persona en etapas posteriores de su vida. Puede que se conviertan en lo que Jung llama un complejo, un complejo de vergüenza. Esto sería atribuible a una ruptura de los encuentros sincrónicos entre lo interno y lo externo, entre el bebé y la madre, entre la necesidad y la satisfacción, en el proceso temprano de desarrollo.

La experiencia de la sintonía que sale de las correspondencias sincronísticas entre el bebé y la madre es objetivamente significativo en tanto que apoya la sana supervivencia de la especie. Los beneficiarios de un maternaje suficientemente bueno están en mejores condiciones que aquellos que no tuvieron esta experiencia. Abonan el terreno para un posterior optimismo y fe, cualidades de la mente que sirven para florecer posteriormente en la vida. Esa experiencia fundacional de sintonía en la infancia es una plantilla personal para posteriores experiencias de sincronicidad, que reflejan la experiencia arquetípica del Edén. Las posteriores experiencias de sincronicidad, que se dan en la memoria, donde quedan registradas después de que el ego se haya formado y los mundos interno y externo se hayan separado, demostrando de manera

[24] S. P. Edelman, *Turning the Gorgon: A Meditation on Shame*, p. 29.

significativa las coincidencias similares entre la necesidad y la satisfacción, entre los mundos interno y externo.

Cuando se superponen las cronicidades, internas y externas, que se dan en la sincronicidad, se lleva también la percepción de un significado trascendente a un momento específico en el tiempo. La experiencia de la temporalidad en tanto sincrónica a veces se le refiere como una especie de estación del año o periodo de tiempo elevado o espiritualmente significativo, opuesto a *chronos* (tiempo secuencial ordinario). Hinton argumenta que André Green se refiere a "momentos de irrupción de la temporalidad ... o a 'un estallido de tiempo'" ... en el cual "'estallan' las constricciones del tiempo y emerge un 'ensamblado más abierto' de la vida psíquica".[25] Se trata de una hermosa descripción poética de la temporalidad basada en la sincronicidad. Connolly describe varias de estas experiencias de sincronicidad en un contexto clínico en términos parecidos.[26] En una nota más mitológica, von Franz escribe acerca de este fenómeno afirmando que "*kairos* significa el 'orden correcto' en el tiempo. La asociación de *kairos* con las diosas que tejen el tiempo alude... a la idea de un 'campo' en el cual se entretejen 'conexiones cargadas de significado' como los hilos de la trama y urdimbre de un tejido".[27]

D. *La discronicidad*

Debido a que en la psique humana, después de un cierto desarrollo psicológico, se separan el consciente y el inconsciente, hay una fuerte posibilidad de que la sincronización temporal entre ellos se desconecte. Esta es una condición neurótica que generalmente enfrentamos en el análisis. En vez de experimentar un estado de simple cronicidad en la conciencia o de acronicidad o sincronicidad,

[25] L. Hinton, "Temporality and the torments of time", *Journal of Analytical Psychology*, 60, 3, 353-370. p. 358.
[26] A. Connolly, "Bridging the reductive and the synthetic: Some reflections on the clinical implications of synchronicity", pp. 167ss.
[27] M.-L. von Franz, *Number and Time*, p. 256.

prevalece un estado de discronicidad, ya sea de manera sutil u ostensible. Dos diferentes programas de tiempo, en vez de "confluir" como en la sincronicidad, forman una secuencia paralela desconectada y crean un desfase de las temporalidades en la psique. Permanecen separados y muy seguido están desconectados entre sí en la conciencia. Se da una contradicción entre un aspecto del tiempo de la psique y otro, con el resultado de que hay un tipo de distonía, una más o menos severa falta de coordinación en el sistema de temporalidad como un todo. Esto crea una profunda arruga en el tejido de la temporalidad, que puede quedar o no registrada en la conciencia. Cuando se vuelve consciente, existe la posibilidad de trabajar con este conflicto o disociación en el análisis.

Por años, me ha fascinado un pasaje en la tardía obra autobiográfica de Jung, *Recuerdos, sueños, pensamientos,* donde relata la experiencia de vivir al mismo tiempo en dos siglos diferentes, el siglo XVII y el XX.

> Hay guerra. Me hallo en el frente italiano y regreso del frente con un hombrecillo, un campesino, en su coche de caballos. ... Debemos ir por un puente y de aquí a través de un túnel,... Al final del túnel, vemos ante nosotros un paisaje soleado y reconozco en él la región de Verona. ... El camino atraviesa el paisaje primaveral. ... Entonces veo, transversalmente a la calle, un gran edificio, una mansión señorial de grandes proporciones, algo así como el castillo de un duque del norte de Italia. ... El pequeño cochero y yo pasamos una reja y desde aquí pudimos ver de nuevo, a través de una segunda reja, el soleado paisaje. ... Cuando llegamos al centro del patio, justamente ante la entrada principal, sucedió algo inesperado: con un sordo crujido se cerraron las dos rejas. El campesino saltó de su asiento y exclamó: "¡Ahora nos encontramos atrapados en el siglo XVII!" Con resignación, pensé: "¡Así sea! ¿Pero qué podemos hacer al respecto? ¡Ahora seremos prisioneros durante años!" Pero entonces se me ocurrió una

> idea consoladora: "Algún día, a unos cuantos años de ahora, saldré de aquí".... Sólo mucho más tarde comprendí que el sueño se refería a la alquimia. Su punto culminante se sitúa en el siglo XVII.[28]

Este sueño refleja una extraña duplicación del sentido de temporalidad en Jung, incluso una disrupción severa y hace eco de una sensación durante su infancia de estar viviendo con dos personalidades: la personalidad número uno ubicada en el tiempo presente y la personalidad número dos ubicada en el siglo XVIII.[29] En su vida en estado de vigilia durante la época en la que tuvo este sueño (1926), él era un hombre de familia, maduro, profesional y altamente exitoso del siglo XX, aunque en su sueño se repliega en el tiempo desde la primera guerra mundial para finalmente quedar atrapado en el siglo XVII. Esto implica una gran brecha entre la temporalidad experimentada en la vida cotidiana consciente a través del ritmo regular de un confiable reloj de pulsera suizo y la temporalidad de su inconsciente tal cual se registra en este impresionante sueño, una duplicación discrepante del sentido de identidad temporal de Jung que se divide en dos marcos de tiempo aparentemente desconectados entre sí. Existe una inmensa discrepancia entre las temporalidades internas y externas. Al inicio, se trata de un estado distónico totalmente descoordinado. Posteriormente, se volverá extremadamente significativo. Este sueño, en particular, que bien podría haber tenido una larga prehistoria en su inconsciente, como lo indican sus recuerdos de una infancia con dos personalidades separadas por siglos, dejó una profunda huella en el Jung maduro y lo impulsó hacia un sentido de tener una misión, que le tomaría años concluir. Trabajó intensamente por reconciliar estas dos temporalidades en su

[28] C. G. Jung con A. Jaffé, *Recuerdos, sueños, pensamientos*, pp. 241-242.

[29] Esta percepción de tener dos personalidades temporales tan diferentes organiza todo el capítulo sobre la infancia titulado "Periodo escolar".

identidad, incluso a edad avanzada.[30] Se trata de una discronicidad que marca la diferencia.

Tanto en la literatura como en la vida, podemos encontrar muchos ejemplos de discronicidad. La nostalgia, si se lleva al extremo de vivir simultáneamente en dos periodos de tiempo, es una forma de discronicidad. William Faulkner era un cuenta cuentos magisterial de esta condición psicológica. Se encuentra esta condición expresada floridamente en el "Viejo Sur" americano, donde muchas personas seguían viviendo hasta bien entrado el siglo XX siguiendo el estilo de vida de vino y rosas que se remonta al periodo de antes de la Guerra Civil. La novela de Cervantes *Don Quijote* ofrece una ilustración humorosa y conmovedora de un personaje que vive dentro de dos temporalidades simultáneamente: su periodo de tiempo actual y mundano y los días románticos de los caballeros andantes y las damas de siglos atrás. Al igual que Jung, vive en dos temporalidades diferentes. A diferencia de Jung, no los logra conjuntar de manera significativa, aunque al final sí logra romper con el engaño. Un ejemplo proveniente del mundo de la cinematografía, es la maravillosa comedia "Medianoche en París" de Woody Allen. De día, el protagonista vive en el siglo XXI y de noche se encuentra en el París de los años veinte donde sus aventuras son mucho más coloridas y concordantes que su vida diurna. De manera brillante, la película resuelve el conflicto que se va acumulando como resultado de esta discronicidad. Un ejemplo de discronicidad que aparece en los manuales de psicopatología es la parafilia, conocida como *autoneplofilia*, o el síndrome del adulto bebé. Aquí, una persona en el cuerpo de un adulto, simultáneamente elige permanecer en una psique infantil. Tanto el adulto como el bebé coexisten en el sentido de temporalidad del ego.[31]

[30] La última gran obra de Jung, *Mysterium Coniunctionis* (Obra Completa 14) es el punto culminante de este proyecto.

[31] La única instancia de una discusión sobre parafilia, en lo que a mí respecta, es un artículo de Leland Roloff, "Living, Ignoring, and Regressing".

Otra forma de este síndrome es rehusarse a aceptar el envejecimiento del cuerpo. Los cirujanos plásticos se enriquecen con esta forma de discronicidad psicológica. La gente vive dos vidas: una vida en el cuerpo que envejece y otra en el cuerpo de la psique joven con su tratamiento cosmético. Esta discrepancia puede llevar a episodios espasmódicos de vergüenza debido a que no hay ninguna correspondencia entre las imágenes fantasiosas del *self* y la realidad del cuerpo. De esta manera, se entreteje la vergüenza entre la trama y urdimbre del tejido de la temporalidad a través de la discronicidad.

Dos casos de discronicidad

En la práctica analítica, al profundizar en el inconsciente y descubrir los complejos autónomos que operan en la psique, es probable que nos topemos con el fenómeno de la discronicidad. Viktor, un hombre suizo con más de 50 años de edad, me relató un sueño que tuvo cuando estaba empezando su proceso de análisis. Me dijo que había soñado que lo atacaba un grupo de nativos salvajes, "primitivos", en un lejano país extranjero. Esto tuvo lugar en lo que parecía ser otro siglo. Estaba viajando en un carruaje jalado por caballos; atravesaban una zona desértica de la altiplanicie con unas cuantas personas cuando de repente se dieron cuenta que un poco más adelante, en los riscos de la cumbre, se veían las figuras de un gran número de hombres amenazantes, semi-desnudos, preparándose para atacar a su grupo. Se despertó en un estado de pánico, y luego me describió que se parecía a pesadillas que había tenido en el pasado en las que también lo habían atacado. No tenía asociaciones en particular con los agresores primitivos o el contexto del sueño, excepto algunas referencias cinematográficas. Nada en su pasado reciente sugería una imagen como esta. Tampoco había residuos específicos de días anteriores. Era un sueño extraño e inquietante, evidentemente simbólico. Reflexioné sobre la transferencia, aunque esto no coincidía con nada que hubiéramos experimentado hasta ese momento en el análisis. Sin embargo, lo interpreté como una señal de posibles problemas que nos aguardaban próximamente. A esta altura, era como si este sueño perteneciera a otra persona, en otro momento y lugar, y sin conexión alguna con el soñante, un europeo de principio a fin que jamás había viajado a tales áreas del mundo. Había una disyuntiva temporal entre su conciencia en estado de vigilia y la escena del sueño, como si hubiera sucedido en otro siglo y a otro ser.

El sueño muestra una gran discontinuidad entre la vida consciente del soñante en el presente, donde rige la cronicidad normal y donde el soñante está orientado adecuadamente tanto hacia la realidad donde es, en general, competente en sus diversas actividades, como hacia su vida interior en la temporalidad del inconsciente que opera en tiempo psíquico. Dos temporalidades, diferentes y discrepantes, están echando a andar sus programas, una se encuentra en su vida actual y la otra se remonta a generaciones anteriores en el pasado. Como se reveló en el análisis, se trata de una disociación que se formó como resultado de muchos traumas de la infancia temprana. Estos traumas en gran medida se escindieron de su conciencia del ego y se ocultaron detrás de su identidad social de clase media alta en tanto esposo, padre y hombre de negocios activo. De hecho, estaba viviendo en una configuración psíquica que tenía una severa falta de coordinación entre el tiempo de su ego y el tiempo de su inconsciente y sus complejos. De niño, jamás se había sentido seguro, por una variedad de razones y, por ende, sus defensas de ese entonces y de ahora ya de adulto, estaban en un estado de hiper-alerta y siempre listas para protegerlo contra los abusos y las agresiones. La escena inconsciente de encontrarse bajo ataque, de manera vívida representa las dificultades que lo trajeron al análisis: repentinos y explosivos ataques de rabia defensiva, reacciones violentas ante cualquier provocación, por pequeña que fuere o incluso sin provocación alguna, ansiedades disruptivas de naturaleza irracional y rupturas frecuentes en las relaciones íntimas con otras personas. La imagen onírica muestra un complejo escindido de tono afectivo con las polaridades usuales: una víctima sorprendida e inocente y agresores abusivos. De manera extraña, esta escena se repetiría regularmente en la vida de Viktor.

Un complejo activado significa que los acontecimientos del pasado pueden repentinamente eclipsar el presente en la vida emocional de una persona y muchas veces generar reacciones inapropiadas con una excesiva carga emocional. En la vida de Viktor, esto podía suceder cuando un mesero accidentalmente derrama el café de una taza o cuando la trabajadora doméstica no limpia el baño correctamente. En esas instancias, el complejo descargaría una cantidad de afecto que sería mejor utilizar en una situación extrema como la escena captada en su sueño. De manera repentina, la cronicidad le cedería el paso a la discronicidad, y lo que era sencillamente un accidente o un descuido, se podría interpretar como un ataque que amenaza la vida.

Con el tiempo, sus sueños se volvieron más explícitamente relevantes a la vida actual de Viktor y sus reacciones emocionales a situaciones en el presente se sintonizan mejor con la temporalidad en el presente. Los dos sistemas de temporalidad empezaron a converger entre sí y esto permitió que se lograra la modulación de las emociones con mayor facilidad. Los traumas de la infancia se vuelven recuerdos y en gran medida se logran integrar a su narrativa autobiográfica. Se redujo la discronicidad, se fortaleció un sentido de cronicidad rutinaria en estado de vigilia y la sincronicidad logró emerger en las apariencias de una coordinación significativa entre la psique y el mundo en la vida cotidiana.

Un efecto secundario importante de esta integración gradual fue que los sentimientos de vergüenza de hecho se desarrollaron y se fortalecieron conforme la temporalidad del presente reemplazó la discronicidad. Los arrebatos ya no estaban disociados y, por ende, se les tiene que reconocer. Conforme la cronicidad reemplaza a la discronicidad, la vergüenza entra en el campo psíquico, llevando a la posibilidad de una apología y reparación. Así volvemos a ver que la vergüenza está ligada a la temporalidad como cronicidad. Como había sugerido Hinton, la vergüenza puede convertirse en maestra para la cultura y la individuación.[32]

Otro caso de discronicidad, en algunos sentidos parecido al de Viktor, aunque considerablemente más severo y doloroso, fue el de Gertrude, una analizante alemana altamente sensible de más de 60 años. La parte relevante de su historia es que ella anteriormente había decidido explorar una forma intensa de terapia regresiva que la había dejado con un sentido roto de su *self* del cual no se podía recuperar. Lo que ella había "recordado" y experimentado poderosamente en esa terapia fue el trauma de ser judía en la Alemania nazi y haber sido enviada al campo de concentración de la muerte con su hija pequeña. Ahí, la habían separado de su hija y se enteró de que la habían violado violentamente y asesinado con brutalidad. Aunque ella había logrado sobrevivir el campo de concentración por algún capricho del destino, se quedó totalmente privada de recursos y no sabía cómo continuar su vida frente a tal maldad y la pérdida que había sufrido. Cuando Gertrude me vino a ver, seguía hundida en una profunda depresión. Sentía que su vida había cambiado irrevocablemente debido a la experiencia de una "vida pasada". Ella se encontraba viviendo en dos marcos de tiempo diferentes. En el presente, ella era una mujer profesional bastante acomodada con una familia sana; en el pasado, ella había sido una devastada sobreviviente de un campo de concentración. El sentido de este pasado trágico y aterrador totalmente dominaba su presente. Estaba deprimida, ansiosa, y sin la esperanza de que el futuro le guardara algo con un valor positivo. Estaba sufriendo por un recuerdo de una vida que no era suya, por lo menos, no en la modalidad de la temporalidad de la cronicidad de su vida.

El hecho revelador subyacente a este caso de discronicidad fue que en las generaciones anteriores, sus padres y abuelos habían sido cómplices del Holocausto. Aunque su participación en los acontecimientos de aquellos tiempos fue en gran medida indirecta, la culpa

[32] L. Hinton, "Shame as a Teacher".

colectiva por lo que había sucedido los había infectado aunque, en gran medida, a niveles inconscientes. Por lo tanto, no podían haber hablado al respecto, aunque hubieran querido. Hoy en día, los terapeutas reconocen los efectos de la "transmisión transgeneracional del trauma",[33] y este era precisamente el caso. La paradoja era que la transmisión de la culpa colectiva, que Gertrude había heredado como un complejo cultural,[34] se había invertido de tal manera que ella estaba experimentando el sufrimiento de las víctimas más que la culpa de los perpetradores. La vergüenza y la culpa se habían transformado en lo opuesto, en sufrimiento inocente, no con el fin de primordialmente escapar de la vergüenza, en mi opinión, sino para expiar la culpa cultural a través del sufrimiento indirecto. Esto era lo que significaba la discronicidad en este caso. Gertrude tenía que tolerar el sufrimiento infligido a las víctimas de generaciones anteriores de perpetradores. La discronicidad había encontrado una residencia permanente en la conciencia de Gertrude, y ninguna cantidad de análisis reductivo la podría retirar. La tenía que cargar como si fuera su propio sufrimiento; aunada a ella estaba la sombra de la culpa del sobreviviente ya que se había logrado escapar de la ejecución. Entender el sufrimiento de esta manera, haría que a ella le resultara posible buscar el significado que tenía para ella y para su generación. Aquí también, la vergüenza y la culpa, como había sugerido Hinton, pasarían a formar parte del proyecto de individuación.

Una mayor reflexión sobre la temporalidad y el problema de la vergüenza: el papel de la función trascendental

El siguiente diagrama muestra las cuatro modalidades de la temporalidad que forman parte de un poder psíquico central, la conciencia del ego:

---

[33] K. Schellinski, "Horror inherited: Transgenerational transmission of collective trauma in dreams".

[34] Ver T. Singer y C. Kaplinsky, "Cultural Complexes in Analysis".

Multiplicado por cuatro

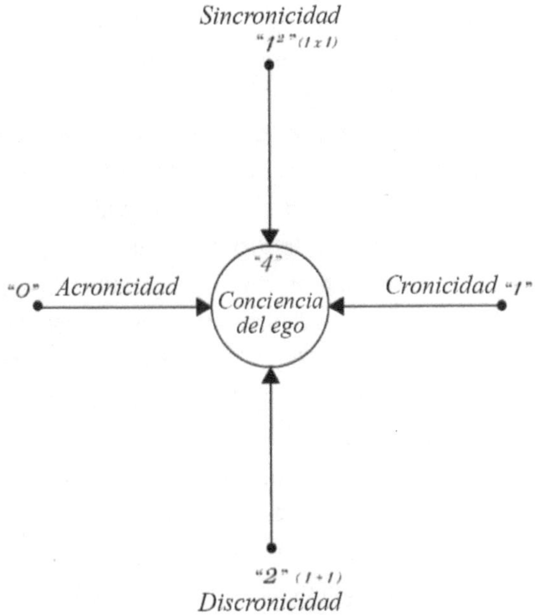

En tanto el centro de la conciencia, el ego podrá registrar las cuatro modalidades y, con madurez, lograr contenerlas e incluirlas en una narrativa coherente. La autobiografía de Jung, *Recuerdos, sueños, pensamientos*, por ejemplo, incluye las cuatro modalidades en la narrativa. Para propósito de un análisis más profundo, les he asignado los siguientes valores numéricos a cada una de las temporalidades: a la acronicidad pura le di el valor de cero, indicando el vacío de conciencia cronológica en esta modalidad; a la modalidad de la cronicidad, le di el valor de uno, significando la plena conciencia del tiempo cronológico como una sola corriente de acontecimientos del pasado que fluyen al presente y luego al futuro; a la modalidad de la sincronicidad le asigné el valor numérico de uno al cuadrado, nuevamente uno, aunque con dos cronicidades paralelas entrelazadas en un solo instante de tiempo cronológico; a la modalidad de la discronicidad le di el valor de dos, que indica dos temporalidades que van paralelas aunque separadas en la psique. En el centro, dentro de una conciencia del ego, consciente de las cuatro modalidades, los valores numéricos de estas cuatro modalidades suman cuatro. El ego es además el contenedor de cualquier mancha de vergüenza que pueda estropear la trama y urdimbre de una narrativa personal, siempre y cuando sean conscientes y no reprimidas u olvidadas. Es probable que estas manchas (tanto conscientes como inconscientes) se deriven de la etapa preverbal de la infancia temprana o bien de otros periodos de acronicidad pura en la vida (el brazo de la acronicidad), de experiencias dentro de la memoria cronológica de una persona (el brazo de la cronicidad), de fuentes transpersonales (el brazo de la sincronicidad) y de transmisiones transgeneracionales (el brazo de la discronicidad). El poder central de la conciencia para actuar puede recoger a todas estas manchas de vergüenza y combinarlas en la narrativa total de la historia del individuo. Se trata de un individuo que ha enfrentado a la sombra, la ha concientizado y logra cargar esto como un recuerdo en la conciencia. Para este individuo, la vergüenza le enseñará humildad. Se trata de una etapa avanzada de la individuación, de ahí que merezca el número cuatro.

Sin embargo, sigue existiendo el problema de la completa integración de las modalidades mismas. El ego logra contarlas y reflexionar sobre ellas, aunque no logra integrarlas, por más que se esfuerce. La integración implica unificación, o lo que Jung en sus escritos tardíos sobre la alquimia llamó "conjunción", proveniente de la expresión en latín: *mysterium coniunctionis* ("conjunción mística"), el título de su última obra mayor. Para que se dé la unificación o conjunción, se requiere de un poder para actuar más grande y más poderoso, que pueda contener los opuestos, es decir, los dos pares de las modalidades de la temporalidad, y contenerlos como facetas de una sola unidad de una estructura psicológica superior.

Nuestra reflexión sobre este alto grado de integración de las cuatro modalidades y de los contenidos que le aportan al tejido de temporalidades que raya en lo ontológico y lo teológico. En la conclusión de su manuscrito "La lección de piano", Pauli simboliza este nivel de profunda integración a través del "anillo *i*" de oro, que su maestra le presenta en la narrativa.

"El anillo i"

Es un mandala con el símbolo matemático *i* en el centro. Este símbolo *i*, es una unidad imaginaria que se abre a nuevas dimensiones dentro de los campos matemáticos para que se puedan crear "números complejos" que son una combinación de números reales e imaginarios. El símbolo *i* es una especie de unificador mágico de opuestos; en términos alquímicos es una figura de Mercurius. El "anillo *I*" de oro transforma el centro de la identidad, previamente ocupado por el ego y reemplaza el dominio de la temporalidad crónica con una unión sintética de las cuatro modalidades.

"Convierte al tiempo en una imagen estática", le exclama Pauli a su maestra.[35] En los términos utilizados en este ensayo, trasciende las cuatro modalidades de la temporalidad y las dobla en una sola

[35] W. Pauli, "The Piano Lesson", p. 134.

Multiplicado por cuatro

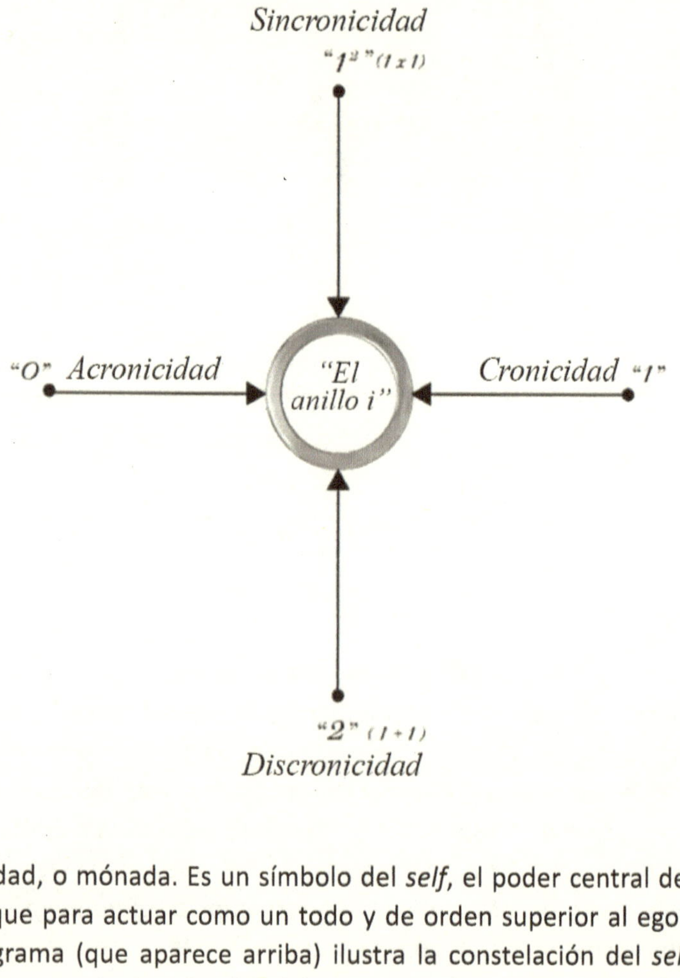

unidad, o mónada. Es un símbolo del *self*, el poder central de la psique para actuar como un todo y de orden superior al ego. El diagrama (que aparece arriba) ilustra la constelación del *self* y representa la instalación del eje ego-self en el centro de la conciencia.

Esta constelación del eje ego-*self* introduce lo atemporal a la conciencia al lado de las modalidades de la temporalidad, no para reemplazarlas sino para acompañarlas como si fuera un matiz. Von Franz concluye su libro *Misterios del tiempo: Ritmo y reposo* con la misma percepción: "Del Dios eterno mana el 'fluir de la gracia' que crea el ahora omnipresente, de modo que Dios es, simultáneamente, quietud y fluir perpetuo".[36] La interacción dialéctica entre el ego y el *self* explica esta simultaneidad. Von Franz muestra los niveles de temporalidad y su ordenamiento en el siguiente diagrama, que también indica el desplazamiento del ego desde el centro hacia la periferia mientras que el *self* asume la posición del centro, o el "sol" en torno al cual gira el ego:

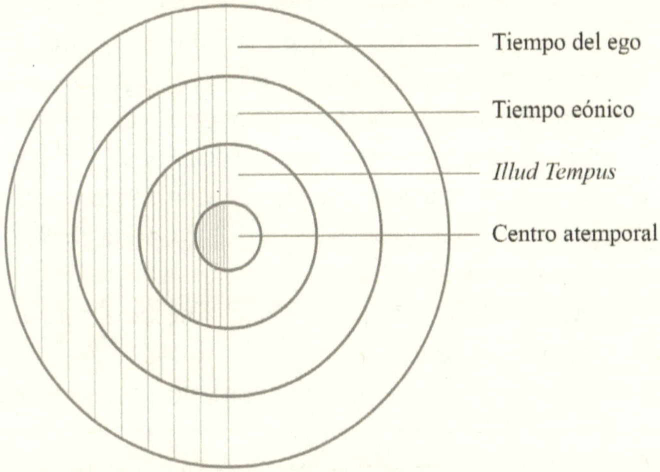

El "tiempo del ego" en este diagrama es la cronicidad en la esfera personal, mientras que el "tiempo eónico" es la cronicidad extendida a marcos más amplios de tiempo cronológico, como el año platónico consistente de periodos de 2,000 años, llamados eones. *"Illud Tempus"* es tiempo mítico y, por lo tanto, acrónico, el marco dentro del cual residen los arquetipos y ejecutan su voluntad a través de crear sincronicidades y discronicidades en el tiempo real. "El centro atemporal" es el *self* y es equivalente al Anillo *i* de Pauli, en el cual el tiempo se convierte en "una imagen estática". Como

---

[36] M.-L. Von Franz, *Misterios del tiempo: Ritmo y reposo*, p. 32.

tal, es un potencial trascendental más allá de las temporalidades, aunque con un impacto creativo sobre el tiempo a través de iniciar fenómenos sincrónicos ("actos de creación en el tiempo" [Jung]) por medio de una diversidad de potenciales arquetípicos menores. El símbolo "Anillo *i*" incluye un reconocimiento de la reciprocidad existente entre el ego y el *self* tal que interactúan entre sí de manera dinámica e impulsan un proceso evolutivo hacia adelante en la conciencia humana.

¿Cuál es el efecto de la constelación del eje ego-*self* sobre las manchas de vergüenza en el pañuelo de la temporalidad? Siempre y cuando la mera temporalidad, en sus diversas modalidades, domine la conciencia exclusivamente, la vergüenza perdura, aunque en una modalidad acrónica pura, puede que tienda a desvanecerse en el vacío que deja la ausencia de recuerdos. Sin embargo, suponiendo que las cuatro modalidades permanezcan intactas y queden subsumidas por la constelación del *self*, por el Anillo *i*, ¿qué le sucede a la vergüenza?

Regresando a la narrativa bíblica, que va desde el mito de Adán y Eva en el Libro del Génesis y atraviesa la totalidad de la Biblia, el problema de la vergüenza y la culpa (el "pecado") permanece como característica indeleble de la condición humana. Una vez que la temporalidad crónica toma el control, la vergüenza se muda a la conciencia donde permanece como residente. Esta es la realidad humana. El pañuelo está manchado, y conforme va pasando el tiempo, se va arrugando cada vez más debido a las fluctuantes modalidades de la temporalidad. Desde la perspectiva bíblica, la mancha de alguna manera se puede reducir a través de la estricta obediencia a la Ley Mosaica y la observancia de su amplia gama de implicaciones éticas, pero no se puede retirar y constantemente amenaza con expandirse y profundizarse. De hecho, la aplicación de la Ley aumenta el sentido del pecado ya que eleva el nivel de conciencia personal e individual, así como una responsabilidad colectiva. Caer de la gracia a la vergüenza y la consiguiente expulsión del Jardín del Edén creó una mancha radical y permanente en la humanidad, que originalmente se había creado a imagen y semejanza de Dios (*imago Dei*) y esto exigía una solución radical.

Esa solución se ofrece en el Nuevo Testamento. Cuando Cristo, como el Nuevo Adán, reemplaza al Viejo Adán, restablece la *imago Dei* en un ser humano singular a su estado original de perfección. En Cristo, a pesar de haber entrado en la temporalidad como un ser humano común y corriente de carne y hueso, no existe ningún elemento de pecado, no existe ninguna vergüenza. Se restaura la pureza mítica porque Cristo también es Divino. La solución cristiana al problema de la vergüenza entonces cobra forma en la posibilidad de identificarse con la figura de Cristo. La mancha se lava con el símbolo de Cristo hasta quedar limpia y esto se le puede transmitir al creyente a través de identificarse con Él. Con alivio, San Pablo clama: "¡Miserable de mí! ¿quién me librará de este cuerpo de muerte? Gracias doy a Dios, [ya que se hace] por medio de Jesucristo nuestro Señor!"[37] Poco después de la Ascensión de Cristo, el descenso del Espíritu Santo en el Día del Pentecostés y la recepción del espíritu en la conciencia humana crearon un nuevo centro espiritual en la psique de los creyentes.[38] En el lenguaje místico de San Pablo: "... ya no vivo yo, más vive Cristo en mí".[39] Los cristianos, como ahora se les llama, ya no viven desde un ego dominado por la cronicidad, sino que viven desde una identidad espiritual trascendente asociada con Cristo. Se lava el pañuelo sucio, doblado y arrugado de la temporalidad hasta que quede limpio y se transforme en una tela espiritualizada. Desde la perspectiva de los primeros cristianos, la temporalidad perdió su poder. Como afirmarían, Cristo conquistó el poder de la temporalidad.

En esta narrativa religiosa de liberación de todas las modalidades de la temporalidad y de la vergüenza que se instala como residente en la conciencia junto con ellas, se ve la psique como

[37] Romanos 7:24-25.
[38] Hechos 2:4.
[39] Gálatas 2:20.

habiendo recuperado un centro trascendental en la conciencia, de la cual se originó como *imago Dei*, en vez de mantener su residencia primordial exclusivamente en el ego enajenado que se desarrolló en la historia. Psicológicamente, puede que esto represente una etapa avanzada de la individuación y no una regresión, siempre y cuando el eje ego-*self* se constele en el centro de la conciencia y se mantenga la dialéctica entre el ego y el *self*. Si el ego no se desvanece en el vacío del inconsciente, sino más bien se subordina a un potencial más amplio, a través de la "función trascendental", entonces una relación recíproca entre el ego y el *self* reemplaza al ego en tanto centro de la conciencia. Esto crea una especie de identidad dual con una estructura binaria. Aquí, el tiempo y el no-tiempo, lo laico y lo sagrado, van de la mano. El problema de la vergüenza dentro del tejido de la temporalidad está parcialmente resuelto, por lo tanto, a través de asumirse como una de las partes del *self* mayor, el cual en tanto unión de opuestos se logra integrar, es decir, la luz y la oscuridad, lo inocente y lo vergonzoso, así como lo temporal y lo eterno se *unifican* en una sola singularidad. Esto se traduce en un estado de auto-aceptación. Como anunciara Paul Tillich en su famoso sermón "Se te acepta": "Acepta el hecho de que se te acepta. ... Se te acepta. *Se te acepta,* te acepta lo que es mayor que tú y cuyo nombre ignoras".[40] Muchas tradiciones místicas, como la cábala, el jasidismo,[41] el sufismo, la yoga, el budismo zen[42] y otras tradiciones, han realizado movimientos idénticos hacia trascender la temporalidad, aunque sólo sea momentáneamente. Esta es la meta de la individuación tal cual la concibe Jung y quienes le siguen en el campo de la psicología profunda. Todos llegan a la posición simbolizada por el "Anillo i" de Pauli, un lugar más allá de la mera

[40] P. Tillich, *Se conmueven los cimientos de la tierra*, p. 256.

[41] Ver S. Magid, *Hasidism Incarnate: Hasidism, Christianity, and the Construction of Modern Judaism.*

[42] Ver T. Izutsu, *Hacia una filosofía del budismo zen.*

temporalidad y la vergüenza, caracterizada por la compasión, la gracia y un sentido de totalidad realizada.

Sin embargo, desde una perspectiva realista y psicológica, es sabio pensar esta meta de la individuación como algo que se busca y se logra momentáneamente de vez en cuando en experiencias de trascendencia del ego. Es inevitable y muchas veces abrupto el regreso a la temporalidad y especialmente para la modalidad de la cronicidad. Los seres humanos, mientras sigamos viviendo y respirando en nuestro cuerpo físico, seguimos viviendo en la temporalidad y, por lo tanto, con el problema de la vergüenza. Dentro de la temporalidad, la vergüenza se puede convertir en guía y consejera, como describe Hinton, funcionando para mantener al ego humano consciente de su condición finita y de sus limitaciones. La vergüenza es endémica y está integrada a la experiencia humana debido a que vivimos en las temporalidades. En ese sentido, la vergüenza es "ontológica", es decir, es arquetípica y, por lo tanto, forma parte de la estructura de la experiencia humana. Debido a que el eje ego-*self* está construido de manera dialéctica, existe una interacción continua entre el tiempo y la eternidad. Pensar que se puede escapar permanentemente de la temporalidad y de la vergüenza mientras estemos en esta vida, es una ilusión peligrosa y lleva a fantasías utópicas que inevitablemente se colapsan y sólo producen más experiencias de vergüenza cada vez más profunda.

Capítulo 15

La actitud simbólica: una habilidad central para los psicoanalistas junguianos[1]

"In habentibus symbolum facilis est transitur".[2]
Johann Daniel Mylius

Prefacio

Un programa adecuado de formación de psicoanalistas junguianos no sólo debe de incluir el arte y oficio de trabajar con símbolos en el análisis, sino que también se debe de enfocar directamente en este arte y oficio y enfatizarlos con fuerza. Sin lugar a dudas, se trata de una habilidad central de un clínico junguiano con una buena formación. Los símbolos nos guían como analistas a lo largo del proceso analítico mientras acompañamos a nuestros pacientes en el viaje a través de los senderos laberínticos de la psique humana. Sin símbolos, estamos perdidos, mientras que "[c]uando tenemos símbolos, nos resulta fácil transitar", como Jung cita de manera

---

[1] También publicado en *Exploring Core Competencies in Jungian Psychoanalysis: Research, Training and Practise* (el "Trabajo") editado por Gražina Gudaitė y Tom Kelly. Londres: Routledge, 2022.

[2] "Cuando tenemos símbolos, nos resulta fácil transitar". Citado por C. G. Jung, "La psicología de la transferencia" párr. 460, nota de pie de página 168.

aprobatoria a Johann Daniel Mylius, el alquimista alemán del siglo XVII. Los símbolos son la clave para descubrir y abrir el candado que mantiene cerrado el cofre de los tesoros del inconsciente. Le dan dirección a los avances en el tiempo y en el proceso de individuación y al voltear a ver la historia tanto personal como colectiva, sugieren significados. Los símbolos son como las buenas imágenes: Una imagen vale más de mil palabras, o bien son como tesoros preciosos envueltos en envolturas intrincadas que nos llaman a abrirlos bien. La tarea del analista es tomar nota cuidadosa de los símbolos conforme van emergiendo en la relación terapéutica, retomarlos, guardarlos en la mente conforme avanza el análisis, ayudar al paciente a reflexionar sobre ellos y permitirles sugerir los significados que le puedan transmitir a la mente consciente. Este ensayo discute las formas en las cuales los símbolos y la actitud simbólica desempeñan un papel esencial en el psicoanálisis junguiano y argumenta a favor de la importancia de incluir esta perspectiva en los programas de formación.

Los símbolos y la actitud simbólica

Los símbolos provienen de una multitud de fuentes y direcciones, tanto internas como externas. Nos asombran cuando captan nuestra atención en un momento de sincronicidad; nos impresionan en sueños trascendentes; nos pueden avasallar en nuestras visiones; nos mueven profundamente a través de obras de arte y de las esferas de la intimidad interpersonal. Nos llegan como experiencias numinosas en las calles de la vida cotidiana. Estamos rodeados de símbolos. En el análisis, les ponemos una atención especial. Sin embargo, muchas veces surge la pregunta: ¿qué significan exactamente? y cuando emergen dentro del contexto clínico, ¿qué hemos de hacer con ellos? En la literatura junguiana, se ha reflexionado extensamente sobre estas preguntas; primero, por parte de Jung mismo y después por generaciones de psicoanalistas junguianos que han seguido sus prácticas. No resulta evidente cómo se han de trabajar y entender los símbolos en el trabajo clínico ni cómo han de caer en su lugar como un fruto maduro que cae de un árbol del Paraíso. Es como la cirugía: hay quienes tienen un don para operar, aunque todos necesitan tener una preparación y formación cuidadosas antes de tomar el bisturí para operar un cuerpo vivo. En nuestro caso, el cuerpo es la psique y lo que le hacemos a la psique y con ella, se lo hacemos al alma. Por lo tanto, se requiere de cuidados y preparación. Este ensayo considera el problema de la formación de los estudiantes que se están preparando para ser psicoanalistas junguianos que trabajen con símbolos en la práctica clínica, ya sea como imágenes o como procesos.

Para empezar esta reflexión sobre la formación, es útil considerar la importante diferenciación que hace Jung entre signo y símbolo:

> Toda forma de ver las cosas que interprete la expresión simbólica como una analogía o una denominación abreviada de una cosa *conocida* es *semiótica*. Una forma de ver las cosas para la que una expresión simbólica es la mejor formulación posible de una cosa relativamente desconocida que, por esa razón no se puede representar de manera característica o con mayor claridad, es *simbólica*. ... Una expresión que representa a una cosa conocida es siempre un simple signo, nunca un símbolo.[3]

A esto le agrega la siguiente observación:

> El que algo sea o no un símbolo depende principalmente de la actitud de la consciencia que observa, cual sería, por ejemplo, la de un intelecto que observase un hecho no sólo como un hecho, sino también como la expresión de algo desconocido. Debido a ello, es perfectamente posible que alguien establezca un hecho que para él no parezca

[3] C. G. Jung, *Tipos psicológicos*, párrs. 820-822.

> en absoluto simbólico, pero que para otra conciencia sí lo sea, y al revés. ... A esta actitud, que interprete un fenómeno determinado como simbólico, podemos llamarla, de forma abreviada, *actitud simbólica*.[4]

Al discutir la habilidad, nos estamos refiriendo, por lo tanto, a la capacidad de reconocer símbolos cuando aparecen y de desarrollar una actitud simbólica que facilite la concientización del significado de un símbolo. La cuestión para la formación analítica es cómo infundir o cultivar esta habilidad y actitud en los candidatos en formación que desean llegar a ser analistas.

Jung brevemente indica lo que es la actitud simbólica en la cita anteriormente mencionada. Podemos utilizar el ejemplo de la imagen que la compañía de cafeterías de Starbucks utiliza como su logotipo. Es una imagen familiar a nivel mundial. Se puede leer esta imagen como un signo o un símbolo. Si vamos caminando por la calle y vemos esta imagen de un círculo con una figura femenina contra un fondo verde, una corona sobre la cabeza y dos colas de sirena que ascienden por detrás de ella, se puede leer como un signo que dice: "Aquí hay una cafetería Starbucks". Sin embargo, si la vemos como un símbolo, reconocemos la imagen de una sirena, una magnética figura marina del anima que seduce a los navegantes, atrayéndolos hacia una aventura peligrosa, entonces se puede entender que la imagen dice: "Hay algo muy atractivo aquí: ¡Acércate". Ella te está llamando. Ver la imagen como un símbolo induce una respuesta emocional, lleva a la mente al borde de la conciencia y dirige la atención hacia áreas que se encuentran más allá del horizonte de la conciencia del ego. La activación de la actitud simbólica lleva la atención al fondo inconsciente de la imagen. Puede que nos recuerde que el café es delicioso, aunque adictivo y el logotipo de Starbucks aparece entonces como un "canto de sirena" que invita a los peatones que pasan por ahí a entrar y tener una aventura, quizás, incluso, una experiencia numinosa. Muchas

[4] *Ibid.*, párrs. 823-824.

personas pasan tiempo en las cafeterías de Starbucks leyendo libros, charlando con desconocidos, checando sus correos electrónicos; en otras palabras, expandiendo sus horizontes más allá de tan solo tomar una taza de café. Tengo un amigo que va a la cafetería de Starbucks más cercana a su casa a coquetear con las guapas mujeres jóvenes que frecuentan la cafetería. Jura que es el mejor lugar en la ciudad para conocer a mujeres jóvenes y lindas. Este es el canto de las sirenas. El anima lo atrae a la cafetería y él se podría meter en problemas si se deja atrapar por este fascinante pasatiempo. La genialidad de Starbucks es haber creado un signo que además es un símbolo y que, por lo tanto, también llama al inconsciente. Cuando una imagen estimula tanto la fantasía como la emoción, la podemos tratar como un símbolo.

Se puede aplicar la misma diferenciación entre signo y símbolo a una imagen que aparezca en un sueño. Un paciente me contó un sueño que tuvo de viajar a un país extranjero lejano en donde de repente se encontró un árbol gigantesco al lado de las vías del tren. Era tan grande que apenas si podía ver la copa del árbol. Sus gigantescas raíces estaban expuestas y el problema con el árbol era que las raíces de un lado estaban mal ancladas y salidas, lo cual le daba al árbol gran inestabilidad. Sin embargo, el soñante notó que el árbol había compensado este defecto con éxito y había crecido hasta alcanzar un tamaño magnífico. Admiraba la resiliencia e ingenuidad del árbol, aunque parecía desequilibrado en la base.

El soñante fácilmente logró asociar su propia vida con la historia del árbol: una niñez traumática que resultó desestabilizante y un esfuerzo compensador de toda una vida por ascender a un estatus superior dentro de su contexto social, a pesar de su temprana desventaja que lo debilita. Muchas veces se sentía inestable y ansioso, aunque igual seguía luchando por avanzar y ya para esta altura de su vida, se había vuelto muy exitoso en términos mundanos. Aun así, predominaba la incertidumbre con respecto a la estabilidad y los miedos al fracaso, a la pobreza y al colapso mental que lo acechaba a altas horas de la madrugada.

En tanto signo, el árbol le comunica al soñante lo que ya sabe y funciona como metáfora que capta en una imagen sus sentimientos conscientes sobre su fragilidad y sus logros. Le da una foto instantánea de la narrativa de su vida tal cual la conoce conscientemente. Sin embargo, en tanto símbolo, adopta otra dimensión por completo. Muchas veces nos preguntamos: Si yo ya lo sé, ¿por qué necesito soñarlo? ¿Qué le agrega el sueño a la conciencia que no esté ya ahí de por sí? Esta indagación lleva a considerar la imagen como un símbolo. En tanto símbolo, el árbol del sueño le está mostrando algo que en gran medida sigue siendo inconsciente, aunque ya se encuentre en camino a concientizarlo en tanto que ya lo puede soñar. Está expresando esta perspectiva emergente como símbolo. En tanto símbolo, el árbol se refiere a un misterio. El soñante descubre este árbol onírico de manera sorpresiva y le impresiona su tamaño y altura. Descubre este árbol en un lejano país extranjero, es decir, en las capas más profundas de su inconsciente. Un árbol de esta impresionante magnitud es una imagen arquetípica y sugiere un significado que va más allá de la historia de su vida personal que fácilmente se cuenta en una narrativa recelosamente disponible para la conciencia. ¿Qué es esto? ¿Por qué es algo que este soñante pudiera encontrar que es importante tomar en cuenta?

Conforme iba escuchando el sueño y permitiendo que me afectara en la sesión analítica, pude sentir la asombrosa naturaleza de esta imagen y tanto su nobleza como su fragilidad. El soñante me dijo que este árbol onírico haría que las gigantescas secoyas de California parecieran arbustos pequeños. Este árbol alcanza hasta el mismo cielo. Poco después de esta sesión, un amigo me envió un mensaje que se refería a la discusión de Jung sobre el árbol de navidad del que hablo en una entrevista en Suiza en 1958, en donde dice: "El árbol tiene un significado cósmico: —es el árbol del mundo, el pilar del mundo, el eje del mundo. Sólo hay que pensar en el árbol mítico de Yggdrasil, el fresno del mundo de la mitología nórdica, un majestuoso árbol perenne que crece en el centro del mundo. El árbol, en particular su copa, es la residencia de los dioses. De ahí que el árbol del pueblo en la India y el árbol de tilo del pueblo alemán alrededor del cual se reúnen los habitantes en las noches, impliquen estar sentados bajo la sombra de los dioses. ... Estas ideas y otras parecidas no son inventos, sino que simplemente entraron en las cabezas de los hombres en tiempos pasados. Es una especie de revelación natural."[5] Tomando esto en cuenta, tuve la fuerte sensación que esta imagen onírica de mi paciente le estaba comunicando algo que iba mucho más allá de su historia personal con la cual ya estaba muy familiarizado. Se trataba de un mensaje que provenía del inconsciente colectivo y que cargaba un sentido espiritual. El soñante había descubierto un lugar dentro de la psique que es donde habitaban los dioses. Se trata de una "revelación natural" para usar las palabras de Jung mismo. Una revelación es una apertura al significado de los misterios que se encuentran más allá del entendimiento de la conciencia del ego. Además el defecto del árbol y su posible fragilidad en un costado del sistema de sus raíces, tan claramente expuesto en el sueño, puso a temblar a la mente. ¿Acaso se trata de un mensaje de fragilidad en estos tiempos de ansiedad colectiva por la sobrevivencia misma de la especie humana? Se trata de un árbol noble que ha sobrevivido muchas estaciones y crisis, aunque el símbolo esté hablando de peligro y sugiere precaución. Se trata del árbol del mundo que pende de un hilo y se equilibra. Se trata de un escalofriante recordatorio de un riesgo mucho mayor que va más allá del soñante individual. Me alejé del sueño temblando, profundamente impresionado por la sabiduría del inconsciente del cual el soñante no tenía ni la más remota idea.

¿Por qué es que este tratamiento de la imagen como símbolo es importante para el paciente? En este caso en particular, el paciente que tuvo el sueño estaba excesivamente comprometido con su propia posición en el mundo de la sociedad. En su vida, el estatus social y la seguridad financiera eran de la mayor importancia en su vida, mientras que otras cuestiones existenciales y espirituales

[5] C. G. Jung, *Jung Speaking*, pp. 354-355.

de más peso, en gran medida permanecían ignoradas. El árbol gigantesco coloca todo esto en perspectiva. El soñante es diminuto al lado del árbol. Su vida es corta en comparación con la edad del árbol. Necesita sentir el espíritu de los dioses en el árbol. El árbol simboliza el *Self* impersonal. Se trata de una perspectiva que él jamás podría haber alcanzado y que nunca hubiera pensado por cuenta propia. Su conciencia estaba demasiado ocupada con sus propias preocupaciones narcisistas personales. El sueño lleva a su conciencia a un nivel totalmente nuevo de conciencia del tamaño y alcance del *Self* en relación al ego. Esto es lo que el soñante, que tiene poco más de sesenta años, necesita para los siguientes años de su vida. Este sueño introduce la cuestión del significado de la vida desde la perspectiva de la eternidad. Le va a tomar años digerir el significado de este símbolo. El análisis es el lugar por dónde puede empezar la reflexión.

Para propósitos de la individuación, tratar el material psicológico, como los sueños y las fantasías, como signos a veces es incuestionablemente necesario y apropiado. Es algo personal y tiene el efecto de aterrizar al paciente en el mundo material, en el tiempo y espacio de su vida personal. Para quienes les falta una identidad estable y viven en fantasías etéreas, esto es importante. Sin embargo, para quienes sufren la falta de un mayor sentido del significado de su vida, la interpretación reductiva de los sueños les hará perder la oportunidad de abrir su conciencia a una mayor dimensión de significado. Lo que hace una interpretación simbólica es expandir la conciencia, más que encogerla. Eleva la visión a niveles más allá de lo que ya conoce y abre senderos hacia las profundidades del inconsciente que de otra manera serían inaccesibles.

Los sueños hablan el lenguaje de los símbolos. Cada sueño es una expresión simbólica de un pensamiento inconsciente y para empezar a entender el significado del sueño, es necesario familiarizarse con el lenguaje de los símbolos. Sin embargo, no se trata tan sólo de una adquisición cognitiva que se pueda obtener a través de estudiar imágenes parecidas y hacer asociaciones entre ellas. Eso implicaría tan solo conectar signos entre sí cómo hacen los diccionarios de símbolos. Al tratar a los sueños como una declaración simbólica, la posición inicial es una de azoro y desconocimiento. El símbolo exige una actitud de apertura ante una multitud de posibilidades. Cuando se agotan estas posibilidades, podemos decir que hay un entendimiento aproximado aunque siga persistiendo un misterio. Quizás otros sueños ayuden con la interpretación; quizás el tiempo revele un desenvolvimiento del significado que no es posible en el presente; quizás la sincronicidad ofrecerá una visión interna. Algunos símbolos sólo se pueden cargar y no podemos nunca desempacar por completo el significado inconsciente que contienen.

La actitud simbólica adopta este enfoque incluso ante las imágenes y pensamientos que parecen obvios. Por ejemplo, en un sueño aparece un signo de alto. El analista pregunta: ¿Qué te sugiere esto? El paciente dice: *Ha de querer decir que debo de dejar de hacer lo que estoy haciendo o que debo de dejar de dirigirme hacia donde estoy yendo.* Eso podría ser un punto de partida. El analista podría preguntar: *¿A dónde te diriges?* A esas alturas emergen muchas posibilidades. El paciente está estudiando para ser abogado y se pregunta si escogió bien su carrera. Además, está comprometido para casarse y siente cierta ambivalencia. Sin embargo, un alto es una orden fuerte. El analista reflexiona sobre los muchos significados que esto podría sugerir en mitos y cuentos de hadas. Las asociaciones se multiplican.

La realidad simbólica

Hay un momento dramático en *Liber Novus* en el cual Jung tiene un intercambio intenso con el profeta Elías. Después de objetar violentamente la declaración de Salomé de que ella es su hermana y María es la madre de ambos, confronta a Elías:

Jung: Ustedes son símbolos y María es un símbolo. Sólo estoy demasiado confundido para comprenderlos.

Elías: Puedes llamarnos símbolos con el mismo derecho con el que también puedes llamar símbolos a tus prójimos, si así lo deseas, pero nosotros somos tan reales como tus prójimos. No invalidas ni solucionas nada por el hecho de llamarnos símbolos.

Jung: Me haces caer en una confusión terrible. ¿Ustedes desean ser reales?

Elías: Sin dudas somos lo que tú llamas reales. Aquí estamos y tienes que aceptarnos. La elección es tuya.[6]

Jung enfrenta el desafío de aceptar las figuras de su imaginación activa como "reales", es decir, darles una posición igualitaria en la "realidad" con personas físicas de su entorno social. Son "símbolos" en el sentido de la palabra: representaciones en nuestra mente de realidades que existen más allá o afuera de nosotros mismos, así como consideramos que nuestras percepciones de los objetos materiales tienen una realidad más allá de las imágenes mentales que tengamos de ellos. Este diálogo preciso con Elías, el profeta imaginario, llevaría al argumento de Jung a favor de la realidad de la psique. Las imágenes conforman a la psique, y ya sea que se deriven de la experiencia sensorial o de la imaginación, son igualmente reales.

La mayoría de las personas que se inscriben en un programa de formación para formarse como analistas llegan con la idea común de que la fantasía y la imaginación son operaciones psíquicas de un tipo idéntico. Sobre esto Jung hace una diferenciación crucial entre la imaginación verdadera y la fantástica.[7] La imaginación fantástica hila fantasías ociosas de manera pasiva, mientras que la imaginación verdadera es "una función propia del pensamiento y de la

[6] C. G. Jung, *El libro rojo*, p. 215.

[7] C. G. Jung, *Psicología y alquimia*, párr. 218.

representación, que no "fantasea", es decir, que no juega con sus objetos, sino que procura configurar los hechos internos en representaciones que imitan fielmente a la naturaleza. Esta actividad es un *opus*, una obra".[8] En la práctica analítica, la imaginación fantástica, o las ensoñaciones diurnas, generalmente se interpretarían de manera reductiva y se rastrearía su origen a deseos, miedos o descargas de los complejos con base en los complejos y traumas subyacentes. Los productos de la imaginación verdadera, por otro lado, se interpretan simbólicamente utilizando la amplificación. Se les considera como representaciones precisas de las realidades psíquicas del inconsciente en las profundidades del mundo arquetípico. Dicen la verdad. Se les enseña a los analistas en formación cómo leer estos símbolos numinosos que emergen del inconsciente colectivo. Es esencial hacer una lectura de los sistemas mitológicos del mundo, de las religiones, los cuentos de hadas y la literatura imaginativa de todos tipos con una actitud simbólica. Esta es una característica central de la formación de los psicoanalistas junguianos. Va más allá del aprendizaje académico; se basa en la imaginación en tanto función cognitiva.

La vida simbólica

El volumen 18 de la *Obra Completa* de Jung lleva el título de "La vida simbólica". Es una colección de numerosos prefacios, entrevistas, y demás piezas misceláneas. El título del volumen proviene de una conferencia que dio Jung en 1939 en la Asociación de Psicología Pastoral (*Guild of Pastoral Psychology*) en Londres. Un número de clérigos distinguidos de varias denominaciones formaban parte del público y le pidieron que hablara sobre la psicología y la vida religiosa en el mundo contemporáneo, tanto colectivo como individual. Durante la discusión, Jung se refirió a lo que llamó "la vida simbólica." Afirmó: "El ser humano necesita una vida simbólica,

[8] *Ibid.*, párr. 219.

y la necesita urgentemente. Sólo vivimos cosas banales, ordinarias, racionales o irracionales ... Pero no tenemos una vida simbólica. ¿Dónde vivimos simbólicamente?"[9] Cuando le preguntaron por qué era tan urgente la necesidad de tener una vida simbólica, Jung contestó: "Sólo la vida simbólica puede expresar la necesidad del alma, ¡la necesidad diaria del alma! Y como la gente no tiene tal cosa, nunca podrá salir de esta trampa, de esta vida horrible y banal en la que no somos "nada más que". En el ritual nos acercamos a la divinidad, incluso somos divinos".[10] La propia experiencia personal de Jung de la vida simbólica se expresa en su *Liber Novus,* en el famoso *Libro rojo*. Ahí, lo vemos en conversación con la figura del anima, el alma, y con figuras divinas como Fanes y Filemón, así como participando en un ritual de divinización. La imaginación activa se volvió para él y para los junguianos que le siguieron en el método para vivir la vida simbólica dentro del contexto de la modernidad secular.

Cuando Thomas Moore publicó su libro que resultó ser un éxito de ventas, *El cuidado del alma*, en 1994, captó la atención del público en tal medida que el autor se volvió una celebridad internacional en el mundo del radio y la televisión. Obviamente, el trabajo de Moore despertó un interés tan amplio por que tocó la necesidad a la que se refirió Jung en 1939 cuando habló acerca de la necesidad de una "vida simbólica." Este es el problema que ya abordara Jung en 1933 en *El hombre moderno en busca de su alma*, el título que se le dio a una colección de sus ensayos tempranos sobre su trabajo como psicoterapeuta. Es un tema que ocupó a Jung en su práctica a lo largo de su carrera como psicoterapeuta maduro. La palaba alemana para referirse a este fenómeno es *Seelsorge* (literalmente, "cuidado del alma"), una actividad asociada con el cuidado pastoral. En el caso de Jung, el médico y el psiquiatra clínico unieron fuerzas con profesionales religiosos interesados en el

[9] C. G. Jung, "La vida simbólica," párr. 625.
[10] *Ibid.*, párr. 627.

cuidado del alma. La psicología junguiana es un puente entre preocupaciones sobre la salud mental del psicoterapeuta con formación clínica y preocupaciones sobre la salud espiritual del religioso profesional. Una característica esencial de este puente es la centralidad del símbolo para tanto el psicoterapeuta profundo como para la religión. Generalmente, se considera que la "ciencia" rige a la una y la "fe" a la otra. En "La vida simbólica", Jung objeta el conflicto entre ciencia y religión, que ha sido sobre dimensionado. Con respecto al bienestar y la salud del alma, no hay conflicto. Los símbolos alimentan al alma ya sea que surjan en el contexto de las sesiones psicoterapéuticas o en los sagrados santuarios religiosos en los que se realizan los rituales religiosos

La formación de los psicoanalistas junguianos incluye centralmente una formación en una variedad de sistemas simbólicos provenientes de una diversidad de fuentes –las diferentes religiones del mundo, los mitos, los cuentos de hadas, la astrología, el tarot– con la intención de construir una base de conocimientos que se pueda utilizar en el trabajo clínico, especialmente con la interpretación de sueños, la imaginación activa y las proyecciones arquetípicas (como en el caso de la transferencia arquetípica). Este tipo de aprendizaje, no obstante, se incrementa con la experiencia igualmente importante de la "vida simbólica" conforme va surgiendo del análisis personal del estudiante y sus experiencias con la imaginación activa. Tanto el aprendizaje cognitivo como el experiencial son necesarios. Sin el aprendizaje experiencial, el aprendizaje cognitivo permanece abstracto y sin vida; sin el aprendizaje cognitivo, el experiencial permanece demasiado personal y específico como para tener utilidad clínica. Juntos, trabajan de la mano para apreciar y entender el surgimiento de los símbolos y la posibilidad de una vida simbólica para el paciente.

La vida simbólica es característicamente un aspecto del proceso de individuación ya que se da en la segunda mitad de la vida, una vez que el ego se ha instalado en el mundo de los requisitos cotidianos para la adaptación y el funcionamiento.

Privado de una vida simbólica en las etapas posteriores de la individuación en la segunda mitad de la vida, la persona siente la "vida horrenda, monótona, banal" a la que se refiere Jung. Se trata de una vida sin símbolos vivientes en mente. Como explica tan bien Verena Kast en su trabajo sobre los fundamentos del enfoque junguiano, *La dinámica de los símbolos*, la magia del psicoanálisis junguiano es que hace que sea posible la vida simbólica sin perder la vida personal en el nivel de las necesidades y las preocupaciones mundanas. La vida simbólica emerge espontáneamente cuando la persona abre su conciencia a los sueños y a la imaginación y de manera igual de importante, se relaciona con estas imágenes como símbolos. La tarea del analista es abrir un espacio en el diálogo clínico para que entre una actitud simbólica y el paciente captará esto como un recurso espiritual.

El ensayo sobre los símbolos

En el programa de formación para analistas de la Escuela Internacional de Psicología Analítica en Zúrich (ISAP por sus siglas en inglés) y en muchos otros institutos de formación junguiana, se requiere que los estudiantes escriban varios "ensayos sobre los símbolos" en el transcurso de su formación como analistas. Se trata de ensayos sobre el pensamiento simbólico y se les considera como un ejercicio necesario para aprender a trabajar con símbolos en análisis. Básicamente, son ejercicios en lo que llamamos el método de amplificación. En la escuela de ISAP, los estudiantes reciben los siguientes lineamientos para escribir ensayos sobre los símbolos:

1. La tarea básica es demostrar la capacidad de entender una imagen o tema a nivel simbólico y diferenciar entre el nivel concreto y el simbólico.
2. El ensayo debe de mostrar una familiaridad con los métodos de asociación, amplificación (con aspectos arquetípicos y culturales) e interpretación.

3. Vistos psicológicamente, los símbolos promueven la conciencia y trascienden lo racional. El ensayo debe de ilustrar esto con ejemplos.
4. El ensayo debe de incluir la experiencia personal del símbolo bajo discusión.

Escribir estos ensayos sobre los símbolos es un ejercicio para trabajar con los sueños y los productos de la imaginación activa en el análisis. El énfasis consiste en articular una perspectiva simbólica de la imagen, más que interpretarla como una metáfora de estados mentales ya conocidos. A los estudiantes, les resulta desafiante resistir las interpretaciones reductivas que leen las imágenes como expresiones imaginarias de estados de ánimo e ideas familiares, aunque las expandan en representaciones polivalentes de aquello que no se puede expresar mejor en el lenguaje discursivo. Por esto, el Eros se debe unir al Logos para poder explicar los significados simbólicos plenamente.

Jung mismo ofrece muchos ejemplos de ese tipo de escritura en sus libros y artículos. Los lectores de sus estudios alquímicos muchas veces se frustran y desconciertan por la multitud de citas, referencias y asociaciones que trae a la discusión de imágenes como, por ejemplo, la luna o la sal.[11] El texto es un entretejido de referencias y citas recopiladas de sus lecturas sobre escritos alquímicos, de sus reflexiones e interpretaciones psicológicas, de sus amplificaciones de las religiones del mundo y la literatura imaginativa y de sus experiencias tanto clínicas como personales. Las imágenes no se reducen a significados singulares, sino que más bien se expanden para capturar una multitud de facetas que se unifican para formar una gema de características simbólicas. Como declara Jung, en sus famosas conferencias de Terry de 1937, tituladas "Psicología y religión": "La interpenetración de contenidos y propiedades es también uno de los rasgos por los que se caracteriza la semejanza de naturaleza de los contenidos simboli-

[11] C. G. Jung, *Mysterium Coniunctionis*, párrs. 154-348.

zados".[12] Jung está argumentando que la colección de cualidades reunidas en un símbolo se fusionan entre sí para crear una complejidad específica a la que llamamos "un símbolo". Esta complejidad le da a los símbolos una cualidad polisémica. Se basan en múltiples referencias, y esta diversidad es difícil de empacar en una fórmula. Las declaraciones dogmáticas como: "Dios es tres en uno" (es decir, una Trinidad) buscan hacer esto, pero inevitablemente fracasan a menos que simultáneamente se les designe como símbolos, es decir, como misterios. Sin embargo, esta característica de la complejidad es lo que constituye el poder del símbolo para mover el corazón y la mente al mismo tiempo. Podemos ser testigos de esta unión dramáticamente en la representación que hace Dante de la Trinidad en la tercera parte de su *Divina Comedia*, "*El Paraíso*" o bien para citar otro ejemplo, el símbolo de la luna que sugiere un tipo de conciencia que tiene un número de cualidades específicas que se interpenetran entre sí, aunque requieren de arte, música y poesía para expresar el símbolo de manera adecuada y transmitir su significado esencial como una totalidad compleja.

Cuando experimentamos un símbolo plenamente, por lo general, nos quedamos sin palabras. El lenguaje conversacional no puede transmitir el impacto, mucho menos un lenguaje técnico, como el que ofrece la psicología. Lo que la psicología puede ofrecer es una perspectiva sobre el significado simbólico, utilizando su vocabulario y sus herramientas conceptuales, aunque sean inadecuadas para transmitir la experiencia de un símbolo. Se trata de una tarea que se le debe de dejar al arte, al ritual religioso y a otras formas de acción colectiva, como las iniciaciones, ceremonias, eventos deportivos, operaciones militares, etcétera. En el trabajo clínico, puede que experimentemos un símbolo en el *temenos* del consultorio de un analista o en un diálogo en torno a un sueño numinoso. Como siempre, no se puede explicar un símbolo, aunque sí se le puede compartir al interior de una relación terapéutica.

[12] C. G. Jung, *Psicología y religión*, párr. 125.

Conclusión

Espero haber dejado en claro que la formación en el trabajo con símbolos en el análisis es un prerrequisito para que los estudiantes que lo deseen puedan llegar a ser psicoanalistas junguianos competentes. En este campo, hablar sobre una "habilidad medular" es hablar de destrezas fundamentales en la práctica del análisis. Esto implica que cualquiera que desee formarse como psicoanalista y adquirir las destrezas necesarias para realizar el trabajo analítico de manera competente debe de haber adquirido la destreza para trabajar con símbolos tal cual ocurren en el proceso analítico. Para algunos que aspiran a ser analistas, esto es bastante fácil; para otros, es un trabajo más arduo. Se necesita un marco mental particular para pensar y trabajar simbólicamente. Se requiere una mente con una formación en imágenes arquetípicas y sus significaciones de largo alcance. La vocación del analista es similar a la vocación religiosa, en el sentido de que uno se siente atraído hacia esta forma específica de pensar sobre el significado de las imágenes y de las experiencias. Una sensibilidad con respecto a los símbolos es un requisito clave para ambos. Ambos manejan los símbolos con respeto y con conocimiento, reconociendo que están manejando el material mismo del alma.

Capítulo 16

Sobre la formación de los psicoanalistas junguianos en la actualidad[1]

Introducción

En septiembre de 1969, inicié mis estudios en el Instituto C. G. Jung en Zúrich con el propósito y, en ese entonces la todavía temprana esperanza, de algún día llegar a ser un psicoanalista junguiano. En algunos sentidos, en aquel entonces los tiempos no eran tan diferentes de los tiempos actuales; en otros sentidos, eran muy diferentes. Los fines de la década de los sesenta e inicios de los años setenta, fueron años de agitación política y disrupción con protestas fuertes y a veces violentas en contra de la guerra en Vietnam y la injusticia racial. Se consideraba que los dirigentes políticos no tenían el nivel para enfrentar esos tiempos. Las economías tampoco estaban tan bien. En este sentido, los tiempos se parecían a lo que vemos hoy en día.

---

[1] Conferencia originalmente titulada "Training Depth Psychologists for an Incredibly Superficial World" [que se podría traducir como *La formación de psicólogos profundos para un mundo increíblemente superficial*] impartida ante el Instituto de Psicología Analítica y Psicoterapia (IPAP) y la Asociación para la Investigación en Psicología Analítica (ARPA) en septiembre de 2020 y publicada en *De anima* XVI: 2020.

Las diferencias, sin embargo, son significativas. En esa época, no existía el internet, ni siquiera había computadoras ni redes sociales. Durante los cuatro años en que estuve estudiando en Zúrich, sólo hice dos llamadas telefónicas a mi familia en Estados Unidos porque el costo era prohibitivo y, por supuesto, no regresé ni una sola vez durante todo ese tiempo. En esa época, el mundo era mucho más grande y difuso en nuestra mente y experiencia. Hoy en día, el mundo se ha encogido hasta el punto en que puedo estar sentado en mi estudio en casa y darles una conferencia a ustedes, desde aquí, mientras se encuentran sentados en su casa en algún lugar distante. Puedo dar conferencias a cientos de personas en China sin moverme de mi escritorio. Estoy en contacto constante con personas de todo el mundo por correo electrónico y Skype y durante los meses de la pandemia, hicimos análisis en línea y en pantalla. Todo esto hubiera sido inconcebible en 1970.

En estas décadas, avanzamos muchísimo en nuestra capacidad para comunicarnos de manera rápida y extensa. Sin embargo, ¿acaso no perdimos algo también? Aunque ha aumentado la velocidad de las comunicaciones, ¿acaso la profundidad de las comunicaciones ha mantenido el mismo ritmo? Hoy en día, muchos piensan que hemos pagado el precio por la velocidad que hemos ganado y las distancias que se han reducido. Muchas veces se ha argumentado que el precio que hemos pagado es la pérdida de profundidad en nuestras relaciones y en la vida cultural, en general, a favor de una facilidad simplificada y una superficialidad. Ciertamente, se han acelerado las cosas y, de muchas maneras, se ha dado un cambio aleatorio a un punto tal que es prácticamente imposible predecir lo que va a pasar con certeza. Nos vemos forzados a vivir con probabilidades.

Recientemente leí un artículo en el periódico que se refería a la "política cuántica"[2] en un mundo interconectado que casi no ofrece ninguna certidumbre, aunque al mismo tiempo sí ofrece

[2] A. Sarkissian, "My Quantum Symphony", *Financial Times*, 29 de agosto de 2020.

muchas nuevas oportunidades. Cuando las cosas se mueven a esta gran velocidad y hay tantos factores interconectados en juego, casi cualquier cosa se vuelve posible. Me parece que puede que esto se aplique a nuestra situación como psicoanalistas junguianos que siempre tenemos que estar pensando en formas nuevas y novedosas de formar a los futuros analistas. Actualmente, el futuro de la formación analítica está en juego y es probable que no regrese a la configuración que existía antes de la pandemia.

Recuerdo haber escuchado una historia acerca de una conversación entre Jung y Joseph Wheelwright, un analista junguiano de Estados Unidos. Según recuerdo, Wheelwright contó cómo había asistido a la fiesta de cumpleaños de Jung cuando cumplió los 80 años en 1955 y orgullosamente le anunció a Jung que los analistas en San Francisco iban a fundar un instituto de formación ahí en su nombre. Jung le contestó: "Bueno, Wheelwright, háganlo si sienten que lo deben de hacer, pero por favor, por el amor de Dios, háganlo lo más desorganizado posible". En esos momentos, Jung se encontraba profundamente involucrado en discusiones con Wolfgang Pauli sobre la relación entre la psicología del inconsciente y la física cuántica, que llevaron a su ensayo sobre "La sincronicidad como principio de conexiones acausales". Debemos de tener esto en mente para entender el comentario de Jung. Me parece que el término "formación cuántica" podría sernos útil. Abre el espacio para las coincidencias significativas y para que el *self* sirva de guía. Permite que las cosas se den con una actitud de "*wu wei*",[3] como nos enseña la sabiduría china.

Estamos viviendo en tiempos posmodernos. Los cambios producidos en la cultura mundial durante las últimas décadas, y

---

[3] Jung se refiere a esta frase en su "Comentario a *El secreto de la flor de oro*" en *Obra completa*, Vol. 13, párr. 20: "¿qué hicieron estos hombres para producir el desarrollo que los dejaría libres? Hasta donde pude observar, no hicieron nada (*wu wei*) sino dejar que se dieran las cosas". La nota de pie de página que acompaña a esta frase, insertada por C. F. Baynes aclara: "La idea taoísta del hacer mediante el no-hacer".

sobre todo desde la introducción de la computadora y el uso generalizado del internet a nivel mundial, han afectado profundamente a todas las culturas del mundo y esto también ha tenido un impacto sobre nuestra profesión de la psicoterapia. Todo se mueve más rápido, la velocidad y la eficiencia han adquirido primordial importancia; como resultado la superficialidad se ha vuelta la marca de nuestros tiempos. Nunca antes se habían exigido curas tan rápidas para el cuerpo y el alma. La psicoterapia a corto plazo, en gran medida, ha reemplazado al psicoanálisis a largo plazo, ya que es más eficiente y menos costoso. ¿Quién tiene tiempo para dormir y soñar? Por cuestiones que tienen que ver con su *persona*, los ejecutivos prefieren un "coach de vida" antes que un psicoterapeuta. La industria de los seguros favorece a la Terapia Cognitivo-Conductual (TCC) ya que produce resultados a un costo más bajo. Los pacientes buscan esta terapia ya que promete soluciones rápidas para los síntomas que interfieren con el trabajo y las actividades sociales.

Puede que temamos que el mundo posmoderno se haya infectado con el virus de la superficialidad a tal grado que nuestra profesión haya llegado a ser una mera curiosidad que se está aferrando a los márgenes de la sociedad ya que quedan unos cuantos analistas necios que están demasiado viejos como para aprender métodos nuevos y ajustarse a las prácticas posmodernas. Muy bien podría ser que el siguiente paso sea que las masas reciban psicoterapia por parte de robots, es decir, dispositivos de inteligencia artificial programados para ofrecer respuestas empáticas, sugerencias sabias y recetas médicas a cualquiera que pida ayuda psicoterapéutica por teléfono o correo electrónico. Dentro de este ambiente, ¿tiene algún sentido seguir formando personas para una profesión que quizás no tenga futuro?

Bajo esta luz, quiero considerar la cuestión urgente de la formación de analistas en el campo del psicoanálisis junguiano para el mundo de hoy y de mañana. ¿Acaso un mundo exterior tan cambiado, como el que actualmente habitamos, marca una diferencia decisiva en nuestra manera de efectuar la formación de analistas? ¿Qué justifica que sigamos formando nuevos analistas? y ¿cómo deberíamos de impartir esta formación?

El programa de formación al que entré en Zúrich en 1969 y del cual me gradué en 1973, ofrecía una riqueza de maestros y analistas dedicados a la formación, muchos de los cuales habían trabajado con Jung mismo y habían formado parte de su círculo inmediato. Me sentí bendecido de poder escuchar las conferencias de Marie-Louise von Franz sobre los cuentos de hadas, las conferencias de Heinrich Fierz y Adolf Guggenbühl-Craig sobre psiquiatría, las de Barbara Hannah sobre símbolos de animales en los sueños y las de Jolande Jacobi sobre teoría analítica. Además, tuve la fortuna de poder estudiar con James Hillman y Raphael López-Pedraza en la época en que estaban formulando las características básicas de lo que llegaría a ser la psicología arquetípica.

El Instituto Jung en Zúrich ofrecía una estructura de formación que correspondía a esos tiempos. El tipo de formación que ofrecía en ese entonces era abierta, creativa, relativamente desestructurada y se adecuaba idealmente a quienes, como yo, veníamos de un trasfondo no-clínico. Desde entonces, como vemos en la Escuela Internacional de Psicología Analítica en Zúrich (ISAP por sus siglas en inglés), los requisitos para la admisión han cambiado significativamente, el Manual del Reglamento se ha expandido enormemente, tanto en tamaño como en complejidad y los cursos y conferencias han llegado a enfocarse más estrechamente y a dirigirse a cuestiones clínicas específicas. Los programas de formación de alguna manera han ganado precisión, aunque también han perdido algo de amplitud y profundidad. Como todos los programas de formación de profesionales de cualquier tipo en el mundo, se han tenido que ajustar al espíritu de los tiempos. Siento que esto es causa, si no de alarma, por lo menos de atención cuidadosa.

Quizás ahora sea el momento de escuchar al espíritu de las profundidades más de cerca y de permitir que las posibilidades que nos ofrece la atención al inconsciente nos lleguen del mundo cuántico. Argumento que necesitamos abrir nuestra imaginación como una aptitud primordial y ponerle atención a lo que el inconsciente nos pueda ofrecer. Podríamos considerar que se trata de un movimiento neo-junguiano, ya que por encima de todo, Jung respetaba la guía que ofrece el *Self*, sobre todo en tiempos de incertidumbre. Su *Libro rojo* es testimonio del respeto que le tiene a la imaginación.

De partida, debo de reconocer que tengo un prejuicio a favor del enfoque clásico a la formación, en tanto que estaba y sigue estando enraizado en lo arquetípico y lo "eterno", más que en lo personal y lo "transitorio". Considero que es de gran utilidad que los estudiantes absorban e integren este enraizamiento en el mundo invisible de las imágenes y energías arquetípicas en su corazón y mente, en su trabajo y en su vida personal. Les da flexibilidad en estos tiempos de incertidumbre, les sostiene en todo tipo de ambientes clínicos y les prepara para cualquier cambio en la cultura que se efectúe a lo largo de su vida. Este enraizamiento tiene la mejor oportunidad de asegurar que, a largo plazo, el psicoanálisis junguiano siga siendo una profesión viable y culturalmente relevante. ¿Por qué? Porque mientras que ofrece la mayor flexibilidad y resiliencia, al mismo tiempo aborda un nivel de la naturaleza humana y de las necesidades psicológicas que es perene y no está sujeto a un cambio significativo en el transcurso del tiempo. Podríamos considerarlo como una preparación para los cambios de era. Se basa en una multitud de capas de experiencia en las culturas humanas a nivel mundial y a lo largo de milenios.

Prefiero pensar el "entrenamiento" en términos de "formación", afín al proceso por el que idealmente atraviesan los candidatos de otras profesiones antiguas como la medicina, la filosofía, el sacerdocio, y otras vocaciones serias en el transcurso de su educación. La formación como analista se realiza dentro de un marco institucional horizontal y temporal y dentro de un marco psíquico vertical y atemporal, dándole amplitud a los conocimientos actuales, por un lado, y una profundidad a la experiencia psicológica, por el otro. Lo que nos gustaría ver como el "producto" de este proceso de formación es una personalidad bien educada, así como psicológica y espiritualmente desarrollada con experiencia y conocimientos clínicos y amplios intereses culturales y sociales. Además, el entrenamiento/la formación es una especie de proceso de iniciación en una vocación dedicada con claros estándares éticos y una *persona* colectiva. La pregunta es cómo preparar al individuo para este proceso.

Me voy a referir a cuatro áreas que siento que se deben abordar en los programas de entrenamiento (de formación) para psicoanalistas junguianos hoy en día: 1) la formación para la práctica clínica; 2) la formación en la metodología de la investigación y la promoción de la teoría; 3) la preparación para la participación organizacional; y 4) consideraciones referentes a la *persona* para la representación pública. Argumento que hoy en día, es importante incluir estas cuatro áreas en una preparación bien equilibrada y relevante de los candidatos para la profesión del psicoanalista junguiano. Sin embargo, cada una de estas áreas requiere de una reflexión especial y de una atención práctica. Además, cada una de estas áreas se debe basar en la experiencia de analistas que han estado activos en el campo por periodos más prolongados de tiempo, así como en la creatividad de los analistas nuevos que introducen el ambiente del mundo contemporáneo y sus necesidades en lo que a veces son los salones sofocantes de los institutos de formación. Para que tengan profundidad, estas cuatro áreas se deben enraizar en patrones arquetípicos.

La práctica clínica

Es entendible que a nivel mundial, todos los institutos y emprendimientos educativos que se dedican a la formación de psicoanalistas junguianos enfaticen la preparación para la práctica clínica como una prioridad en sus programas. Además, la mayoría de quienes solicitan admisión a un programa de formación junguiana se orientan primordialmente hacia la meta de practicar el análisis y trabajar con pacientes en su práctica privada (o de otro tipo).

Hoy en día, muchos si no es que la mayoría de los candidatos para la formación en los institutos junguianos (y en algunos institutos todos los candidatos), ya se habían educado y formado anteriormente en la práctica de la psicoterapia y ya eran profesionales certificados cuando se unieron a algún programa junguiano. Si todavía no se les había otorgado una certificación o licencia para poder practicar en sus respectivos lugares, a los programas junguianos se les requiere que proporcionen una formación básica en la práctica de la psicoterapia, así como una formación más avanzada en psicoanálisis junguiano a nivel de posgrado. La formación de psicoanalistas junguianos, por lo tanto, asume la característica de ser una especialización en el campo más general de la psicoterapia. Los institutos de formación, por lo tanto, tienen la obligación de ofrecer algo diferente, algo singularmente "junguiano" en sus programas de formación clínica. ¿Qué es esto? ¿Qué pueden ofrecer que no ofrezcan los programas generales de formación en psicoterapia como los que hoy en día se ofrecen en las universidades en todas partes? Sugeriría que lo que ofrecen es "profundidad psicológica".

Cuando me preguntan: "¿Qué tiene de único un enfoque junguiano a la práctica clínica?" Generalmente, me refiero a lo que llamo "los cuatro pilares del análisis junguiano", que son: 1) un entendimiento del desarrollo psicológico a lo largo de la vida, a lo que le llamamos individuación; 2) un entendimiento profundo de la relación terapéutica (transferencia y contratransferencia); 3) un enfoque al trabajo con sueños que tome en cuenta los significados tanto objetivos como subjetivos; y 4) la práctica de la imaginación activa. Estos cuatro pilares, cuando se les combina en el trabajo clínico con pacientes, constituyen la singularidad del psicoanálisis junguiano y lo diferencian de todas las demás formas de psicoterapia y psicoanálisis. Por lo tanto, en los programas de formación junguiana se deben de enseñar estos cuatro pilares y los candidatos los deben de aprender de tal manera que los puedan usar de manera efectiva en su práctica clínica. Cada uno de estos pilares se sostiene en los sólidos cimientos arquetípicos de la teoría junguiana.

Fue después de la Segunda Guerra Mundial que se establecieron los primeros institutos de formación y se abrieron para los futuros candidatos. Antes de esto, la formación de los estudiantes se realizaba en una especie de situación informal donde los estudiantes eran aprendices de Jung o de alguno de los miembros de su círculo cercano de seguidores. Estos "programas de formación" se basaban casi por completo en el análisis personal y la asistencia voluntaria a seminarios y conferencias. A fines de la década de los cuarenta, se fundaron institutos formales de formación en Zúrich, Londres y Nueva York. Otros se fundaron poco después en: San Francisco, Los Ángeles, Berlín, Italia, e Israel. De conformidad con la práctica anterior, se colocó un mayor énfasis sobre el análisis personal de todos los candidatos. Jung fue quien insistió en esto por lo que había identificado como los peligros de que se dieran re-escenificaciones en la contratransferencia una vez que los estudiantes empezaran a practicar el análisis por cuenta propia.[4]

Hasta la actualidad, la experiencia del análisis personal sigue siendo el *sine qua non* de todos los programas de formación. Llamado "análisis de formación", se parece a un análisis común, excepto que incluye algunos componentes educativos que, por lo general, no se ofrecen en el análisis de pacientes que no están en formación. Como Jung escribiera en su ensayo "Los problemas de la psicoterapia moderna",[5] característicamente, hay cuatro aspectos de las fases del análisis: la confesión, la elucidación, la educación y la transformación. En un análisis de formación, se acentúa más el componente de la educación. Sin embargo, yo argumentaría que el

[4] Para un estudio extenso y detallado de esta historia, ver T. B. Kirsch, *The Jungians*.
[5] C. G. Jung, "Los problemas de la psicoterapia moderna".

aspecto más esencial de la "formación" es lo que Jung llama la "transformación". La confesión y la elucidación son comunes a todos los procesos analíticos, la educación se acentúa un poco en el análisis de formación, y la transformación es una característica que es especialmente "junguiana", en el sentido de que toca los niveles más profundos del inconsciente y puede desempeñar un papel más o menos importante en un gran número de casos analíticos, y no sólo en el análisis de formación.

La transformación se realiza cuando la relación entre el analista y el paciente asume las características descritas por Jung en su obra fundacional "La psicología de la transferencia". La razón por la cual es tan importante que el candidato en formación experimente esto es que contiene una profundidad psicológica que va mucho más allá de lo cognitivo y lo personal y genera un proceso que cambia la vida en el inconsciente, un proceso que permanecerá para siempre en su lugar una vez que haya concluido y terminado el análisis. Este tipo de análisis es la experiencia fundamental en la formación del psicoanalista junguiano. Es lo que le dará forma a su trabajo clínico y la cualidad de su vida personal a partir de ese punto en adelante a lo largo de su vida profesional y de toda su vida. Esto es algo que los programas universitarios de posgrado en psicoterapia típicamente no ofrecen. Es ahí que emerge la "libido de parentesco", como le llama Jung, y esto creará un vínculo del candidato en formación no sólo con el analista, sino también con el campo energético y con toda la comunidad de analistas. Se trata de una iniciación en la profesión.

Una pregunta que surgió a raíz de la pandemia reciente que interrumpió el análisis en persona, es: ¿Acaso el análisis en línea permite una interacción psicológica suficientemente profunda como para proporcionar el nivel de experiencia necesario para la transformación en el análisis de formación? Algunos de mis colegas se han referido al análisis bi-dimensional en referencia a la pantalla plana. Es demasiado pronto como para hacer un juicio definitivo, aunque sospecho que la respuesta será negativa. La interacción tridimensional dentro del *temenos* del consultorio del analista de manera regular a lo largo de un periodo de tiempo parece ser un requisito básico para un análisis de formación efectivo. Mientras tanto, hacemos lo que se puede bajo estas condiciones.

Además de este nivel de interacción interpersonal e intrapsíquica, el trabajo con sueños se ha considerado una característica esencial del análisis de formación. Es difícil concebir un psicoanálisis junguiano que merezca ese nombre que no incluya una amplia consideración de los sueños que el paciente trae a sesión regularmente. Jung es reconocido por su insistencia en que los sueños nos comunican sobre nosotros mismos a una profundidad de la psique que no es posible de alcanzar de otra manera. Los sueños son una *via regia* al *Self*. Sin los sueños, el psicoanalista junguiano no sabría cómo trabajar con el inconsciente de manera consistente y efectiva. La formación del analista junguiano depende de las manifestaciones espontáneas del inconsciente bajo la forma de una serie de sueños.

La cuestión de la interpretación de los sueños es de central importancia para la práctica junguiana. ¿Cómo interpretan los sueños los psicoanalistas junguianos? y ¿por qué? Formar a un individuo en el arte de la interpretación de los sueños es un arte en sí mismo, aunque también hay cuestiones teóricas que hay que estudiar y dominar. Trabajar con sueños es uno de los pilares del psicoanálisis junguiano. La clave del enfoque junguiano a los sueños está en entender la dirección prospectiva de los procesos inconscientes. El *Self* es el creador de los sueños y su intención es que avancemos hacia la individuación. Los sueños, por lo tanto, están al servicio del proceso de individuación. Como Jung descubriera, los sueños son una compensación del consciente, y con el paso del tiempo van avanzando hacia la totalidad. Este proceso se experimenta en el análisis de formación y es en la porción didáctica del programa de formación que se enseñan las características teóricas de este método.

La imaginación activa es el pilar del psicoanálisis junguiano que la reciente generación pos-junguiana ha desatendido, mientras que se ha visto un fuerte aumento en el énfasis en la parte relacional del análisis. La imaginación activa es una actividad introvertida que se abre, co-crea e interactúa con el "mundo interior". Como Jung descubriera en el periodo de su *Libro rojo*, la imaginación lleva a la individuación hacia un territorio mucho más profundo a nivel intrapsíquico. Esto podría ser una característica esencial de cada análisis de formación. Es la forma más segura de reforzar la función trascendental en la psique.

Me parece esencial que los candidatos en formación se familiaricen con este método no sólo como herramienta clínica para su práctica como analistas, sino para sí mismos a nivel personal. Lamentablemente, en los años recientes, este no ha sido el caso en la mayoría de los programas de formación. A mí me parece que esta desatención de un método tan importante para trabajar con el inconsciente ha generado un grado de superficialización del campo analítico. Como bien sabemos con base al célebre enunciado de Jung en *Recuerdos, sueños, pensamientos*, el resultado de su trabajo en sí mismo utilizando la imaginación activa fue un descubrimiento crítico de una nueva visión para el psicoanálisis:

> Los años en los que me dedique a investigar mis imágenes internas constituyeron la época más importante de mi vida. En estos años, se decidió todo lo esencial. Fue entonces que comenzó todo y los detalles posteriores son sólo complementos y aclaraciones del material que irrumpe del inconsciente y que al principio me inundó. Fue la *prima materia* para la obra de mi vida.[6]

En la alquimia, el término técnico de *prima materia* implica que el material necesita echar a andar el proceso de transformación. El primer paso del proceso es recopilar la *prima materia* y colocarla en la vasija analítica. Sin *prima materia*, no hay posibilidad de transformación. Lo que se integra a esto –y ha habido muchas recetas– es, por lo tanto, de importancia crítica. Nada puede salir

[6] C. G. Jung, *Recuerdos, sueños, pensamientos*, p. 237.

de este proceso que no haya estado ahí desde el principio en forma latente. El alma tiene que estar en esta materia. Desde la experiencia de Jung, como se puede ver en *El libro rojo*, este material se recopiló primordialmente a través del método de la imaginación activa. Para los candidatos en formación, la experiencia de la imaginación activa no sólo los pone en contacto con su propia *prima materia* y con el *Self*, sino que los capacita para hablar sobre la psique con la convicción basada en su experiencia personal. La imaginación activa lleva al proceso de individuación a otro nivel y le da una base sólida en las profundidades de la psique. El candidato en formación tiene que descubrir un "analista interior" en las profundidades de la psique; sino el proceso de formación se limitará a formar un individuo con una *persona* profesional.

Otro "pilar" en la práctica del psicoanálisis junguiano, además de la relación terapéutica, la interpretación de los sueños y la imaginación activa, es el entendimiento y la constante conciencia de las etapas apropiadas del proceso de individuación conforme se va desenvolviendo el proceso analítico. Esto es esencial para entender a los pacientes y sus necesidades psicológicas, así como los desafíos de desarrollo que enfrentan. Sólo se puede aprender este entendimiento junguiano básico del desarrollo psicológico y las tareas de cada etapa a través de un estudio e investigación cuidadosos. Sin embargo, la relevancia clínica es de importancia crítica. La manera en la que se posiciona un analista con respecto a la situación de vida del paciente se determina fundamentalmente por su entendimiento de dónde está parado el paciente en relación al *Self*, es decir, en relación con cómo se va desenvolviendo el *Self* tanto en el tiempo y el espacio como en la vida del paciente. Esto tiene una importancia crítica y se debe de enseñar y dominar en la formación de los analistas. Este concepto le da forma a las intervenciones del analista, tanto verbales como no verbales. Por supuesto, es evidente que los analistas responden a la situación inmediata de manera espontánea, aunque, en un cierto sentido, también están fuera de la situación clínica inmediata con su evaluación de los diagnósticos con respecto a la psicopatología y cuestiones de desarrollo.

La forma abreviada de referirse a esta posición del analista con respecto a la relación clínica, es decir que se está "con un pie adentro y el otro afuera".

Cuando estos cuatro pilares del tratamiento psicoanalítico junguiano se encuentran instalados en su lugar y están activos en el proceso analítico, entonces podemos hablar de una modalidad de trabajo específicamente junguiana. Está abierto a discusión cómo se erigen estos cuatro pilares y cómo se les ubica en su lugar durante un programa de formación. Algunos dependen en gran medida de la experiencia en el análisis de formación y a otros se les coloca en su lugar en el transcurso de la supervisión y la didáctica.

Una segunda parte de la formación clínica, casi igualmente importante, por lo tanto, es la supervisión de casos realizada por el candidato mientras se encuentra en el proceso de formación. La relación con un analista supervisor es casi tan importante para un candidato en formación que la relación de transferencia con el analista personal. En la supervisión también se da una relación transferencial, aunque en otro plano. No se trata de transformar la personalidad del candidato, sino de formar una actitud hacia el trabajo analítico. Para mí, se trata de la formación de una "actitud" contratransferencial en contraposición a una "reacción" contra-transferencial.

La actitud contratransferencial es una característica estable de la orientación del analista hacia el trabajo con pacientes. Para algunos analistas, se enraíza en el arquetipo de la Madre, para otros en el arquetipo del Padre, y aún para otros se enraíza en Hermes o Mercurio, el Guía de las almas. Por supuesto que también existen otras posibilidades y, en última instancia, depende del candidato finalmente descubrir la actitud que mejor corresponda a la forma en la que recibe a los pacientes en su práctica. En otros escritos me he referido a este tema y he descrito la "actitud de poder", la "actitud chamánica" y la "actitud mayéutica".[7] La primera se enraíza primordialmente en el arquetipo del Padre, la segunda en el arquetipo hermético y la tercera en el arquetipo de la Madre. Las tres actitudes sirven y se les puede utilizar según el caso de que se trate. Sin embargo, lo más importante es que el candidato aprenda a pensar simbólicamente y no sólo de manera clínica y concreta.

La formación de una actitud simbólica es de suprema importancia para trabajar como psicoanalista junguiano. La actitud simbólica es lo que yo denominaría la "destreza clave" del analista que cuenta con una buena preparación y es lo que esperan los pacientes que buscan a un analista junguiano para un trabajo clínico. ¿Qué es una "actitud simbólica"? Hay que considerar esta pregunta con cuidado. Como sabemos, el inconsciente se comunica con el consciente a través de símbolos. Estos se presentan bajo la forma de narrativas y dramas, imágenes, ideas y visiones. También adoptan la forma de síntomas, tanto neuróticos como psicosomáticos. El analista reflexiona sobre estos mensajes del inconsciente en tanto símbolos y no como signos, es decir, como mensajes con un significado más allá de la evidente comunicación superficial. En la supervisión, el analista formador desafiará al candidato a pensar simbólicamente, a reflexionar sobre el significado prospectivo. Se trata de una destreza que se aprende y la supervisión es el contexto ideal en el que se desarrolla la capacidad de pensar en y con símbolos. Muchas veces, al candidato en formación le resulta frustrante trabajar con símbolos porque no existen respuestas claras y contundentes a la pregunta: ¿Qué significa? Un símbolo siempre deja espacio para una mayor reflexión y, en general, es mejor interpretar a los símbolos en series en donde un símbolo amplifica y hace comentarios sobre otros símbolos.

En lo particular, no me agrada el término "supervisión" y prefiero decir "consulta de casos". La razón es que la palabra supervisión asume la superioridad jerárquica por parte de uno de

[7] M. Stein, "Power, Shamanism y Maieutics in the Countertransference".

los miembros de la diada ("super") que, por lo tanto, ve en menos al otro. La relación es, por supuesto, inevitablemente desigual, aunque procuro, en la medida de lo posible, crear un ambiente de diálogo. Primero reflexionamos juntos sobre un "caso" en el que el candidato esté trabajando en ese momento y este diálogo incluye una reflexión no sólo sobre el material que el paciente trae a análisis, sino también sobre la actitud y las reacciones contra-transferenciales del candidato/analista. Es a través de esta reflexión que se crea un espejo en la conciencia profesional del candidato en el cual finalmente se puede observar en acción conforme realiza su análisis con sus pacientes. Es vitalmente importante instalar este espejo como parte de la formación de un analista nuevo. Esto es lo que seguirá sirviendo como punto internalizado de auto-reflexión cuando el supervisor ya no esté presente o disponible. La reflexión que se efectúa en la supervisión también incluye, de manera importante, preguntas y cuestiones éticas. En los seminarios didácticos de un programa de formación, se puede enseñar la ética profesional, aunque es la práctica clínica la que es el laboratorio en el cual surgen cuestiones éticas y la supervisión es el espacio en el cual se debe reflexionar sobre ellas y se les debe confrontar.

La formación de nuevos psicoanalistas junguianos incluye, entonces, la experiencia del análisis personal y la supervisión de los casos que esté trabajando el candidato en formación. Junto con estos dos aspectos primordiales de la formación se encuentra el aspecto didáctico que es importante, aunque de cierta manera menos crítico, y se realiza a través de conferencias, seminarios, grupos de lectura y discusiones en la comunidad de aprendizaje. En general, se invierte mucho tiempo y un gran esfuerzo en reunir listas de lectura, crear planes de estudio y reclutar maestros. Todo esto es necesario para crear una cultura de aprendizaje. Esta tercer característica de la formación generalmente se acompaña de una serie de exámenes y ritos de pasaje en el transcurso de la formación. Funcionan como iniciaciones en las etapas de formación y finalmente en la comunidad de analistas y son importantes para la formación porque los ritos colectivos de pasaje, observados y reconocidos por la comunidad analítica, solidifica la identidad del candidato como miembro de la profesión. Sin embargo, estos rituales pueden ser farsas vacías si es que las transformaciones internas esenciales no se han realizado a través de la experiencia del análisis personal y la supervisión. Sirven para reconocer una realidad escondida, una "formación", en el alma del candidato.

La investigación y la creación de teorías

En años recientes, los institutos de formación que se han establecido a nivel mundial y que los dirigen sociedades que pertenecen a la IAAP han estado bajo la presión de realizar proyectos de investigación, sobre todo relacionados con los resultados del tratamiento analítico. En general, se considera que la enseñanza de la metodología de la investigación es parte del programa de formación y requiere de artículos de investigación en el campo de la psicología analítica como parte del proceso de formación. El propósito de esto es que quienes se gradúen de los programas de formación sean académicos, así como que tengan una práctica clínica.

Cuando se fundó el Instituto C. G. Jung de Zúrich en 1948, en su discurso en esa ocasión, Jung refirió lo siguiente a los asistentes: "Es una alegría y satisfacción especial para mi tener la ocasión de hablar ante ustedes este día memorable de la fundación de un Instituto de Psicología Compleja. Ustedes han venido aquí con la decisión, que agradezco, de fundar este instituto de investigación que esté llamado a proseguir la obra que yo he empezado".[8] Claramente, se coloca el énfasis en la investigación, y en su discurso ni siquiera se menciona la formación de analistas: "Por cuanto respecta a su aspecto experimental, todavía hay muchas cuestiones que elaborar desde el punto de vista de los métodos experimentales

[8] C. G. Jung, "Discurso durante la sesión inaugural del Instituto C. G. Jung de Zúrich, el 14 de abril de 1948", en *Obra completa,* Vol. 18, párr. 1129.

y estadísticos".[9] Procede entonces a ofrecer una lista de instrucciones sobre la investigación futura y concluye con esta nota: "Esta lista, reunida más o menos al azar, no pretende ser completa. Puede que lo que he dicho baste para darles una idea aproximada de lo que se ha logrado en la psicología de los complejos y sobre la dirección que se podría esperar que tomarán las futuras investigaciones realizadas por el Instituto".[10]

En los años posteriores a la fundación del Instituto, se estableció una serie de libros con el título de *Estudios del Instituto C. G. Jung, Zúrich*. Entre las obras publicadas se encuentran: *Zeitlose Dokumente der Seele* [*Documentos atemporales del alma*] de Helmuth Jacobson, Marie-Louis von Franz y Siegmund Hurwitz, publicado en 1952; *Das Gewissen* [*Conciencia*] por un número de autores, incluyendo a Jung mismo, publicado en 1958; y *Das Böse* [*El mal*] de Carl Kerényi, Marie-Louis von Franz y Liliane Frey-Rohn, entre otros, publicado en 1961. Los profesores del Instituto Jung también publicaron muchos otros libros y artículos. En Londres, Michael Fordham, uno de los editores de las *Obras Completas de C. G. Jung*, fundó la revista especializada *Journal of Analytical Psychology*, [que se podría traducir como *Revista Especializada en Psicología Analítica*] que hasta la fecha sigue siendo la revista internacional número uno en el campo de la psicología analítica. El punto es que al inicio de los programas organizados de formación y de los institutos hubo un fuerte énfasis sobre la investigación, la escritura y la publicación de artículos. Esto se consideraba y aún se considera como un aspecto importante, incluso esencial del trabajo de expandir, refinar y profundizar tanto la teoría como la práctica psicológica.

Los programas de formación son los semilleros de nuevas ideas y direcciones creativas para el campo de la psicología analítica. Se alienta a los estudiantes a escribir ensayos y tesis y posteriormente

[9] Ibid., párr. 1137.
[10] Ibid., párr. 1141.

artículos y libros publicables como parte de sus actividades centrales como psicoanalistas junguianos. Los institutos de formación se enorgullecen de las publicaciones de sus profesores y graduados. Son una marca de prestigio. A nivel mundial, se reconoce a los junguianos como autores e investigadores. Hoy en día, hay libros y revistas especializadas sobre temas de psicología analítica en muchos de los principales idiomas del mundo.

En consecuencia, una de las funciones de los programas de formación es promover y estimular la investigación y la escritura entre sus estudiantes. Hay diversas maneras de lograr esto, pero uno de los esfuerzos para alcanzar esta meta es un aspecto esencial de la formación que consiste en calificarse como representantes de la profesión.

La participación organizativa

Cuando me gradué del Instituto Jung en Zúrich en 1973 y me regresé a Estados Unidos, estaba moderadamente preparado para realizar sesiones analíticas con individuos que tenían un interés en el psicoanálisis junguiano. Sin embargo, no estaba para nada preparado para involucrarme en lo que se convertiría en parte importante de mi vida como analista, a saber, trabajar en y con organizaciones junguianas. Cuando digo "organizaciones", quiero decir asociaciones profesionales y laicas, algunas de las cuales están organizadas con el propósito de formar a los estudiantes para que lleguen a ser analistas y otras con el propósito de ofrecer conferencias, talleres y programas para el público general. Lo que descubrí es que es casi una profesión en sí misma. Los programas de formación son entidades organizativas complejas que requieren de una gran cantidad de tiempo y energía por parte de muchas personas que sirvan en comités, que impartan clases, que ocupen puestos como funcionarios con responsabilidades legales y financieras, que administren a los empleados, etcétera. La mayoría de las organizaciones junguianas de este tipo logran sobrevivir y florecer con el generoso apoyo voluntario de los analistas formados y medios de trabajo voluntario, lo cual implica que "no hay una remuneración" o, en el mejor de los casos, hay un "pago mínimo" por el tiempo invertido en estas actividades.

¿Acaso los programas de formación pueden o deben preparar a sus candidatos en formación para estos tipos de actividades profesionales, que equivalen a contribuciones al colectivo junguiano? Aquí hay una auto-contradicción: por un lado, defendemos y promovemos la "individuación", que tiende a fomentar el valor del individuo por encima del colectivo y muchas veces en contra de él; por el otro, dependemos de las contribuciones que se le hacen al colectivo junguiano para que, por lo menos, logre sobrevivir nuestra profesión. La única manera en la que logro ver que se pueda tender un puente entre este par de opuestos es transformándolos en "polaridades" que se puedan mantener en tensión entre sí o en un estado de equilibrio. Si hay un ethos comunitario entre los analistas junguianos, la individuación puede hacer un espacio para la participación en el colectivo. De hecho, como sabemos, la individuación no implica un "individualismo" en un sentido estrecho, egoísta. Se puede ver el trabajo con otros analistas en la comunidad como parte de la vocación del psicoanalista junguiano. No es necesario que el sentido de vocación. se limite a trabajar en análisis sólo con individuos, de uno en uno, sino que se puede vislumbrar que incluya una ética de la responsabilidad social ante la misión general de apoyar y ayudar a que avancen las ideas y los valores de la psicología junguiana. A mí me parece que los programas de formación pueden, por lo menos, abrir esto a la discusión entre los estudiantes y, en cierta medida, prepararlos para su futura participación en asociaciones profesionales y programas de formación.

Con base en mi experiencia, la participación en programas de formación y asociaciones profesionales me ha enriquecido la vida. La mayoría de mis mejores amigos en mi etapa adulta han sido colegas analistas con quienes he trabajado en comités y consejos directivos. Se trata de una extensión de la individuación hacia la esfera de lo social y lo cultural. Considero esto como una ética social, una obligación que se asume con placer y entusiasmo. Mi gran inversión de tiempo y energía en este aspecto de la vida profesional, no sólo me ha ayudado a mantener a los colectivos junguianos con vida, sino que me ha ayudado a mantenerme lleno de vida y vitalidad como psicoanalista junguiano.

La representación pública

Una última característica de la formación de los psicoanalistas junguianos que me gustaría mencionar y que no se mencionan muchas veces en relación a la formación tiene que ver con el psicoanalista junguiano como figura cultural. Hoy en día, el nombre de "Jung" se conoce en todo el mundo; casi es igual de conocido que el nombre de "Freud".

Me hace recordar una historia sobre Jung. Una vez fue a un restaurante y pidió la mesa que había reservado. El maître le preguntó cómo se llamaba y él le contestó "Jung". "¡Ah!" el maître le dijo con una gran sonrisa de reconocimiento: "¿Sería como en Freud, Adler y Jung?" "No," le contestó Jung. "Sólo Jung".

Como pueden ver él es uno de los "tres grandes" fundadores del psicoanálisis moderno, aunque en los libros de historia escritos por psicoanalistas freudianos, su nombre casi no figura, si es que acaso se le menciona. En la esfera pública de hoy en día, Jung es un nombre bien conocido y su nombre simboliza algo especial. Quienes cargamos el título de psicoanalistas junguianos hemos heredado un manto y debemos estar conscientes de eso. Acompaña a la *persona* adquirida a través de la formación e iniciación en la profesión.

En los programas de formación que he observado durante los últimos 50 años –y he visto muchos en mis viajes como miembro del Comité Ejecutivo y como Presidente de la IAAP (2001-2004)– no recuerdo haber encontrado ninguna evidencia de una preparación explícita de la "*persona*" para la profesión del psicoanalista junguiano. De hecho, la formación de la *persona*, aunque todos sepamos el valor social que tiene, se ha denigrado bastante como valor. Los psicoanalistas junguianos no son invisibles en la sociedad. Si alguien anuncia que es psicoanalista junguiano, la gente de inmediato empieza a proyectar ciertos valores e imágenes sobre ese individuo. Recuerdo a Joseph Wheelwright cuando de manera pública le explicó a un público en Estados Unidos en la década de los setenta: "¡NO somos astrólogos ni tarotistas!" con el fin de desasociarse a sí mismo y desasociar al resto de nosotros en el congreso del estatus marginal de "charlatanes" aunque, como sabemos, en su práctica Jung mismo utilizaba la astrología y el *I Ching*. Wheelwright quería, en gran medida, posicionar al psicoanalista junguiano mucho más cerca de la imagen del médico, del psiquiatra y del científico que Jung también era. Como psicoanalistas junguianos hemos heredado una imagen pública compleja. ¿Cómo hemos de cargar esta imagen pública y cómo hemos de representar nuestro campo de trabajo en público?

Hoy en día, muchas veces se invita a los psicoanalistas junguianos a hacer declaraciones públicas sobre asuntos de interés público, sobre problemas sociales como el racismo, sobre cuestiones políticas como el autoritarismo, sobre temáticas económicas como el capitalismo de libre mercado, la migración, el cambio climático, etcétera, etcétera. ¿Acaso los programas de formación también deberían de preparar a los candidatos para asumir el manto público del psicoanalista junguiano? No creo que podamos ofrecer una formación con un contenido específico, aunque sí pienso que la formación pueda tener el cuidado de inculcar una conciencia que existe un papel público a desempeñar en el mundo global de hoy.

Cuando me preguntan: "¿Qué representa 'Jung' como símbolo en el mundo de hoy?" Por lo general, respondo basándome en una generalización: "un mayor nivel de conciencia". Esto es lo que buscamos lograr a través de nuestro trabajo con los individuos que aceptamos en análisis y, a mí me parece que es con esto que estamos comprometidos a abrazar en las declaraciones públicas que hagamos. Sin embargo, lo que esto significa en cada caso específico siempre está abierto a discusión. Por lo menos, significa lograr una "conciencia de la sombra". La postura junguiana con respecto a la conciencia empieza con el proyecto de hacer que la sombra sea un tema de reflexión y entendimiento y esto se aplica tanto a los colectivos como a los individuos. A partir de ahí, podemos pasar a discutir qué hay que hacer con las escenificaciones de la sombra, cómo realizar "tikun olam", "reparación", y cómo aprender de esas escenificaciones para evitar las mismas dificultades en el futuro. A mí me parece que se puede aplicar este modelo a cuestiones políticas y económicas de la actualidad. Después de eso, podemos discutir las dimensiones del *anima* y el *animus* de la psique colectiva y cómo concientizarlas y relacionarlas entre sí de manera creativa, como Jung escribiera en su ensayo sobre "la psicología de la transferencia". Incluso podemos abrir el tema del destino y ocuparnos de la individuación de la cultura y del *Self* en el nivel colectivo. En los programas de formación, se pueden proponer y enseñar ideas como estas y los estudiantes se pueden familiarizar con aplicaciones culturales de conceptos junguianos. Esto los prepara para que desempeñen su papel como psicoanalistas junguianos en público.

El tema de la formación de la *persona* durante la formación analítica necesita discutirse más a fondo. El llamado para que los analistas hablen sobre las posturas junguianas con respecto a la sociedad y la cultura, no se ha abordado en suficiente medida tanto en el pasado como en el presente y el futuro.

Algunas conclusiones

Es difícil resumir lo que me gustaría decir sobre la formación de los psicoanalistas junguianos bajo las actuales condiciones posmodernas. Sin embargo, voy a tratar. Antes que nada, está la experiencia personal de la psique y el proceso de transformación en el análisis. Este es el corazón y el alma de la profesión. En una formación analítica, un individuo tiene la oportunidad de entrar en un diálogo transformador con el inconsciente y, ultimadamente, con el *Self* en el contexto de una relación terapéutica. Aquí, se constela la libido de parentesco y se hace contacto con las profundidades de la psique a través del trabajo con sueños y la imaginación activa. Esta experiencia se comparte en comunidad con otros candidatos en formación y sus implicaciones se expresan en actitudes hacia el trabajo del análisis y hacia la cultura y su posible individuación. La formación de los psicoanalistas junguianos es un proceso multifacético y complejo y, en tanto maestros y analistas dedicados a la formación, debemos poner mucha atención a la tarea central y el propósito de los programas de formación.

Muchas veces me pregunto: "¿Qué arquetipo estamos encarnando como psicoanalistas junguianos?" Los médicos tienen a Esculapio como punto de referencia; los jueces tienen a Atenea o a Maat; los empresarios y banqueros tienen a Hermes; los sacerdotes, a Melquisedec. ¿Qué imagen arquetípica nos llama como analistas? La respuesta a esta pregunta nos puede ofrecer una guía sobre cómo proceder en nuestros programas de formación. ¿Qué arquetipo encarnó Jung de manera tan poderosa que su influencia sigue impresionando a individuos por todo el mundo y en números cada vez mayores? Me atrevería a decir que tiene algo que ver con el chamán en el que Jung se convirtió a través de sus experiencias tal cual las dejara registradas en *El libro rojo*. Un chamán es un "hombre medicina", alguien que tiene contacto con el mundo del espíritu. Un chamán no es un ejecutivo o un técnico, aunque su *persona* pueda exudar poder y destreza. Jung, además, tiene algo profético. No podemos imitar eso ya que nos veríamos falsos y absurdos, aunque pienso que tenemos que tenerlo en mente conforme realizamos nuestras actividades profesionales como psicoanalistas junguianos. La fuente de nuestra fortaleza y poder proviene del "otro lado", del *Self*, no de instituciones o diplomados. Como dijera Jung: "El análisis es una prolongada discusión con el Gran Hombre: un esfuerzo inteligente por entenderlo".[11] Entender el *Self* implica obtener un vistazo de nuestro destino como analistas. Me parece que este es el principal trabajo de la formación: interactuar en este diálogo con el *Self*.

¿Acaso nuestro campo tiene un futuro? Debemos contestar esta pregunta si, de hecho, hemos de dar nuestra mejor energía para formar analistas para el futuro.

Ya llevo un buen tiempo meditando sobre esta pregunta. En general, hoy en día, el psicoanálisis está desfavorecido en tanto modalidad de tratamiento psicoterapéutico. Hasta la fecha, el psicoanálisis junguiano no ha sufrido ese destino ya que nunca estuvo tan identificado con la profesión médica como la escuela freudiana y, por lo tanto, no sufrió en la misma medida los fuertes golpes que recibiera esa profesión por parte de la terapia cognitivo-conductual, de otros métodos de tratamiento a corto plazo y de las compañías de seguros. Sin embargo, vivimos en el mismo mundo y las modas posmodernas se pronuncian a favor de la velocidad y de la superficialidad en donde se pone en duda cualquier aseveración de estar diciendo la verdad, la cual termina hecha trizas por las miles de opiniones disidentes. Vivimos en una era de una superficialidad desenfrenada y de narrativas falsas: "¡Así es el mundo del espectáculo!"

Con esto en mente, tiré el *I Ching* para pedirle su opinión. Mi pregunta a este antiguo libro de sabiduría –que, en mi opinión, se comunica con la voz del Gran Hombre– fue la siguiente: "Considerando los tiempos en los que vivimos, ¿cómo deberíamos pensar el futuro de la psicología analítica?" Esta es la respuesta que me dio: me salió el hexagrama 59 *Huan* / Dispersión [Disolución], con tres líneas cambiantes –seis en el tercer lugar, seis en el cuarto lugar y nueve en el sexto lugar– dando el hexagrama 28 *Ta Kun* / La preponderancia de lo grande. Esto me dio mucho en qué pensar, aunque no tengo el tiempo ni el espacio aquí para dar una lectura

[11] C. G. Jung, "Una charla con los estudiantes del Instituto", en *Encuentros con Jung*, p. 360.

detallada de estas respuestas sugerentes, así que voy a dar un resumen de lo que aprendí.

El *I Ching* nos está diciendo que asumamos una actitud positiva y que actuemos de manera expansiva, que desarrollemos nuevas iniciativas, que "crucemos las grandes aguas". Promete que los obstáculos que se nos atraviesan de manera tanto interna (complejos, conflictos, miedos) como externa (competidores, rivales, oponentes), se dispersarán como hielo que se derrite por el agua que fluye y los vientos fuertes. Sin embargo, también dice que en esta época debemos de adoptar una actitud religiosa, lo cual implica ver al *Self* y sus intenciones, consultar los poderes arquetípicos subyacentes a los procesos históricos y dirigir las tendencias que podamos observar en nuestros periódicos e informes de los medios de comunicación. La voz de este oráculo nos está alejando de lo que se puede entender fácilmente ("el espíritu de los tiempos") y nos está encaminando hacia "el espíritu de las profundidades". El viento –el espíritu– está dispersando todas las formas de pensamiento rígido y hábitos mentales enraizados, los factores bien conocidos y los complejos observables. Después de todo, estamos en la posmodernidad, que es extremadamente fluida. Como comunidad junguiana estaremos en una buena posición sólo si quienes gobiernan en nuestro entorno son fuertes y construyen templos, si honran al *Self*, y no dependen exclusivamente del ego (técnicas aprendidas, viejas actitudes, lo que se ha probado y lo que es verdadero). En tanto junguianos, debemos de saber cómo se hace eso.

El *I Ching* también nos está diciendo que actualmente nos encontramos en una situación que se puede caracterizar como de "dispersión", en la cual existe la oportunidad de romper las rigideces de nuestras mentes y lograr una mayor claridad de nuestra visión del futuro. Además, es un momento para hacer a un lado las identidades superficiales de la *persona* y los intereses del ego y más bien ir al templo y ofrecer sacrificios a los "espíritus ancestrales" (eso sería a Jung y a sus mejores estudiantes, y más allá de ellos a los alquimistas, los gnósticos, los griegos antiguos, la Biblia, los Upanishads, los sabios del taoísmo chino). Esto nos conduciría a un lugar contemplativo, que nos llevaría a una visión de la acción, a asumir proyectos nuevos y a involucrarnos en acciones colectivas como junguianos. Se trata de un consejo claro. Debemos de tomar nota.

Lo que enfrentamos en el futuro es el peligro de la complacencia, por un lado, y demasiada ansiedad (pánico), por el otro, ya que el espíritu de los tiempos amenaza con avasallarnos con la extinción. Si logramos aferrarnos a nuestras raíces, mantener nuestra visión clara, y seguir extrayendo nutrientes de la tierra en la que se arraiga nuestra tradición, las aguas finalmente se calmarán, bajarán de nivel y permaneceremos vigorosos y listos para enfrentar un nuevo día. El *I Ching* nos desafía, nos advierte e instruye cómo orientarnos en estos tiempos posmodernos en los que nos encontramos.

Hace varios años, una noche tuve un sueño después de que un grupo de analistas en Zúrich habíamos estado discutiendo intensamente el futuro de la cultura y la práctica junguianas. Después de esta conversación, me fui a dormir con una considerable ansiedad y tuve un sueño en el que aparecía Jung mismo. Jung no suele entrar en mis sueños. Evidentemente, es una figura simbólica para mí. Fue un sueño simple en el cual Jung me dijo: "No te preocupes. La psicología analítica tiene un futuro largo y fértil". Comprensiblemente, me desperté sintiendo un gran alivio y, desde entonces, he mantenido este precioso mensaje muy cerca de mí. Me sostiene cuando siento que las aguas amenazantes están subiendo de nivel y que el espíritu de los tiempos nos está inundando y avasallando. El mensaje de Jung no me vuelve complaciente, aunque sí me ayuda a mantenerme en un estado de rectitud.

Nuestras raíces como psicoanalistas junguianos se extienden no sólo hacia lo que Jung escribió y dijo, sino hacia la cultura en la cual vivía, que corresponde a lo que se llama "modernidad". Estás raíces son muy profundas, abarcan lo que él representaba, es decir, una tradición que hace contacto con las fuentes de la cultura humana: los griegos, los hebreos y además atraviesa las culturas hacia los mitos y los símbolos de los seres humanos de todas las culturas, tanto de oriente como de occidente. Se trata de la raíz principal que lleva a la fuente de cualquier experiencia visionaria y a lo numinoso entre las personas de todos los tiempos y lugares. Se basa en un poder trascendental subyacente a todo el proceso histórico en este planeta y más allá.

Cuando las aguas de estos tiempos bajen de nivel y la historia pase a las siguientes etapas en la evolución de la conciencia, la visión que Jung expresó en sus obras y que nosotros compartimos en las nuestras y que la siguiente generación de junguianos expresará en sus obras, seguirá sustentando el emprendimiento que hemos encontrado, por alguna misteriosa oportunidad de la fatalidad y el destino y que nos ha reunido aquí hoy.

Los cuatro pilares del psicoanálisis junguiano

Una breve introducción

El psicoanálisis junguiano es una especie de psicoterapia. Hoy en día, se ofrecen muchos enfoques diferentes a la psicoterapia para quienes buscan ayuda psicológica y la gente muchas veces se pregunta sobre las diferencias entre los distintos enfoques y si estas diferencias realmente importan en lo que respecta al tratamiento clínico. Los estudios realizados sobre los resultados obtenidos en general sugieren que la calidad del terapeuta es más importante que la teoría que utilice. Sin embargo, la gente siente curiosidad y a mí me parece que la teoría sí marca una diferencia ya que guía el trabajo del terapeuta, independientemente de que el paciente se dé cuenta o no.

Es en respuesta a esta pregunta que redacté estos cuatro capítulos sobre el psicoanálisis junguiano. La pregunta que estoy abordando es: ¿qué hace que el enfoque junguiano sea único y diferente de otros enfoques? He reflexionado extensamente sobre este tema y lo he discutido con colegas de mi campo de trabajo o de otras escuelas y, por muchos años, he leído ampliamente literatura psicoterapéutica. He reducido este enfoque a cuatro características esenciales que al combinarlas son de central importancia para el enfoque junguiano y lo diferencian de otros enfoques. Las he denominado los Cuatro Pilares del Psicoanálisis Junguiano. En los siguientes capítulos, voy a elaborar sobre cada uno de estos pilares y aquí voy a ofrecer una breve visión general como una orientación inicial para los lectores.

El primer pilar consiste en la forma de pensar sobre el desarrollo psicológico. En la escuela junguiana, a esto se le llama individuación. El concepto de la individuación ofrece un mapa que permite rastrear el proceso de desarrollo de por vida. Una segunda característica distintiva es una manera particular de entender la relación terapéutica. Para esto, por lo general, se usan los términos transferencia y contratransferencia. Estos términos se originaron en el vocabulario psicoanalítico que Jung construyera con Freud durante su formación como psicoanalista, aunque tenemos una manera significativamente diferente de pensar que la perspectiva freudiana y otras perspectivas. Esta relación implica una conexión más profunda y compleja entre el analista y el paciente que la conexión más obvia a la que típicamente se le refiere como la relación terapéutica. De esto se trata el segundo pilar.

Una tercera característica central que distingue al enfoque junguiano es que trabajamos intensivamente con los sueños del paciente. En el análisis, no solamente le damos la bienvenida a los sueños, sino que además los buscamos activamente y los utilizamos como punto de entrada al inconsciente. El psicoanálisis junguiano considera que los sueños son esenciales para avanzar en el proceso analítico. El tercer pilar se enfoca en cómo pensamos sobre los sueños, cómo los interpretamos y cómo trabajamos con ellos.

El cuarto pilar, la imaginación activa, es una característica única del psicoanálisis junguiano. Este método implica un esfuerzo por interactuar directamente con los procesos del inconsciente. Se relaciona con el trabajo con los sueños, aunque es significativamente diferente de él y se le utiliza para propósitos específicos dentro del contexto de la psicoterapia junguiana.

Es la combinación de estos cuatro elementos la que distingue al psicoanálisis junguiano de otras formas de psicoterapia. El psicoanalista junguiano que cuente con una formación profesional está familiarizado con estos elementos y los utiliza como corresponda con cada paciente individual. Cada proceso de análisis es único y no existe ni una receta para el análisis, aunque sí hay métodos a los que se puede recurrir.

El primer pilar
El proceso de la individuación

A los psicoanalistas junguianos en formación se les enseña a abstenerse de utilizar "técnicas" o "recetas" en su trabajo clínico con pacientes. Sus maestros les alientan a entrar a cada sesión frescos y con la mente abierta, acogiendo el material, consciente e inconsciente, que presenta el paciente independientemente de la forma que adopte: aprovechando la inmediatez del momento, cara a cara, en un proceso dinámico e interactivo. El Maestro nos aconseja: "Cuando entres en el consultorio, ¡deja afuera tus teorías y técnicas!" Los psicoanalistas junguianos, por lo general, no se sientan detrás de sus pacientes y no permanecen en silencio en las sesiones. Tienden a estar disponibles y accesibles; su personalidad es más extrovertida, siempre están en exhibición, en el escaparate. Sin embargo, tenemos que reconocer que el analista tiene una perspectiva clínica firmemente fijada en la mente. Detrás de la mente del analista, opera un sistema-guía basado en un mapa del desarrollo psicológico, un proceso de por vida al que se le llama *individuación*.

Puede que los analistas nunca le digan nada al paciente sobre esta perspectiva, aunque en el fondo de la mente están haciendo una evaluación y una especie de juicio (un diagnóstico) basado en esta perspectiva. La teoría de la individuación elabora un programa de desarrollo que se considera normativo, el cual es trans-cultural, más o menos sin excepción. Jung considera que es arquetípico, es decir, universalmente aplicable para los seres humanos, tal cual los conocemos. El mapa de la individuación nos explica lo que es ser humano con una personalidad humana y nos informa sobre las diferentes etapas de desarrollo en el transcurso de toda una vida. Nos dice qué esperar conforme se va desarrollando la personalidad hasta alcanzar su máximo potencial. Al realizar una evaluación evolutiva de la individuación tal cual se haya alcanzado en casos específicos, el analista junguiano continuamente se pregunta: "¿En dónde se encuentra el individuo en el camino de la individuación, y ¿cuál es el siguiente paso?" Para esto, la edad cronológica es una consideración importante. Si un individuo tiene cuarentaicinco años, uno tiene ciertas expectativas con respecto a donde estaría ese individuo normativamente en su desarrollo psicológico. Sin embargo, si tiene veintiún años, las expectativas serían diferentes. Si el individuo tiene setentaicinco años, nuevamente es muy diferente.

En este capítulo, quiero señalar cómo se parece este mapa y referirme a lo que está funcionando en el fondo de la mente de un analista junguiano, conforme evalúa el nivel de desarrollo psicológico del individuo sentado frente a él en el consultorio.

Por lo general, se reconoce que Jung es el primer teórico de la psicología del ciclo completo de vida. Esto implica considerar el proceso del desarrollo psicológico que continúa a través de todo el curso de vida. A este proceso de desarrollo, Jung lo nombró: *individuación*. La idea básica subyacente a la individuación es sencilla. A lo largo de tu vida, llegas a ser lo que potencialmente eras al principio. En otras palabras, la individuación es la realización de un *self* potencial que inicia su existencia en el vientre de la madre y culmina con la muerte a la edad que haya alcanzado. Este proceso de volvernos nuestro *self* innato por completo, toma tiempo y atraviesa por varias etapas.

La idea es que entramos a este mundo como un *self* que no se ha desarrollado y necesita tiempo para revelar una personalidad individual clara.

A esto a veces se le llama la teoría de la bellota del desarrollo psicológico. Una bellota es la semilla de un roble, y si la entierras en un lugar fértil y le das tiempo y agua, a lo largo de varios años va a crecer hasta llegar a ser un árbol. Los magníficos robles finalmente se desarrollan por completo con grandes ramas que se alzan hacia el cielo y profundas raíces que descienden hacia las profundidades de la tierra. La imagen total de los robles es una representación del proceso completo de la individuación. La semilla contiene la totalidad del árbol en potencia, aunque si cortas la bellota en dos, no te vas a encontrar con una versión en miniatura del árbol gigantesco en el que se va a convertir. Solamente podrás encontrar el germen, el material genético que con el tiempo le dará a este árbol su forma y su carácter tan distintivo.

Entramos al mundo como un *self,* aunque en potencia. A este germen le podemos llamar la semilla del *self* por venir. En el lenguaje alquímico, se trata de la "*prima materia,*" la matriz básica que contiene todo lo que se necesita en el proceso que finalmente se convertirá en el "*lapis philosophorum*". Se va a tomar un gran periodo de tiempo, de hecho muchos años, para que se manifieste plenamente su personalidad. Sin embargo, el *self* original contiene todo el potencial, y se desenvolverá y desarrollará en un tiempo y lugar específicos, en un individuo, familia y cultura en particular. El *self* es tanto general, ya que está hecho del mismo material para todos, como singular en tanto que es una combinación particular de materiales generales (los arquetipos) y se implanta en un cuerpo singular en un tiempo y lugar específicos. Lo específico y lo relativo están respaldados por lo universal y lo absoluto.

En la psicología junguiana, el desarrollo del ego único y específico y de la conciencia que lo rodea, así como de la identidad de la *persona* representa tan solo el inicio del pleno desarrollo del *self*. El *self* es un factor psicológico trascendente en tanto que incluye todos los aspectos de la personalidad, tanto conscientes como inconscientes. Algunas escuelas de psicoterapia se enfocan en el desarrollo de las estructuras del ego y de la identidad de la *persona* (el "ajuste"). Esto es una parte importante del proceso de individuación como un todo, aunque no es todo. A veces Jung escribía sobre la individuación como llegar a ser lo *que* eres, y no sólo *quién* eres. *Quién* se refiere a tu identidad consciente, aunque *qué* es la totalidad del *self*, los aspectos conscientes e inconscientes, combinados. Un axioma básico de la psicología junguiana es que el "*self*" es superior al "ego" y que el ego es sólo una parte de la totalidad del *self*, aunque se trata de una parte absolutamente esencial.

La plena individuación es una meta de desarrollo, aunque no es plenamente alcanzable y realizable dentro de una sola vida. Puede que nos preguntemos por qué es así. ¿Por qué no logramos llegar a la meta final del proceso de individuación? En otras palabras, ¿por qué no logramos realizar el *self* por completo? Se debe a que nuestra consciencia no es suficientemente grande como para integrar la totalidad del *self*. Sólo podemos integrar parcialmente lo que el *self* representa plenamente. Algunos aspectos del *self* permanecen inconscientes, más allá del alcance de la conciencia, incluso después de un largo desarrollo de la individuación. El *self* como un todo está conformado por muchos potenciales arquetípicos, aunque un individuo sólo puede realizar unas cuantas de estas posibilidades. Un individuo es una combinación específica de estas muchas posibilidades arquetípicas. Esa combinación específica es aquello por lo que el individuo es responsable de realizar y manifestar como la historia de su vida personal.

Jung argumentó que la individuación es un proceso arquetípico con una meta. Cuando decimos que es arquetípico, queremos decir que es como un instinto y que le pertenece a todos: todos los seres humanos tienen en su interior este impulso por realizar un proceso de individuación. Algunos logran un mayor nivel de individuación que otros, pero esto no es necesariamente debido a que en su interior tienen un impulso más fuerte y más activo hacia la individuación, sino que se debe a que de manera consciente han cooperado con este proceso en su vida y han ayudado a alcanzar esta realización. Para algunos, su proceso de individuación se limita o bloquea debido a la falta de recursos, a un trauma, o bien a barreras insuperables y obstáculos culturales. Su individuación no se puede realizar plenamente debido a estos factores que los bloquean y frenan. Más aún, la individuación es un trabajo muy duro. Exige valentía y mucha energía. Algunos tienen miedo o flojera o no tienen suficiente motivación como para ayudar al inconsciente en la búsqueda de la individuación.

Ahora pasaré a discutir varias etapas discernibles del proceso de individuación.

Jung mismo dividió la duración de la vida en dos etapas o fases centrales: la primera mitad de la vida y la segunda.[1] Nos explica que la vida es como el recorrido del sol: sale por el este, llega a su ápice a mediodía y luego desciende por el oeste y desaparece al anochecer. Similarmente, nuestra vida empieza desde la oscuridad del vientre, emerge hacia la luz y asciende hacia su zenit, luego decae y finalmente desaparece en la oscuridad de la tumba. Del vientre a la tumba, esa es la duración de la vida. La duración bíblica de la vida se fijó en tres veintenas más diez, es decir, los 70 años, aunque si vives en la cultura moderna actual, la esperanza de vida promedio se encuentra en un rango de 80 a 90 años o más. Así que la primera mitad de la vida sería hasta los 35 o 45 años la segunda mitad de la vida sería hasta quizás los 80 años de edad e incluso más de 90 años. De hecho, hoy en día, muchas personas viven una buena vida productiva hasta mediados o fines de los 90 años por lo que tendrían la oportunidad de disfrutar una segunda mitad de la vida considerablemente prolongada.

Erich Neumann, supuestamente el discípulo más brillante de Jung, realizó otras diferenciaciones.[2] Dividió la primera mitad de la vida en dos partes: la primera parte es "la etapa de la madre" y la

[1] C. G. Jung, "El punto de inflexión de la vida", en *Obra Completa*, Vol. 8, Madrid: Editorial Trotta, 2004.

[2] Erich Neumann, *Los orígenes e historia de la conciencia*, Lima: Editorial Traducciones Junguianas, 2018.

segunda parte, "la etapa del padre". La etapa de la madre empieza en el vientre materno y continúa hasta aproximadamente los 12 años de edad. Tradicionalmente, alrededor de esa edad, hay una iniciación a la adultez, dominada por el padre. La etapa del padre empieza alrededor de los 12 años de edad y continua hasta la mitad de la vida, típicamente alrededor de los 40 años. La segunda mitad de la vida es la etapa del individuo. Cada una de estas etapas la domina una figura: la madre, el padre, el individuo. Estas figuras son simbólicas: la *madre* es el símbolo de un ambiente o actitud en particular que se aplica a la vida durante la infancia; el *padre* es un símbolo de un ambiente o actitud que empieza en la adolescencia y continua hasta el periodo de la mitad de la vida; el *individuo* es un símbolo del *locus* interno del control durante esta etapa de la vida. Durante la primera etapa, rige el "principio de la madre" y es el punto de referencia para el proceso de la individuación. En la segunda fase, rige el "principio del padre" y es el punto de referencia para el proceso de individuación. Estas figuras representan la autoridad. En la primera etapa, la madre es la figura de autoridad y en la segunda etapa, el padre es la figura de autoridad. En la tercera etapa, el *self* es la figura de autoridad.

El diagrama 1 representa la duración de la vida, empezando con el nacimiento (B, el lado izquierdo) y terminando con la muerte (D, el lado derecho). Este movimiento se asemeja al recorrido del Sol a través de los cielos, una metáfora que utiliza Jung para describir la duración de la vida del individuo. En su conferencia sobre "El punto de inflexión de la vida", Jung representa el trayecto de la vida en términos poéticos, aunque también se disculpa por el uso de un símil "sin chiste".[3]

Estas dos mitades de la vida se pueden diferenciar en varias etapas o fases, como se muestra en el segundo diagrama, que también incluye los periodos transicionales entre las etapas (diagrama 2). La individuación se inicia en el feto, que entra al

---

[3] Jung, *Op. cit.*, párr. 778.

Diagrama 1

mundo exterior al nacer, atraviesa por la infancia y la niñez hasta la adolescencia, que es un tiempo transicional hasta que se alcanza la etapa de adulto. En la mitad de la vida, hay otro periodo transicional, cuando un individuo pasa de la etapa temprana de adulto a la adultez madura. Cada uno de estos periodos de transición, que tienden a ser emocionalmente turbulentos e inestables, representa una transformación en la individuación. Los periodos antes y después de estas transiciones tienden a ser relativamente estables. Las transiciones muestran tanta agitación porque la psique está cambiando su orientación y su perspectiva básicas con respecto al *self* y los demás.

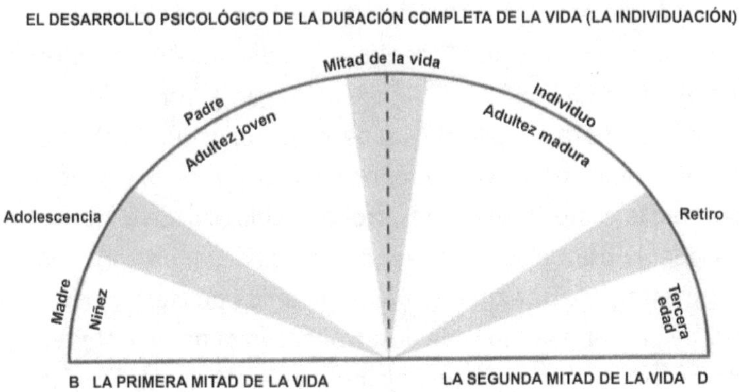

Diagrama 2

Debido a que hoy en día muchas personas tienen una duración extendida de vida, durante la etapa tardía de la adultez, hay un periodo de transición significativa hacia lo que en general se le refiere como los años de "retiro". Esto no necesariamente implica dejar todas las anteriores actividades laborales, sino que más bien significa una transición desde una vida más activa hacia una vida más reflexiva. Anteriormente, los adultos llevaban mayores responsabilidades en sus diferentes funciones sociales y profesionales, y ahora se ocupan más de sus memorias, reflexiones y preguntas de significado espiritual. Los psicólogos y psicoterapeutas que trabajan en el campo cada vez más amplio de la gerontología están sometiendo a este periodo de vida a un escrutinio cada vez mayor. Desde una perspectiva psicológica y de desarrollo, lo que todavía puede darse en la tercera edad es un tema de gran interés. Es fácil ver el deterioro: una memoria y habilidades de aprendizaje menguantes, sin mencionar la disminución de la capacidad física. Vemos cómo el cuerpo se empieza a deteriorar y que a nivel físico, aparecen dificultades de todos tipos. Sin embargo, esto no es necesariamente el caso psicológica o espiritualmente. A estas alturas de la vida, se instauran mayores desarrollos en la individuación que crean otra fase de la vida en la adultez tardía y que se extienden hasta la tercera edad. Algunas de las mayores obras de la literatura, el arte, la música y la filosofía han sido creadas por individuos que se encuentran en esta etapa tardía del proceso de individuación.

La palabra "individuo" significa "no dividido" y la expresión "proceso de individuación" significa "llegar a ser no dividido". Cuando me refiera a la psicológica del desarrollo, quedará claro por qué es tan importante llegar a ser no dividido, es decir, individuado, en las etapas posteriores del desarrollo psicológico. En el transcurso de la vida, la psique se divide en partes; es decir, en consciente e inconsciente. Necesariamente nos separamos de ciertas partes de la psique en ciertas etapas de desarrollo, con el fin de obtener una identidad social, una *persona*. Dejamos partes de nuestro *self* afuera de la conciencia para adaptarnos a las condiciones sociales y encontrar un lugar en el contexto cultural que nos rodea. Posteriormente, en una etapa tardía de la vida, tenemos que regresar y recuperar lo que se quedó afuera o lo que todavía no ha llegado a ser accesible. Tenemos que ir avanzando hacia la totalidad psicológica, procurando que el *self* llegue a ser lo más consciente posible. En última instancia, el mandala, el círculo, es el símbolo del máximo potencial alcanzado. El círculo contiene a todas las partes; es la totalidad. Puede contener los conflictos internos y externos sin escindirse ni romperse. Puede contener la máxima cantidad de información sobre uno mismo y el mundo, y la mantiene totalmente unida.

Cada etapa y cada periodo de transición en el proceso de individuación enfrenta desafíos específicos y tienen sus propios requisitos. En las siguientes páginas, brevemente voy a desglosar las etapas y transiciones entre una etapa y otra.

Etapa uno: La niñez – La era de la madre

En la primera etapa, el individuo asume su forma en el vientre de la madre, luego entra al mundo al nacer como bebé y entra en un periodo de infancia. Esta es la parte más temprana de la primera etapa del desarrollo psicológico, y aquí pueden suceder muchas cosas que tengan un impacto sobre posteriores desarrollos de la personalidad. Cuando estás en el vientre de la madre, te encuentras en un mundo. Luego, al nacer, entras en otro mundo; se trata de una transición desde un mundo oscuro a un mundo de luz. Cuando nace el bebé, abre los ojos y los oídos y empieza a percibir cosas. No sabe dónde está. No sabe quiénes son las personas que lo rodean. Ni siquiera sabe que son personas. No sabe absolutamente nada acerca de este mundo porque todavía no se han desarrollado sus habilidades cognitivas. Imagínate, ¡no tienes memoria, ni conceptos! Sin embargo, lo que es de crucial importancia no es tanto entender el apego emocional a este mundo, sino formarlo. El recién nacido necesita apegarse a alguien o a algo que ofrezca una cálida bienvenida y una motivación para quedarse en este mundo.

A lo largo de las últimas décadas, los investigadores en el campo de la psicología han realizado muchos estudios sobre la relación temprana entre madres y bebés. Se ha desarrollado una teoría llamada teoría del apego para observar y hablar sobre esta fase. El apego es como el pegamento emocional que mantiene unidos a dos individuos para que quieran estar el uno con el otro. Otra metáfora sería la gravedad – el cuerpo más pequeño se mantiene en su lugar gracias al cuerpo más grande. La gravedad es amor. Conforme se van apegando entre sí la madre y el bebé, y se llegan a conocer a través de interactuar, comer y jugar, desarrollan una intimidad y una familiaridad. El bebé desea participar en la vida porque es un placer, se trata de un mundo amoroso y nutriente, y además es estimulante.

Cuando este apego funciona bien, el bebé empezará a aprender conforme vayan creciendo su cerebro y su cuerpo. Empezará a aprender las costumbres, el lenguaje, la expresión física de la emoción y el sentimiento a través de observar y reflejar especularmente al ser con quien esté más apegado. Esta etapa de la infancia, que dura desde el momento del nacimiento hasta aproximadamente los 18 meses o los 2 años de edad, forma una transición desde el otro mundo y el mundo del vientre de la madre hasta este mundo de las personas, los objetos y los valores culturales. Si la transición es exitosa, el bebé pasa suavemente a la etapa de la niñez. Si este apego y transición desde la infancia hacia la niñez no se da bien, puede que el menor se retraiga. Los bebés de hecho pueden decidir retraerse de participar en este mundo, no cognitivamente sino emocionalmente. A veces, se rehúsan a comer y no sobreviven. La principal tarea psicológica que se necesita lograr en esta etapa es el apego. La figura materna no tiene por qué ser la madre biológica. Quienquiera que actúe como la figura materna atrae al bebé hacia la vida, hace que el bebé se quiera quedar y participar en la vida. Es en ese momento que se logra el apego de manera exitosa.

Esta es la primera parte del proceso de individuación y se da en la etapa de la madre. A veces se le llama la etapa paradisiaca de la individuación. Desde el punto de vista del bebé, parece que debe de ser el paraíso ya que se le provee de todas las cuestiones básicas que necesita para sobrevivir: alimento, amor, estímulos. El bebé no tiene que hacer nada excepto apegarse y responder. Muchos se imaginan la infancia temprana como el paraíso. Todos sentimos algo de nostalgia por ese estado paradisíaco. Mario Jacoby escribió un libro llamado *Longing for Paradise* [que se podría traducir como: *Añorando el paraíso*]. Esa añoranza del paraíso se ha interpretado como un deseo por regresar a este mundo nutriente, amoroso, lúdico de la madre y el bebé. Sin embargo, esa es una proyección de una imagen arquetípica. El libro de Mario Jacoby tiene un subtítulo: *Psychological Perspectives on an Archetype* [*Perspectivas psicológicas de un arquetipo*]. Jacoby argumenta que la imagen del paraíso es arquetípica y, que, por lo tanto, se proyecta de regreso hacia la infancia desde una posición posterior, desde la etapa de la individuación denominada la etapa del padre, bajo la forma de un estado paradisíaco imaginado. Se trata de una proyección invertida de una imagen arquetípica. De hecho, la infancia no es así para nada, ni para los niños ni para los padres. Como han observado y escrito autores psicoanalíticos, esta etapa temprana de la vida es mucho más atormentada y complicada. No obstante, esta etapa, dominada por la figura de la madre, coloca el énfasis en la contención y el acto de nutrir.

Como sabemos por la Biblia, el paraíso no dura para siempre. Conforme van creciendo los niños, comienzan a luchar con el apego y desean contar con una mayor libertad. A veces a esta etapa se le llama "la terrible edad de los dos años". Los niños buscan la autonomía y comienzan a desarrollar una voluntad propia. Si el bebé tiene una experiencia de apego positiva, tiene el deseo de explorar círculos cada vez más amplios. En esta fase de la infancia, el tema de la separación empieza a dominar el proceso de la individuación. Conforme van creciendo los niños, luchan por ser más autónomos en su vida en general. Empiezan a cobrar forma las relaciones con otras personas más allá de la madre y el padre. A través de romper las reglas y liberarse, los niños se salen del paraíso y empiezan a encontrarse con el mundo de una manera nueva. El mundo se abre y se expande y los niños desean entrar en él y participar. Aquí emerge una ola de desarrollo del ego que instiga una separación. Los niños desean abrirse su propio camino, hacer sus propias elecciones y tener lo que desean, independientemente de que lo apruebe la madre o no. Cuando tienen hambre, desean comer. Cuando están cansados, desean dormir. Aquí se puede ver la primera evidencia de un impulso hacia convertirse en individuos.

Más aún, conforme se va desarrollando el ego, se empieza a abrir una división al interior de la psique entre la conciencia y el inconsciente. Los niños muestran dos personalidades: una personalidad dulce que se conforma y una personalidad estrepitosa y desobediente. Es el inicio del desarrollo de la *persona*-sombra. Lo que era uno y sencillo se vuelve dos y complejo.

Un niño de esta edad sigue manteniendo un apego muy fuerte a la madre aunque ahora sea algo conflictuado. La presencia del padre se vuelve cada vez más importante, como otro "polo" de la unidad parental. Le ayuda al niño a formar una relación diferente con la madre dominante, una posición fuera de la anterior relación de dependencia total. Es importante que el padre se involucre con el hijo desde una edad temprana para que el hijo también esté igualmente apegado a él. El padre ayuda al niño a separarse de la madre y tiende un puente hacia el mundo externo. Puede llevar a su hijo consigo al mundo exterior, al mundo de la escuela y el trabajo, y al mundo más amplio de la sociedad y la cultura.

Es problemático que el padre no esté suficientemente presente debido a su trabajo o a un divorcio, o a que haya sucedido otra cosa como una enfermedad y que el padre no esté disponible. Entonces, la madre también tendrá que desempeñar el papel del padre. La madre deberá asumir la responsabilidad de no aferrarse a sus hijos o de tratar de evitar que queden expuestos al mundo exterior a través de tratar de mantenerlos infantiles y cercanos a ella. Tiene que ayudar a que sus hijos la dejen ir. Si la madre se aferra demasiado a los hijos, les costará trabajo incorporarse a la siguiente etapa, que exige el desarrollo de una *persona* social, la interacción con extraños, y finalmente elegir una carrera y una pareja. Por lo tanto, es muy importante que la madre permita que sus hijos se separen y les ayude a alcanzar la separación.

Cuando una madre trae a un hijo (de entre 4 y 6 años de edad) a terapia de juegos o bien a terapia del juego de arena (*sand play*), el terapeuta necesita entrevistar a la madre, para así descubrir si el problema es que la madre está frenando el desarrollo del hijo demasiado, o bien si el padre está ausente. Entonces el terapeuta puede ayudar al niño, a través del juego, a desarrollar un sentido de autonomía e independencia. En esa situación, el terapeuta representa al mundo externo, como normalmente lo representaría el padre e introduce al hijo a toda una nueva ronda de posibilidades. La terapia del juego de arena se convierte en un medio de interactuar con el mundo externo y separarse de la madre.

A veces, un hijo no desarrolla un apego seguro a la madre, y su infancia está lejos de ser paradisiaca. Si la madre se deprime y sufre de ansiedad, no podrá lograr que el bebé se apegue a ella y, por lo tanto, a la vida. Esto puede resultar en un hijo inseguro, incluso en un hijo suicida, un hijo que le da la espalda a la vida. El terapeuta que recibe a alguien con un apego inseguro con la madre, le puede ayudar a través de una experiencia correctiva en la terapia. Se trata de una experiencia que corrige y compensa las deficiencias anteriores. Para casos como este, un aspecto esencialmente importante del proceso terapéutico es la relación con el terapeuta. El terapeuta debe de tener mucho cuidado de nutrir una presencia estable y confiable para este tipo de paciente. Si no, le invadirá la inseguridad y se repetirá el temprano apego inseguro que el individuo haya experimentado con su madre.

La actitud contratransferencial del terapeuta deberá trasladarse a la posición materna. La actitud contratransferencial materna es receptiva, nutriente y paciente, minimiza cualquier tendencia a juzgar o criticar. Quizás se necesite aumentar la frecuencia de las sesiones. Puede que una vez a la semana no sea suficiente; quizás necesite dos o tres sesiones a la semana. Las sesiones de terapia se deberán de realizar en un ambiente que se sienta seguro y estable. Es esencial la presencia constante del terapeuta, que refleja y establece un profundo contacto emocional con el paciente.

Etapa Dos: La adultez joven – La era del padre

Finalmente, el niño llegará a la importante etapa de transición a la adolescencia que normalmente empieza entre los 11 y los 13 años. Se trata del inicio de la transición hacia la etapa adulta. A esta altura, existe la necesidad de una fuerte separación del Mundo de la Madre para adentrarse en lo que voy a describir como el Mundo del Padre. El adolescente realiza un viraje, alejándose de un apego a la madre y a otras personas que le brindan cuidados primarios y trasladándose al apego a grupos de pares y otros que no sean los adultos parentales. Emocionalmente, puede que se trate de un momento de mucha confusión. Está dejando atrás su vieja identidad de niño y, como las serpientes, al ir creciendo va cambiando de piel. Se está formando una nueva identidad como joven adulto en torno a nuevas identificaciones que se reúnen alrededor de los miembros de la familia inmediata.

La adaptación es el principal objetivo psicológico de esta transición desde la niñez pasando por la adolescencia y entrando en la adultez temprana. La adaptación a la comunidad circundante de pares y adultos y también la adaptación al mundo cultural mucho más amplio en el que todos estamos insertos. El adolescente es un caso clásico del individuo liminal: separado del Mundo de la Madre, aunque todavía no se apega bastante al Mundo del Padre. El adolescente típicamente entra en conflicto acerca de todo este asunto de dejar la infancia y los cuidados protectores del Mundo de la Madre: hay una nostalgia por lo viejo, aunque también está la conciencia de que ya no puede regresar a casa: no hay camino de regreso. Se entiende que haya una resistencia a entrar en el Mundo del Padre en donde dominan el trabajo y la lucha, el desempeño y los juicios y la jerarquía de las autoridades, un mundo tan diferente del Mundo de la Madre donde los alimentos y la protección están garantizados.

En el Mundo del Padre, se nos califica según nuestro desempeño. Se nos recompensa cuando trabajamos duro y tenemos logros y se nos castiga si no trabajamos duro, si ignoramos las instrucciones de las autoridades, o si nos retiramos de las tareas que estemos realizando. La recompensa y el castigo, basados en el desempeño y el trabajo, pertenecen al Mundo del Padre. Conforme pasamos por esta etapa de la individuación, tomamos ciertas elecciones y decisiones básicas que indican el tipo de individuo que vamos a ser. Estas elecciones, sean conscientes o inconscientes, le dará a nuestra vida una forma y configuración especial. La decisión de casarnos o no, de tener hijos o no, la elección del tipo de carrera profesional en la que nos queremos desempeñar o del tipo de trabajo que deseamos emprender, del tipo de educación que queremos seguir; todas estas importantes elecciones de vida se dan durante esta etapa y le darán al individuo una identidad social particular y clara, es decir, le darán una *persona*.

Algunos individuos se resistirán a tomar estas decisiones o las tomarán sin mucho entusiasmo y muchas veces se encuentran atorados en añorar el paraíso de su niñez. No quieren "crecer". Peter Pan es el clásico representante de este problema. Puede que empiecen a tomar drogas ya que las drogas son una manera de regresar al paraíso. Se resistirán a tomar una elección sobre una pareja de vida. Se resistirán a encontrar la carrera adecuada o el trabajo adecuado o trabajarán a un nivel muy bajo. Esta resistencia a participar plena y activamente en el Mundo del Padre se basa tanto en un complejo paterno negativo como en una añoranza predominante de permanecer como un niño en el paraíso. Cuando ven cuáles son los requisitos de la escuela y las altas exigencias de vivir en el mundo de los adultos, les parece algo abrumador. Se sienten débiles, incapaces y atemorizados, así que se encierran en su recámara y se ponen a jugar en la computadora o lo que sea, pensando: "No quiero ir a la escuela; no quiero salir de mi casa".

Hace años tuve un paciente que llegó a mi consultorio cuando tenía casi 30 años. No había terminado la universidad y sus padres lo apoyaban económicamente. Acababa de renunciar a un trabajo que había logrado conservar por un rato. Tenía una gran adicción a las drogas, sobre todo a la mariguana. Empezaba a fumar mariguana temprano en la mañana y seguía fumando durante todo el día. Esto le quitaba cualquier motivación para avanzar hacia lograr una mayor independencia en su vida. La primera tarea que le plantee (con suavidad) fue que dejara de fumar mariguana para que no le ganara el sueño a lo largo del día. La segunda tarea era retomar sus estudios. La tercera tarea era tomarse la pareja de vida más en serio. Él ya tenía una bella novia con quien mantenía una relación estable. Le dije que se tomaría varios años en realizar estas tareas por completo, aunque le sugerí que empezara desde ya.

Él cooperaba y entendía la razón subyacente a este programa. Era inteligente y estaba abierto a lo nuevo, así que la terapia iba funcionando. Necesitaba quién lo dirigiera y guiara ya que su padre nunca lo había dirigido ni guiado porque estaba muy ocupado con su propia vida personal y profesional como para molestarse con este hijo rebelde. Después de unos años de avanzar de manera estable a lo largo de este camino, se halló en una situación donde ya no dependía económicamente de sus padres. Había terminado sus estudios, había concluido la maestría, se había casado y tenía dos hijos. Superficialmente, parece que había logrado mucho en el camino hacia la individuación. Sin embargo, seguía estando un poco atrasado por los años que había perdido en sus adicciones. Había logrado un cierto grado de autonomía e independencia de su familia de origen, aunque seguía dependiendo de otros, en particular de su esposa. Todavía no había llegado al punto de dejar el Mundo de la Madre por completo y entrar plenamente en el Mundo de la responsabilidad y madurez del Padre. Sin embargo, había tenido un buen inicio y el trabajo seguía avanzando.

Arquetípicamente hablando, es el trabajo del padre ayudar a los hijos a salir del Mundo de la Madre y entrar a la siguiente etapa de la individuación. Para tanto las niñas como los niños, es necesario contar con algo que los seduzca a entrar en el mundo. Es como la primera seducción que permite que el bebé se apegue al objeto amado, la figura materna. Sin embargo, en este momento, los jóvenes necesitan apegarse a algo del Mundo del Padre que les dé satisfacción y un sentimiento de pertenencia. A veces, con los niños sensibles, esto tiene que ir avanzando de manera muy lenta y delicada. Si no funciona, a veces se le llama "lanzamiento fallido", como un cohete que está colocado en la plataforma de lanzamiento y no logra despegar. Sólo permanece ahí sobre la plataforma sin moverse un ápice. Este lanzamiento fallido puede ser un problema para los psicoterapeutas a quienes muchas veces se les llama para intervenir en situaciones como esta, para ayudar a un niño a hacer la transición hacia la siguiente etapa de desarrollo. El otro problema que puede surgir es si la madre no quiere dejar ir a su hijo. Consciente o inconscientemente, ella quiere retener a su hijo y así retrasa su avance. La madre tiene que dejarlo ir y en cierto sentido, incluso expulsarlo del nido.

Durante la etapa del Padre, las elecciones se vuelven muy importantes ya que pueden marcar el curso del resto de la vida. ¿Qué tanta libertad tenemos para elegir lo que queremos? Son decisiones que marcarán el rumbo de la vida por venir. Un individuo joven tiene muchas presiones diferentes para que haga un tipo específico de elección basada en la religión, el género y las posibilidades sociales y académicas. En algunas culturas, esta elección se tiene que hacer muy temprano y una vez que se ha hecho es difícil o imposible de cambiar. En otras culturas, hay más tiempo para someter diferentes posibilidades a prueba hasta que se sienta que le corresponde al individuo. Los psicólogos, por lo general, recomiendan invertir más tiempo en esta fase y no anular las posibilidades demasiado rápidamente, ni elegir muy temprano o demasiado impulsivamente. También puede haber presiones familiares. En algunas familias, se espera que el hijo siga un cierto tipo de carrera. Si los ancestros fueron médicos, abogados, arquitectos, trabajadores de la construcción, bomberos o policías, hay gran presión para que siga su ejemplo. A veces no es tan genial la libertad de elegir. Puede que el individuo tenga que luchar contra presiones externas para así tomar una buena elección para sí mismo.

Está también la cuestión importante de elegir el tipo de compañero/compañera de vida que vayamos a tener. Hoy en día, por lo menos en las culturas occidentales, hay una mucho mayor apertura a una multiplicidad de posibilidades. Las limitaciones anteriores se basaban en la asignación de roles tradicionales. Hoy, los jóvenes tienen que batallar con estas preguntas: ¿Qué tipo de vida amorosa quiero? ¿Qué tipo de pareja sexual? ¿Qué tipo de compañero/compañera de vida es mejor para mí? ¿Será hombre, mujer o transgénero? ¿Será mayor o menor que yo? Hoy en día, para muchos, ese es el problema en esta etapa de vida. Nuevamente, los psicólogos recomendarían no forzar la elección demasiado rápidamente. Permite que la elección emerja de manera natural. Permite que nazca de la experiencia y el sentir personal.

Etapa tres: la adultez madura – la edad del individuo

Si llegas al punto de decir: "¡Ya no puedo seguir con mi vida así!" ¿Entonces qué? Si el individuo elije permanecer atorado en sus patrones habituales, muchas veces se estanca y se vuelve cínico con respecto a la vida. La experiencia de vida, los vuelve más bien amargos que sabios. Esta parte de la individuación en la segunda mitad de la vida tiene que ver con encontrar el significado individual.

Se vuelve una circumambulación del *self*, que se da de diversas maneras. Empiezas a pensar de una manera nueva, lo que eliges se basa en un sentido interior de lo que es correcto para ti. Puede que estas decisiones no sean conforme las expectativas de las autoridades, de los superiores, así que tenemos que estar dispuestos a hacer algunos sacrificios y cambios. Es el crepúsculo de la Etapa del Padre.

Este nuevo patrón de ser es lo que Erich Neumann llamó *centroversión*, que es una circumambulación en torno al centro. ¿Cómo descubrimos este centro? Es lo que Jung identificó como el *self*, el principio organizativo central de la psique. No se puede llegar ahí tan sólo a través de reflexionar y hacer introspección. La reflexión y la introspección te pueden cargar por un tramo del camino. Puedes empezar por preguntarte: "¿Qué estoy sintiendo? ¿Qué me gusta? ¿Qué quiero?", aunque no te saca de tu conciencia del ego. A tu ego lo rodea la penumbra de la conciencia y te puedes expandir hacia afuera y entrar en esa conciencia, aunque estás encerrado/encerrada en una forma limitada de conciencia, a menos que empieces a buscar por otras partes. Necesitas abrir un armario o una puerta que conduzca a un sótano que no has explorado anteriormente. Es aquí que los sueños y la imaginación activa se vuelven los métodos clave para ir más allá de la conciencia del ego y descubrir el *self*.

La centroversión es una circumambulación, más no en torno al ego. No es: "¿Qué quiero? ¿Qué me gusta? ¿Qué no me gusta?" Sino que es una circumambulación alrededor del *self*. Ahora el ego está girando alrededor de otra cosa, de un centro diferente. Ya no eres el Sol en el sistema solar; ahora eres la Tierra, girando alrededor de un cuerpo mayor, el Sol. Los junguianos le hemos llamado a esto la *relativización del ego*—colocar la conciencia del ego en una posición secundaría dentro de la psique más que un lugar primordial. Esto desplaza al ego que ya no tiene autoridad absoluta sobre la toma de decisiones. Los junguianos tenemos fama de decir cosas como: "Déjame consultar el I Ching", o "Déjame ver qué dicen los sueños". Deseamos consultar al *self*. En otras palabras, no siempre podemos dar una respuesta espontánea porque no sabemos qué es lo que quiere el *self*. Nos tenemos que esperar y así dejamos de tomar grandes decisiones desde el ego. Las grandes decisiones las tomamos a través de tener en cuenta un número de otros factores. El inconsciente tiene que tener voz en el asunto, y para esto los sueños y la imaginación activa son las fuentes preferidas de información.

Un individuo dirigido desde un *locus* de control interno, se vuelve más creativo y puede contribuir al mundo con algo nuevo y diferente. Esto no es posible si permanecemos en la etapa del padre, siempre imitando a alguien o buscando una autoridad externa para que nos dé alguna instrucción, dirección o confirmación. En esta etapa posterior de la individuación, volteamos a ver al inconsciente más que al mundo externo en busca de inspiración y directrices que nos guíen. Buscamos un maestro o maestra interior, una figura interior de autoridad más que una figura externa. En vez de preguntar qué es lo que quiere el padre, qué es lo que quiere el maestro, qué es lo que quiere el jefe, empezamos por preguntar: ¿Qué quiere el *self* de mí? ¿Cómo puedo servir al *self*? ¿Cómo puedo introducir el espíritu del *self* en mi vida y en el mundo que me rodea?

No es una tarea fácil encontrar nuestra brújula interna o nuestro rector interno. Nos exige algo de tiempo y paciencia. El inconsciente no da instrucciones sencillas. El psicoanálisis puede ser de gran utilidad para realizar el viraje central en dirección a nuestro interior. A través de analizar los sueños, hacer imaginación activa, y confrontar partes del *self* que pudieran ser muy difíciles de enfrentar, como los aspectos sombreados, podemos gradualmente hacer un viraje hacia enfocarnos en el interior. Esto crea una separación y transición desde el mundo paterno de la autoridad externa hacia el mundo del individuo, o lo que llamamos el mundo auto-dirigido. Esto permite una etapa adulta más madura, dirigida hacia adentro y creativa, ofreciendo un liderazgo que no era posible en la etapa anterior.

En cada una de estas etapas del proceso de individuación, tenemos una *persona* significativamente diferente. En la vejez, si dejamos ir nuestras posiciones y responsabilidades en el mundo, la pregunta es: "¿Quién soy? ¿Qué tipo de *persona* puedo tener en esta etapa de la vida?" Algunas culturas siguen la tradición del abuelo sabio o la abuela sabia, alguien que ya no está activo o activa en la vida y, no obstante, encarna una cualidad preciosa por la que la gente busca guiarse. En los cuadros y dibujos que muestran al sabio chino Lao Tzu, por ejemplo, como una vieja personalidad libre y creativa—un viejo cuya sonrisa simboliza la trascendencia por encima de las preocupaciones cotidianas de la vida en este mundo.

Conclusión

En resumen, el proceso de individuación procede de dos grandes movimientos: la separación y la unión o síntesis, *separatio* y *coagulatio*, para utilizar el lenguaje de la alquimia. En el primer movimiento, nos separamos psicológicamente de la identificación con la madre y el padre, con la familia de origen; posteriormente, nos separamos quizá del grupo de pares, para desarrollar un sentido individual del *self*, de la conciencia del ego y la *persona* adecuada. En un nivel más profundo, el ego gradualmente se separa del inconsciente y del tipo de vida fantasiosa típico de la niñez. Nos volvemos más realistas, nos orientamos más hacia los objetos y nos adaptamos a la realidad externa.

En la segunda mitad de la vida, asumimos e incluimos en la identidad consciente algunas de las figuras y energías que se fueron rezagando hacia el inconsciente. Nuestra identidad va cambiando y se va volviendo más compleja. Si se te ha identificado con el lado masculino de la sicigia, te das cuenta de que tienes una energía femenina interna, a la que Jung llama el *anima*. O bien, si se te ha identificado con el lado femenino, descubres que tiene un lado masculino interno (el *animus*). No eres solamente masculino o femenino, sino que reúnes varios aspectos. Sintetizar los opuestos crea un nuevo sentido del *self* y una nueva identidad hecha de partes heterogéneas del *self,* consciente e inconsciente.

Esta fusión del consciente y el inconsciente configura un individuo que no se basa únicamente en una identidad del ego, sino que también en energías y fuentes del inconsciente. Lo que se había dividido, se vuelve uno, como un número primo que no se puede dividir por ningún otro número. Aquello en lo que deseamos convertirnos: una personalidad individuada plenamente realizada, es indivisible. La individuación: la no división. Esta reconciliación del consciente y el inconsciente en la segunda mitad de la vida es lo que Jung llamó, en su último libro, *Mysterium conjunctionis,* "una conjunción misteriosa". Se trata de la unión de los opuestos.

El segundo pilar
La relación analítica

El segundo de los cuatro pilares del psicoanálisis junguiano es la relación analítica. La manera en la que los psicoanalistas junguianos entienden y trabajan en y con su complejidad constituye una característica central de su manera de abordar la práctica clínica. Esta relación es un espacio sagrado, o *temenos*, en donde se realiza el análisis.

Cuando algunos investigadores les han preguntado a los psicoterapeutas de las muchas escuelas junguianas que existen hoy en día, qué cuál consideran que es el factor más importante para alcanzar un resultado exitoso en el tratamiento psicoterapéutico, la respuesta es casi siempre la relación entre el terapeuta y el paciente. El factor importante que marca la diferencia crítica es la calidad de la relación, no la inclinación teórica del terapeuta. A esa respuesta, los psicoanalistas junguianos agregarían: es la relación *aunada* a la cooperación del inconsciente y del *self* en el proceso lo que marca la diferencia crítica entre el éxito y el fracaso en el análisis.

La relación entre el analista y el paciente es el contenedor que alberga el proceso terapéutico y permite que se dé el cambio y desarrollo psicológicos. La imagen alquímica del *vas bene clausum* ("la vasija bien sellada") es una alusión a este contenedor. Es más que tan solo un alambique de vidrio. Más bien, como dijera la alquimista arquetípica María Profetisa: "*Unum est vas*" ("la vasija es Uno"), significando que "todo el secreto yace en tener el conocimiento de la vasija hermética".[1] Si entendemos este misterio, es posible que se dé la transformación alquímica de transmutar un elemento de baja calidad en un elemento de alta calidad. Sin esto, no se puede dar ninguna transformación. El alquimista tenía que conseguir la vasija adecuada para hacer el trabajo. En el análisis, la relación entre el analista y el paciente es la vasija hermética, la cual tiene algo de misterioso y mágico: tiene poder.

Las relaciones son de importancia crítica para el desarrollo psicológico desde el momento del nacimiento, pasando por toda la vida, hasta el mero final. Muchos estudios han demostrado que el crecimiento cognitivo y emocional hacia la madurez psicológica depende esencialmente de que las relaciones sean suficientemente buenas. En ausencia de tales relaciones, el desarrollo se retrasa, se atrofia, o bien termina por descarrilarse por completo y caer en lo psicopatológico. En el análisis, la relación terapéutica proporciona el ingrediente esencial para el crecimiento. Desde los tiempos más tempranos y los inicios del consultorio de Freud, los psicoanalistas han tenido la complejidad de esta relación como objeto de estudio. Mario Jacobi, en su excelente librito, *El encuentro analítico*, escribe sobre las complejidades de la relación y señala la posición del analista como paradójica: simultáneamente cercana y distante del paciente. La cercanía es producto del intenso encuentro interactivo entre las dos personas en el consultorio, y la distancia es un resultado de la forma en la que piensa el analista mientras procesa los contenidos clínicamente. El analista debe de reservar una parte de su mente para considerar el material del caso desde una perspectiva teórica y clínica. Esta postura también ha descrito el encuentro que se da en la sesión terapéutica como "con un pie adentro y el otro afuera". A veces, puede ser una postura complicada, aunque, por el bien del paciente, es necesario mantenerla. El analista está al mismo tiempo en el proceso

[1] C.G. Jung, *Psicología y alquimia*, *Obra Completa*, Vol. 12, párr. 338.

alquímico, así como ocupándose de él desde afuera. A eso le llamamos responsabilidad profesional.

Cuando alguien decide buscar un psicoterapeuta, por lo general, siente intensamente que necesita a alguien que le ayude con un problema psicológico inmediato que lo está presionando. Ya no lo puede enfrentar solo. A esta altura, a menos que se trate de una crisis aguda, de ser posible, es una buena idea visitar a unos cuantos psicoterapeutas. Ve a su consultorio, toma una sesión y posteriormente pregúntate: "¿Cómo se sintió la relación entre los dos de nosotros? ¿Nos acoplamos bien?" No es que tengan que acoplarse a la perfección, aunque la conexión sí tiene que ser suficientemente buena. Tiene que haber "química", una conexión y un sentimiento intuitivo de confianza y seguridad de que el terapeuta te pueda entender. Es muy probable que esta primera impresión se base en una proyección que haga resonancia con una relación del pasado: con la madre, el padre, un abuelo o abuela, un tío o tía, etcétera.

En la sesión inicial, los analistas junguianos muchas veces sugieren encontrarse con el paciente unas cuantas veces antes de decidir si se van a comprometer con una relación analítica a largo plazo. Si en ese momento, la respuesta es que "sí", las sesiones podrán proseguir sin una fecha final específica en el futuro. En el caso contrario, y si el paciente y el analista están de acuerdo en que no hay un buen acoplamiento, la relación terapéutica se puede detener en ese mismo momento. Si hay una diferencia de opinión, se puede discutir y esto puede llevar a una importante visión y a más sesiones.

En las primeras sesiones, los psicoanalistas junguianos también se preguntan: "¿Acaso es alguien con quien yo pueda trabajar?" El análisis es muy individual y personal, y los analistas tienen sus limitaciones. Necesitan saber cuáles son sus limitaciones. Puede que el analista no pueda entender o empatizar con el problema con el que se presenta el paciente, o bien no pueda imaginar la manera de entrar en el marco mental o la configuración psicológica del paciente porque son muy diferentes. Puede que el paciente presente un problema que toque los complejos personales del analista de manera demasiado profunda y dolorosa. En ese caso, la opción más sabia sería que el analista refiera al paciente a otro analista que pueda ser una mejor elección.

Acertadamente esperamos que los analistas sepan bastante sobre las relaciones terapéuticas y analíticas gracias a su formación, estudios y experiencia. Esperamos que estén preparados para entender que esta relación puede llegar a tener una carga emocional y a ser psicológicamente compleja. En la profesión, a esta complejidad se le denomina transferencia/contratransferencia. Este término dual tiene que ver con los niveles psicológicos que se desarrollan dentro de la relación analítica. Se refiere a las dinámicas conscientes e inconscientes que generan fuertes corrientes emocionales en el campo interactivo. El diagrama a continuación indica las complejidades en la relación.

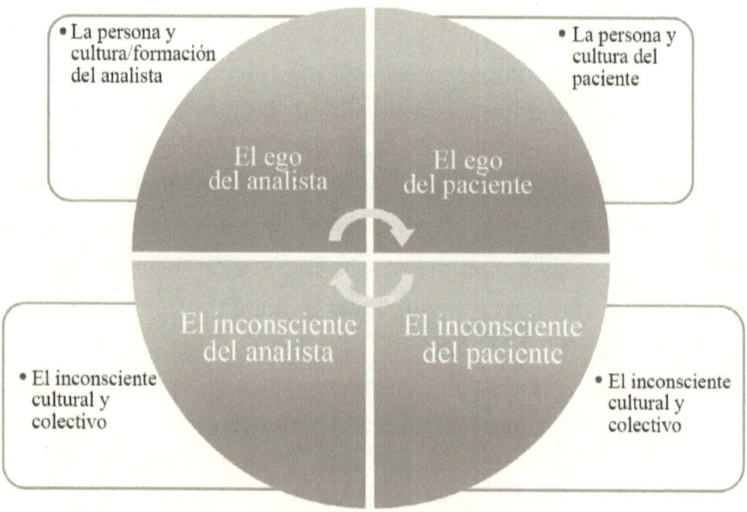

Freud y los orígenes de la "transferencia"

Freud utilizó el término "transferencia" por primera vez para referirse a la actitud psicológica que desarrollaban sus pacientes hacia él en su función como psicoanalista. La palabra que utilizó en alemán, *Übertragung,* se deriva del verbo que literalmente significa: "transportar, transferir" algo de un lugar o tiempo a otro. Freud interpretó las fuertes reacciones emocionales de sus pacientes como una transferencia de sentimientos provenientes de la infancia, cuando, para bien o para mal, el menor veía a sus padres como mágicamente poderosos y con base en eso, se desarrolló un tipo de dependencia infantil. Freud se dio cuenta de que este apego infantil a sí mismo se iba apoderando de los pacientes de manera cada vez más poderosa, conforme regresionaban en el análisis a etapas tempranas de desarrollo psicológico, e incluso a la etapa infantil de total dependencia de quien le da cuidados. En este estado, el analista se vuelve objeto tanto del miedo como del deseo del paciente, y el paciente se va sintiendo totalmente vulnerable a la voluntad del analista. Esto le otorga al doctor un inmenso poder emocional. La transferencia era una especie de varita mágica que permite al analista curar o aplastar la frágil psique del paciente, que se estremece en sus manos.

Los primeros psicoanalistas veían este estado mental como algo parecido a lo que le sucede a los pacientes bajo hipnosis. El hipnotista asume un grado extraordinario de poder de sugestión sobre el hipnotizado, al punto de adquirir proporciones casi mágicas. Freud había estudiado hipnosis y había observado sus efectos poderosos en la clínica de Janet en París, y empezó a recurrir a la hipnosis en el tratamiento de la histeria. Bajo hipnosis, las pacientes recibían sus sugerencias de cambios en sus hábitos de pensamiento y comportamiento, los cuales tenían un efecto benéfico al menos por un breve periodo de tiempo.

El uso de la hipnosis como método de tratamiento médico y psicológico se desarrolló a fines del siglo XVIII y en el siglo XIX, empezando con Franz Anton Mesmer y su teoría del "magnetismo animal".[2] James Braid aplicó la hipnosis para reducir ciertas funciones fisiológicas, luego, Hyppolyte Bernheim le dio un giro psicológico y se refirió a la "sugestibilidad" alcanzada bajo hipnosis y Jean-Martin Charcot y Pierre Janet introdujeron la hipnosis a la psiquiatría. Freud estudió brevemente con Janet en París, y ambos consideraban el hipnotismo como un procedimiento para entrar en contacto con el inconsciente y aprovechar sus extraordinarios poderes. Estando bajo hipnosis, los pacientes revelaban recuerdos y pensamientos que no eran accesibles durante el estado normal de vigilia. La sugestión hipnótica también parecía bastante exitosa en el tratamiento de ciertas enfermedades mentales. Por ejemplo, si alguien tiene un trauma y revive vívidamente escenas traumáticas del pasado como si estuvieran pasando en el presente (*flashbacks*), se le puede dar una orden bajo hipnosis: "No vuelvas a pensar sobre el trauma nunca más. Tan sólo mételo en una caja negra, ciérrala y entiérrala". Esto cancelaría los *flashbacks* y el paciente sentiría un alivio. Era como magia. Los síntomas simplemente se descartan y parecen desaparecer.

Sin embargo, Freud posteriormente descubrió que la cura no duraba mucho, así que abandonó el uso de la hipnosis en el psicoanálisis. En vez, les pedía a sus pacientes que simplemente hablaran libremente mientras permanecían acostados en un diván y él se sentaba en silencio detrás de ellos, sin que lo vieran. Cuando trabajaban así, descubrió que entraban en un estado cuasi-hipnótico y desarrollaban con él una poderosa relación basada en la fantasía. Las mujeres jóvenes que él estaba tratando en Viena en la década de los ochenta del siglo XIX regresionaban a un estado infantil y desde ese estado pensaban y sentían al analista invisible que estaba sentado en silencio detrás de ellas como una poderosa figura paterna. A esto Freud le llamó "transferencia", transportar sentimientos del pasado y colocarlos en la situación actual. Así, el

[2] Para una discusión completa, ver H. Ellenberger, *The Discovery of the Unconscious.*

presente se vuelve pasado y el pasado, presente. Se colapsa la temporalidad. El estado mental inducido en la transferencia era similar a un trance hipnótico, aunque no estaba disociado de la conciencia normal del ego, ya que el paciente estaba totalmente despierto.

Cuando Freud estaba trabajando durante los primeros días del tratamiento psicoanalítico con su colega Josef Breuer y ambos veían pacientes utilizando el mismo método, simultáneamente descubrieron que sus pacientes también desarrollaban sentimientos eróticos muy fuertes hacia ellos. Esto de inmediato sugería un incesto entre el padre y la hija. En un principio, Freud interpretó esto como evidencia de una verdadera relación incestuosa en la niñez del paciente. Posteriormente, cambió de parecer y lo consideró como una fantasía sexual y un deseo de la niñez más que un acontecimiento concreto. La transferencia era una repetición del deseo erótico que la niña había sentido hacia el padre. Con base en esto, Freud concluyó que los menores de edad sí tienen fantasías y deseos sexuales. Aunque normalmente no se involucran en actos explícitamente sexuales, sí tienen deseos y fantasías sexuales, y son estos deseos y fantasías sexuales los que posteriormente se transfieren a la relación con el analista. En una de las jóvenes pacientes de Josef Breuer, quien se descubrió respondiendo fuertemente en su contratransferencia, decidió abandonar su carrera de psicoanalista porque representaba una amenaza para su matrimonio.

En el contexto psicoanalítico, la simple instrucción es comunicar lo que se te venga a la mente, sin resistirlo ni bloquearlo, tan sólo sacarlo y decirlo tal cual. Las pacientes de Freud han de haber sentido un gran alivio de poder expresar sus sentimientos abiertamente a la figura paterna que se encontraba sentado detrás de ellas. Una de las pacientes de Josef Breuer, Anna O, le llamó al tratamiento psicoanalítico "la cura a través del habla". Se sintió curada después de hablar sobre sus sentimientos escondidos y reprimidos.

Jung y la transferencia

Jung leyó las obras de Freud durante sus primeros años de formación como psiquiatra en la Clínica Burgholzli de la Universidad de Zúrich y en 1907 se fue a Viena a visitarlo. Pasaron varios días en discusiones largas e intensas. En esa época, Jung era un psiquiatra joven y prometedor, de 32 años de edad. Al conocer a Freud, lo admiró a él y a su ingenio. Para cuando se conocieron, Jung ya había empezado a utilizar el método de psicoanálisis de Freud con unos cuantos pacientes en la Clínica Burgholzli. La primera paciente psicoanalítica de Jung fue Sabina Spielrein, una joven mujer judía de Rusia, de 18 años de edad, que fue internada en la Clínica Burgholzli para recibir un tratamiento para lo que Jung diagnosticó como "histeria psicótica". Jung consideró que ella era candidata adecuada para el psicoanálisis, y conforme empezó a utilizar el método de Freud no tardó en descubrir el extraordinario poder de la transferencia. Spielrein tuvo exactamente el tipo de reacción hacia él que lo que había descrito Freud en sus libros.

La primera vez que Jung se encontró con Freud, en algún momento de la conversación Freud le preguntó: "¿Y qué piensas de la transferencia?" La respuesta inmediata que le dio Jung fue: "¡La transferencia es todo!" Freud dijo: "¡Ah! ¡Así que sí entendiste!" A Freud le complació obtener esa respuesta de Jung. Parece que las opiniones de Freud y Jung coincidían con respecto al tema de la transferencia como la clave del tratamiento y la cura. Como resultado de estas discusiones en el consultorio de Freud en Viena, formaron una cercana relación profesional de colegas. En esa relación, Jung también descubrió que tenía sentimientos profundos e irracionales hacia Freud. Este era también un tipo de transferencia, aunque era una transferencia de un hombre a otro hombre. En algún momento, Jung le confesó en una carta a Freud que tenía una especie de "enamoramiento religioso" por él con connotaciones homosexuales, lo cual le provocaba miedo debido a un incidente de abuso sexual que sufriera durante su niñez cometido por un hombre de mayor edad a quien admiraba.

Freud no era exactamente el analista de Jung. Jung no se acostaba en el diván de Freud para hacer un análisis formal, aunque sí le enviaba a Freud algunos de sus sueños y recibía interpretaciones de los mismos por correo. No tardó en desarrollarse una relación íntima y con una gran carga emocional en la cual a Jung se le otorgaba el lugar del hijo favorito y heredero y Freud recibía la posición de un idealizado mentor-maestro-padre de mayor edad. Esto era fácil de entender ya que Freud le llevaba unos 20 años a Jung y era una figura paterna fuerte en su propia familia y entre su círculo de seguidores. El amor que sentía Jung era el tipo de amor que siente un hombre joven cuando se enamora de un maestro a quien admira. Sin embargo, Jung no tardó en darse cuenta de que aún había más. Para Jung, Freud era una figura numinosa, casi como un dios, de ahí el término "enamoramiento religioso". Más adelante, Jung denominaría a este tipo de proyección "transferencia arquetípica". Se trata de una proyección de una imagen arquetípica que en mucho excede la experiencia personal de un padre o madre. De hecho, desde el punto de vista de Jung, su padre no era una figura fuerte. Sus abuelos, Samuel Preiswerk y C. G. Jung, el ilustre padre de Paul Jung, cuyos ancestros se remontan a la familia de Wolfgang Goethe, prometían mucho más. Basilea, donde creció Jung, también tenía hombres famosos como Bachofen, Burkhardt, y Nietzsche que lo habían impresionado de joven y ocupaban un lugar elevado en su psique. Jung sabía muy bien cuando se encontraba con un genio, y en Freud encontró justo eso: genialidad.

Por muchas razones, la relación transferencial en la cual se desarrollan poderosas reacciones emocionales –ya sea de amor o admiración, de odio o rivalidad– se convirtió en un enfoque diferente en el campo del psicoanálisis en continua evolución. En una carta a Freud, Jung se refirió al psicoanálisis como "un método de lo más peligroso" debido a las emociones que desataba. Al principio, se pensaba que toda esta emoción provenía del paciente, como una repetición de deseos y fantasías de la niñez. Posteriormente, los fundadores se dieron cuenta de que la transferencia no permanece tan unilateral y también tiene un efecto poderoso sobre el analista. De ahí el término contra-transferencia: las emociones del analista son una reacción, una "contra" respuesta a la transferencia del paciente. Empezaron a ponerle atención más cuidadosa al lado del analista en la díada terapéutica. No era sólo el paciente que estaba atrapado en este campo emocional tan poderoso, sino que también afectaba al doctor. Dos individuos están en esta relación y comparten entre sí un mismo ambiente y un mismo espacio emocional. Es como una tina de baño en la que los dos están inmersos. Los dos están en el agua y este es el medio en el que se realiza el análisis. La naturaleza del ambiente emocional entre ellos afecta a todas las transacciones que se realizan en este espacio. Cuando se desarrolla la transferencia en esta relación, así también se desarrolla la contratransferencia y el ambiente emocional se carga intensamente.

Jung era un hombre extremadamente sensible e intuitivo por lo que fácilmente podía detectar los sentimientos que se encontraban en el ambiente. Cuando se desarrollaba una transferencia, él se daba cuenta de que en la relación se estaban destacando cada vez más las emociones irracionales. Sin embargo, también se dio cuenta de que no sólo eran las emociones del paciente las que se estaban moviendo. Sus propios sentimientos también estaban respondiendo. Por lo tanto, Jung empezó a hablar sobre la contribución del analista a este ambiente. La emoción no sólo provenía del paciente, sino también del analista. Con su primera paciente psicoanalítica, Sabina Spielrein, conforme se fue desarrollando un apego emocional fuerte, Jung se sintió atraído hacia una amistad de tipo erótico. En su correspondencia con Freud, Jung discutía el caso de esta paciente y confesaba que había aprendido algo importante acerca de sus "componentes polígamos que a pesar de todo el autoanálisis que se había hecho" no había reconocido sino hasta ese momento.[3] En sus discusiones, Freud le dio el nombre de contratransferencia a esta experiencia y reconoció que él también había tenido ese tipo de experiencia en su práctica psicoanalítica.[4]

La experiencia de Jung con Spielrein fue tan intensa que sintió que era peligrosa para él como médico profesional y como esposo. Lo había atraído hacia una relación que se podía salir de control. Debido a este peligro, por lo general, se recomienda que parte de la formación de los psicoanalistas deba incluir el que ellos mismos se analicen. Es esencial que los psicoanalistas entiendan y experimenten en carne propia lo que puede suceder en este tipo de relación profesional. Tanto Jung como Freud estaban conscientes de que la contratransferencia tiene sus raíces en el inconsciente del analista. No se trata de una respuesta superficial, transitoria; sale de las profundidades de la psique y si se le utiliza correctamente, tiene un gran valor. Los analistas necesitan entender de dónde en su interior proviene esa respuesta, con el fin de así colocarle salvaguardas a este peligroso método de tratamiento psicológico y además aprender a utilizarlo para el bien del paciente.

Este tipo de complejidad relacional entre el doctor y el paciente en el psicoanálisis era completamente diferente de otras especialidades médicas en las cuales el doctor trata al paciente desde una distancia apolónica y, en la medida de lo posible, evita involucrarse emocionalmente. En la especialidad de la psiquiatría, como se practicaba en el contexto de los tratamientos médicos hospitalarios, los doctores también guardaban una perspectiva clínicamente desapegada sobre su trabajo con quienes padecían una enfermedad mental. Los psicoanalistas, por otro lado, se especializan en el tema de las relaciones y cómo ayudan u obstaculizan la salud mental. El reconocimiento de que la relación analítica se enraíza en proyecciones del paciente sobre el analista y del analista sobre el paciente, abrió el campo a un entendimiento más amplio y

---

[3] W. McGuire (ed.), *The Jung-Freud Letters*, p.207.
[4] Ibid., p. 231.

profundo. Se volvió posible reflexionar sobre la variedad de contenidos del inconsciente que se podría proyectar sobre la relación.

Esta expansión de lo que es posible en una relación psicoterapéutica, no obstante, no fue bien recibida por Freud porque le abre las puertas a características que no eran incestuosas o sexuales y, por lo tanto, no se conforman con sus teorías edípicas. Freud tenía un enfoque bastante estrecho sobre un tipo particular de proyección, mientras que Jung sugería que se puede proyectar cualquier material inconsciente, el cual se engarza con el "gancho" que representa el otro.

En tiempos más recientes, algunos psicoanalistas junguianos se han referido a la transferencia mutua, en vez de utilizar el término contratransferencia. Esta perspectiva sostiene que tanto el analista como el paciente están proyectando libremente el uno sobre el otro. El término contratransferencia asumía que el analista estaba respondiendo a la transferencia del paciente, la cual tiene prioridad. Aunque, ¿qué pasaría si la proyección simplemente ocurre desde el lado del analista debido a la apariencia del paciente o a la forma en que el paciente actúa o se comporta? ¿Qué sucedería si no es en respuesta a la transferencia, sino que simplemente sale del inconsciente del analista en respuesta al "gancho" que ofrece el paciente, del cual es muy probable que no esté consciente? El analista habría aprendido a observar esto con cuidado y suponemos que rápidamente se daría cuenta de la proyección, la lograría contener y no permitiría que contaminara las interacciones con el paciente. Quizás en la primera sesión o incluso en la llamada telefónica inicial, surjan sentimientos dirigidos al paciente prospectivo. Es esencial observar estas reacciones iniciales que aparecen antes de que haya una experiencia de transferencia que pueda provenir del paciente.

Alrededor de unos veinticinco años después de estos descubrimientos y discusiones iniciales con Freud, Jung recibió una invitación a dar una serie de conferencias en la Clínica Tavistock en Londres. Jung empezó por hablar de los sueños de un paciente, pero el público lo presionó para que también hablara sobre la transferencia, así que modificó su programa y les dio una conferencia muy vital e interesante basada en unas cuantas notas que había escrito rápidamente en un sobre en su cuarto de hotel la noche anterior. Comenzó por decir que él siempre se sentía feliz cuando no había transferencia. Fue un comentario muy provocador para un público mayormente de psicoanalistas freudianos cuyo pan de cada día era el tema de la transferencia. Sin embargo, Jung había descubierto durante el transcurso de su trabajo con muchos pacientes que la transferencia y contratransferencia podían dificultar, estorbar, u obstaculizar un análisis profundo del inconsciente. Él prefería trabajar con sueños e imaginación activa en sesiones relativamente libres de transferencia. Sin embargo, ¿acaso esto es posible? Él sabía muy bien que no era posible y procedió a dar una conferencia sustancial sobre el tema de la transferencia.

Al principio, la idea era que un solo individuo, el paciente, traía toda la intensidad emocional y la transferencia a las sesiones. Posteriormente, se reconoció que había dos individuos involucrados en esta dinámica y que las proyecciones transferenciales eran una contribución de los dos. En su ensayo "La psicología de la transferencia," Jung presentó un diagrama del campo interactivo. El diagrama a continuación muestra la complejidad del campo tal cual

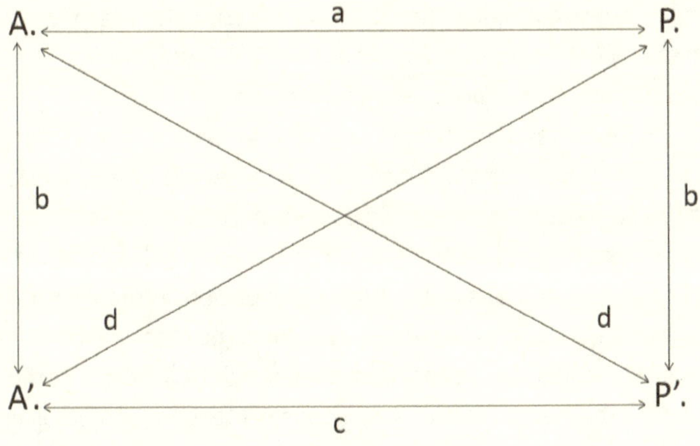

existe entre el analista A y el paciente P, donde A' y P' indican el inconsciente de cada uno:

Las flechas indican los vectores del campo relacional como sigue:

(a) el vértice del diálogo consciente entre el analista y el paciente;

(b) el vértice de la dinámica interna dentro del analista y el paciente;

(c) el vértice de la interacción inconsciente entre el analista y el paciente;

(d) el vértice de las proyecciones mutuas de la transferencia/ contratransferencia.

El campo del psicoanálisis entonces pasó a una perspectiva de un intercambio entre dos individuos en un espacio relacional que es altamente interactiva.

La parte más intrigante de la relación es el nivel "c." En el nivel "c", hay un encuentro de las dos psiques que va a ser críticamente transformador tanto para el analista como para el paciente. Se trata de un tipo de relación fusional en donde se encuentran las dos psiques y se vuelven uno. Forman un sentido nuevo, mutuamente disponible del *self.* La relación en el nivel "c" es poderosa y duradera. Contiene aquello que Jung argumenta que produce una *libido de parentesco*, el sentimiento de estar profundamente relacionados de manera cuasi-biológica. Produce un vínculo duradero entre el analista y el paciente quienes están involucrados en un emprendimiento mutuo de transformación.

En un ensayo titulado "Los problemas de la psicoterapia moderna", Jung escribió sobre las cuatro etapas del análisis. La primera etapa es la confesión. En esta etapa, el analista se encuentra en una posición de simplemente recibir y aceptar la confesión, los secretos o el material sombreado que el paciente trae a sesión. En la segunda etapa, la elucidación, el analista es más activo. Él o ella ofrece explicaciones de los sentimientos del paciente, como los conflictos entre el consciente y el inconsciente, o los conflictos entre el paciente y el mundo que lo rodea. Se trata de una etapa de explicaciones psicológicas. La tercera etapa es la educación. El analista le ofrece al paciente ayuda para poder llegar a entenderse mejor y entender su relación con el mundo externo. A lo largo de la mayor parte del ensayo, Jung discute la cuarta etapa, que es la transformación. Es en esta etapa en la cual la relación de la transferencia y la contratransferencia asume una importancia vital. El analista entra en la relación más profundamente que en las primeras tres etapas. Tanto el analista como el paciente son la parte de la transformación que se realiza en la cuarta etapa. Jung escribe más profundamente sobre esto en "La psicología de la transferencia", en donde describe detalladamente el proceso de esta fusión de las psiques.

Jung argumentaría que si se ha de dar un cambio, el diálogo es preferible a una interpretación unilateral. Sin embargo, puede que pase un tiempo considerable para poder llegar a un lugar en el que sea posible realizar un diálogo mutuo. Si la dinámica de la transferencia y la contratransferencia es fuerte, puede que se tome un tiempo largo para resolverlas en suficiente medida como para que sea posible que se dé un intercambio abierto, que es lo que implica el término "diálogo". Se requiere un viraje de la dinámica de la transferencia/contratransferencia hacia la mutualidad comunicativa. Cuando esto es posible, es una señal de que está madurando la relación. Cuando Jung anunció tan osadamente que le daba gusto que no hubiera transferencia, se estaba refiriendo a este tipo de intercambio.

Algunas consideraciones prácticas

Sin embargo, la transferencia puede ser intrincada y confusa y la psique es capaz de distorsiones extraordinarias y muchas veces trascenderá las pruebas a la realidad a favor de la proyección. Es frecuente que se dé la proyección de una imagen de la madre sobre el analista. Sucede lo mismo con la edad. Cuando yo era un analista joven, a veces recibía proyecciones de ser un viejo sabio. Se proyecta sobre el analista lo que busca y necesita el inconsciente. Si el inconsciente está buscando una madre, ya sea amorosa o negativa, eso es lo que se proyecta sobre el analista, independientemente de su género o edad. Si el inconsciente está buscando un hombre sabio de edad avanzada, eso es lo que proyecta aunque no corresponda a la edad del analista. Cuando está activa una transferencia fuerte, el analista debe decidir si ha de reducir su intensidad o incluso retirarla a través de la interpretación, o bien si ha de *cargar la transferencia* temporalmente ya que es lo que necesita el paciente. Algunos analistas prefieren interpretar la transferencia agresivamente, sintiendo que pudiera introducir conciencia en la relación y avanzar hacia la posibilidad de un diálogo. Otros prefieren cargar la transferencia por respeto a lo que necesita el inconsciente en esa coyuntura específica en la vida del individuo.

Si un analista introduce su propio complejo en el entorno terapéutico y éste entra en la relación, se recomienda que el analista lleve ese caso a supervisión. Necesita trabajar aquello que trae a sesión para no distorsionar el proceso con sus propias necesidades y proyecciones neuróticas o inconscientes. Además, a. los analistas también se les forma para que utilicen sus reacciones contratransferenciales para ser más empáticos hacia el paciente y lograr entender al paciente mejor. La comunicación psíquica, tanto consciente como inconsciente, es críticamente importante para el trabajo analítico. Sin embargo, si en la relación hay poca proyección transferencial o contratransferencial, el análisis se queda en un nivel básicamente racional.

Es de vital importancia estar conscientes de que los contenidos inconscientes proyectados en la contratransferencia podrían producir un trauma en el paciente. Al principio de este capítulo, discuto la necesidad de que haya una correspondencia adecuada entre el analista y el paciente. A veces sucede que el analista no ofrece una correspondencia adecuada y de hecho no le hace bien al paciente. Puede que un paciente en particular activa los problemas del pasado de un analista. Eso ciertamente no resulta útil o terapéutico. Si este fuera el caso, se necesita decidir si lo mejor para el análisis sería terminarlo. A veces el paciente tiene que decidir: "Esta terapia no me resulta útil—de hecho es dañina". Si esa es la experiencia, y el paciente tiene que confiar en su experiencia, debería de dejar de trabajar con ese analista en particular. La pregunta es: "¿Cuándo es el análisis suficientemente malo como para terminarlo?" A veces hay periodos muy difíciles en los cuales la relación es muy conflictiva, aunque puede que esa sea una etapa necesaria en el proceso. Así que, ¿cómo se juzga esto? ¿Cuándo es suficientemente malo? A mí me parece que es cuando salimos de la sesión sintiendo que ha sido realmente hiriente o tóxica y especialmente si esto sucede unas cuantas veces sucesivas.

A veces surge la pregunta: "¿Cuánto debería de durar la terapia? ¿Cuándo es el momento de terminar la terapia?"[5] Hay diferentes maneras de decidir cuándo terminar una relación analítica. La regla general que utilizan la mayoría de los analistas junguianos, es como decía Joseph Wheelwright, uno de mis maestros: "Siempre dejo que el paciente me corra. Yo nunca corro a un paciente". Si un paciente siente que se está beneficiando de las sesiones, siente que se está volviendo más consciente, que se está desarrollando psicológica o espiritualmente y desea continuar –y si el analista goza de buena salud, no está listo para jubilarse o mudarse a otra ciudad– entonces la relación puede proceder indefinidamente. Me parece que el periodo más largo en que he trabajado con un paciente es aproximadamente 30 años. Un análisis junguiano típico durará entre 2 y 5 años. En ese periodo de tiempo, habrá muchos cambios en la calidad e intensidad de la relación. Puede que en un inicio haya mucha transferencia, que luego se va disipando y se transforma en un diálogo. Entra una energía nueva, quizás entre un proyecto nuevo o un sentimiento nuevo y con el

[5] Para una discusión completa sobre esto, ver H. Abramovitch, "When Is It Time to Stop? When Good Enough Becomes Bad Enough".

tiempo se desarrolle y madure la relación. La relación no permanece estática.

Una alumna una vez me dijo que al final de tres años de análisis tanto el analista como ella dudaban si era o no el momento de terminar el análisis. La noche anterior a la sesión, la paciente tuvo este sueño: "Al entrar en el espacio analítico, todo estaba como de costumbre, excepto que habían retirado mi sillón y en su lugar había una mochila en el piso totalmente empacada para un viaje. Miré al analista, quien estaba de pie. Me indicó que me sentara en su silla, la única en el cuarto". Fin del sueño. Esto les dejo en claro a los dos de ellos que la paciente estaba lista para ser su propia analista y continuar el proceso de integración al "viaje de la vida". A veces, los sueños dan indicaciones muy claras. Cuando la relación analítica está a punto de concluir, el analista querrá confiar en que el individuo podrá seguir con el proceso de individuación por cuenta propia. La individuación continua a través de observar los sueños, hacer imaginación activa, tener relaciones profundas y significativas con amistades o parejas.

Tipos de transferencia

La transferencia es un tipo de proyección. Existen muchas categorías diferentes de proyección, de las que procederé a discutir tres. Cada una de ellas puede desempeñar una función en la situación transferencial. El tipo de proyección más arcaico y psicológicamente escondido y sin examinar es lo que Jung llamó "participación mística". Se trata de una identidad inconsciente entre el sujeto y el objeto. Es una proyección sobre alguien con quien nos identificamos en una fusión de dos psiques cual si fueran gemelos. Conscientemente, no hay diferencia entre las dos personalidades. Cuando esto sucede en la transferencia, el paciente siente que el analista es igual a él/ella: son gemelos, exactamente iguales. En este tipo de transferencia, el paciente se sentiría molesto si el analista dijera o hiciera algo que fuera diferente de lo que el paciente estuviera pensando o sintiendo. Cuando aparece esta diferencia, resulta muy impresionante para el paciente. A esta transferencia se le denomina transferencia de gemelos.

El segundo tipo de transferencia es aquella que Jung denominó como la proyección de imágenes arquetípicas sobre el analista. Cuando se proyecta algo arquetípico en otra persona, se vuelve desbordante, no es totalmente humano, es como se ve a las celebridades y la gente famosa. Son más como figuras acartonadas, o dioses y diosas idealizados. Cuando en el análisis se da este tipo de transferencia, puede que el paciente sienta que el terapeuta sabe todo y es inmensamente poderoso. El terapeuta tiene la capacidad de curar o de enfermar y cuenta con cualidades extraordinarias que están prácticamente más allá de la imaginación. Puede que el analista le parezca al paciente como la figura del Gran Padre o la Gran Madre, un dios o diosa, sin límites y sin necesidades o problemas personales, autosuficiente e inmortal alguien muy diferente de los seres humanos comunes y corrientes.

Esto puede introducir un elemento de miedo en la relación ya que el analista es tan poderoso que te puede ayudar, te puede sanar, o bien realmente te puede herir y lastimar. Un elemento de miedo se cuela a hurtadillas cuando la proyección es tan arquetípica y numinosa. A esto se le llama "transferencia idealizante".

El tercer tipo de proyección se origina en una capa más superficial del inconsciente, el inconsciente personal. Esto sería una proyección de un complejo o de figuras de nuestra propia historia personal. Cuando se da este tipo de proyección, el paciente tiende a tener sentimientos muy mezclados y conflictivos con respecto al terapeuta. La mayoría de los complejos, cuando se les proyecta, involucran una experiencia temprana de trauma. Nuestra experiencia personal de la infancia, quizás con nuestra madre o nuestro padre, entra en la transferencia. El paciente empieza a sentir hacia el analista como se sentía de chico hacia su madre o padre. Los sentimientos hacia el terapeuta, en este caso, dependen de la experiencia con los padres, ya sea positiva o negativa, particularmente en la infancia temprana. Este tipo de proyección fácilmente se puede convertir en una supuesta transferencia negativa. Produce sentimientos de sospecha o desconfianza, de necesitar ser muy cuidadoso para evitar que el terapeuta explote y se enoje. O bien, puede que de pequeño, el paciente haya sentido sentimientos amorosos hacia sus padres que por alguna razón no se aceptaron. Eso haría que el paciente sienta el impulso de acercarse al terapeuta, quizás incluso de mudarse a casa del terapeuta y vivir con el terapeuta como un niño vive con su familia original.

Podemos hablar de la transferencia positiva y de la transferencia negativa. La transferencia positiva puede ser muy idealizante, amorosa y llena de admiración, y la transferencia negativa puede basarse en el enojo, el miedo y la sospecha. También existe lo que llamamos la "transferencia especular", que es el sentimiento de querer recibir los cuidados de una madre, ser abrazado, y nutrido por el terapeuta. Además, está lo que llamamos la "transferencia erótica" que es fusional. Es una transferencia que desea unirse sexualmente con el objeto del deseo, hacer un vínculo de una relación amorosa con el analista.

Tipos de contratransferencia

Así como hay varios tipos de transferencia, así también hay diferentes tipos de contratransferencia. Para empezar, hay que hacer una diferencia entre las actitudes estables y las reacciones momentáneas en la contratransferencia. Una actitud contratransferencial es una posición básica que asume el terapeuta en relación a cada caso. Es parte de la postura profesional del analista para recibir pacientes que vienen a terapia. Los analistas, al practicar a lo largo de un periodo de tiempo e ir formando hábitos, típicamente van a ir desarrollando una actitud contratransferencial estable. Una actitud es un hábito, una manera consistente de recibir al paciente.

Podríamos pensar que existen, por lo menos, cuatro tipos básicos de actitudes contratransferenciales. El primer tipo es la "actitud contratransferencial materna". Este es el punto de vista que presupone que los pacientes vienen a análisis para que el analista los contenga, los sostenga y los nutra. La presuposición es que los pacientes vienen a terapia para obtener empatía y entendimiento. Con esta actitud, el terapeuta se encuentra con los pacientes desde la posición de una madre, desde un enfoque materno. Si estás con un terapeuta que tiene una contratransferencia materna, le cuentas lo que te sucedió recientemente y el terapeuta empatiza contigo y te asegura que entiende, que debe de ser muy doloroso e hiriente. El terapeuta puede ser hombre o mujer, no importa.

Luego, está un enfoque contrastante que se basa en el arquetipo del padre, la "actitud contratransferencial paterna". Se trata de una actitud que recibe al paciente con un plan y con ideas sobre cómo avanzar en la vida para así mejorar su funcionamiento y adaptación. Dirige y se basa en la reafirmación de la autoridad y el poder en las sesiones. Un terapeuta con esta actitud presupone que lo que los pacientes básicamente necesitan es ayuda para cambiar su vida y llegar a tener más éxito en sus actividades cotidianas. Es la presuposición de que los pacientes llegan a terapia en busca de dirección o de un plan. Si tu terapeuta tiene una actitud paterna, puede que escuche tu historia y te pregunte: "Si volvieras a hacer eso, ¿de qué manera diferente lo harías?" El analista te podría dar algunas recomendaciones, te podría enseñar dónde cometiste un error y te podría tratar de enseñar cómo no volver a repetir el mismo error. Los analistas con una actitud contratransferencial paterna se podrán presentar cómo modelos a seguir o como maestros.

En tercer lugar, está la "actitud contratransferencial hermética", que hace referencia al dios griego, Hermes. Hermes es un dios joven y se especializa en la transformación y el ludismo creativo. El analista con una actitud hermética presupone que el paciente llega en busca de transformación, de un proceso de cambio, a aprender a ser más creativo y lúdico en la vida. Aquí no se enfatiza sobre la empatía con sentimientos, o sobre dar consejos o dirección, sino sobre jugar con el paciente y crear un ambiente de libertad para soñar. Los analistas herméticos son como magos o embaucadores (*tricksters*) y hacen cosas inesperadas. Puede que el analista hermético diga algo en sesión que parezca totalmente irrelevante, algo que se les acaba de ocurrir, o que entró en su imaginación. Si eres el paciente, te frena en seco. Te hace pensar desde una perspectiva innovadora, creativa, rompiendo con tus reflexiones habituales. Puede que el analista hermético te diga algo que te haga reír. Lo que desea es introducir movimiento psíquico. Hermes es el dios del viento. Un analista hermético es agradablemente impredecible. No sabes lo que vaya a decir o hacer a continuación.

Jung a veces era un psicoterapeuta hermético. De vez en cuando, escenificaba una fuerte reacción emocional con el fin de conseguir que algo se moviera, romper un hábito o una vieja forma agonizante de hablar o pensar. Una vez un paciente le trajo un sueño sobre un escarabajo dorado que estaba haciendo algo excepcional. A Jung le fascinó esta imagen y mientras estaba escuchando el sueño, oyó un ruido detrás de él. Su casa estaba al lado del lago y la rodeaba un jardín; algo estaba golpeando afuera de la ventana. De repente, Jung, de manera dramática, se levantó de la silla de un salto, abrió la ventana de par en par y atrapó un insecto con la mano. Era un escarabajo de jardín, parecido al escarabajo dorado del sueño. Lo sostuvo en la mano y proclamó con dramatismo: "¡Aquí está tu escarabajo!" A esta joven mujer conservadora le pareció totalmente escandaloso que Jung hiciera algo inesperado como eso. A esta coincidencia Jung le llamó sincronicidad y señaló que se trataba de un viraje en la terapia. El inesperado gesto hermético de Jung produjo una transformación en la actitud de la paciente. Rompió el molde de su forma habitual de pensar y le abrió el camino a un nuevo campo de exploración.

La cuarta actitud que mencioné aquí es la "actitud contra-transferencial mayéutica". La palabra "mayéutica" se remonta a los griegos antiguos y hace referencia a la partera que asistía a las mujeres en el parto. Está presente en el nacimiento de una nueva vida, un bebé. El analista con una actitud mayéutica recibirá pacientes presuponiendo que los pacientes quieren un nuevo inicio. Quieren dar a luz a un futuro nuevo, a una nueva posibilidad, y el analista (sea hombre o mujer) les va a ayudar en este proceso. La actitud de un psicoterapeuta mayéutico es la de una partera. Se trata de una mujer que viene a tu casa cuando estás a punto de dar a luz y te ayuda con el trabajo de parto para parir al bebé. Este tipo de actitud contratransferencial no tiene tanto interés en el pasado. Le interesa crear un futuro nuevo y parir actitudes, rumbos e ideas frescas e innovadoras. Básicamente, inyecta energía nueva a la desgastada vida del paciente.

El analista mayéutico muchas veces invierte mucho tiempo en los sueños, porque los sueños son el vientre del futuro: contienen semillas de posibilidad. Puede que este tipo tenga interés en las cartas astrológicas porque la astrología puede ofrecer símbolos para pensar acerca del futuro, cercano o distante. Al analista mayéutico no le interesa seguir el caso por mucho tiempo. La partera sólo está presente para ayudar a dar a luz al bebé y pasárselo a la mamá. Cuando ya hizo su trabajo, ya terminó. El analista mayéutico tiende a ser un analista de tipo intuitivo que puede asomarse a las profundidades del inconsciente y al futuro. Puede que actúe como una especie de médium o vidente que adivina el futuro. A las parteras fácilmente les aburren las tareas básicas de cuidar y criar niños. El valor de su trabajo es parir lo nuevo.

Recuerdo una historia que me contó una mujer francesa hace años. Ella había tomado una sesión con Jung cuando ella tenía unos 18 años de edad. Un amigo que conocía a Jung bastante bien le consiguió una consulta con Jung. Le dijo a Jung, "Me gustaría que le des una sesión a esta señorita para ver si la puedes orientar, porque ella no sabe qué hacer con su vida." La mujer me dijo que estuvo con Jung sólo una hora y que él le hizo unas preguntas sobre su vida. Después de haberla escuchado intensamente por entre 30 o 40 minutos, él le dio la respuesta. Él vio su futuro y le ayudó a parirlo. Dijo: "Con base en lo que me has dicho, puedo ver que tu destino es ser doctora y llegarás a ser una psiquiatra. Sí, eso es lo que se supone que debes de hacer." Ella me confesó que esa sesión con Jung le había cambiado la vida y le había dado rumbo a su vida. Eso es exactamente lo que hizo. La conocí cuando ella tenía 50 años y ya era psiquiatra. Esa sesión fue una sesión mayéutica. No creo que Jung haya hecho un seguimiento de este caso por mucho tiempo. Quizás oía de ella ocasionalmente, aunque básicamente sólo fue una sesión. Parió una idea nueva y un rumbo nuevo: ella tenía que cuidarse a sí misma, como si estuviera criando a una niña. Unos 20 años después, ella había madurado y se había transformado en la mujer que Jung había visto en su psique, en su potencial.

Un terapeuta preparado puede navegar estas cuatro actitudes diferentes, según lo que los pacientes necesiten en un momento determinado. Es importante para los terapeutas cobrar conciencia de su actitud contratransferencial básica y reflexionar al respecto. Una vez establecida la modalidad básica de funcionamiento, el terapeuta puede y debe ser más flexible y probar otras posiciones.

El tercer pilar
Los sueños como camino hacia la totalidad

Los psicoanalistas junguianos le otorgan un gran valor al trabajo con los sueños de sus pacientes (y también con sus propios sueños). Los sueños le pueden revelar, tanto al analista como al paciente, lo que está sucediendo debajo de la superficie de la conciencia. El inconsciente es otra esfera con una vida propia y muchas veces va contracorriente de lo que está sucediendo en el mundo de la conciencia. Cuando una persona está durmiendo, se da otro tipo de pensamiento que es diferente del pensamiento en estado de vigilia. Los sueños nos pueden dar información importante sobre lo que sucede en nuestro interior y posibles desarrollos para el futuro. Sin embargo, más allá de eso y más importante todavía para los resultados del análisis, es que los sueños construyen el camino hacia la totalidad psicológica.

El primer libro de Freud que Jung leyó y digirió cuando era alumno de psiquiatría en la Clínica Burghölzli en Zúrich fue *La interpretación de los sueños*. Generalmente se le considera una de las obras más importantes de Freud y se ha convertido en un clásico. Jung de inmediato quedó fascinado con las percepciones agudas de Freud sobre la mente soñante y lo que puede revelar acerca de los motivos escondidos y los sentimientos reprimidos de un individuo.

Los sueños llegaron a ser una consideración central en su trabajo con pacientes y en sus reflexiones sobre su propia vida. Desde entonces, el trabajo con sueños se ha vuelto una característica central del psicoanálisis junguiano.

Si les preguntas a individuos con los que te encuentras socialmente, por ejemplo, en conversaciones iniciadas en restaurantes o en fiestas, si los sueños les resultan interesantes o importantes, la mayoría dirá que no se acuerda de sus sueños, o bien puede que digan que no tienen sueños. Les puedes explicar que las investigaciones científicas han demostrado que todo el mundo sueña mientras duerme; de hecho, todos los mamíferos sueñan. El que te acuerdes de tus sueños o no, ya es otra cuestión, aunque innegablemente sí tienes sueños. Entonces, el individuo con quien estés hablando podría decir: "¿Y qué? Quizás sí sueñe, pero ¿para qué les pondría atención? ¿Qué importan los sueños?" Les podrás contestar: "Bueno, si no les pones atención a tus sueños, te estás perdiendo de una parte importante de aquello que mantiene a la mente activa. Mientras duermes, la mente está pensando. ¿No te da curiosidad saber en qué piensas mientras duermes?" Puede que les pique la curiosidad y comiencen a tomar notas de sus sueños. Es así como empieza el trabajo con sueños.

Cuando, unas semanas después, te vuelvas a encontrar con estas mismas personas, puede que te digan: "He tenido unos sueños y los anoté, pero no entiendo nada de lo que me están diciendo. ¿Me estarán tratando de decir algo?" "Sí", les puedes contestar, sonriendo enigmáticamente. Es muy probable que insistan en que sus sueños son absurdos por completo, que no tienen pies ni cabeza. Entonces puedes contestar: "Bueno, tus sueños hablan otro lenguaje, un lenguaje simbólico. Si quieres entender lo que tus sueños te están revelando o lo que están diciendo sobre de ti, tienes que aprender este lenguaje". Este es el inicio de un proceso de reflexionar sobre los sueños. ¿Qué nos cuentan nuestros sueños? No es particularmente fácil entenderlos, aunque es para eso que se forma a analistas junguianos. A esto se le llama "interpretación de sueños" y sobre este tema es que Freud escribió su libro famoso.

El sueño tiene un mensaje, aunque necesita que se le interprete para que se le entienda. Es por eso que el Faraón le pidió a José que le explicara que querían decir sus sueños. José era un genio y salvó a su gente de la hambruna con su interpretación de los sueños del Faraón. El psicoanalista junguiano es una especie de versión moderna de José. Los pacientes traen a sesión los sueños que necesitan interpretación para cobrar sentido. Puede que sean mensajes que le salvarán la vida al soñante, o, por lo menos, mejorarán su calidad de vida a través de ofrecerle la oportunidad de ser más consciente del *self* y de los demás.

En este capítulo, discuto cómo trabajan los psicoanalistas junguianos con los sueños en su práctica. Para empezar, echemos a volar la fantasía un poco: vas a ir a consulta con Jung. Imagínate que una amistad o un expaciente de Jung te dio su nombre y para tu gran sorpresa aceptó tu solicitud para que te dé una consulta. Quizás tengas algunos conflictos psicológicos o padezcas de una enfermedad psicológica, como una depresión, y te gustaría tomar unas sesiones de análisis con el famoso profesor Jung.

Cuando llega el día y la hora de tomar tu primera sesión, te vas acercando a su casa al final de un corredor de árboles altos y te encuentras con esta entrada impresionante:

En el umbral superior de la puerta, hay una piedra labrada con una expresión del oráculo de Delfos: VOCATUS ATQUE NON VOCATUS DEUS ADERIT [Aunque le invoquemos o no le invoquemos, Dios está presente].

Cuando te detienes por un instante y lees esto, te preguntas: ¿acaso estoy entrando a un templo? ¿Qué significa esta expresión y por qué está encima de la puerta? Jalas la cadena de la campana que se encuentra a un costado de la puerta y una trabajadora doméstica abre la puerta y te permite entrar. La trabajadora doméstica te conduce por una escalera que lleva a la biblioteca en el primer piso. Al entrar, Jung te da la bienvenida y te lleva a su pequeño consultorio privado a espaldas de la biblioteca. Te invita a sentarte en un sillón en frente de él donde lo puedes ver indirectamente. Una vez cómodamente instalado/a, te mira intensamente y te pregunta: "Bueno, ¿Para qué has venido a verme? ¿Qué puedo hacer por ti? ¿Tienes algún problema?" Jung tiene una mirada muy penetrante y sientes que te está viendo directamente al alma. Cuando te hace esa pregunta, te parece que más vale ser derecho con él, ser honesto y decirle cuál es tu verdadero problema y por qué necesitas su ayuda.

Empiezas por explicar tu situación actual: dónde te encuentras en tu vida; en dónde estás atorado y enfrentando dificultades; de qué adoleces; la historia de tu trauma y de las heridas que has recibido. En resumen, le cuentas la historia de tu vida. Jung te escucha atentamente y no dice nada. Concluyes preguntándole: "Profesor Jung, ¿me puede ayudar? ¿Me puede dar algún consejo? ¿Qué debo de hacer?" Jung te voltea a ver y calladamente te dice:

"No tengo ninguna idea de lo que debes de hacer, ni la más remota idea de cómo debes vivir tu vida. No te puedo dar respuestas a esas preguntas tan importantes. Aunque si me traes tus sueños, los podemos ver juntos y ver si tu psique tiene la respuesta. Si hay directrices es ahí donde estará la respuesta."

Esa sería tu primera sesión y el inicio de tu análisis con el profesor Jung. La pregunta es: ¿qué dicen tus sueños? Quizás nunca antes habías pensado sobre tus sueños. Quizás nunca pensaste que eran de interés o de valor. Sin embargo, aquí está el famoso profesor Jung que dice que las soluciones vienen de tus sueños; no de él, sino de tu inconsciente. Así que él sugiere que juntos echen una mirada, entren en tu mundo interior, y vean lo que están diciendo tus sueños. Se trabajarán e interpretarán tus sueños como un medio para la psicoterapia.

El enfoque de Jung a los sueños de sus pacientes no era que había que estudiarlos científicamente. Más bien, el trabajo con sueños es un ejercicio práctico en la sanación del alma. Jung tenía una gran práctica de trabajar con sueños, analizarlos, e interpretarlos. Reflexionó profundamente sobre el tema y escribió extensamente sobre él. Los psicoanalistas junguianos que le siguen, básicamente han seguido sus lineamientos y procedimientos. Es en este tema que incursionaremos ahora, empezando con la estructura de los sueños.

La estructura de los sueños

Es cuestionable suponer que los sueños en sí mismos tienen una estructura regular y definible ya que en su forma natural y al anotarlos o grabarlos, muchas veces parecen caóticos y divagantes. Conforme vamos registrando los fragmentos de un sueño, puede que de repente recordemos otra parte, y conforme los juntemos con la mente consciente, las piezas adoptarán un tipo de forma tipo narrativa. Sin embargo, es la conciencia la que crea esta forma y no está necesariamente inserta en el sueño como tal. No obstante, resulta útil considerar la estructura para propósitos de interpretación de los sueños. Jung asemeja la estructura de los sueños con obras de teatro clásico de Grecia antigua en donde se monta un escenario en el que aparecen ciertos personajes, se inicia un drama que se desarrolla en una historia con una tensión o conflicto emocionales, posteriormente llega a un clímax y concluye con una resolución (lisis). Voy a considerar el siguiente sueño desde un punto de vista estructural. Lo anotó la soñante poco después de despertar y me lo dio con esta forma con permiso para utilizarlo en este capítulo.

> *Yo estaba en las nubes. El cielo era de un color azul pálido, casi tornasolado. Estaba ascendiendo hacia el cielo montada en una nube hasta que vi a un hombre japonés mayor de edad. Mi nube se detuvo justo debajo de la nube en la que él estaba sentado. Él estaba vestido de seda. Suavemente me extendió un anillo. Quedaba claro que el anillo tenía un gran valor. El anillo estaba hecho de una banda de oro con una perla blanca en el centro. Alrededor de la perla había un círculo de esmeraldas de forma irregular. Una de ellas se extendía más allá del círculo. No hablábamos. Nos comunicábamos telepáticamente. Le pregunté si estaba seguro de que él quería que yo tomara el anillo. El hombre me indicó que sí. Luego me di cuenta de que le quedaba muy grande a mi dedo. Me asomé a la parte interior de la banda y vi el número 8, pero estaba grabado de lado en el metal, haciendo que pareciera un signo de infinito. Dije, "Está muy grande. Voy a tener que crecer para que me quede." El hombre se sonrió y sacudió la cabeza, y casi se rio contenidamente; mi comentario parecía haberle causado gran gracia. Me dijo: "No te preocupes".*

La primera parte de la estructura del sueño es el contexto, que señala dónde se está escenificando el sueño. En este sueño, la ubicación es singular y específica: "Yo estaba en las nubes".

Cuando un paciente viene a sesión y trae un sueño, típicamente empieza por decir algo como: "Estaba en la playa", o "Estaba en una casa, recorriéndola, y había unas personas conmigo. Creo que era mi hermana, o quizás era mi esposa". Luego empiezan a narrar una historia. Así que desde un principio, tienes la sensación de dónde estás: "Estoy en las nubes". En ese momento, el analista empieza a imaginar el sueño con el paciente y entran en el sueño a través del entorno donde se contextualiza. Cuando empezamos a trabajar con un sueño, es importante saber dónde estamos ubicados. Estar en las nubes tiene un sentir muy especial y el analista toma nota de eso y se une imaginativamente al soñante en ese escenario onírico.

El siguiente paso es determinar el *Dramatis Personae*, el reparto de personajes que aparecen en el sueño. Cuando vamos al teatro y compramos el programa del espectáculo, para poderlo leer antes de que empiece la obra o la ópera, típicamente ofrece una breve descripción del lugar donde se inicia el drama y una lista del elenco, el *Dramatis Personae*. Puede que sólo haya unos pocos personajes, como en una obra de Chéjov, o quizás haya un numeroso reparto de personajes como en las obras de Shakespeare. En cualquier caso, desde un inicio se te informa sobre el escenario y el reparto de personajes. En un informe sobre un sueño, no es tan claro ya que conforme se va desenvolviendo la historia, van apareciendo nuevos personajes, aunque finalmente puedes conjuntar el reparto de personajes que aparecen en el sueño. Un personaje que casi seguro va a aparecer en los sueños es lo que llamamos "el ego soñante". Se trata de una representación del soñante, que habla desde el "yo", como en el sueño descrito anteriormente: "yo estoy en las nubes". La mayoría de los sueños tienen dos o tres personajes principales. En este sueño, hay dos personajes: el "yo" y un hombre japonés de mayor edad (la soñante tiene casi 40 años de edad). En algunos sueños puede que haya conglomerados de gente, aunque, por lo general, los personajes significativos son contados.

Después consideramos la acción en el sueño. Empieza la narrativa y los personajes desempeñan sus partes conforme se va desarrollando y desenvolviendo la historia. En el sueño anterior, aparece el hombre japonés mayor, descrito como un hombre vestido con elegancia que ocupa una nube cercana y un poco más elevada que la del "yo". El hombre japonés extiende el brazo hacia ella y le da un anillo, que ella acepta aunque con algo de cuestionamiento y vacilación. A continuación se da una conversación entre ellos, se comunica un mensaje y se contestan sus preguntas y el sentido del humor y los sabios consejos del japonés relajan el ambiente. En este sueño, la acción es limitada y directa. Muchos sueños que nos traen a sesión tienen mucha más acción, a menudo cambian de escena e incluyen interacciones complejas entre las diversas figuras.

Dentro de la narrativa de la acción, el sueño típicamente llega a un momento culminante o a una crisis, o bien puede mostrar un punto de viraje cuando el soñante dice que de repente todo cambia. Esto lleva ya sea a una resolución de los problemas representados en el drama o a una ruptura en el sueño sin analizar. En nuestro sueño, la resolución es clara: la soñante acepta el anillo y una promesa de crecimiento futuro. Cuando los sueños muestran una resolución como esta, los soñantes sienten que hay un cierre. El proceso del sueño ha hallado la manera de resolver el problema planteado en este caso por el anillo demasiado grande y ha logrado resolver la pregunta que se estaba formando referente al tamaño y lo adecuado del regalo. A veces la gente se despierta antes de que haya una resolución y se quedan colgados. No saben cómo termina la historia o cómo pueda concluir. Sin embargo, un sueño bien formado, un sueño completo, muestra una resolución. Da la sensación de un pensamiento completo, ya sea que el resultado sea una realización o una tragedia.

En el teatro, hay una breve pausa al final de la obra, después de la cual los actores salen al escenario, hacen una caravana y reciben los aplausos del público. El público sale del teatro con la sensación de haber vivido la experiencia a través de terceras personas – la experiencia puede haber sido amenazante o hermosa, emocionante o profunda. Es con esta misma sensación que nos despertamos después de haber tenido un sueño: algo sucedió, tuvimos una experiencia. A veces es una sensación impresionante e incluso numinosa como en el sueño anterior y a veces se siente como tan solo otra pequeña historia sin un significado en particular. Jung se refiere a los Grandes Sueños y a los pequeños sueños. Un Sueño Grande da una sensación de ¡Uauuu! ¡Algo realmente importante está sucediendo en mi mundo onírico! Ese fue el efecto que tuvo el sueño citado anteriormente sobre la joven mujer que lo reportó.

Trabajar con sueños en el análisis

Haciendo la estructura de los sueños a un lado, voy a considerar más específicamente cómo puede que los psicoanalistas junguianos trabajen los sueños con sus pacientes. Si hubieran tomado análisis con C. G. Jung, él de inmediato les hubiera preguntado sobre sus sueños. Para él, los sueños tienen una importancia central para su trabajo con pacientes. Después de la segunda guerra mundial, cuando se establecieron programas de formación para analistas en Zúrich, Londres, Nueva York y otras ciudades, los planes de estudios universalmente incluían el análisis personal de los candidatos. Este énfasis sobre el análisis personal continúa hasta hoy en día. Los estudiantes aprenden cómo trabajar con sueños en análisis a través de trabajar sus propios sueños con un analista de formación. Sin embargo, también supervisan sus casos, y este es un segundo contexto en el cual aprenden a trabajar los sueños. Además, existen cursos didácticos sobre el tema del análisis de los sueños. Durante el transcurso de la formación, los candidatos aprenden cómo trabajar con sueños en tres contextos diferentes: su análisis personal, la supervisión de sus pacientes, y cursos sobre el análisis de sueños.

Me formé como analista en Zúrich desde 1969 hasta 1973. Era parte de la práctica traer una copia escrita de nuestros sueños a cada sesión de análisis, que se realizaban dos veces a la semana. Estábamos en formación no sólo para formarnos como analistas, sino también para recordar nuestros sueños y anotarlos de manera detallada. Le dábamos al analista una copia de los sueños recientes y guardábamos una copia para nuestro propio registro. Esta es una rutina que desarrollamos y utilizamos a lo largo de nuestra formación. Sin embargo, cuando empezamos a trabajar con pacientes, a menudo nos topábamos con un problema.

Los pacientes no estaban tan bien formados: no sabían que tenían que traernos una copia de sus sueños. Tuvimos que aprender cómo extraer los sueños de nuestros pacientes para el análisis. De hecho, algunos pacientes sueñan muy poco, así que tenemos que estar preparados para trabajar analíticamente en ausencia de sueños. Sin embargo, para el psicoanálisis junguiano, es una gran ventaja tener acceso al inconsciente a través de los sueños. Nos dan información que el paciente no puede dar desde una posición exclusivamente consciente.

El primer paso en el trabajo con sueños en el análisis es establecer el texto del sueño. El paciente trae un sueño a sesión y lo lee desde las notas que preparó o bien lo narra de memoria. En ese momento, el analista obtiene una perspectiva de la mente inconsciente del soñante. Puede que el analista le haga preguntas sobre los detalles en el sueño. Algunos analistas invierten bastante tiempo en esto. Por ejemplo, en el caso del sueño anterior, puede que el analista pregunte: "¿Puedes describir el anillo con un poco más de detalles?" y "¿Cómo de que edad parecía el hombre japonés?" Puede que el analista le pida detalles sobre el escenario, el entorno y los otros personajes en el sueño.

Una vez establecido y aclarado el texto, el segundo paso es armar el *contexto del sueño*, al que Jung llama "la trama en la que se inserta el sueño". El contexto del sueño consiste en las asociaciones personales del paciente a las imágenes oníricas, los recuerdos del día anterior en el que se diera el sueño (los "residuos del día") y la actual situación de vida del soñante. Freud utiliza un método, al que denomina "asociación libre", para trabajar con sueños en el psicoanálisis. El soñante recuerda el sueño y luego hace un proceso de libre asociación con partes del sueño. El sueño básicamente se interpreta con base en las asociaciones, más o menos dejando el sueño en el fondo. Este método no satisfizo a Jung porque para él la libre asociación era repetitiva y en todos los sueños revoloteaba alrededor de los mismos complejos. Se dio cuenta de que permitir a los pacientes asociar libremente de esta manera, simplemente los hacía regresar a los mismos complejos y obsesiones que ocupan su vida en estado de vigilia. Más aún, el sueño mismo pasa a segundo plano y pierde importancia. Desde su punto de vista, esto no es interpretación de sueños, sino que es una interpretación de los complejos dominantes alojados en el inconsciente personal. Él quería ver el sueño mismo como portador de un mensaje original y quizás revelador de capas más profundas del inconsciente. Por lo tanto, ideó una manera diferente de trabajar con sueños. ¿Qué quiere decir el sueño? ¿Qué está tratando de comunicar? A Jung le interesaba mucho más el mensaje y el rumbo en el que se dirige el sueño que lo que pudieran decir las asociaciones libres.

Los psicoanalistas junguianos, sin embargo, piden asociaciones a partes del sueño, aunque siempre regresan a la narrativa y a las imágenes del sueño. Las asociaciones a cada parte del sueño se recopilan una por una. Puede que estas asociaciones señalen algo que haya pasado muy recientemente. Quizás el sueño termine pareciendo un comentario sobre algo que sucedió el día anterior ya que todas las asociaciones conducen ahí. Siempre hay que tener presente que un sueño surge de la experiencia de vida de un individuo específico. Esta es "la trama en la que está inserto el sueño." En el caso del sueño anterior, la soñante asocia el término "japonés" con "el hogar, un lugar seguro". Esta asociación es una referencia al hogar seguro de la infancia del soñante caucásico, que estaba amueblado al estilo japonés. Su asociación con el hombre japonés es "sabiduría ancestral". Durante sus estudios y viajes, ella había estado expuesta a la poesía y el arte japoneses. Hizo bastantes asociaciones con la perla relacionadas con su trabajo y con la cualidad de la feminidad. El oro y las esmeraldas sugieren alta calidad y valor. Estas asociaciones ayudan a crear un contexto onírico que posteriormente ayude al analista a interpretar el sueño.

Una vez que esté completo este paso y se establezca el contexto personal en el cual se da el sueño, el siguiente paso es la *amplificación*, que es una característica singular del análisis junguiano. La amplificación busca llegar al nivel arquetípico de la psique, que se revela en símbolos oníricos. Hace paralelismos con las culturas, religiones, mitologías, y cuentos de hadas del mundo. Se trata de un nivel más profundo de completar y profundizar en el contexto del sueño. En el caso del sueño anterior, las imágenes de la "perla", el "anillo", las "esmeraldas", el "signo de infinito" y "el número 8" serían temas con una gran riqueza amplificatoria. La perla, por ejemplo, se asocia universalmente con la luna y el mar y, por ende, representa el arquetipo de lo femenino. Similarmente, la esmeralda se asocia con lo femenino. Un anillo de oro con el número 8 con la forma de un signo de infinito representaría un vínculo eterno con la figura de la sabiduría (*animus*) quien le trae el regalo a la soñante. Así se va edificando un conglomerado abundante de asociaciones amplificatorias en torno a las imágenes oníricas del sueño, que vinculan el sueño con el nivel arquetípico de la psique. Este es el propósito de la amplificación. La amplificación es un nivel adicional de asociación que muchas veces proviene del lado del analista debido a su amplia formación, aunque no es así de manera invariable. Puede que también el paciente le añada amplificaciones a las imágenes del sueño con base en su experiencia y aprendizaje. La interpretación de los sueños es esencialmente colaborativa.

La amplificación le añade al contexto del sueño y nos puede adentrar en las profundidades de la historia de los símbolos. El enfoque del análisis y la interpretación debe de regresar desde los amplios campos de la amplificación hacia los aspectos más estrechos y específicos del sueño y el soñante. Estos movimientos de ida y de vuelta constituyen el círculo hermenéutico de la interpretación de los sueños.

Finalmente, llegamos al último paso del proceso de trabajar con sueños, que es la *interpretación* misma. Después de establecer el texto, recopilar las asociaciones personales con varios aspectos del sueño y, posteriormente, amplificar los símbolos en el sueño, nos debemos preguntar: ¿Qué le significa este sueño al soñante? ¿Por qué soñó este sueño esta noche? Todo lo que hemos hecho con el sueño, hasta este momento, es interesante, aunque al final tenemos que contestar la pregunta sobre el significado.

Jung propuso una teoría de los sueños y los psicoanalistas junguianos se basan en esta teoría para reflexionar sobre el significado de los sueños: "...las imágenes en los sueños y las fantasías espontáneas son símbolos, es decir, la mejor formulación posible de hechos todavía desconocidos o inconscientes, que en general son una compensación del contenido consciente o de la actitud consciente."[1] La teoría lanza la hipótesis de que los sueños tienen una relación compensatoria con la conciencia. Esta teoría de los sueños se basa en la teoría más amplia de la psique, que propone que la psique busca el equilibrio y el balance. Es posible y de hecho típico que se dé un desequilibrio en la psique que necesite que se le remedie. El desequilibrio se da por el hecho de que los componentes de la psique se ordenan como una red de polaridades, o lo que Jung llamó "opuestos." El *self,* que es un término para referirse a la psique como una totalidad, está constituido por pares de opuestos: masculino/femenino, bien/mal, sombra/*persona*, etcétera. La conciencia, conforme va desarrollando un sentido de identidad, eligió identificarse con un lado de los opuestos y rechazar el otro.

---

[1] C.G. Jung, *Mysterium Coniunctionis, Obra Completa,* Vol. 14, párr. 772.

Esto crea un desequilibrio, con la conciencia, por un lado de la línea divisoria – una condición a la que Jung llama unilateralidad- y el inconsciente, por el otro lado. La conciencia del ego se identifica con una de las polaridades, a la que representa, y los lados opuestos se quedan en el inconsciente. Entonces, la psique tiene la necesidad de crear un estado de equilibrio y balance entre los opuestos. Las personas pueden ser unilaterales, de una manera y salirse con la suya, pero si son exageradamente unilaterales, se vuelven neuróticos, sufren conflictos internos muy graves y se desconectan totalmente de partes importantes de sí mismos. El resultado neto de este desarrollo es que los sueños entran como una compensación e intentan crear un mejor equilibrio.

La teoría de la compensación afirma que la mente soñante nos sirve a través de atraer lo que necesitamos para alcanzar la "totalidad" (el equilibrio) y lo que hemos dejado afuera de la conciencia. Los sueños nos ofrecen la oportunidad de lograr un mejor equilibrio entre los opuestos y crear un mayor equilibrio entre la conciencia del ego y el inconsciente.

A Jung le atraía mucho la filosofía del taoísmo. Dentro del Tao, el yin y el yang funcionan con base en un principio de interacción entre los opuestos, que constantemente interactúan entre sí, afectándose uno al otro para formar un flujo de energía y una dirección.

Esta es una descripción de las relaciones entre la conciencia y el inconsciente cuando el principio de la compensación opera entre ellos.

Para interpretar un sueño, por lo tanto, es necesario saber algo sobre las actitudes conscientes y el sentido de identidad del paciente. Una de las medidas de la situación es tipológica: ¿Son extrovertidos o introvertidos? ¿Cuál de las cuatro funciones es dominante: la sensación, la intuición, el sentimiento, el pensamiento? ¿Cuál es secundaria? Otra medida es el desarrollo psicológico: ¿En dónde se localiza el paciente en la trayectoria del proceso de individuación a lo largo de la vida? Quienes interpretan sueños necesitan una idea clara de dónde se vuelve unilateral el paciente con el fin de ver cómo el sueño compensa esa posición. En el caso de la paciente que ofreció este sueño, el mensaje tendría que ver con su actual situación de vida. Lo que dijo sobre el sueño fue que ella sentía que la figura de la sabiduría le estaba dando un "regalo de graduación" por haber atravesado exitosamente por una crisis de la mitad de la vida. El fuerte énfasis en lo femenino y en el compromiso parece sugerir una dirección hacia la futura individuación, que podría compensar la identificación del pasado del soñante con el aspecto del lado del *animus* de la sizigia.

Muchas veces resulta difícil de ver cómo un solo sueño compensa la conciencia de un individuo. Si hubiera una serie de sueños disponible, muchas veces se vuelve más evidente el significado de la compensación. La paciente que soñó con el regalo de un anillo con perlas y esmeraldas, posteriormente presentó un segundo sueño que subraya el énfasis sobre lo femenino.

> *Estaba yo en un cuarto único hecho completamente de vidrio. El cuarto estaba unido de manera invisible a la fachada de la montaña, cuya cima no se alcanzaba a ver. Estaba yo sola, desnuda y me sentía cómoda. Me asomé por el piso transparente del cuarto y lograba ver árboles, mar y tierra. Recuerdo los árboles claramente. Veo una tina de vidrio contra la pared más distante del cuarto,*

> *llena hasta el tope de agua tibia burbujeante. Me dejé caer en la tina como lo haría un niño y empecé a jugar en el agua. Se sentía sanadora y purificadora. Un hombre japonés mayor de edad entró al cuarto. No me sentí cohibida para nada y de inmediato entendí que él era amable, gentil. Se acercó a la tina sosteniendo una toallita que escurría aceite. La luz solar provenía desde afuera y un rayo de luz iluminaba la toallita y el aceite. Recuerdo ver el aceite escurrir hacia la tina. Se me comunicó que me debía bañar con ese aceite y que era aceite de rosa de China. Sentí el aceite sobre mi piel, el calor del sol sobre mi cuerpo y el agua giraba alrededor de mí. Luego, entró una mujer japonesa de mayor edad. Cargando una bella y delicada charola de bambú. Sobre la charola había unos platos con comida de apariencia hermosa y con pastelillos, pero no era nada que yo reconociera o que hubiera visto anteriormente. En silencio, colocó la charola en el piso a un lado de la tina y me sonrió. El hombre y la mujer entonces se retiraron del cuarto, desapareciendo en la fachada empinada de la montaña.*

Las asociaciones del soñante al sueño eran que se refería a la inocencia, a la niñez, y la sanación. Es una especie de sueño de renacimiento, al que Jung se refiere como *apocatástasis*, un retorno al estado original de la totalidad. El aceite de rosa de China nuevamente enfatiza lo femenino. El segundo sueño ayuda a especificar el área de compensación que se está abordando: un retorno a lo arquetípico femenino con el fin de integrarlo más plenamente en la conciencia del ego en las siguientes etapas de la individuación.

Las interpretaciones objetivas y subjetivas

Otra consideración con respecto a la interpretación de sueños es decidir si hay que interpretarlos de manera objetiva o subjetiva. La interpretación *objetiva* se refiere al significado de las relaciones reales en el mundo circundante; la interpretación *subjetiva* se refiere al significado para el mundo interior de la psique. La compensación del sueño puede ser una respuesta a la unilateralidad en nuestras relaciones con otras personas en el nivel objetivo, o una respuesta a nuestra unilateralidad interna en el nivel subjetivo. Por supuesto que las dos están íntimamente relacionadas entre sí y, de hecho, están entrelazadas. Sin embargo, para propósitos analíticos, muchas veces hacemos una diferenciación. La regla general es que si uno sueña con alguien con quien se esté en una relación en ese momento, se tomaría el enunciado del sueño como una respuesta a la relación actual con esa persona. De lo contrario, uno lo interpretaría a nivel subjetivo.

En el nivel objetivo, el sueño podría estar sugiriendo una compensación para ayudar a ajustar la actitud consciente y las interacciones conductuales con los demás, mostrando la posibilidad de una respuesta más equilibrada con menos proyección. El sueño podría estar indicando una actitud más equilibrada con menos proyección. Los soñantes, en general, se inclinan a pensar en las personas familiares en sus sueños como representaciones exactas de esas personas, aunque, por supuesto, no lo son. La figura onírica no es el individuo objetivamente real, sino más bien es la representación del soñante de ese individuo. Lo que hace o dice la figura onírica, no se le puede atribuir a la persona misma. El sueño se refiere a la relación que tiene el soñante con esa figura. Aunque decimos que se trata de una interpretación objetiva, aun así involucra el lado subjetivo en un grado considerable.

Si interpretamos el sueño subjetivamente, entonces todas las partes del sueño, todas las figuras e incluso la escenificación del sueño, sirven como una imagen del mundo interior del soñante, aunque, por supuesto, también hacen referencia al mundo exterior, pero como metáfora o símbolo de una realidad psíquica interna. A continuación presento un sueño de una mujer de más de 80 años, que claramente exige que se le interprete en el nivel subjetivo, aunque también hace referencia a un individuo real aunque difunto desde hace mucho.

> *Un sueño en dos partes. En la primera parte, estoy observando a un grupo de hombres (siete, me parece) desde una posición más elevada. Los veo desde la cintura para arriba. Se sabe que son personas excepcionalmente dotadas, como Mozart. Recibí el conocimiento de que la razón por la que son seres dotados es que están conectados a un círculo pequeño que se encuentra dentro de un círculo más grande y este círculo es la fuente de su ingenio. Debido a esta conexión, logran hacer lo que hacen. Sus creaciones magníficas, de hecho, no se deben a sus habilidades humanas innatas, sino a su conexión con la Fuente.*
>
> *En la segunda parte, estoy en el mismo nivel que las figuras, aunque sólo veo los pies del grupo de hombres, que quizás sea el mismo grupo. Están usando unas sandalias extraordinarias hechas de plata y oro, y en estas sandalias logran caminar con movimientos fluidos, sus pies parecen deslizarse ligeramente sobre la tierra. Me fascinan sus sandalias y su movimiento y pienso hacia mis adentros: "¡Esto es alquimia!" Entonces, aparece mi padre y alguien dice: "Él es uno de los dotados, pero lo extraordinario es que sea tan humilde. No exige que se reconozca lo que hace o hace pasar".*
>
> *Me despierto. Sigue estando oscuro cuando me levanto y estoy convencido que mi padre está presente en la casa. Aunque murió hace muchos años, él está presente aquí, ahora, o bien estoy en su mundo con él en este momento.*

Queda claro que para este sueño, se requiere de una interpretación subjetiva. El sueño se refiere a la fuente de la creatividad (el *self*) y a la unión de opuestos (la plata y el oro unidos en las sandalias). Es un sueño maravilloso que muestra la relativización del ego a favor del *self*. La virtud que se enfatiza es la humildad, lo contrario del orgullo (el egoísmo narcisista). La relación de la soñante con su padre no se compensa o modifica ya que ella siempre lo ha tenido en alta estima. En el sueño, él es un símbolo del Padre arquetípico. La soñante históricamente ha sufrido las humillaciones que el patriarcado cultural en el cual ella nació y creció le infringe a las hijas. En las culturas patriarcales, los padres asumen un lugar de privilegio y le ponen poca atención a lo femenino. El padre en los sueños muestra el otro lado de la figura del padre como una personalidad creativa con la humildad para reconocer un poder mayor que es fuente de creatividad, el *self*. En tanto fuente de creatividad, el *self* estaría representado por imágenes como la Gran Madre. En este sueño, es simplemente el círculo dentro de un círculo, el centro del mandala.

A nivel subjetivo, los sueños se interpretan como algo simbólico. Un símbolo es una representación del contenido o proceso inconsciente y no se refiere a algo ya conocido. En este sentido, es diferente de un signo, que se refiere a un objeto, objetivo o idea específicos ya conocidos. En general, a Jung –y a los psicoanalistas junguianos que han seguido su pensamiento– les interesa más la interpretación simbólica de los sueños que la interpretación objetiva. Esto es en parte porque Jung sentía que en el mundo moderno, la mayoría se orienta unilateralmente hacia lo concreto, hacia el mundo objetivo, y se ha perdido contacto con lo simbólico.

Los tipos psicológicos

Al trabajar con sueños en el análisis, otra consideración es el tipo psicológico, tanto del soñante como del analista. Podría suceder que el paciente se sienta suficientemente satisfecho con meramente llevar un registro de un sueño o fantasía. Si el tipo del soñante es sensación, él o ella se resistirá a avanzar con la interpretación. Querrá quedarse con la función sensación dentro del texto del sueño y disfrutar de la historia en su propio nivel. El tipo sensación se enfocará en los detalles de los colores, texturas, lugares, las características de las imágenes en el sueño y estará satisfecho con simplemente disfrutarlo en ese nivel. Jung le llama a esto la actitud *estética*. Aunque sin lugar a dudas es importante reunir información a nivel de las sensaciones con el fin de establecer un texto y fortalecer la conciencia de las imágenes en el sueño, el analista junguiano no se quiere detener ahí. Esta es tan solo la primera etapa de la interpretación.

Otros quieren utilizar principalmente la función pensante en sus sueños. Lo enfocan de manera abstracta con conceptos como ego, sombra, anima, *self*, compensación, etcétera. Cuando ya han entendido el sueño de esta manera, se sienten satisfechos y piensan que han hecho el trabajo de interpretación. El tipo pensamiento de inmediato se salta a la etapa de la interpretación para ver cómo el sueño compensa la conciencia y de esta manera pasa por alto los detalles y se olvida de hacer otras preguntas importantes que surgirían a través de utilizar el sentimiento y la intuición. Sobre estas dos opciones, Jung escribe:

> Sucede a menudo que el paciente se conforma con meramente registrar un sueño o fantasía, en particular si tiende al *esteticismo*, en sentido lato. Incluso se opone a la *comprensión intelectual*, que le parece una insulto a la realidad de la vida psíquica. Otros pacientes buscan entender sólo con el pensamiento e intentan pasar impacientemente por alto el estadio del acontecer puro. Y una vez que han comprendido, les parece que ya han hecho bastante para la realización. Les resulta extraño o incluso absurdo que también deban tener una relación sentimental con los contenidos de la realización.[2]

La función del sentimiento introduce la cuestión del valor del sueño en la vida del soñante. ¿Tiene el soñante una relación sentimental con los contenidos del inconsciente? Es la función del sentimiento la que vincula el sueño con los valores e introduce una dimensión

[2] C. G. Jung "La psicología de la transferencia", *Obra Completa*, Vol. 16, párr. 489.

ética al trabajo con sueños. ¿Qué cuestiones éticas le plantea el sueño al soñante? De manera interesante, Freud lo confrontó con cuestiones éticas serias como resultado de analizar sus propios sueños en *La interpretación de los sueños*. Su reflexión sobre sus sueños implicó una toma de conciencia de los motivos escondidos y los impulsos sombreados que le eran inconscientes en estado de vigilia.

La gente muchas veces considera la ética como una simple cuestión de seguir reglas y códigos de conducta que rigen un área particular de la vida: los negocios, las relaciones matrimoniales, la política, etcétera. Cada profesión tiene códigos éticos y reglas que instruyen a los miembros en general cómo comportarse de manera correcta. Los tribunales están a cargo de castigar a través de levantar infracciones. No obstante, lo que queremos decir cuando nos referimos a ponerle atención a los valores concientizados por la función del sentimiento es diferente de la obediencia a los códigos objetivos de comportamiento; introduce la conciencia al panorama. La función del sentimiento en la formulación de Jung es una función racional que tiene que ver con los valores. Implica pensar con el corazón, no con la cabeza, como escribió Blaise Pascal: "El corazón tiene sus razones de las que no sabe nada la razón... Conocemos la verdad no sólo a través de la razón, sino a través del corazón". Jung escribe:

> Les resulta extraño o incluso absurdo que también deban tener una *relación sentimental* con los contenidos del inconsciente... el sentimiento ... nos liga a la existencia y al sentido de los contenidos simbólicos, que obtienen así un poder sobre el comportamiento ético del cual al esteticismo y al intelectualismo les gustaría liberarse. ... Los alquimistas creían que la *opus,* la obra, no sólo exigía el trabajo de laboratorio, la lectura de libros, la meditación y la paciencia, sino también el amor. Hoy

> hablaríamos de valores sentimentales y de una realización mediante el *sentimiento*.[3]

El tipo sentimiento es un individuo que funciona con base no en ideas, sino en ciertos valores: justicia, compasión, dignidad hacia los demás, justicia para sí mismo, etcétera. Con base en la función del sentimiento, la interpretación de los sueños asume las implicaciones éticas del sueño. Eso implica no sólo disfrutar el sueño por su belleza o inteligencia, sino por su mensaje ético y, en última instancia, por su significado práctico para la forma en la que vivimos. La función del sentimiento contribuye a la integración del significado práctico del sueño. En el sueño del anillo de oro (descrito anteriormente), la función del sentimiento consideraría cómo va a necesitar crecer el soñante para estar a la altura de la relación que implica recibir el anillo, es decir, asumir la tarea ética de amar. El sueño ofrece además una orientación vocacional.

Finalmente, está también la función de la intuición que necesita entrar en juego cuando se considere el significado de un sueño. Sobre este punto, Jung escribe:

> Tampoco la realización mediante el sentimiento es la última etapa. ... este cuarto nivel .... se trata de la anticipación del *lapis*. En esta anticipación de una posibilidad cuyo cumplimiento no podía ser objeto de la experiencia ... se muestra la actividad imaginativa de la cuarta función, de la intuición, sin la cual la realización no es completa. La intuición amplía el horizonte y disfruta de los jardines encantados de lo posible como si fueran reales. .... Este remate redondea la obra para convertirla en una vivencia de totalidad del individuo....[4]

La función intuitiva mira hacia el futuro y considera la cuestión de hacia dónde tiende a ir el sueño. ¿Cuál es su meta, en términos psicológicos? Jung utiliza la frase "actividad imaginativa" para

---

[3] *Ibid.* párr. 489-491.

[4] *Ibid.*, párr. 492.

trabajar con la función intuitiva. Se utiliza la imaginación activa en el sueño para llevarlo a un espacio en el cual podamos considerar su trayectoria hacia un futuro desconocido. ¿Cómo se podría aplicar este sueño a diferentes situaciones de vida que se podrían experimentar en el futuro? La imaginación se expande y extiende el rango de significados posibles que el sueño podría tener para la vida del soñante. Jung también utiliza la frase: "el jardín de posibilidades mágicas" como el lugar al que nos puede llevar la intuición.

Las series de sueños en el análisis

Cuando un individuo entra en análisis, el analista les pregunta si ha tenido sueños que le gustaría discutir. Además, conforme vaya avanzando el análisis, el analista típicamente le alentará a llevar un cuaderno de sueños o un diario. Es así como se empieza a construir una serie de sueños. Podemos ver los resultados en la serie de sueños de Wolfgang Pauli, que Jung interpreta en *Psicología y alquimia*. Conforme el paciente se va involucrando en su vida onírica y empieza a registrar sus sueños regularmente, a veces se llega a acordar de sueños anteriores que tuvo en la infancia, o bien sueños recurrentes que se han repetido una y otra vez y estos sueños también se vuelven parte de la serie de sueños.

En el análisis, antes de que emerja una serie de sueños, el analista recibe lo que se llama el "sueño inicial". El sueño inicial se maneja con particular interés y respeto. Muchas veces se da el caso de que cuando volteamos a ver la historia de un caso, podemos ver todos los problemas y temas centrales presentados en forma temprana en el sueño inicial. Podemos considerar el sueño inicial como un regalo para el analista; está diciendo: "Aquí está aquello con lo que vamos a estar trabajando conforme interactuamos con esta psique". Los sueños que siguen al sueño inicial semana por semana, mes por mes, y a lo largo del transcurso de todo el análisis, forman los contenidos de la serie de sueños.

Cuando los analistas reciben sueños en las sesiones, los colocan en el contexto de los sueños que les han antecedido. Después de un rato, emergen temas y reaparecen figuras, y la serie de sueños muestra cómo se va desenvolviendo el proceso de individuación del paciente a lo largo de este periodo de tiempo. Jung descubrió que los sueños que forman parte de una serie, no sólo repiten exactamente los mismos problemas y resultados una y otra vez, sino que más bien muestran un avance y un desarrollo. Jung pensó que este desarrollo lo instigara el instinto de la individuación, que lleva a la psique a desenvolverse, integrarse, desarrollarse, y llegar a ser lo que potencialmente puede ser.

Jung planteó una segunda teoría del inconsciente que podríamos considerar complementaria. La primera teoría era que el inconsciente es una compensación de la conciencia, sobre todo de la unilateralidad de la conciencia. La segunda teoría es que el inconsciente tiene una meta, a la que denominó "prospectiva". El inconsciente tiene una dirección que busca el desarrollo de la personalidad. Este es el instinto de la individuación. Los sueños facilitan este proceso. Los actos singulares de la compensación están al servicio del *telos* de la psique, es decir, de la plena realización del potencial.

El cuatro pilar
La imaginación activa como agente de transformación

Jung mismo estableció el importante papel que desempeña la imaginación activa en el análisis junguiano y su centralidad se enraíza en su experiencia personal. En el capítulo 6 de *Recuerdos, sueños, pensamientos* que se titula "El análisis del inconsciente" se describe esto parcialmente. El título de este capítulo indica el papel que desempeña la imaginación activa para llegar a un entendimiento con la escisión en la psique entre la conciencia del ego y la identidad, por un lado, y las fuerzas arquetípicas e instintivas del inconsciente, por el otro. En *El libro rojo: Liber Novus*, publicado tan solo en 2009, casi un siglo después de su creación, se narra la historia completa de cómo Jung utilizó la imaginación activa en su confrontación con el inconsciente. En la práctica de Jung con sus pacientes, la imaginación activa adoptó un papel central debido a su efectividad como agente de transformación. En combinación con el trabajo con sueños en el análisis, la imaginación activa probó ser de crucial importancia para lograr el máximo ímpetu terapéutico hacia facilitar la individuación del paciente. Como lo discutí anteriormente, el contenedor de este proceso es la relación analítica (el *temenos*).

Voy a empezar esta explicación de lo que es la imaginación activa como un método de tratamiento con una breve descripción de aquello para lo que sirve. La imaginación activa es una forma de auto-involucramiento y requiere de la introversión intencional de la energía psíquica. En la imaginación activa, la dirección de la atención, del enfoque, de los pensamientos y sentimientos se vuelca hacia adentro a imágenes que pueden ocurrir. La extroversión dirige la atención de la persona hacia el mundo circundante, mientras que la introversión se dirige hacia el mundo interno. Típicamente, la mayor parte del día de un individuo se pasa en la modalidad extrovertida que se enfoca en el mundo circundante. Sin embargo, a veces esto cambia. Si vamos a un concierto, por ejemplo, y escuchamos la música con cuidado y con plena atención, cobramos conciencia de que son de hecho vibraciones en el aire que entran en nuestros oídos y se traducen en ondas cerebrales. Nuestra atención se enfoca en los sonidos que nos llegan desde afuera. A veces, sin embargo, cuando escuchamos música, puede que empecemos a ver imágenes en el ojo de nuestra mente, en nuestro mundo interior, o bien, puede que veamos colores o algún tipo de movimiento. A esto se le llama sinestesia. O bien, podrías tener imágenes fantasiosas de un paisaje o de conocidos. Si empezamos a ponerle atención a lo que está sucediendo en nuestra mente, vamos cambiando de la modalidad de la extroversión a la modalidad de la introversión. La extroversión es escuchar los sonidos y la introversión es ver cómo te afectan los sonidos. En nuestro mundo interior, la música crea emociones, imágenes, o pensamientos.

Soñar es pura introversión. Mientras soñamos, sólo experimentamos el mundo interior. Esta es la esfera de la representación pura. Algunas filosofías argumentan que, de hecho, sólo experimentamos nuestro mundo interior y que lo que suponemos que es el mundo exterior es pura y sencillamente un constructo mental. Sin embargo, en la psicología existe la fuerte convicción de que nuestros sentidos y funciones mentales sí nos dan una impresión, quizás no completamente exacta, de un mundo externo. Hacemos una distinción entre el mundo interior y el mundo exterior, aunque se reconoce que estos dos mundos están entrelazados y muchas veces son muy difíciles de separar debido a la proyección. La imaginación activa es volcarse hacia adentro de manera deliberada en un intento por interactuar con la subjetividad de la psique de la manera más profunda posible mientras nos encontramos en estado de vigilia. Es una especie de meditación.

Podemos hacer una comparación entre soñar (ver el capítulo anterior) y la imaginación activa. La imaginación activa es similar a soñar, aunque sólo se realiza mientras el sujeto está despierto y plenamente consciente y, por lo tanto, tiene control sobre el marco. Soñar es el cerebro en el acto de pensar, pero a través de imágenes e historias más que lógicamente. La imaginación activa es muy parecida a esto; utiliza imágenes e historias más que el pensamiento dirigido. En los sueños, nos referimos a un ego soñante, que participa de manera activa o pasiva en la narrativa. En la imaginación activa, el ego del sujeto también puede ser activo o pasivo, aunque es por elección. El sujeto elije involucrarse activamente en el drama imaginado que se está desenvolviendo o bien podrá elegir ser un observador callado. Sin embargo, incluso como observador, el sujeto es activo en el sentido de que elije activamente y no meramente observa pasivamente como en las ensoñaciones en estado de vigilia. Cuando Jung escribe sobre la imaginación activa, enfatiza la palabra *activa* con el fin de distinguirla de la fantasía pasiva. En el concepto de imaginación activa, las dos palabas son importantes: es imaginación y además es activa, no pasiva.

El descubrimiento de la imaginación activa por parte de Jung

Resulta útil ver la historia y el desarrollo de la imaginación activa y cómo llegó Jung a este método, cómo se lo aplicó a sí mismo y luego a su trabajo clínico con pacientes. Poco antes de que Jung rompiera su relación con Freud, escribió un libro titulado *Símbolos y transformaciones de la libido,* cuya posterior versión revisada se denominó *Símbolos de transformación,* el volumen 5 de su *Obra Completa*. En este libro, Jung discute y analiza una serie de fantasías de una mujer joven llamada Frank Miller, una americana que estaba viajando por Europa por un periodo de tiempo. Jung se interesó en este material que se había encontrado publicado en una revista especializada de Suiza e investigó profundamente la historia psicológica de estas fantasías. Básicamente, amplificó las imágenes de Miss Miller utilizando la mitología de muchas tradiciones y partes del mundo diferentes. También estudió un amplio espectro de literatura con el fin de amplificar los significados más profundos de estas fantasías pasivas que Frank Miller había producido en su diario.

En el primer capítulo de *Símbolos y transformaciones de la libido,* Jung escribe sobre dos tipos de pensamiento: el pensamiento fantástico y pensamiento dirigido. El pensamiento fantástico es lo que descubrió en el diario de Miller, mientras que el pensamiento dirigido es el pensamiento más lógico, racional y científico que Jung utiliza en su discusión del material. Jung se había formado como científico y como médico, así que cuando empezó su investigación supuso que el pensamiento dirigido era superior al pensamiento fantástico. El pensamiento fantástico se considera inmaduro, como lo que hacen los niños cuando juegan entre sí. Juegan con juguetes e inventan historias, hacen cómo si fueran un personaje diferente de quien son y, por lo general, se involucran en el pensamiento fantástico. En general, se considera que el pensamiento fantasioso es infantil en comparación con el pensamiento dirigido y lógico de los adultos. Jung procedió a reflexionar más a fondo sobre el significado de las fantasías y las estudió desde una perspectiva psicológica más profunda, a la cual posteriormente llamó perspectiva arquetípica. Cuando empezó a entender el nivel más profundo del pensamiento fantástico, llegó a un nuevo aprecio e incluso se fascinó con él. De hecho, el pensamiento fantástico expresa una especie de verdad que el pensamiento dirigido no es capaz de alcanzar, una especie de verdad psicológica.

Poco después de la publicación de este libro, él y Freud le pusieron fin a su relación personal y Jung renunció a los cargos que ocupaba en la Asociación Psicoanalítica Internacional. Jung afirma en *Recuerdos, sueños, pensamientos* que en ese momento de su vida (tenía entre 37 y 38 años de edad) se sentía desorientado y no sabía qué dirección tomar en su vida y carrera profesional. Él sabía que no le sería de gran ayuda el pensamiento dirigido y procurar entenderlo racionalmente, por lo que decidió probar un experimento y hacer lo que había hecho Miss Miller, es decir, jugar e interactuar con el pensamiento fantástico. ¿cómo es pensar y, sin embargo, no utilizar la función del pensamiento dirigido del ego para resolver un problema racionalmente? Esta fue su primera pregunta. Este experimento se convirtió en un punto de viraje que Jung no había anticipado. Descubrió la imaginación activa como agente de transformación. Se había propuesto descubrir lo que significa pensar haciendo uso de la imaginación y esto lo llevó a descubrirse a sí mismo.

A este experimento lo precedió un número de sueños importantes que tuvo Jung en los meses que condujeron a su experimento con la imaginación activa. Supuso que a través de utilizar su imaginación, desentrañaría el significado de estos sueños que no había logrado interpretar a través de métodos racionales. Jung empieza con la historia a través de recordar un sueño que había tenido poco más de un año antes de empezar el experimento con la fantasía. En el sueño, él está sentado frente a una mesa redonda en su casa y de repente entra un pájaro blanco al cuarto, se sienta sobre la mesa y luego, mágicamente se convierte en una niñita. Jung está fascinado. Como ella es extremadamente encantadora, él le habla. Después, de repente la niñita se vuelve a convertir en el pájaro blanco, sale volando por la ventana y desaparece. Cuando le pregunta a alguien en el sueño: "¿A dónde se fue la niñita? ¿Dónde vive esa pajarita blanca?" le llegó la respuesta: "Ella vive en la tierra de los muertos". Jung no entendía lo que esto significaba. ¿Quién es esta niñita que también es pájaro? ¿Dónde es la tierra de los muertos? ¿Qué significa todo esto?

Un año después, en el mes de noviembre de 1913, Jung tomó la decisión de pasar algún tiempo en su estudio cada noche después de su día de trabajo y de cenar con su familia en su casa en Küsnacht. Apartó un tiempo en particular para sentarse en su estudio y concentrarse en este experimento, utilizando el pensamiento fantástico para ver a dónde lo llevaría. Empezó por abrir la mente y en su imaginación, por la ventana que da al Lago Zúrich, imploró: "Alma mía, ¿dónde estás? ¿Me oyes? Yo te hablo, yo te llamo, ¿estás allí? He regresado, estoy nuevamente aquí, he sacudido de mis pies el polvo de todas las comarcas, y vine hacia ti, estoy contigo, tras largos años de largo andar he vuelto a ti".[1] Entonces, simplemente se sentó ahí, quizás una hora o dos cada noche a lo largo de varios meses y dejó que su imaginación explorara el mundo interior que se le había abierto. Quería encontrar a "la tierra de los muertos", a su alma, a las profundidades escondidas de la psique. Su imaginación lo llevó a descubrir las respuestas que andaba buscando. La imaginación activa es una experiencia y el conocimiento que se adquiere a través de utilizar este método es lo que se podría llamar gnosis.

Al principio, el camino hacia el interior le resultaba muy lento y difícil a Jung. Durante varias noches no pasaba nada y no aparecía nada en su imaginación. Estuvo esperando con algo de impaciencia. Durante este periodo, como escribió en sus cuadernos (*Los libros negros*), era como si estuviera en el desierto –seco y árido– y no aparecía nada cuando llamaba a su alma. No había ninguna actividad. Afortunadamente, persistió y siguió esperando. Finalmente, una figura a la que llama su alma, le habla. Hasta la doceava noche escribe: "En ese momento el espíritu de la profundidad abrió mis ojos y divisé las cosas interiores, el mundo de mi alma".[2] Era una cuestión de resistencia, como viajar por el desierto.

Volteando a ver a su alrededor en este espacio de su imaginación, se encuentra en el piso de una cueva, con lodo hasta los tobillos. Se podía poner en acción a través de explorar el interior de

---

[1] C. G. Jung, *El libro rojo: Liber Novus*, p. 173.
[2] *Ibid.*, p. 186.

la cueva. Este es el inicio de su *imaginación activa*. Al ver a su alrededor, ve una piedra roja luminosa colocada sobre una roca. Se acerca para echarle una mirada más de cerca y al hacerlo empieza a escuchar voces que dan chillidos. Al tomar el cristal en su mano, ve un hoyo en la roca y se asoma al inframundo. Escucha una corriente de agua que corre en las profundidades de la cueva. Le asombran los sonidos e imágenes y le sorprende lo que está sucediendo en su imaginación. (La sorpresa es una característica muy importante de la imaginación activa — sucede algo que el sujeto no se espera. El ego no está a cargo, y las imágenes del inconsciente están mostrando autonomía). Al asomarse a las profundidades, ve algo muy perturbador: la cabeza ensangrentada de un hombre y un cadáver que flota en el agua. Pasa a ver un gran escarabajo oscuro y un sol radiante que resplandece a través de las aguas oscuras. De repente empieza a brotar sangre del hoyo. Jung no tenía idea de lo que significaba esta experiencia o cómo interpretarla. Simplemente hizo una anotación en su diario, describiendo todo lo que veía, pensaba y sentía. Sin embargo, no le resultaba claro el significado. No obstante, con base en sus estudios de mitología, él sabía que el escarabajo formaba parte del proceso que clásicamente se llama la Nekyia, un viaje al inframundo. Es evidente el paralelismo entre el descenso psicológico al inconsciente utilizando la imaginación activa y los relatos mitológicos del viaje al inframundo.

Cuando leemos *Liber Novus,* debemos recordar que Jung no contaba con un guía profesional que lo reafirmara o que arrojara luz sobre el significado del proceso que estaba realizando. De hecho, estaba bastante solo y a veces le preocupaba a dónde lo estaba llevando este experimento. ¿Acaso desembocaría en una crisis nerviosa? Con ansiedad se preguntaba si desembocaría en una "crisis de esquizofrenia". Era un psiquiatra con experiencia y sabía cómo se expresaban las enfermedades mentales. Por lo tanto, le preocupaba la posibilidad de una psicosis latente que lo acechaba desde su inconsciente que pudiera irrumpir por los muros de la conciencia del ego y dejarlo temporalmente incapaz de funcionar. Había visto pacientes en la clínica con el tipo de fantasías que él estaba experimentando en su consultorio privado. Se trataba de una preocupación muy seria.

Por otro lado, le complacía el hecho de que su imaginación estaba funcionando, que algo estaba sucediendo y que se hallaba sorprendido. Su imaginación estaba siendo muy interesante y llena de vida. Al reflexionar sobre sus opciones, decidió seguir con su experimento.

Una semana después de su visita a la cueva, se topó con una escena en la que se encontraba con dos figuras: un hombre de mayor edad que se parece a un profeta de la antigüedad y una hermosa mujer joven que es ciega. Les acompaña una serpiente negra. Con este encuentro, se va desenvolviendo la primera historia importante en *Liber Novus*. El profeta se presenta como Elías y la mujer como Salomé. Jung está asombrado y durante el transcurso de sus interacciones y las conversaciones que siguen, se va desarrollando una narrativa fascinante. El episodio dura unas cinco sesiones de imaginación activa, del 21 al 25 de diciembre de 1913. Jung descubre que también viven en la Tierra de los Muertos, que es de donde era la chica en su sueño anterior y que se proponía encontrar cuando empezó su experimento con la imaginación. Este territorio es lo que en sus escritos teóricos sobre psicología se llama "el inconsciente". Es ahí de donde provienen los mitos. Ha descubierto la fuente y está descubriendo su mito personal.

¿Quiénes son estas dos personas? Salomé y Elías son figuras bíblicas, por lo tanto, hace mucho que murieron. Sin embargo, están llenos de vida en esta tierra donde están viviendo. Jung está descubriendo que la Tierra de los Muertos es historia cultural y ya forma parte del inconsciente colectivo. Ese pasado de años atrás sigue vivo y activo dentro de la psique. Esto lo llevaría a argumentar que en el inconsciente no existe el tiempo, en contraposición al consciente. La distinción entre el pasado, el presente y el futuro se desintegra en el inconsciente. Todo es presente a la vez. Conforme observamos el comportamiento de Jung y la manera en la que interactúa con estas figuras, él no deja de ser él mismo: un hombre europeo educado del siglo XX. Sigue siendo él mismo en sus cuestionamientos, argumentos y pensamientos. No se vuelve un personaje ficticio o diferente de su personalidad usual en estado de vigilia. En su imaginación activa, interactúa con figuras que, mientras que son parte de él mismo, en el sentido de pertenecer a su mundo interior, sin embargo, le son figuras desconocidas y representan actitudes y puntos de vista diferentes de los conscientes. En *Liber Novus*, podemos observar cómo Jung, al ir practicando la imaginación activa a lo largo de varios años, gradualmente experimenta una transformación profunda. No sólo cambia y evoluciona, sino además las figuras con las cuales interactúa también van evolucionando. Se va dando un proceso de transformación mutua en la cual todas las partes de la psique se ven afectadas debido al diálogo y la interacción que se da entre ellos.

En un cierto momento, Jung estaba tan impresionado por lo que le estaba sucediendo internamente que decidió crear lo que hoy en día conocemos como *El libro rojo*, que él tituló *Liber Novus* (*El libro nuevo*). Jung pensó profundamente y a lo largo de periodo prolongado reflexionó sobre el significado de la narrativa de su imaginación activa. Además de reflexionar sobre el significado psicológico que tenía para él mismo, también introdujo la imaginación activa como un método terapéutico para sus pacientes. En 1916, unos tres años después de haber iniciado su experimento, hizo una presentación ante sus alumnos y colegas en el Club de Psicología titulado "La función trascendente." En esta presentación describió la práctica de la imaginación activa y presentó los resultados de este trabajo como la construcción de un puente entre la conciencia del ego y el inconsciente. El significado de "trascendente" en este término es que se eleva por encima del abismo entre los dos lados de la psique. La "función trascendente" permite que la mente consciente vaya más allá de los límites del pensamiento racional dirigido y conecta al ego a otra esfera de la psique, por lo tanto, entregando lo que se podría llamar el conocimiento intuitivo o "gnosis." Jung llegó a darse cuenta de que el pensamiento dirigido no puede conectar el ego al inconsciente. Puede estudiar los efectos del inconsciente, como hicieran Jung y sus colegas en los estudios de asociación de palabras y como Freud hacía en su psicoanálisis, aunque su rango de experiencia se limita a la conciencia. La imaginación activa puede llevar el tema más allá de lo que Henry Corbin llamó *Mundus Imaginalis*, siguiendo a Jung y expandiendo el tema de la imaginación activa con base en sus estudios de sufismo.

La imaginación activa en el psicoanálisis junguiano

Imagina analizarte con Jung, entrar a su consultorio y encontrarte con él. La primera sesión es introductoria: cuentas tu historia, enumeras tus quejas y problemas. Jung escucha con cuidado, aunque no dice mucho. Luego te alienta a hacer dos cosas antes de venir a la siguiente sesión: llevar un registro de tus sueños y empezar a practicar la imaginación activa. Si él te dijera esto, sería un verdadero halago; él estaría estimando que eres capaz de hacer este trabajo interno. Él habría hecho una evaluación muy rápida y un diagnóstico de tu estabilidad y capacidad psicológicas. Hacia el final de la sesión, él de hecho dice: "Estás listo para trabajar y analizarte conmigo". Esto sería un periodo extraordinario de trabajar en la introversión.

Si estuvieras en análisis con Jung, harías mucho trabajo entre sesiones. El trabajo no sólo se realizaría durante la hora de análisis; es un trabajo intensivo continuo entre una sesión de análisis y otra. Jung trabajaba de esta manera con muchos de sus pacientes en el periodo tardío de su vida. La mayoría de sus pacientes eran personas maduras, algunos de ellos en una etapa avanzada de la segunda mitad de la vida. Si él trabajaba contigo de esta manera tan comprometida, él estaría suponiendo que ya no necesitabas hacer el trabajo que es tan necesario en la primera mitad de la vida:

construir tu *persona*, enfocarte en tu propia vida e independizarte de tu familia de origen, crear un ego fuerte. Él daría por sentado que es algo que ya has hecho. Muchos pacientes que trabajaban con Jung en análisis entraban en este tipo de inmersión total por un periodo relativamente corto de tiempo. Llegaban a Zúrich y hacían análisis con él por un par de meses y luego regresaban a sus países. Muchos de sus pacientes vivían en otros países. Mientras estaban en análisis con él, se esforzaban intensamente de manera introvertida con el fin de experimentar y fortalecer su mundo interior a través de hacer contacto con figuras del inconsciente por medio de trabajar con sus sueños y hacer imaginación activa. Para ellos, era un momento muy especial en su vida que Jung les asistiese y guiase en el descubrimiento de sus profundidades internas.

Una vez que hubieran alcanzado un nivel avanzado en la imaginación activa y el trabajo con sueños, podían continuar con estas actividades sin necesariamente tener que estar en análisis. Después de dejar su residencia temporal en Suiza y regresarse a su país, podían continuar con el trabajo que habían empezado con Jung. La imaginación activa les ayudaba a volverse independientes del analista. Facilitaba un proceso continuo. Ya habían desarrollado ciertas destrezas y la habilidad para entablar una relación creativa y fructífera con su inconsciente de manera independiente. Típicamente, los pacientes de Jung empezaban su trabajo con la imaginación activa cuando llegaban a verlo y luego lo seguían haciendo el resto de su vida, quizás regresando a verlo ocasionalmente. Durante estas reuniones con Jung, podían revisar algunas de las experiencias que habían tenido durante el tiempo que no se habían visto. Jung sentía que aprender a hacer imaginación activa, los liberaba de la transferencia y de depender de él. Les daba la capacidad para continuar con su trabajo interior en sí mismos, cuando no estuvieran activamente en análisis con él.

Joseph Henderson, estadounidense, llegó a Zúrich de joven en los años veinte del siglo XX y trabajó con Jung por un periodo de tiempo. Una vez concluida su formación, que se dio entre Zúrich y

Londres, se mudó a San Francisco y finalmente fundó el Instituto Jung ahí junto con su amigo y colega, Joseph Wheelwright. Joseph Henderson una vez me habló un poco sobre su experiencia en Küsnacht. Se estaba quedando en un hotel no lejos de la casa y el consultorio de Jung. Caminaba a la casa de Jung para tomar sus sesiones varias veces a la semana. Temprano en la mañana, describe, salía a la terraza del hotel y veía a otras personas sentadas ahí, trabajando con sus sueños y haciendo imaginación activa. Explica que así se podía distinguir cuales de los huéspedes del hotel estaban trabajando con Jung. Si estaban sentados en la terraza escribiendo en sus diarios, pintando un cuadro o incluso con los ojos cerrados y obviamente haciendo imaginación activa, ¡eran pacientes de Jung! Se estaban preparando para su sesión analítica con Jung. Henderson me dijo que era inconcebible trabajar con Jung y no involucrarse en la imaginación activa. Era un método básico para el análisis.

Es así como la imaginación activa se volvió uno de los cuatro pilares del psicoanálisis junguiano. Es parte de los cimientos del trabajo de contactar con el inconsciente, fortalecer la función trascendente y crear un puente entre el consciente y partes del inconsciente de la psique.

En sus escritos publicados y sus seminarios, Jung discute varios casos analíticos que incluyen amplios contenidos de imaginación activa. En *El seminario de visiones,* ve los materiales de imaginación activa de Christiana Morgan, una mujer estadounidense que tomaba sesiones en la década de los años veinte del siglo XX y posteriormente regresó a Boston, en donde, con Henry Murray, creó la Prueba de Apercepción Temática (TAT por sus siglas en inglés). Jung dedica una sección importante de su libro, *Psicología y alquimia*, a una serie de sueños e imaginaciones activas del físico Wolfgang Pauli, quien buscó analizarse con Jung en la década de los treinta del siglo pasado. Jung escribe un ensayo importante titulado: "Un estudio del proceso de individuación", sobre las imaginaciones activas y las pinturas de la Dra. Kristine Mann, una psiquiatra americana que fue a estudiar con él en la década de los años veinte del siglo XX y continuó intermitentemente hasta que ella muriera en la década de los cuarenta.

El caso de Wolfgang Pauli es un ejemplo de los efectos terapéuticos de la imaginación activa. Pauli era profesor en ETH en Zúrich, donde Jung también impartía clases en esa época. El padre de Pauli, que era profesor en Viena, le sugirió que consultara con el profesor Jung sobre problemas que tenía en su vida personal. Pauli se dio cuenta que necesitaba ayuda, así que fue a analizarse con Jung. Jung lo entrevistó y decidió que sería mejor que empezara a trabajar con una de sus estudiantes ya que Pauli estaba teniendo muchas dificultades en sus relaciones con las mujeres. En segundo lugar, tanto Pauli como Jung eran profesores en la misma universidad, y probablemente hubiera resultado difícil separar los papeles que desempeñaban. Por eso, Jung lo refirió a la Dra. Erna Rosenbaum, quien asumió el análisis de Pauli. Estuvo en análisis con Rosenbaum durante unos 9 meses, durante los cuáles produjo una impresionante serie de sueños e imaginaciones activas, que después ofrecería a Jung para propósitos de su investigación. Son esta serie de sueños e imaginaciones activas las que Jung analizó en su comentario. Después de su análisis con Rosenbaum, Pauli continuó análisis con Jung por unos dieciocho meses, después de los cuales cambió la relación entre ellos y prosiguió bajo la forma de una correspondencia epistolar y reuniones ocasionales para discutir temas teóricos y a veces los sueños de Pauli.

Unos dieciocho años después, en 1953, Pauli produjo un ensayo titulado "La lección de piano", que es una imaginación activa de unas diez páginas de largo. Muestra a Pauli creando equilibrio y armonía entre dos partes en su interior. En esta imaginación activa, encuentra la manera de conjugar su brillante inteligencie racional y científica con su vida emocional, con su *anima mundi* y el inconsciente. Utiliza la metáfora de un piano con teclas blancas y negras que trabajan juntas para crear una sola pieza musical. Se podría decir que fue a través del uso de la imaginación activa y de trabajar con sus sueños, que Pauli logró alcanzar un nivel muy considerable de equilibrio e integración de los opuestos. Fue esta armonía interior la que fue de crucial importancia para su vida y trabajo.

A Jung le parecieron fascinantes los materiales de los sueños y la imaginación activa de Pauli ya que Pauli era un hombre con muchos dones, comprometido con llevar un registro detallado de sus sueños y excepcional en el trabajo con sus imágenes y visiones. Como lo muestran los registros, estaba dedicado a la imaginación activa. En el caso de Pauli, podemos ver cómo los sueños y las imaginaciones activas se mueven juntos en una dirección clara y estable hacia lo que Jung llamó la síntesis de la psique y el desarrollo de una función trascendental. Una de las cosas de las que Pauli cobró conciencia como resultado de su análisis fue cómo el trabajo afectaba su vida terapéuticamente. Mientras se mantuviera en contacto con su inconsciente a través de observar sus sueños y trabajar en su imaginación activa, se sentía emocionalmente estable, enriquecido y equilibrado. Siguió haciendo esto por el resto de sus días.

La Dra. Kristine Mann presenta un caso complementario. Era una mujer norteamericana que vino a Jung a tomar análisis en la década de los años veinte del siglo XX, cuando ella tenía unos 55 años de edad. Mann era una mujer soltera profesional que había alcanzado grandes logros, una psiquiatra con su práctica en la ciudad de Nueva York, que sentía la necesidad de trabajar con su inconsciente de una manera diferente de la que había estado disponible para ella hasta entonces. Se sentía atorada. Llegó a Jung con la esperanza de encontrar la forma de avanzar en su vida y su proceso de individuación. En "Un estudio sobre el proceso de individuación", publicado después de la muerte de Mann, Jung hace comentarios sobre unas veinte imágenes que Mann pintó mientras estaba en análisis con él y posteriormente.

La primera imagen que Mann le llevó a Jung cuando fue a él para analizarse muestra a una mujer atorada en las rocas. La segunda imagen muestra un relámpago que se estrella contra una gran roca y la libera. En esta imagen se representa la liberación de la opresión y la libertad. Mann practicó la imaginación activa a través de pintar. Esta es una de las formas en las que se puede practicar la imaginación activa; a través de un pincel, la mano se relaciona con el papel, plasmando imágenes sobre la superficie del papel para que se las pueda ver en vez de guardarlas en la imaginación. Cuando Mann le llevaba las imágenes a Jung, las discutían como productos de la imaginación activa. Ella le explicaba a Jung cuál era el significado que tenían para ella y cómo las había realizado. En algún momento, ella dijo que había decidido no seguir a la "razón", sino dejar que sus "ojos" dirigieran el camino y le dijeran cómo se presentarían las imágenes. De esta manera, ella quedaba sorprendida por la imagen que emergiera.

La serie de imágenes que produjo mientras trabajaba con Jung a lo largo de unos diez años representa su proceso de individuación en imágenes. Cuando se regresó a Nueva York, después de trabajar con Jung por varios meses en Suiza, ella siguió pintando. Regresaba a Suiza durante los veranos y retomaba su trabajo con Jung por varias semanas. En el transcurso de unos veinte años, produjo una hermosa serie de cuadros, muchos de ellos con forma de mandala. Jung escribe en su comentario sobre estos cuadros que puede ver cómo avanza el proceso de individuación paso por paso a través de estas imágenes realizadas en su imaginación activa. Su proceso se realizó a través de colores y formas, principalmente de imágenes abstractas. Esta fue su forma de imaginación activa, la cual era transformadora.

Precauciones para el uso de la imaginación activa en el análisis

Como analista, hay un número de precauciones que se necesitan tomar antes de introducir a un paciente a la imaginación activa. Hay que tener conciencia de la condición psicológica del individuo que se esté analizando y hacer una cuidadosa evaluación de su nivel de desarrollo y de psicopatología. La imaginación activa puede llegar a ser un método muy poderoso y perturbador porque estimula al inconsciente y las imágenes emergen en un proceso que puede ser perturbador como se ve claramente en *Liber Novus* de Jung. Si el ego no es suficientemente fuerte como para contener los afectos liberados y trabajar con las imágenes conforme vayan emergiendo, el paciente se puede sentir abrumado por lo que Jung llamó una psicosis latente. Los analistas típicamente trabajan con sus pacientes por un periodo de tiempo antes de decidir si es adecuado introducir la imaginación activa como método. Con algunos pacientes, jamás se le utilizaría ya sea por su psicopatología o bien por la falta de un suficiente desarrollo del ego o por tratarse de un momento inadecuado considerando lo que esté sucediendo en la vida del paciente en ese momento.

Otra regla en la imaginación activa es no utilizar a conocidos como personajes de la imaginación activa. En otras palabras, no debemos de hacer imaginación activa con alguien a quien conozcamos como amistades, colegas, o seres queridos, ya que podría tener efectos extraños. Sería un mal uso de la imaginación activa procurar influir sobre otras personas a través de un tipo de "intervención mágica" que ellos desconocen. Utilizar la imaginación activa de esa manera, es una violación de los límites de la práctica y del comportamiento éticos con respecto a otras personas. Si por casualidad una persona conocida surge repentinamente en la imaginación activa, el consejo es encontrar un reemplazo como representante de una figura interna que se le parezca. Por ejemplo, el Sr. Z es alguien que me parece desagradable y para mí es una especie de figura sombreada. Si aparece en mi imaginación activa, lo reconozco y trato de encontrar un personaje imaginal similar que represente las mismas cualidades sombreadas. Entonces puedo avanzar y dialogar con él.

Tipos de imaginación activa

Existe una variedad de modalidades que se pueden utilizar en la imaginación activa. Las instrucciones que siguen se podrían considerar la forma clásica: liberas un espacio en la mente, esperas para ver lo que aparezca, si se mueve, lo sigues, y así sucesivamente. Esta es la forma clásica de la imaginación activa, tal cual la desarrolló Jung. Luego, está la modalidad que utilizó Kristine Mann: dibujos y pinturas. Algunos utilizan modelado o esculpido en barro. También hay imaginación activa en movimiento, donde el cuerpo le abre el camino a la imaginación activa. Algunos analistas junguianos lo practican y se llama "movimiento auténtico". Luego, por supuesto, está la terapia del juego de arena que practican muchos terapeutas a nivel mundial. En esta terapia, se colocan objetos miniaturas en una charola de arena y se crea una escena desde la cual emerge una narrativa.

Puntos de partida para la imaginación activa

La imaginación activa puede empezar en una variedad de maneras. Puede empezar con un sueño. Si un sueño no ha concluido al despertar, o si hay algo en el sueño que al soñante le gustaría explorar más a fondo, o bien si hay una figura en el sueño con la cual se necesita interactuar más a fondo, se puede utilizar la imaginación activa para soñar el sueño hacia adelante.

La imaginación activa también puede iniciar con un estado de ánimo o un sentimiento. Si fuéramos a hacer una película para representar este sentimiento, ¿sobre qué se trataría y qué papel desempeñaríamos? A partir de un sentimiento o estado de ánimo, quizás en la imaginación, te encuentras solo al lado de un lago y alguien se te acerca e inician un diálogo.

Algunos consejos para practicar la imaginación activa

Para empezar, hay un punto de partida, una primera sesión. Necesitamos abrir un espacio mental silencioso y libre para la imaginación. Como ya lo mencioné, la imaginación activa no es ensoñar en estado de vigilia o caer en una fantasía que salta a la conciencia. La imaginación activa es una tarea o compromiso deliberado y nos tenemos que preparar para ella. Empieza por asignar 30 minutos en un espacio físico libre de interrupciones externas: ninguna llamada telefónica, ni mensajes, ni conversaciones.

Consejo # 1 – ¡Deja que suceda! (*Geschehenlassen, Wu Wei*)

La primera regla es muy sencilla: Tan sólo deja que suceda. En alemán, la palabra que describe este tipo de actividad es el verbo, *geschenlassen*. Cuando Jung estudió y comentó el texto alquímico chino, *El secreto de la flor dorada*, descubrió que este verbo tiene un equivalente en chino: *wu wei*. Es un tipo de pasividad activa: activa en tanto que se trata de una elección tomada por el sujeto despierto (el ego), pasiva en tanto que significa. "no hagas nada; espera". Esta fue la primera instrucción que Jung recibió de su alma. Ella le susurró al oído: "Espera". Se trata de una orden sencilla, aunque puede ser agonizante ejecutarla. Como escribe Jung en *Liber Novus*: "Escucho la sórdida palabra. El tormento pertenece al desierto".[3]

Al principio, puede que tengas que esperar con paciencia por bastante tiempo hasta que algo empiece a suceder en tu imaginación. No es fácil vaciar una mente llena de pensamientos que le preocupan. Se trata de tener disciplina. Los pensamientos falsos no dejan de invadir y es un desafío dejarlos ir. La idea es crear una pantalla en blanco en la mente en la cual piensas nada, ves nada, sientes nada — es tan solo espacio vacío. En algunas formas de meditación, ésta es la meta final. Para la imaginación activa, es el punto de partida, un prerrequisito.

---

[3] *Ibid.*, p. 182.

Para hacer esto, ayuda el que el cuerpo esté relajado. En algunas prácticas de meditación, los practicantes se sientan sobre un cojín con las piernas cruzadas o dobladas. También existe lo que se llama la meditación caminando. Lo principal es calmar la mente consciente, vaciar la mente de sus inquietudes y preocupaciones. Cuando interfieren los complejos, las preocupaciones o los pensamientos de la vida cotidiana, tan solo déjalos ir y libera el espacio. Esto es lo que vemos que hace Jung al inicio de *Liber Novus*. Simple y pacientemente espera a que aparezca algo, sin forzarlo ni tratar de convocar la presencia de una imagen. Esta es la sesión inicial. Posteriormente, habrá un cambio en la manera de empezar una sesión de imaginación activa, pero al principio empieza con vaciar la mente.

La doctora Marie-Louise von Franz, una de las alumnas más sobresalientes de Jung quien escribió muchísimo sobre la imaginación activa, incluyendo un libro titulado *Imaginación activa alquímica,* contó una vez la historia de un paciente a quien le recomendó hacer imaginación activa. Le dio las instrucciones básicas tal cual se desglosaron arriba y cuando el paciente vino a su sesión a la semana siguiente, ella le preguntó: "¿Hiciste el ejercicio?" Él contestó: "Traté, pero no pasó nada. No me vino nada. No vi nada". Ella le sugirió que volviera a probar la semana siguiente: "Haz lo mismo: libera la mente, has un espacio vacío y espera. A ver qué te viene". La siguiente semana el informe fue igual. Le dijo que había intentado hacer imaginación activa y se había sentado en silencio por media hora. Se esperó, aclaró su mente, pero nada le vino. Esto sucedió por semanas y semanas, y siempre era la misma historia. Era un hombre muy paciente, así que fielmente siguió probando. Entonces, una semana, llegó realmente emocionado y le dijo: "¡Vi algo!" von Franz le preguntó: "¿Qué viste?" Le dijo que había estado sentado en silencio como de costumbre, frente a su ventana en casa cuando de repente vio la imagen de una cabra afuera de la ventana. La cabra sólo estaba parada ahí con la mirada perdida en la distancia. Ella dijo: "Eso es genial. Ya empezó". El paciente le dijo a von Franz que no le gustaban las cabras mucho y que le hubiera gustado otra cosa. La doctora von Franz le dijo: "Sólo quédate con lo que ves".

Consejo # 2: Recibe lo que venga: sea lo que sea.

Esto nos trae a la segunda regla. La primera regla es dejar ir y abrir un espacio; y la segunda regla es *recibir lo que te venga: sea lo que sea*.

El paciente de la doctora von Franz hubiera preferido algo más interesante que una cabra. Él vivía en la campiña suiza en donde las cabras son bastante comunes y no muy interesantes. Quizás hubiera preferido ver un águila o un león montés. Sin embargo, se le instruyó que se quedara con lo que le llegara. Esta es una regla esencial. Recordemos la experiencia de Jung en *El libro rojo* en donde él describe cómo entra a una cueva y ve algo horrible, algo que él no hubiera invitado o querido de ninguna manera. Sin embargo, él tenía que aceptar lo que le ofrecía su imaginación. Todos tenemos un corrector interno; una actitud o juez que juzga lo que es noble y lo que es bajo; lo que vale y lo que no vale. Tenemos que hacer al corrector a un lado y simplemente recibir lo que venga. la primera cosa que nos llegue y se nos revele en la imaginación.

Esta regla hace a la imaginación activa a un lado y la diferencia de prácticas de meditación que cuentan con un programa o imágenes guiadas. Por ejemplo, puede que en la meditación guiada, empieces por pensar sobre una escena específica de un texto en particular y en la segunda meditación medites sobre una figura o deidad específica. Hay instrucciones para cada una de ellas. La imaginación activa no es así. Una vez que te hayas puesto cómodo/a, que hayas aclarado la mente, deshaciéndote de los pensamientos distractores, y aparezca algo en el espacio de la imaginación, no lo juzgues. Tan solo recíbelo, acéptalo, y quédate con él.

Estas son las instrucciones que von Franz le dio a su paciente. Ella le pregunta: "¿Has visto una cabra afuera de la ventana? Quédate con eso; ¿Qué hace? Obsérvala. Presta atención y ve lo que sucede". Cuando el paciente regresó a su sesión la semana siguiente, ella le preguntó qué había pasado. El paciente le dijo que no había pasado nada, la cabra sólo se quedó donde estaba la semana anterior. Ella le volvió a infundir aliento diciéndole: "Bueno, quédate con eso toda la semana, sigue haciéndolo todos los días, obsérvalo, quédate con la imagen, a ver qué pasa". Regresó la semana siguiente con la misma historia: no había pasado nada. Esto sucedió por semanas y semanas. Él tuvo paciencia, y no dejaba de asomarse por la ventana: la cabra seguía ahí. Aunque nada pasaba más allá de eso.

De repente, a la mitad de la noche, sonó el teléfono de von Franz y ella alzó el auricular. Del otro lado de la línea, estaba este paciente. "Dra. von Franz, ¡me estoy volviendo loco! Tiene que ingresarme al hospital psiquiátrico. Estoy perdiendo la cabeza". Ella le dijo por teléfono: "¿Te puedes esperar hasta mañana en la mañana? Te veré temprano. Ven a mi consultorio a las 7.00 de la mañana. Podemos tener una sesión de emergencia. Me puedes decir qué es lo que está pasando y ya veremos si vas a necesitar que te hospitalicen. Yo me haré cargo. Aunque, ¿puedes esperarte hasta mañana en la mañana?" Él le dijo que se esperaría. Cuando llegó a las 7.00 de la mañana al día siguiente, ella le hizo pasar a su consultorio. "¿Qué pasó? ¿Cuál es el problema? Dime qué está pasando". Le dijo que cuando estaba haciendo su imaginación activa el día anterior, asomándose por la ventana como de costumbre, vio la cabeza de la cabra. De repente, la cabra movió su cabeza y se le quedó viendo directamente a los ojos. "Estoy seguro que me estoy volviendo loco. No puedo controlar mi mente. La cabra tan solo está haciendo lo que se le viene en gana". von Franz se rio y le dijo que eso es lo que se supone debe suceder en la imaginación activa. "Ya está sucediendo algo y puedes interactuar con esa cabra. Ya está empezando la imaginación activa".

Consejo #3: ¡Si se mueve, síguelo!

Esto introduce la tercera regla de la imaginación activa. *Si se mueve, síguelo* y quédate con ese movimiento en la imaginación. Esto trae a colación no sólo la regla de la aceptación—quedarse con lo que venga, sea lo que sea; aunque también trae a colación la regla del ego activo interactuando con figuras autónomas en la imaginación, que parecen tener una vida y voluntad propias. En esta etapa de la imaginación activa es importante que el ego, el "yo" en la historia, mantenga sus actitudes y sentimientos de costumbre. El sujeto necesita entrar en la historia que se está desarrollando con la plena realidad de quien es y actuar como si el diálogo y la escena realmente se estuvieran desenvolviendo frente a ellos. Esa es la diferencia entre la imaginación activa y la fantasía pasiva. En la fantasía pasiva, tan solo observas lo que está sucediendo. En la imaginación activa, entras e interactúas con ella como si fuera un acontecimiento real, físico, dramático que se desenvuelve en frente y alrededor de ti.

Jung narra la historia de un paciente, un hombre joven, que acudió a él a causa de una imaginación activa que había realizado entre sesiones. El hombre joven dijo que en su imaginación activa, él estaba con su prometida que patinaba sobre hielo en un lago cercano. Él la estaba observando desde la orilla del lago. De repente, se rompió el hielo, ella se cayó en el agua helada y empezó a gritar pidiendo ayuda. Parecía que se estaba hundiendo. Jung exclamó: "¡Oh! ¡No! ¿Qué hiciste?" El hombre joven reconoció con pena que tan sólo había permanecido parado pasivamente, observando la escena que se desenvolvía ante sus ojos como si fuera una película. Jung le preguntó: "¿Qué harías si esto realmente estuviera pasando?" Él dijo que si realmente estuviera pasando, él llamaría para pedir ayuda y se echaría al agua para tratar de salvarla. Jung dijo: "Bueno, eso es exactamente lo que debes de hacer en la imaginación activa. Debes de ser tú mismo en la medida de lo posible, como serías si este acontecimiento se estuviera dando en el mundo físico que te rodea". El punto es que el ego se involucra fuertemente en la imaginación activa. No se trata de una fantasía pasiva. El ego permite que se vaya desenvolviendo la historia, pero al mismo tiempo el sujeto es también un actor en el escenario que se está escenificando en la imaginación.

Estas son las reglas básicas de la imaginación activa: deja ir y vacía la mente; recibe lo que te llegue, sea lo que sea; si se mueve, síguelo; y luego interactúa con él de manera genuina. Si sigues estas reglas básicas, seguramente tendrás éxito en practicar la imaginación activa.

Si deseas probar la imaginación activa, sigue estas reglas. Asigna entre veinte y treinta minutos diarios cada día de la semana y haz un esfuerzo por empezar a practicar la imaginación activa. Puedes programar un cronómetro y después de unos veinte minutos de practicar tu imaginación activa, anota en un diario exactamente lo que sucedió. Al día siguiente, retoma el punto donde llegaste el día anterior. Regresa a la escena y retoma desde ahí. Si haces esto regularmente a lo largo de un mes, tendrás los inicios de un mundo interior estable que puedas visitar y recibir los beneficios de la imaginación activa de por vida. Suena como una gran promesa; en verdad depende de tu determinación y paciencia. Dentro de tu psique existe la facultad para ejercer esta función de la imaginación y utilizarla activamente. Esto te abre a una experiencia del mundo interior y a una conexión con el inconsciente.

Además de seguir las reglas, también es importante no interpretar la imaginación activa mientras se vaya dando. Hay que tan solo permitir que se vaya desenvolviendo y registrarla. Ya entenderemos lo que significa posteriormente, pero mientras tanto no utilices tus funciones cognitivas de interpretación, sino se te bloqueará tu desarrollo futuro. La imaginación activa es una experiencia de imágenes, historias y sentimientos. Te darás cuenta de que mientras haces imaginación activa, las emociones surgen a flor de piel. Por eso es sabio ponerle un límite de tiempo; veinte o treinta minutos al día es realmente suficiente. No te involucres demasiado y siempre mantén un control consciente sobre esta actividad imaginativa en la cual te estás involucrando.

Al experimentar con la imaginación activa, deberás anotar todo lo que experimentes, veas, escuches o sientas. Asegúrate de incluirlo en tu diario, ya que te permite regresar y rastrear tus pasos posteriormente. No caigas en la tentación de interpretar demasiado durante este proceso. Espera hasta que el proceso se haya establecido a fondo antes de buscar el significado. Tan sólo quédate con los símbolos y la figuras y sigue trabajando con ellos. Cuando la serie haya seguido su curso, podrás tratar de interpretarlo, utilizando los conceptos psicológicos adecuados.

Referencias

Abramovitch, H. (2021). "When Is It Time to Stop? When Good Enough Becomes Bad Enough", *Journal of Analytical Psychology* 66:4.

Adler, G. (1961). *The Living Symbol*. Nueva York: Pantheon.

______. (1967). "Methods of Treatment in Analytical Psychology". En B.B. Wolman (ed.), *Psychoanalytic Techniques*. Nueva York: Basic Books.

______. (1974). *Success and Failure in Analysis*. Nueva York: Putnam.

______ (ed.). (1973/1975). *C. G. Jung Letters*, 2 Vols. Princeton, Nueva Jersey: Princeton University Press.

Alighieri, Dante. (1922). *La divina comedia*. Trad. Bartolomé Mitre. Buenos Aires: Centro Cultural Latium.

Armstrong, K. (2017). *Los orígenes del fundamentalismo en el judaismo, el cristianismo y el islam*, trad. Federico Villegas. Barcelona: Tusquets Editores.

Asper, K. (1993). *The Abandoned Child Within: On Losing and Regaining Self-Worth*. Nueva York: Fromm International.

Atmanspacher, H. (2013). "A Structural-Phenomenological Typology of the Mind-Matter Correlations", *Journal of Analytical Psychology*, 58/2.

Baeck, L. (1948). *"Individuum Ineffabile". Eranos – Jahrbuch* 1947. Zúrich: Rhein-Verlag. Traducción al inglés de Gabriel E. Padawer y Bernard H. Mehlman, con Alisa Rethy. *Hebrew Union College*

Annual, Volumen 91 (2020), pp. 261-301. Introducción de David Ellenson y Paul Mendes-Flohr.

Balint, M. (1993). *La falta básica: Aspectos terapéuticos de la regresión,* trad. Alberto Luis Bixio, Barcelona/Buenos Aires: Ediciones Paidós. Brunner/Mazel.

Benedict, R. (2006). *El crisantemo y la espada*: *Patrones de la cultura japonesa*, trad. Javier Alfaya, Madrid: Alianza Editorial.

Berlin, I. (2017). *Sobre la libertad,* trad. Julio Bayón et al., Madrid: Alianza Editorial.

Blumenberg, H. (2003). *Trabajo sobre el mito*, trad. Pedro Madrigal, Barcelona/Buenos Aires: Ediciones Paidós.

Bion, W. (1962/1987). *Aprendiendo de la experiencia.* Editorial Paidós Mexicana.

Cambray, J. (2009). *Synchronicity: Nature and Psyche in an Interconnected Universe*. College Station, Texas: Texas A & M University Press.

Campbell, J. (ed.). (1957). *Man and Time*. Princeton, Nueva Jersey: Princeton University Press.

Carter, L. (2010). "Countertransference and Intersubjectivity". En M. Stein (ed.), *Jungian Psychoanalysis*. Chicago, Illinois: Open Court Publishing Company.

Connolly, A. (2015). "Bridging the Reductive and the Synthetic: Some Reflections on the Clinical Implications of Synchronicity". *Journal of Analytical Psychology*, 60/2.

Corbett, L. (1989). "Kohut and Jung: A Comparison of Theory and Therapy". En Detrick D. W. y Detrick, S. P. (eds.), *Self Psychology: Comparisons and Contrasts.* Hillsdale, Illinois: Analytic Press.

______. (1996). *The Religious Function of the Psyche*. Nueva York: Routledge.

Corbett, L. y P. Kugler. (1989). "The Self in Jung and Kohut". En A. Goldberg (ed.), *Dimensions of Self Experience: Progress in Self Psychology,* Vol. 5. Hillsdale, Illinois: Analytic Press.

Corbin, H. (1951/1957). "Cyclical Time in Mazdaism and Ismailism". En Joseph Campbell (ed.), *Man and Time*. Princeton, Nueva Jersey: Princeton University Press.

______. (1972). *"Mundus Imaginalis* or The Imaginary and the Imaginal." *Spring An Annual of Archetypal Psychology and Jungian Thought*: 1–19. 1972, pp. 133.

Dieckmann, H. (1971). "The Favorite Fairy Tale from Childhood as a Therapeutic Factor in Analysis". En J. B. Wheelwright (ed.), *The Analytic Process*. Nueva York: G. P. Putnam and Sons.

______. (1976). "Transference and Countertransference: Results of a Berlin Research Group". *Journal of Analytical Psychology* 21/1.

______. (1979). *Methods in Analytical Psychology.* Wilmette, Illinois: Chiron Publications.

______. (1980). "On the Methodology of Dream Interpretation". En I. G. Baker (ed.), *Methods of Treatment in Analytical Psychology*. Fellbach: Verlag Adolf Bonz.

______. (1991). *Methods in Analytical Psychology.* Wilmette, Illinois: Chiron Publications.

Dostoyevsky, F. (2016). *Crimen y Castigo,* trad. Rafael Cansinos Assens, Barcelona: Astral Editorial.

DiStasi, L. (1981). *Mal Occhio.* Berkeley, California: North Point Press.

Edelman, S. P. (1998). *Turning the Gorgon: A Meditation on Shame.* Woodstock, Connecticut: Spring Publications.

Edinger, E. F. (2018). *Ego y arquetipos: Una ventana a los símbolos de transformación,* Marjalisa, Toledo: Sirena de los Vientos.

______. (2024). *La creación de la consciencia. El mito de Jung para el hombre moderno*. Madrid: Sirena de los Vientos.

Eliade, M. (1958/1968). *Patterns in Comparative Religion.* Cleveland, Ohio: The World Publishing Company.

______. (1959). *Cosmos and History: The Myth of the Eternal Return.* Nueva York y Evanston, Illinois: Harper & Row.

Ellenberger, H. (1970). *The Discovery of the Unconscious: The History and Evolution of Dynamic Psychiatry.* Nueva York: Basic Books.

Fairbairn, W. R. D. (1952). *Estudio psicoanalítico de la personalidad.* Buenos Aires/Ciudad de México: Grupo Editorial Lumen-Hormé.

Fitzmyer, J. (1993). *Romans. The Anchor Yale Bible.* New Haven, Connecticut/Londres: Yale University Press.

Fordham, M. (1978). *Jungian Psychotherapy.* Nueva York: John Wiley & Sons.

______. (1985). *Explorations into the Self.* Londres: Karnac Books.

Frey-Rohn, L. (2013). *De Freud a Jung*. México: Fondo de Cultura Económica.

Geoghegan, W. (2002). *Jung's Psychology as a Spiritual Practice and Way of Life*. Lanham, Nueva York, Oxford: University Press of America.

Goodheart, W. B. (1980). "Theory of Analytical Interaction". *San Francisco Jung Institute Library Journal* 1/4.

Gordon, R. (1977). "The Symbolic Experience as Bridge between the Personal and the Collective". *Journal of Analytical Psychology* 22/4.

_______. (1980). "Narcissism and the Self". *Journal of Analytical Psychology* 25/2.

_______. (1987). "Masochism: The Shadow Side of the Archetypal Need to Venerate and Worship". En M.A. Mattoon (ed.), *The Archetype of Shadow in a Split World.* Einsiedeln, Suiza: Daimon Verlag.

Grimm, J. y Grimm, W. (2020). *Cuentos,* trad. Pedro Gálvez, Madrid: Alianza Editorial.

Grotstein, J. S. (1981). *Identificación proyectiva y escisión,* trad. Stella Abreu, Ciudad de México: Editorial Gedisa.

Gudaite, G. y M. Stein (eds.). (2014). *Confronting Cultural Trauma*. Nueva Orleans: Spring Journal Books.

Guggenbühl-Craig, A. (1971). *Power in the Helping Professions*. Nueva York: Spring Publications.

______. (1972). "Analytical Rigidity and Ritual". *Spring* 1972.

______. (1977). *Marriage — Dead or Alive*. Zúrich: Spring Publications.

Hall, J. A. (1977). *Clinical Uses of Dreams*. Nueva York: Grune & Stratton.

Harvey, Van A. (1966). *The Historian and the Believer.* Nueva York: Macmillan.

Henderson, J. L. (1967). *Thresholds of Initiation*. Middletown, Connecticut: Wesleyan University Press.

Hinton, L. (1999). "Shame as a Teacher". En M. Mattoon (ed.), *Florence 1998 – Destruction and Creation.* Einsiedeln, Suiza: Daimon Verlag.

______. (2015). "Temporality and the Torments of Time". *Journal of Analytical Psychology* 60/3.

Hillman, J. (1964). *Suicide and the Soul*. Londres: Hodder and Stoughton.

______. (1967). *Insearch: Psychology and Religion*. Nueva York: Charles Scribner's Sons.

______. (1971). "Psychology: Monotheistic or Polytheistic?" *Spring* 1971.

______. (1978). *The Myth of Analysis.* Nueva York: Harper & Row.

______. (1983). *Archetypal Psychology: A Brief Account.* Dallas, Texas: Spring Publications.

______. (1997). *The Soul's Code: In Search of Character and Calling*. Nueva York: Warner Books.

Homans, P. (1995). *Jung in Context: Modernity and the Making of a Psychology*. Chicago: University of Chicago Press.

Hubback, J. (1988). "Envy and the Shadow". *People Who Do Things to Each Other.* Wilmette, Illinois: Chiron Publications.

Izutsu, T. (1977). *Hacia una filosofía del budismo zen.* Madrid: Editorisal Trotta.

Jacobi, J. (1965). *The Way of Individuation*. Nueva York: New American Library.

Jacoby, M. (1981). "Reflections on Heinz Kohut's Concepts of Narcissism". *Journal of Analytical Psychology* 26/1.

_____. (2006). *El encuentro analítico: La transferencia y la relación humana*. Ciudad de México: Editorial Fata Morgana.

_____. (1985). *Longing for Paradise.* Boston: Sigo Press.

______. (1990). *Individuation and Narcissism: The Psychology of the Self in Jung and Kohut*. Londres: Routledge.

Jaffé, A. (1972). "The Creative Phases in Jung's Life". *Spring* 1972.

James, W. (1994). *Principios de la psicología,* Ciudad de México: Fondo de Cultura Económica.

Jaspers, K. (1954). *Way to Wisdom*. New Haven, Connecticut: Yale University Press.

Jung, C. G. (1999-2023). *Obra Completa*, 20 Volúmenes. Madrid: Editorial Trotta.

_____. (1912/1913). *Wandlungen und Symbole der Libido.* Vienna: Franz Deuticke.

_______. (1912/2013). "Nuevos rumbos de la psicología". *Obra Completa,* Vol. 7.

______. (1913/1961). "Ensayo de exposición de la teoría psicoanalítica". *Obra Completa,* Vol. 4.

______. (1916/1991). *Psychology of the Unconscious.* Supplementary Volume of *Collected Works.*

______. (1916/2004). "La función trascendente". *Obra Completa,* Vol. 8.

______. (1917). *Collected Papers on Analytical Psychology.* Nueva York: Moffat, Yard.

______. (1921/2013). *Tipos psicológicos*. *Obra Completa,* Vol. 6.

______. (1928/2013). "La estructura de lo inconsciente". *Obra Completa,* Vol. 7.

______. (1928/2016). "Psicoanálisis y cura de almas". *Obra Completa*, Vol. 11.

______. (1929/2016). "Metas de la psicoterapia". *Obra Completa,* Vol. 16.

______. (1931/2015). "Comentario a 'El secreto de la flor de oro'." *Obra Completa* Vol. 13.

______. (1931/2016). "Los problemas de la psicoterapia". *Obra Completa,* Vol. 16.

______. (1932/1970). "Psychotherapists or the Clergy". *Obra Completa,* Vol. 11.

______. (1932/1996). *The Psychology of Kundalini Yoga*. S. Shamdasani (ed.). Princeton, Nueva Jersey: Princeton University Press.

______. (1933/2005). *El hombre moderno en busca de su alma*. trad. Juan David Arbeláez, Ediciones LibrEditorial.

______. (1935/2013). "Las relaciones entre el yo y lo inconsciente". *Obra Completa,* Vol. 7.

______. (1935/2016). "Consideraciones de principio acerca de la psicoterapia práctica". *Obra Completa*, Vol. 16.

______. (1935/2016). "Las conferencias Tavistock". *Obra Completa,* Vol. 18-1.

______. (1937/1966). "The Realities of Practical Psychotherapy". *Obra Completa,* Vol. 16.

______. (1938/2016). *Acerca de la psicología de la religión*. *Obra Completa*, Vol. 11.

______. (1939/2016). *La vida simbólica I y II*. *Obra Completa,* Vol. 18.

______. (1940/2015). "Acerca de la psicología del arquetipo del niño". *Obra Completa*, Vol. 9/1.

______. (1942/2013). "Sobre la psicología de lo inconsciente". *Obra Completa,* Vol. 7.

______. (1942/1969). "Ensayo de interpretación psicológica del dogma de la Trinidad". *Obra Completa,* Vol. 11.

______. (1944/2015). *Psicología y alquimia*. *Obra Completa*, Vol. 12.

______. (1946/2016). "La psicología de la transferencia". *Obra Completa*, Vol. 16.

______. (1948/2009). "Discurso durante la sesión fundacional del Instituto C. G. Jung de Zúrich, 24 de abril de 1948". *Obra Completa*, Vol. 18-2.

______. (1948/2015). "El espíritu Mercurius". *Obra Completa,* Vol. 13.

______. (1950/2015). "Sobre simbolismo del Mandala". *Obra Completa,* Vol. 9/1.

______. (1950/2012). *Símbolos de transformación. Obra Completa,* Vol. 5.
______. (1951/2011). *Aion: Contribuciones al simbolismo del sí mismo. Obra Completa,* Vol. 9.2.
______. (1952/2016). "Respuesta a Job". *Obra Completa,* Vol. 11.
______. (1952/2004). "Sincronicidad como principio de conexiones acausales". *Obra Completa,* Vol. 8.
______. (1954/2004). "Consideraciones teóricas acerca de la esencia de lo psíquico". *Obra Completa,* Vol. 8.
______. (1955-56/2016). *Mysterium Coniunctionis. Obra Completa,* Vol. 14.
______. (1958/1977). "The Christmas Tree". *C. G. Jung Speaking: Interviews and Encounters.* Princeton, Nueva Jersey: Princeton University Press.
______. (1958/2014). "Un mito moderno: de cosas que se ven en el cielo". *Obra Completa*, Vol. 10.
______. (1958/1977). "A Talk with Students at the Institute". *C. G. Jung Speaking.* Princeton, Nueva Jersey: Princeton University Press.
______. (1961/2002). *Recuerdos, sueños, pensamientos.* Buenos Aires: Planeta/Seix Barral.
______. (2017). *Introducción a la psicología analítica: Apuntes del seminario impartido en 1925.* Madrid: Editorial Trotta.
______. (1997). *Visions: Notes of the Seminar Given in 1930-1934.* 2 Vols. C. Douglas (ed.). Princeton, Nueva Jersey: Princeton University Press.
______. (2012). *El libro rojo: Liber Novus.* Buenos Aires: El Hilo de Ariadna.
Jung, E. (1978). *Animus and Anima.* Zúrich: Spring Publications.
Kalsched, D. (1980). "Narcissism and the Search for Interiority". *Quadrant 13*/2.
______. (1996). *The Inner World of Trauma: Archetypal Defenses of the Personal Spirit.* Londres y Nueva York: Routledge.
______. (2003). "Daimonic Elements in Early Trauma". *Journal of Analytical Psychology* 48/2.
______. (2013). *Trauma and the Soul.* Londres: Routledge.

Kast, V. (2019). *La dinámica de los símbolos: Fundamentos de la terapia junguiana*. Marjalisa, Toledo: Sirena de los Vientos.

Kaufman, G. (1989). *The Psychology of Shame*. Nueva York: Springer Publishing Company.

Kawai, H. (1988). *The Japanese Psyche*. Dallas, Texas: Spring Publications.

Kawai, T. (2015). "Big Stories and Small Stories in the Psychological Relief Work after the Earthquake Disaster: Life and Death". En L. Huskinson y M. Stein (eds.), *Analytical Psychology in a Changing World*. Londres: Routledge.

Kirsch, T.J. (2000). *The Jungians*. Londres: Routledge.

Khan, M. (1986). Introduction. En *Holding and Interpretation* by D. W. Winnicott. Nueva York: Grove Press.

Klaif, C. (1987). "Emerging Concepts of the Self: Clinical Considerations". En N. Schwartz-Salant y M. Stein (eds.), *Archetypal Processes in Psychotherapy*. Wilmette, Illinois: Chiron Publications.

Klein, M. (2009). *Envidia y gratitud y otros trabajos*. México, D.F., Editorial Paidós. Mexicana.

______. (2009). "Nuestro mundo adulto y sus raíces en la infancia". *Envidia y gratitud y otros trabajos*. México, D.F., Editorial Paidós Mexicana.

Kohut, M. (1999). *La restauración del sí mismo*. México, D.F., Editorial Paidós Mexicana. Lambert, K. (1970). "Some Notes on the Process of Reconstruction". *Journal of Analytical Psychology* 15/1.

______. (1981). *Analysis, Repair and Individuation*. Londres, Nueva York, Toronto, Sydney, San Francisco: Academic Press.

Lammers, A. (ed.) (2007). *The Jung-White Letters*. Londres y Nueva York: Routledge.

Laplanche, J. y Pontalis, J.B. (2004). *Diccionario de psicoanálisis*. Buenos Aires: Paidós.

Levi-Strauss, C. (2013). *La otra cara de la luna,* trad. Julibert Elisenda, Barcelona: RBA Libros.

Machtiger, H. (1982). "Countertransference/Transference". En M. Stein (ed.), *Jungian Analysis*. LaSalle, Illinois, y Londres: Open Court.

Magid, S. (2015). *Hasidism Incarnate: Hasidism, Christianity, and the Construction of Modern Judaism*. Stanford, California: Stanford University Press.

Main, R. (2004). *The Rupture of Time: Synchronicity and Jung's Critique of Modern Western Culture*. Hove, Inglaterra, y Nueva York: Brunner-Routledge.

McGuire, W., y R.F.C. Hull (eds.). (1977). *C. G. Jung Speaking*. Princeton, Nueva Jersey: Princeton University Press.

Meier, C. A. (1967). *Ancient Incubation and Modern Psychotherapy*. Evanston, Illinois: Northwestern University Press.

______. (1971). "Psychological Types and Individualism". En J. B. Wheelwright (ed.), *The Analytic Process*. Nueva York: Putnam.

______. (1977). *Jung's Analytical Psychology and Religion*. Carbondale and Edwardsville, Illinois: Southern Illinois University Press.

_____. (ed.) (2001). *Atom and Archetype: The Pauli/Jung Letters 1932-1958*. Princeton, Nueva Jersey: Princeton University Press.

Miller, D. (1974). *The New Polytheism: Rebirth of the Gods and Goddesses*. Nueva York: Harper & Row.

Moore, T. (2009). *El cuidado del alma: Cultivar lo profundo y lo sagrado en la vida cotidiana*. Ciudad de México: Ediciones Urano.

Neumann, E. (1954/1970). *Los orígenes e historia de la conciencia*. Lima: Editorial Traducciones Junguianas.

______. (1952/1989). "The Psyche and the Transformation of the Reality Planes". *The Place of Creation,* Princeton, Nueva Jersey: Princeton University Press.

______. (1973/2002). *The Child.* Londres: Karnac Books.

Niebuhr, H. R. (1960). *The Meaning of Revelation.* Nueva York: Macmillan.

Ogden, T. H. (1989). *The Primitive Edge of Experience.* Northvale, Nueva Jersey y Londres: Jason Aronson.

Onions, C.T. (ed.) (1966). *The Oxford Dictionary of English Etymology*. Oxford: Clarendon Press.

Partridge, E. (1966). *Origins.* Nueva York: Macmillan.

Pattis Zoja, E. (2011) *Sand Play Therapy in Vulnerable Communities*. Londres y Nueva York: Routledge.

Pauli, W. (1954/2002). "The Piano Lesson". *Harvest,* 49/2.

Plaut, A. (1994). *Analysis Analyzed.* Nueva York y Londres: Routledge.

Racker, H. (1968). *Transference and Countertransference.* Nueva York: International Universities Press.

Redfern, J. W. T. (1980). "The Energy of Warring and Combining Opposites". En I. F. Baker (ed.), *Methods of Treatment in Analytical Psychology*. Fellbach, Suiza: Verlag Adolf Bonz.

_____. J. W. T. (1980). "Romantic and Classical Views of Analysis". *Journal of Analytical Psychology* 25/1.

Roloff, L. (1992). "Living, Ignoring, and Regressing". En M. Mattoon (ed.), *Chicago 92: The Transcendent Function.* Einsiedeln, Suiza: Daimon Verlag.

Romanyshyn, R. (2001). *Mirror and Metaphor: Images and Stories of Psychological Life*. Lake Charles, Louisiana: Trivium Publications.

Rosenthall, M. (1963). "Notes on Envy and the Contrasexual Archetype". *Journal of Analytical Psychology* 8/1.

Samuels, A. (2015). *Jung y los post-junguianos,* Villalba de la Sierra, Cuenca, España: Editorial Manuscritos.

______. (1989). *The Plural Psyche.* Londres: Routledge.

Sardello, R. (2001). *Love and the World: A Guide to Conscious Soul Practice*. Great Barrington, Massachusetts: Lindisfarne Books.

Sarkissian, A. (2020) "My Quantum Symphony". *Financial Times*, 29 de agosto de 2020.

Satinover, J. (1980). "Puer Aeternus: The Narcissistic Relation to the Self". Quadrant 13/2.

______. (1984). "Jung's Contribution to the Dilemma of Narcissism". *Journal of the American Psychoanalytic Association* 34/2.

______. (1985). "At the Mercy of Another: Abandonment and Restitution in Psychosis and Psychotic Character". En N. Schwartz-Salant y M. Stein (eds.), *Abandonment*. Wilmette, Illinois: Chiron Publications.

Schellinski, K. (2014). "Horror Inherited: Transgenerational Transmission of Collective Trauma in Dreams". En G. Gudaite y M. Stein (eds.), *Confronting Cultural Trauma.* Nueva Orleans, Luisiana: Spring Journal Books.

Schwartz-Salant, N. (1982). *Narcissism and Character Transformation.* Toronto: Inner City Books.

______. (1986). "On the Subtle-Body Concept in Clinical Practice". En N. Schwartz-Salant y M. Stein (eds.), *The Body in Analysis.* Wilmette, Illinois: Chiron Publications.

______. (1989). *The Borderline Personality: Vision and Healing.* Wilmette, Illinois: Chiron Publications.

Searles, H. (1979). "The Patient as Therapist to His Analyst". *Countertransference and Related Subjects.* Nueva York: International Universities Press.

Sedgwick, D. (1995). *The Wounded Healer.* Nueva York y Londres: Routledge.

Singer, J. (1972). *Boundaries of the Soul.* Garden City, Nueva York: Doubleday.

Singer, T. y S. Kimbles. (2004). *The Cultural Complex.* Nueva York: Routledge Publications.

Singer, T. y C. Kaplinsky. (2010). "Cultural Complexes in Analysis". En M. Stein (ed.), *Jungian Psychoanalysis.* Chicago: Open Court.

Singer, T. (2021). "Extinction Anxiety". *Vision, Reality and Complex.* Nueva York: Routledge.

Sloek, J. (1996). *Devotional Language.* Nueva York y Berlín: Walter de Gruyter.

Solomon, H. (2001). "Origins of the Ethical Attitude". *Journal of Analytical Psychology* 46/3.

Stein, M. (1978/2020). "On Psychological Interpretation". *Collected Writings,* Vol. 2. Asheville, Carolina del Norte: Chiron Publications.

______. (1980/2020). "Hephaistos: A Pattern of Introversion". *Collected Writings*, Vol. 2. Asheville, Carolina del Norte: Chiron Publications.

______. (1985). *Jung's Treatment of Christianity: The Psychotherapy of a Religious Tradition*. Wilmette, Illinois: Chiron Publications.

______. (1984). "Power, Shamanism, and Maieutics in the Countertransference". En N. Schwartz-Salant y M. Stein (eds.), *Transference/Countertransference*. Wilmette, Illinois: Chiron Publications.

______. (1991). "The Muddle in Analysis". En N. Schwartz-Salant y M. Stein (eds.), *Liminality and Transitional Phenomena.* Wilmette, Illinois: Chiron Publications.

______. (1996/2014). *Practicing Wholeness*. Asheville, Carolina del Norte: Chiron Publications.

______. (2006). *The Principle of Individuation.* Wilmette, Illinois: Chiron Publications.

______. (2014). *Minding the Self: Jungian Meditations on Contemporary Spirituality.* Londres y Nueva York: Routledge.

______. (2016) "On Synchronizing Time and Eternity". *International Journal of Jungian Studies* 8/1.

Stern, D., et.al. (1998). "Non-interpretive Mechanisms in Psychoanalytic Therapy: The 'Something More' than Interpretation". *International Journal of Psychoanalysis* 79.

The Complete Fairy Tales of the Brothers Grimm. (1987). J. Zipes (tr.). Nueva York: Random House.

Tillich, P. (1968). *Se conmueven los cimientos de la Tierra.* Barcelona: Libros del Nopal Ediciones Ariel.

Turner, V. W. (1988). *El proceso ritual. Estructura y antiestructura.* Madrid: Taurus Alfaguara, S.A.

Ulanov, A. y B. Ulanov. (1983). *Cinderella and Her Sisters.* Philadelphia: Westminster Press.

Ulanov, A. (1995). "Spiritual Aspects of Clinical Work". En M. Stein (ed.), *Jungian Analysis*. Chicago: Open Court.

Voegelin, E. (1978) *Anamnesis*. trad. y ed. Gerhart Niemeyer. Notre Dame, En: Notre Dame University Press.

Von Franz, M.-L. (1971/1984). "The Inferior Function". En *Lectures on Jung's Typology*. Dallas, Texas: Spring Publications.

______. (1978). *Mitos de creación.* Caracas: Monte Ávila Editores.

______. (1974). *Number and Time.* Evanston, Illinois: Northwestern University Press.

______. (1978). *Time: Rhythm and Repose.* Nueva York: Thames & Hudson.

______. (1980). *Projection and Re-Collection in Jungian Psychology.* LaSalle, Illinois, y Londres: Open Court.

______. (1992). *Psyche and Matter.* Boston y Londres: Shambhala.

Wheelwright, J. (1982). "Termination." M. Stein (ed.), *Jungian Analysis.* Chicago: Open Court.

Whitmont, E. (1969). *The Symbolic Quest.* Nueva York: G. P. Putnam's Sons.

______. (1971). "The Destiny Concept in Psychotherapy". En J. B. Wheelwright (ed.), *The Analytic Process*. Nueva York: G. P. Putnam's Sons.

Whitmont, E. y Y. Kaufman. (1973). "Analytical Psychotherapy". En R. Corsini (ed.), *Current Psychotherapies*. Itasca, Illinois: Peacock Publishers.

Williams, M. (1974). "Success and Failure in Analysis: Primary Envy and the Fate of the Good". En G. Adler (ed.), *Success and Failure in Analysis*. Nueva York: G. P. Putnam's Sons.

Winnicott, D. W. (1969/1993). "El uso de un objeto y la relación por medio de identificaciones". *Realidad y juego.* Barcelona: Editorial Gedisa.

______. (1993). *Realidad y juego.* Barcelona: Editorial Gedisa.

Witenberg, E. G. (1979). "The Inner Experience of the Psychoanalyst". En L. Epstein and H. Feiner (eds.), *Countertransference*. Nueva York: Jason Aronson.

Yiassemides, A. (2014). *Time and Timelessness: Temporality in the Theory of Carl Jung.* Londres y Nueva York: Routledge.

Zetzel, E. (1970). *The Capacity for Emotional Growth*. Londres: Maresfield Library.

www.ingramcontent.com/pod-product-compliance
Lightning Source LLC
LaVergne TN
LVHW090030051026
849525LV00008B/1558/J